权力·价值·思想·治道

——明代政治文化丛论

Power, Values, Thoughts, and Statecraft:

Collective Articles in the Political Culture of the Ming Dynasty

赵轶峰 主编

SSAP 社会科学文献出版社
SOCIAL SCIENCES ACADEMIC PRESS (CHINA)

目　录

Contents

序　　言

赵轶峰

明代在中国历史上很有些独特性。它是帝制时代末期的一个王朝，因而很能体现出中国帝制体制基础上的政治文化推演的极致状态，是从历史经验的角度认识中国传统政治文化的一个非常重要的时代。而且明代的中国，恰好处在地理“大发现”、东西方航路开通，世界各个大区域直接关联起来，从而形成了密切互动的全球史的时代。这个大背景，使明代中国的演变趋势与后来中国命运的关联空前紧密，也使中国的政治文化状态不仅是一个理解中国自身情况的问题，而且也成为一个理解中国人的文化自我与他者关系的问题。此外，明代去今不远，许多制度、思想、方式对晚近社会形成较为直接的影响。这也使明代政治文化的研究具有特别的意义。

明史是一门国际化的学问。尤其是包括大陆、台湾、港澳地区的中国及美国、日本、韩国都有比较稳定的专业学术群体和学科领域传统。大致而言，政治史是世界各地明史研究者研究较多的领域，其次才是经济史、社会史、文化史、思想史，以及人物、文献研究。但具体来说，明代政治史研究的传统领域，其实主要在于与政治联系的制度、人物、事件，对于政治文化的研究，却是非常薄弱的。推演至今，学者们对于明代政治制度、政治人物、政治事件的研究，已经将最基本即最重要层面的课题大致覆盖，如要进一步推进明代政治的研究，必须向政治文化领域推进了。

学术界对于政治文化现象的探索由来已久，但“政治文化”这个概念经美国政治学家阿尔蒙德（Gabriel Abraham Almond）在 20 世纪 50 年代加以界定之后，许多人认为政治文化研究在那以后方才兴起。这当然是个误解，但是阿尔蒙德的政治文化定义推进了相关研究的方法论自觉。他认为，“政治文化是一个民族在特定时期流行的一套政治制度、信仰和感情。这个政治文化是由本民族的历史和现在社会、经济、政治活动进程所形成。人们在过去的经历中形成的态度类型对未来的政治行为有着重要的强制作用。政治文化影响各个担任政治角色者的行为、他们的政治要求内容和法律的反应”①。这个定义中特别值得注意的，其一是政治文化以特定民族社会共同体为外部框架，即政治文化具有民族和文化的特异性，这是非常正确的。其二是将政治文化归结为制度、信仰、感情，这虽在揭示政治文化的“文化”性方向角度上不错，但却过度强调政治文化的心理状态性质，是需要修正的。其三是政治文化是在历史经验中推演形成的，这一点在阿尔蒙德的定义本身并未被表述得很明确，但可以通过对他的定义加以合乎逻辑的推论而形成。其四是政治文化影响该政治共同体内所有人的行为，这也是正确的。结合阿尔蒙德对政治文化的定义与明代政治的实践情况，可以在考察明代政治文化时界定出四个研究的维度。

政治的本质是社会共同体内公共权力的设置与运作。公共权力的设置就是政治制度，政治文化研究的第一个维度。明代政治制度有作为刚性事实的一面，如丞相、六部、《大明律》，都构成“事实”系列；同时又都是社会主导人群公共权力和社会秩序原理理解与诉求的体现，因而有文化状态和态度的一面。从后者角度说，政治制度是凝固为规则的政治倾向，因而是政治文化研究的范畴。政治文化对制度研究，在于剖析制度中蕴含的政治理念、原则、倾向、态度。政治伦理是政治文化研究的第二个维度，其内容是特定社会共同体内人们关于政治生活、政治现象之意义的界

① 〔美〕加布里埃尔·A. 阿尔蒙德、小 G. 宾厄姆·鲍威尔著《比较政治学——体系、过程和政策》，曹沛霖等译，上海：上海译文出版社，1987，第 29 页。

定、辨识、预设以及相关行为的准则和评价尺度，在研究中主要作为价值观念和“态度”来考察。第三个维度，政治思想，是特定社会共同体内人们政治倾向中以明晰语言表述的体现政治自觉和自我意识的主张，尤其是其中体现人们对于公共权力运行经验的解释、总结、反思、倡议的主张。社会共同体中人们政治倾向在实践中展开的格局、格调、状态是政治文化研究的第四个维度，即政治生态，所有的个别政治事件都在由传统和时局推演作用而形成的既有生态环境中发生，因而一定程度上为这种环境所制约，所以，每个人的政治态度与行为，都在其时代、社会传统、知识与现实问题一起构成的生态环境中，都是一定程度上被限定的。政治制度、政治价值、政治思想、政治生态，透过这四个维度看到的公共权力运行中的总体精神倾向就是政治文化。

这种研究方式，与一般政治史研究的差别，主要在于透过公权力运作行为背后人们关于社会应然状态的理解来解读社会政治现象的精神纹理，而不是去分析政治现象中直接的得失、因果。这种关于公共权力之理解的精神纹理构成社会秩序的或隐或显而长久起作用的倾向与结构。一个社会共同体中那些比较具有自觉意识的人群——在明代主要是士大夫阶层，对于政治应然性的理解，具有比较明确的指向性，这就是儒家学说与几千年政治传统留至当时的经验一起构成的社会观念。所以这个阶层，比较其他人群，更倾向于把政治看作是有原则的事情，因此而成为保持社会公共性和稳定性的主导人群。然而，现实总是不断地推演出前所未有的局面，迫使这个人群不停地去思索，在理想、原则与现实问题所构成的复杂情况中间做出艰难的选择。这就是明代政治中的文化张力。明代政治历史中所有复杂、重大的现象之内里，都有这种张力的作用。所以明代的政治，是生动活泼的。这种活泼，正是明代中国的政治与文化充满活性的体现。

这本文集中所收录的文章，是由多人在近年陆续撰写的。选择题目时各有因由，所以不能覆盖明代政治中所有的重要现象。但是其主导的问题却是清晰明确的，这就是结合具体的政治现象，对士大夫为主的政治参与者所遭遇、体验的政治文化张力尽量进行解析。书名中指出的权力、价值、思想、治道，是本书在政治文化研究的大范围内具体涉及的几个核心概念。权力，指社会共同体运行中构成社会生活秩序维系与调节力的基本公共权力，是一切政治的核心。这种权力主要体现在国家机关的设置与运行中。国家机关的权力，直接地由制度来界定，间接地由建构制度所凭依的价值观念、思想理论、治理策略来决定。后者虽然是间接的，并且一定要受社会物质条件的制约，但却是基础性的，在公共社会的运行中持续发生导向作用的。本集收录的文章，各从不同的侧面，透过具体的人物、事件、现象、情境，剖析明代中国人关于公共权力运行的精神面貌，提出一些关于明代政治文化的基本看法。这当然不足以覆盖明代政治文化的全貌，也远未足够地深入透彻，所以还有许多相关的领域、问题，需要逐步深入地加以研究。

本集中，李媛所作《明代皇帝的修省与罪己》具体考察的是明代皇帝在发生一些特异情况时会公开举行的自我省察甚至自责现象。这种现象中最重要的含义是，明代的皇帝虽然被习惯地认为是现实的终极统治者、最高的政治权威，但是其权威是有条件的，是被衡量、评价的，因而在文化意义上——即在关于公共权力的理想世界中，不是为所欲为的，他们的行为并不总是被视为天然合理合法的。李媛的另一篇文章《明代国家祭祀体系中的“天”——一种政治文化视角的分析》，分析了明朝祭祀体系中最重要的祭天礼仪活动的政治文化含义。其含义是多层面的。一是皇权的非绝对性和被赋予、有依托的性质；二是皇权假天威以演示和强化现实统治的性质；三是皇帝、士大夫、普通民众“天”信仰的一致性与差异并存的事实。

李佳的《土木之变中的士大夫政治价值观》考察了士大夫在1449年明朝英宗皇帝于土木堡被蒙古瓦剌部俘虏这场事变中背后的价值观念。当时，于谦等士大夫在危急情况下力主另立皇帝，使得瓦剌难以挟持皇帝要挟明朝，显示出士大夫以人民、社稷重于皇帝的价值观，这是帝制时代后期民本主义价值观的一次具体实践。李佳的另一篇文章《明代群臣“伏阙”抗争现象的政治文化分析》考察了在明代甚为凸显的士大夫群体“伏阙”以要求皇帝收回成命的现象。这种现象彰显出明代帝制框架内君、臣政治诉求的差异，以及士大夫政治的理性意味。王伟的《明代官员“乞休”现象分析》，考察了明代士大夫主动要求离开庙堂，回归家园的现象。文章认为明中期以后，士大夫“家”“族”观念比前浓重，士大夫自我实现个人价值的途径多元化，“家国同构”的观念有所动摇。

肖金的《王阳明与嘉靖帝关系研究》以王阳明在嘉靖朝的封爵、归越、起复、停爵经历为线索，考察王阳明与嘉靖帝关系的演变。文章认为嘉靖帝与王阳明关系合分的背后，是皇帝权威与王学体现的社会思想流变之间的矛盾与纠结。

学界关于张居正政事、人格的研究已有许多，但是对于张居正思想的渊源、演变、终极诉求的考察并未详明。本书中梁曼容的《学术与政治——张居正思想演变的历程》追问的是张居正学术思想与其政治立场之间的关系，认为张居正的学术经历了浸润佛学、倾心王学，与良知派若合若离，直到走向权力高端后与王学分道扬镳甚至与整个讲学界决裂的历程。常文相的《从〈帝鉴图说〉看张居正的圣王期待及政治追求》，通过解读张居正主持编辑的《帝鉴图说》来透视张居正本人的致君尧舜的圣王政治理想。这都是从士大夫政治语境中解读张居正与明中叶庙堂政治样貌的积极尝试。

刘言和王立娜的文章考察的都是明代政治语境中的心态性话题。刘言的《“祥瑞”与明代政治》梳理、分析了明代被视为“祥瑞”的现象之类目，以及明代诸帝及朝臣对待“祥瑞”的两种态度，即重灾抑祥、以祥为美。文章认为二者皆关照朝廷统治利益，但前者具有较强民本政治理念色彩，后者更偏于神本政治和君主神化色彩。“祥瑞”被作为君主治国的策略加以利用炒作，同时也构成士大夫风气的一个指向标。王立娜的《明代的谣谚》将存世明代谣谚加以分类梳理，从中解读民众看待庙堂政治的方式以及谣谚所折射的政治、军事问题，以及谣谚对政局产生影响的机制。

明亡之后，黄宗羲等思想家进行痛切反思，形成了一些具有较强批判性的政治主张。姜佳曦的《黄宗羲君臣观的时代文化语境》认为，以往对黄宗羲国家政治观的解释基本是通过对《明夷待访录》等文本语词加以解析形成的，这就可能脱离黄宗羲本人学术与思想的具体语境而加入其原本不具备的含义。文章将黄宗羲的君臣观表述放到其本人思想历程中，用历史经验重建的方法进行追溯分析，指出了黄宗羲君臣观与明初以降不断推演的多种君臣关系说的渊源关系，比较了其间的差异，从而揭示出黄宗羲的君臣观是经历一个漫长的思想与实践历程而在明清政权易替的节点呈现出的，合乎中国政治文化历史逻辑的形态。武少民的文章《明末政治乱局中的理学心学纠葛——以张履祥与刘宗周学术思想关联为中心》针对以往在明代思想研究中将理学与心学过度夸大割裂的倾向，通过对晚明政治乱局中两位思想家——张履祥与其业师刘宗周之间的学术关联，透视明清之际中国学术、思想中理学与心学之间通融渗透、差异交融的复杂纠葛，呈现出比以前更为生动复杂的思想情状。

文集的最后，收录了以《关于王权主义与中国政治文化的对话》为题的一篇笔谈。这是根据东北师大明清史专业部分师生最近时期围绕政治文化前沿问题所进行的课堂讨论的部分内容整理而成的。参与讨论者结合对刘泽华先生和他培养的一批学者关于“王权主义”的研究成果以及相关的评论，以及余英时等学者对政治文化所做研究的方法，对政治文化研究的基本理念、方法，切磋琢磨，提出了一些与未来的研究实践关系更为紧密的看法，作为日后回顾之资，也希望对于关心者的研究略有一些参考的意义。

明代政治文化的研究，虽然还是一个比较薄弱的领域，但是毕竟前有古人，后有来者。编辑这部文集，权作若干明代历史政治文化研究者勉力行进途中的相顾一笑，有何不可？

明代皇帝的修省与罪己

李　媛

提　要： 明朝皇帝的修省活动较以往历代更为频繁，成化以后表现尤其明显，已经发展成为一种常规化的政策反思手段。皇帝修省包括因自然灾害或天象异常而进行的消极的应对式修省，以及日常化的、为主动求过进行的积极式修省，修省范围只限于干天和之事，并不为人事而举。当修省不足以显示反思之诚意，即颁布罪己诏书，这是皇帝反思活动的极致表现。明朝皇帝的修省和罪己行为反映了儒家"圣王"的责任担当意识，同时具有弭祸、祈庥的宗教意味，以及安抚臣民、调整政策的实际功用。明朝皇帝和士大夫对待修省行为的态度体现出帝制体系内君主与士大夫政治角色、理念之间的契合之处。修省与罪己作为一种内在的反省机制，对君德、君责的履行提出了要求，使君主的行为具有极限，但这种对君权的限制仍相当朦胧，故明代皇帝修省行为虽然频繁，却并未保证明代的皇帝成为"圣明"的君主。

关键词： 修省；罪己；明代

"修省"一词语出《周易》震卦："洊雷震，君子以恐惧修省。"《周易集说》释曰："修者，修敕其善而进之也；省者，省察其不善而改之也。"①

① 俞琰：《周易集说》卷13，《景印文渊阁四库全书》，第21册，台北：台湾商务印书馆，1986，第129页。

《周易本义集成》释为："修其所未为，省其所已为。"① 这一行为在经过圣王政治行为的诠释之后，演变为君子畏天命的理论。"盖天威之至，乃君子修德之基。舜以洚水为警予，成汤以旱而自责，成王以雷电之变为天之动威，而宣王亦遇灾而惧，因其恐惧而自修自省之学愈增益其所未至。此君子所以为畏天命也"②。其含义演变到后代，可泛指主体的修身、反省活动，在特定含义上，则指帝王、臣僚为弥合天人关系和社会矛盾而举行的仪式化的修己反思活动。中国古代帝王历来重视修省，从禹、汤罪己反思到汉武帝著名的《罢轮台罪己诏》，帝王的修省思察活动逐渐增多，遇灾害常下诏修省。明朝不仅继承了这一传统，且趋于常规化，从皇帝到臣僚，从中央到地方，修省作为一种政策调节手段，经常出现在政府权力运行机制中。

学界迄今对明代皇帝或是其他群体的修省活动尚没有系统和专门性的研究，某些有关明代灾害及政府救治策略或是对某类国家宗教仪式活动的研究中偶有涉及，如祈雨、禳灾等，但都未将修省活动作为讨论的核心，亦未对之做出解读。③ 本文对明代皇帝的修省、罪己等一系列省察活动进行总体考察，梳理和展现明朝帝王修省之事实和概貌，分析此种行为的政治文化取向及其功用，进而分析明朝君主政治与士大夫政治关系中的契合面。

一　明朝皇帝修省之概貌

修省活动是一种因公共原因而进行的个体反省行为。明朝，无论

① 熊良辅：《周易本义集成》卷6，《景印文渊阁四库全书》，第24册，第725页。

② 李杞：《用易详解》卷10，《景印文渊阁四库全书》第19册，第491页。

③ 参见叶依能《明代荒政述论》，《中国农史》1996年第4期；周致元：《明代君臣祷雨的宗教阐释》，《安徽大学学报》2002年第1期；赵昭：《明代的灾荒救治》，郑州大学，2002，硕士学位论文；胡卫伟：《明初自然灾害与政府对策》，《肇庆学院学报》2005年第6期。

皇帝还是中央及地方各级官员都经常进行修省反思活动，其原因和着眼点多关照公共事务，但就其本身的形式和内容来说，则表现为修省主体的个人行为，即修省者通过不作为，以及静心排除杂念的方式来全心反思自己过往之举，并对之做出调整。皇帝修省一般伴有颁诏、避殿、减膳、罢乐、沐浴、祷祀、求过、祭祀，甚至颁罪己诏书等活动。成化二十年（1484 年）正月，京师地震，宪宗省躬修德，并敕谕文武群臣痛加修省，当时正遇大祀后庆成宴，监察御史徐镛、何珖建议，应仿照先王“遇灾异必减膳、撤乐”之惯例，停免庆成宴，以尽上下交修之道，得到采纳。① 吏部侍郎何孟春在给嘉靖帝的奏疏中也提到了修省答天谴需要“避正殿，减常膳，致斋积诚，祇告天地、宗庙、社稷，痛自省循”。② 嘉靖六年（1527 年）正月，四方灾异，世宗命上下同加修省，于是罢郊祀庆成宴，以表达“奉天恤民之意”。③ 嘉靖三十六年（1557 年）因殿庭火灾而修省的过程中，“乐设而不作，礼减三呼”。④ 反省求过，皆需表达诚敬之心，避正殿正表现出皇帝修省之谦谨姿态和敬畏之情，减常膳、罢礼乐、沐浴、祷祀等活动则通过减少皇帝日常享乐，为静默反思营造氛围，摒除一切有可能混淆修省之宁静的事情。修省前后还常常伴有祭祀祈告活动，有时由皇帝亲自祭告，有时则派遣勋臣等祭告天地、宗庙、社稷、山川等，⑤ 配合修省举行的祭祀活动，通过仪式性展示凸显了祈告之功用。当皇帝认为修省求过仍旧不足时，甚至会公开颁布罪己诏书，后文将专门就此讨论。

明朝虽在制度上对皇帝修省没有明确的规定，但通明一朝，经常举

① 《明宪宗实录》卷 248，成化二十年春正月癸巳，台北：“中央研究院”历史语言研究所，1962。按下文引用明代各朝实录皆出此版本。

② 何孟春：《何文简疏议》卷 9，《景印文渊阁四库全书》第 429 册，第 218 页。

③ 《明世宗实录》卷 72，嘉靖六年正月庚寅。

④ 《明世宗实录》卷 446，嘉靖三十六年四月戊戌。

⑤ 此例很多，不一一列举，参见《明武宗实录》卷 5，弘治十八年九月丙戌；《明世宗实录》卷 19，嘉靖元年十月庚辰；《明世宗实录》卷 359，嘉靖二十九年四月己亥等条。

行。《明实录》中比较全面地记载了明朝历代皇帝的重要修省行为以及相关言论，统计如表1。①

表1

年号	次数	年号	次数
洪武	5	弘治	19
永乐	6	正德	9
洪熙	1	嘉靖	37
宣德	2	隆庆	4
正统、天顺	3	万历	41
景泰	5	天启	7
成化	13	崇祯	9

从表1所计每朝修省之次数及频率来看，明朝皇帝的修省活动十分频繁。景泰以前，平均每四五年就会修省一次，成化以后，皇帝修省的次数和频率明显增多，平均每一两年举行一次。嘉靖以后，每年十二月礼部例奏灾异后修省已成惯例，于是皇帝几乎每年都会根据礼部所奏情况修省己过。因此，在明朝中后期的史料中，随处可见大臣们上疏要求皇帝修省以弭灾，或是皇帝敕谕大臣与其同为修省的情况。统计表明，明朝历代皇帝修省之频率虽然有所差异，但终明一朝，并无实质性改变。因自然灾害或天象异常而举行的修省活动呈现出因时而举的特点，其不确定性使得统计所见修省活动之频率呈现不规则的差异，但明朝皇帝历来都对自身之修省活动十分重视，朱元璋自己就曾对侍臣说道："吾自起兵以来，凡有所为，意向始萌，天必垂象示之，其兆先见，故常加儆省，不敢逸豫……天垂象所以警乎下，人君能体天之道，谨而无失，亦有变灾而为祥者，故宋公一言，荧惑移次，齐侯暴露，甘雨应期，灾祥之来，虽曰在天，实由人

① 表格所列因篇幅所限，不能将每次修省时间、原因等情况逐一列入，要在把握其概貌。其中，崇祯朝据《崇祯长编》及《崇祯实录》整理，仅有皇帝修省之相关言论而无实际举动者未列其中，没有修省记录的建文、泰昌两朝亦未列入表中。

致也。"① 洪武四年，朱元璋对省臣说："祥瑞灾异，皆上天垂象，然人之常情，闻祯祥则有骄心，闻灾异则有惧心。朕尝命天下勿奏祥瑞，若灾异即时报闻，尚虑臣庶罔体朕心，遇灾异或匿而不举，或举不以实，使朕失致谨天戒之意，中书其谕天下，遇有灾变即以实上闻。"② 弘治年间，马文升在奏疏中提到："自正统年间以后，每遇灾异，朝廷必降敕切责修省，咸知警畏。"③ 明朝中后期，天象异常、自然灾害频发，皇帝举行修省更为常见。即使在万历朝中后期，神宗常常借故不理朝政，甚至有关国家大体的郊祀行为亦不亲往，而是经常遣官代祀，但仍能不时借助修省表达其虔敬为君的姿态，同时，修省本身体现为不作为的内省，这种反思的方式也恰合神宗欲借故不理朝政的心思，所以虽然史料记载万历时期大臣们的奏疏经常被留中不报，但神宗朝实际进行的修省举动却并不少见。明朝皇帝修省之突出特点是，它已经成为一种常规化的政策反思手段，影响着皇帝的施政举措，并起到有限地限制皇权的功用。

通过以上统计还可知，明朝皇帝修省活动之原因可分为以下两类：一是因自然灾害或天象异常而进行的应对式修省，均在灾异发生之后举行，也可称为消极式修省。自然灾害主要指水灾、旱灾、火灾、地震、雷电、风雹、雨雪、饥荒等情况，根据统计，在这些自然灾害中，因水旱灾害、地震、火灾和雷震而修省的情况最为常见。明代自然灾害频繁，④ 尤其是中后期，随着灾害现象的增加，皇帝修省举动明显增多。天象异常主要包

---

① 《明太祖实录》卷 26，吴元年冬十月丙午。

② 《明太祖实录》卷 68，洪武四年十月庚辰。

③ 马文升：《马端肃奏议》卷 9《传奉事》，《景印文渊阁四库全书》第 427 册，第 791 页。

④ 邓拓先生统计认为，明代共发生水灾 196 次，旱灾 174 次，地震 165 次，雹灾 112 次，风灾 97 次，蝗灾 94 次，饥歉 93 次，疫灾 64 次，霜雪灾 16 次，共计 1011 次。见邓拓《中国救荒史》，北京：北京出版社，1998，第 21 页。毛佩奇先生统计得出，明代水灾 182 次，雨灾 41 次，旱灾 129 次，饥歉 138 次，蝗灾 51 次，冰雹 190 次，共计 590 次。见毛佩奇《中国社会通史・明代卷》，太原：山西教育出版社，1998，第 36 页。这些是根据不同的资料系统而进行的粗略统计，故具体数字上会有一些出入，不过都展现了明朝灾异现象频繁的一个大致情况。

括日食、月食、星相异常等所谓玄象示警的情况。一般情况下，在频发的自然灾害和天象异警中，只有京师和南京，或大范围的且影响十分严重的灾害才需要皇帝躬为修省，其他地方性灾害则多由地方官员主持。第二类是日常化的，为主动求过进行的积极式修省。成化以后，尤其是在灾异频繁的嘉靖和万历时期，每当年终，礼部都会按例类奏该年或几年内灾异发生之总体情况，然后由皇帝率领大小群臣修省察己。这种常规化了的积极的修省活动，不因临时灾异而为，使因修省而进行的政策反思更具有制度化的保障。除此以外，还有为主动求过而进行的修省，这种行为较为少见，亦可归于积极式修省一类。洪武八年（1375 年）十一月，南郊降甘露，群臣皆称贺献歌诗以颂德，但朱元璋却认为遇祥瑞也应该谨慎修省，主动求过，以常存戒心，曰："人之常情，好祥恶妖，然天道幽微莫测，若恃祥而不戒，祥未必皆吉，睹妖而能惩，妖未必皆凶，盖闻灾而惧，或者蒙休，见瑞而喜，或以致咎，何则凡人惧则戒心常存，喜则侈心易纵，朕德不逮，惟图修省之不暇，岂敢以此为己所致哉？"① 永乐二年（1404 年）九月，周王朱橚前往朝贺，献驺虞，百官请贺，朱棣却说："瑞应依德而至，驺虞若果为祥，在朕更当修省。"② 以上两类原因显示，明朝皇帝修省活动之对象为"天"而非"人"，其原因全在因灾异示警而为，其范围只限于干天和之事，并不为人事而举，即使在某些修省活动之前提到跟人事相关的原因，也必须在有上天失和之证据表达出来时，才进行修省，皇帝在没有天象示警的时候，不会单纯因人事原因进行修省。

二　皇帝修省反思之极致——罪己

皇帝躬身反省是对天象示警的回应，同时也展现出统治者积极的为政

① 《明太祖实录》卷 102，洪武八年十一月甲戌。又见《明太祖宝训》卷 1《谦德》，载《明实录》附录五，台北："中央研究院"历史语言研究所，1962，第 44～45 页。

② 张廷玉等：《明史》卷 6《成祖本纪》，北京：中华书局，1974，第 81 页。

姿态，当发生极为严重的灾异，皇帝认为单纯修省已经不足以达到弭灾效果时，便会颁布罪己诏书。国家遇有灾沴出现，皇帝为了显示对所警戒之国事承担责任，也会出言罪己，以示省躬引咎之心。罪己诏书昭告天下，其内容多为言己之过，即使包括自谦自省之词，也还是会留存史册，供后人评说，因此需审慎而为。与以往历朝相较，明朝皇帝颁发罪己诏书的情况并不十分常见，[①] 这与频繁举行的修省活动形成鲜明对照。从明朝皇帝颁布的几次罪己诏书中可以发现，究竟在何种情况下皇帝可能选择下诏罪己。

建文帝于燕王兵临城下之时下罪己诏，其文不存。正统八年（1443年）五月，雷震奉天殿鸱吻，英宗亦曾下罪己诏书，遣官昭告昊天上帝、后土皇地祇曰："祁镇顾以菲德，嗣承大位，负荷惟艰。今月二十四日早，雷震奉天殿鸱吻，上帝震怒，实自祁镇不德所致，祁镇内怀祗惧，兢兢弗胜，继自今戒谨修省，不敢怠荒。仰惟皇慈，俯垂矜宥，祁镇下情，无任恐惧祈告，伏惟鉴知。"[②] 景泰二年（1451年）十月，代宗以灾异下罪己诏书，直言"君失其德，臣失其职"[③]。正德九年（1514年）正月十六，因燃放烟火致乾清宫大火，当时武宗虽远居豹房，不事朝政，但发生火烧乾清宫的大事，也惊惧不已，遂于二十八日下罪己诏，并敕谕群臣同加修省。[④] 嘉靖三十六年（1557年）四月，宫中又发大火，奉天、华盖、谨身三大殿均受灾严重，世宗十分震惊，遂下罪己诏，其书曰：

> 朕本同姓之侯嗣，初非王子之可同，惟皇天宝命所与，暨二亲积庆在予。夫自入奉大统，于兹三十六年。昨大遭无前之内变，荷天恩赦，佑以复生。此心感刻，难名一念，身命是爱，但实赖臣劳之一语，而原非虚寂之二端，天心丕鉴，朕心朕忠，上天明鉴。昨因时

---

① 据王保顶统计，两汉皇帝因灾异而下的罪己诏多达40多次。王保顶：《汉代灾异观略论》，载《学术月刊》1997年第5期。

② 《明英宗实录》卷104，正统八年五月己卯。

③ 《明英宗实录》卷209，景泰二年冬十月戊寅。

④ 《明武宗实录》卷108，正德九年正月壬午。

> 旱，祷泽于雷霆洪应之坛，方喜灵雨之垂，随有雷火之烈，正朝三殿一时烬焉，延及门廊，倏刻燃矣。仰惟仁爱之昭临，皆是朕躬之咎重。兹下罪己之文，用示臣民之众。吁！灾祥互有，感召岂无？凡在位者，宜同祇畏之情，首体相关，未有幸乐之肆，必尽代劳之直，当竭国民之念，上承天戒，以佐尔君，下抚生灵，务令安遂，其图协恭，勿乃我弃。故兹诏示，咸使知之。①

万历二十四年（1596年）三月，坤宁宫、乾清宫再次发生火灾，神宗当时于养心殿“吁祷甚切”，事后谕内阁曰：“今偶尔灾变，实上天警惕，乃朕失德所致，惊疑两宫圣母。赖列祖威灵祐庇，朕心惧切，自不安心，与元辅等议，恐未尽愆咎，传示礼部，遣官告庙自责，合行事宜，查例来看，以回天意。”② 大学士赵志皋于是上疏条陈修省实政，并建议仿照嘉靖三大殿火灾时世宗下罪己诏颁示天下之先例，要求神宗仿而行之，同时戒饬百官共图修弭。礼部遂题，查照嘉靖三十六年四月内三殿灾事例，由皇帝奏告郊庙、社稷，谢咎自责，择吉日遣公徐文璧、侯郭大诚、驸马许从诚、伯王学礼代祀神祇，着文武百官痛加修省。随后下罪己诏书，其诏曰：

> 朕以眇躬，祇膺天命，嗣守祖宗鸿绪，二十有四年于兹。夙夜兢兢，罔敢懈惰。迨乎迩岁，静摄深居，盖周慎于保家，匪宴安而厌事，百司庶务，览断未尝不亲，吏蠹民艰，咨诹惟恐不遍，顾焦劳徒切于上，而政令未协于中，致干天和，洊形灾变。昨于三月初九日戌刻，乾清、坤宁二宫悉被火灾，戴天心之仁爱甚著，荷列祖之庇佑尤深，幸朕所居，不致延蔓，而法宫严寝，一时尽灰。永怀谴告之殷，实由凉德所致。抚躬自责，震悼弗宁。已痛加悔愆，吁祷郊庙，嘉与海内，勉于维新。兹下罪己之言，共图交儆之实。夫万方之有疾苦，如在朕躬；

① 《明世宗实录》卷446，嘉靖三十六年四月壬寅。

② 《明神宗实录》卷295，万历二十四年三月丁丑。

一人之省咎愆，宜令众喻。尚恪恭以承天戒，咸濯祓以分主忧。大法小廉，益谨奉公之节；内宁外谧，期臻至治之庥。布告臣民，咸使知悉。①

崇祯时期，明廷风雨飘摇，战事不断，思宗亦几次下罪己诏书于天下。崇祯四年（1631 年）五月，因甘霖未沛，天意未回，颁罪己诏书。②八年（1635 年）十月，皇帝下诏罪己，辟居武英殿，减膳撤乐，表示与将士同甘共苦。十五年（1642 年）十一月，下诏罪己求言。③ 十七年（1644 年）二月，清兵薄宁远，关辽登津水师总兵官黄蜚溃败，思宗忧心不已，颁罪己之诏，极言己过：

朕嗣守洪绪十有七年，宵旦兢惕，罔敢怠荒。乃者灾害频仍，盗寇日炽，生民荼毒，靡有宁居。坐令秦豫丘墟，江楚腥秽。罪在朕躬，谁任其责？所以使民罹锋镝，蹈水火，殣量以壑，骸积成丘，皆朕之过也。使民输刍挽粟，居送迎赍，加赋多无艺之征，预征有称贷之苦，又朕之过也。使民室如磬悬，田卒污莱，望烟火而无门，号冷风而绝命，又朕之过也。至于任大臣而不法，用小臣而不廉，言官首鼠而议不清，武将骄懦而功不举，皆朕抚御失宜，诚感未孚，中夜以思，跼蹐无地。己实不德，人则何尤？用告尔天下官民人等，朕今痛加创艾，深省夙愆，要在惜人才以培元气，守旧制以息纷嚣，行不忍之政以收人心，蠲额外之科以养民力。④

数日之后，当清军兵临城下之时，思宗一边筹划兵力，一边再次急颁罪己诏于天下，言己之罪，希望借此稳定人心，挽回局势。

---

① 《明神宗实录》卷 295，万历二十四年三月壬辰。

② 《崇祯长编》卷 46，崇祯四年五月丁丑，载《明实录》附录四，第 2741 ~ 2743 页。

③ 张廷玉等：《明史》卷 23、24《庄烈帝本纪》，第 332 页。

④ 《崇祯实录》卷 17，崇祯十七年二月丁卯，载《明实录》附录二，第 521 ~ 522 页。

以上所列罪己诏书可分为两类。一类是配合修省而颁布，如发生雷震鸱吻、殿庭大火等令皇帝十分震惊的灾异现象，修省不足以显示反思罪己之诚意，即颁布诏书，以示慎重警惧和反省之诚意。与那些发生于民众或地方上的水旱灾害，以及地震、饥荒等大规模的灾害相比，直接发生在宫廷中的灾异更能让皇帝产生惊惧之感。上文所提到的正统年间的雷震鸱吻，正德、嘉靖、万历时期的殿庭火灾等就属此类。这些直接降临到皇帝周围或是涉及帝王祖宗的灾或异，对于皇帝来说，喻示着对其统治地位的威胁，因此也最能令其感觉到恐惧，因惧而下罪己诏。第二类是指建文和崇祯时期所颁罪己诏，从颁布罪己诏书的背景来看，并非为配合修省而为，而是在君之将易、国之将亡的特殊情形之下颁发的，罪己的重点在于布告臣民，稳定人心。罪己诏书的内容主要用以体现皇帝对灾异示警承担责任，既展示作为最高统治者的深刻反思，也作出诚意悔过之姿态，内容一般比较笼统，不涉及现实政策中需要解决的实际问题。同时，诏书也明确将大臣与皇帝一起作为承担天谴之责的行为主体，罪己与罪臣并举。

三　明朝皇帝修省与罪己的政治文化含义

明朝皇帝的修省与罪己包含多方面的政治文化含义。

1. 表达圣明君主的责任担当

君主之责任担当是儒家政治传统中所要求的重要内容，“君”作为“天”所授之民主，具有上承天命，下统万民，调和天人关系的重要作用，其特殊身份使得对君责具有特殊的倡导和要求，天人失和、民众不安则君主有责，因此，君主要经常保持自省，反思如何为君，不能为所欲为。在明朝皇帝修省罪己的言行中，经常可以看到皇帝言己之过的情况，但这并不妨碍其作为君的合法性，因为“帝王不能无过，而贵于改过”①。其反思改过的核心即为修“君德”“君心”。洪武初年，王祎曾在给朱元

① 《明武宗实录》卷14，正德元年六月庚午。

璋的上疏中劝诫：

> 臣闻自古帝王定天下、成大业，必祈天永命，以为万世无疆之计。所以祈之者，人君修德而已。君德既修，则天眷自有不能已者。《书》曰："皇天无亲，惟德是辅"，此之谓也。修德之要有二，忠厚以存心，宽大以为政，二者君德之大端也……臣窃闻之，人君莫先于法天道，莫急于顺人心，夫上天以生物为心，故春夏以长养之，秋冬以收藏之，皆所以生物也。其雷霆霜雪，有时而搏击焉，有时而肃杀焉，然皆暂而不常，向使雷霆霜雪无时而不有焉，则上天生物之心息矣。人君体上天生物之心，故一动一静之间，务合乎天，不然，则上天必示之变异以警戒之。人君称能修德，则岂不足以当天意，而承天眷哉？此臣所以愿陛下之法天道也。①

章纶也曾在奏疏中说，"天下之本在国，国之本在家，家之本在身，身之本在心……欲安天下，必先安身，欲正天下，必先正心"②。明朝历代皇帝都十分注重对如何为君的体认，朱元璋曾多次在不同场合告谕群臣，阐明自己的为君立场，甚至立下祖训，以垂后世。朱元璋对刘基等说："朕观古圣贤之君，虽治平之世，不忘修省，诚以富贵易至于骄奢，必至于荒纵，未有荒纵而无颠覆者。故尝戒太子、诸王，以为士不能正身修德，则殃及身家。为士且然，况于为君为王者乎？"③ 明太祖在与博士许存仁讨论《尚书·洪范篇》时说："天道微妙难知，人事感通易见，天人一理，必以类应。稽之往昔，君能修德则七政顺度，雨旸应期，灾害不生；不能修德，则三辰失行，旱潦不时，灾异迭见，其应如响。箕子以是告武王，以为君人者之儆戒。今宜体此，下修人事，上合天道。然岂特为

① 王祎：《祈天永命疏》，载陈子龙等辑《明经世文编》卷 4，北京：中华书局，1962，第 1 册，第 34～35 页。

② 章纶：《养圣躬勤论政惇孝义疏》，载陈子龙等辑《明经世文编》卷 47，第 1 册，第 367 页。

③ 《明太祖宝训》卷 2《教太爱诸王》，载《明实录》附录五，第 106 页。

人上者当勉，为人臣者亦当修省，以辅其君。上下交修，斯为格天之本。”① 永乐时期，朱棣编写《圣学心法》阐明自己对如何做君主的理解，强调君主所应具有的道德品质和原则。陈学霖认为，这篇著作大大提高了皇帝作为圣哲之君的形象。② 宣德时期，宣宗不仅在实践上努力扮演儒家理想君主的角色，还编写了《帝训》等书，具体表达其对圣君形象的理解。在成为“圣君”的过程中，对“君德”的要求是首要的，因此，皇帝修省行为中最注重对“德”的检讨。在因灾异而下诏修省时，也往往将灾沴归于统治者“不德”。③ 成化七年（1471 年），宪宗因彗星现，命君臣同修省，大学士彭时等上疏特别强调，除了关注时政得失、生民利病以外，修君主之德是为政之根基，“正万事必以正君心为本”，将修君德、君心视为转灾为祥的关键。④ 如此，为君者内无失德，外无失政，上自能谨戒于天，下有臣僚各修其职，即可塑造一种理想的君主形象，构筑起较为理想的政治统治局面。明代皇帝的修省和罪己行为，体现了明代帝王受到传统儒家政治文化中“圣君”形象意识制约的情况。

2. 体现出天命观与弭祸、祈庥的宗教意识

明代皇帝的修省与罪己行为在宇宙观上体现了人君畏天命的意识。所谓“君道尽则天命眷之，君道不尽，则天命去之，天命眷则天下臣民是依，天命去则天下臣民是畔，此天之可畏也”⑤。“国家所恃以久长者，惟天命人心”，⑥ 讲的都是对天命的崇信和敬畏，这是帝王修省和罪己行为的观念因素，其基础在于对天心以民为正本的认同。其次，皇帝修省针对灾异，将灾异视为天之谴告，认为这是天象示警的表现，其目的不在于惩

① 《明太祖宝训》卷 4《警戒》，载《明实录》附录五，第 259 ~ 260 页。

② 〔美〕牟复礼、〔英〕崔瑞德：《剑桥中国明代史》，北京：中国社会科学出版社，1992，第 217 ~ 218 页。

③ 俞汝楫：《礼部志稿》卷 4《修省之训》，《景印文渊阁四库全书》，第 597 册，第 64 页。

④ 《明宪宗实录》卷 99，成化七年十二月庚辰。

⑤ 周怡：《讷谿奏疏》，《景印文渊阁四库全书》，第 429 册，第 584 页。

⑥ 邹缉：《御选明臣奏议》卷 2《三殿灾请修时政疏》，《景印文渊阁四库全书》，第 445 册，第 35 页。

罚，而在于告诫，天心仁爱，只对有道之君才施以警告，因此天谴在统治阶层的话语里常常被解释成促成积极有为之政策的提示，这与民众对灾异乃统治者失政的理解显然存在差异，这时皇帝修省，斋心格天，即是与天沟通、回应天谴的方式之一。如果不对天之警告予以回应，则必出现更严重的灾害。前文所举朱元璋在吴元年对侍臣表达的对待天谴的一段话就说明了其对天象示警的理解和敬畏之情。① 另外，明人还在其对“天”的理解中注入伦理色彩，将天与君的关系比喻成父与子，如弘治内阁大学士刘健所言：“盖闻君之事天，犹子之事父，父有怒责子，必深忧切惧，省躬谢过，俟其怒解乃得自安，若视以为常，不加之意，则父之怒愈不可解矣。”② 嘉靖时期，桂萼之兄桂华也说：“天以天下付之人君，譬如父以家事付之长子，故天下之大，君曰天子，人家子贤，则父见其子可托矣。故凡事必示以喜怒，知其能行其志也。若子不贤，则父知其子不可托矣。虽有喜怒，将何告语……则今日上天所以数见变异以示皇上者，其意端在是矣。”③ 如此，君事天即类同于子事父，其合理性以及儆省之必要性也就昭然若揭。

对天命的崇信以及“天”之示警的恐惧使皇帝希望通过修省或罪己的行为达到弭祸、祈庥的目的。天地风雷、日月星辰、雨雹山川、草木禽兽这些自然变异，在因应之概念上被解释为水旱凶荒、盗贼疾疫，甚至是乱亡之祸，而某些发生在帝王统治核心区域的灾异，诸如南京宗庙遭雷震、火灾等则最令帝王担忧，有时甚至是一种极度的恐惧，这种恐惧之感促使皇帝积极对自身进行反思，甚至做出政策上的调整。此种通过修省达到弭祸消灾、祇庥祈福的行为已经超出了一般性的所谓启示，而更含有一种迷信的色彩，迷信愈强恐惧愈深。尤其在明朝中后期，像正德、嘉靖皇帝这样沉溺于宗教信仰的帝王，其修省行为更多地含有此种成分。

---

① 《明太祖实录》卷 26，吴元年冬十月丙午。

② 《明孝宗实录》卷 193，弘治十五年十一月丙申。

③ 桂萼：《文襄公奏议》卷 6《论异星疏》，《四库全书存目丛书》，史部第 60 册，济南：齐鲁书社，1996，第 137 页。

3. 表达安抚臣民、调整政策之承诺

修省行为本身是内在的自省，但又不仅仅终结于省察自我这个层面，其行为的表达以及公布于众还具有重要的现实意义，表达了一种公众姿态，即借以安抚臣民，同时也做出调整政策之承诺，或者显示对政策之关注程度和行为方式的调整。所以大臣们上疏要求修省，往往会被皇帝采纳。崇祯初年，农民军犯皇陵，时礼部右侍郎陈子壮言："今日所急，在收人心，宜下罪己诏，激发忠义。"① 可见皇帝做出修省和罪己之姿态背后显然都关照着对臣民的安抚作用。修省伴随政策调整，即所谓"应天以实不以文，得民以政不以言"，举实首先表现在将引发灾异的原因与实际政策的不当关联起来。如嘉靖时，桂萼讲星象变异时认为，那是因为"恩诏每下，有司不肯将行，在内或壅蔽不以上闻，在外或废格不以下布，是徒有尧舜之君在上，而百官不以尧舜之心为心也。兹者天下州县逃亡载路，盗贼满山，夷狄凭陵，储蓄耗竭……此上天所以为震怒，而灾变所以屡作也"②。而修省行为若不跟随相应的实证举措，亦是徒劳。弘治九年，御史胡献上疏言："陛下遇灾修省，去春求言，谏官及郎中王云凤、主事胡爟皆有论奏，留中不报，云凤寻得罪。如此，则与不修省何异？"③ 嘉靖时期，右佥都御史巡抚凤阳李遂《类奏灾异疏》中说：

> 陛下敬德祈天，修道凝命，其于弭灾之道盖无所不至矣。比来雷鸣星陨，物异人妖，四方奏报，殆无虚月，《传》曰，"天心仁爱人君，则数出灾异以谴告之"，伏望皇上体上天仁爱之心，敕下群工，同加修省，尤望圣明揽威福之权，辨忠邪之分，开众正之路，杜群枉之门，此实自古为治之常经，今日弭灾之要道也。④

---

① 张廷玉等：《明史》卷278《陈子壮传》，第7130页。

② 桂萼：《文襄公奏议》卷3《修省十二事疏》，《四库全书存目丛书》，史部第60册，第87～88页。

③ 张廷玉等：《明史》卷180《胡献传》，第4797页。

④ 李遂：《李襄敏公奏议》卷1《类奏灾异疏》，《四库全书存目丛书》，史部第61册，第25页。

万历二十一年（1593年），大学士王锡爵等上疏指出：

> 臣等窃惟事天以实不以文，降服乘幔，撤乐出次者，修省之文也；君臣和德，饬纲陈纪者，修省之实也。惟是朝讲久旷，堂陛不交，往往有天语亲传，而德意不宣于下，宸翰亲决，而威权不制于上，合无乘此修省之时，少赐须臾之间，使臣等与百执事皆得仰睹威颜，于以尽舒久郁之人望，大振积弛之朝纲，庶几和气可回，灾祲可弭。①

崇祯二年（1629年）六月，思宗因天时亢旱、雨泽愆期联想至刑狱或有失平处而修省时，说得更加明确："如此大旱，皆因政事失当，是我君臣不得所致，须要痛加修省……前日祈祷是甚么祈祷，不过青服角带文具而已，若果竭诚祈祷，修举实事，必定感格，岂有求而不应之理？"②所以，基于统治者对治"民"之重要性的认识，几乎每次皇帝修省前后，都有大臣上疏提出实政举措，或是由皇帝直接对不当之政策做出调整，对于那些借修省请辞的官员，皇帝亦多不允，强调弭灾在同修省、举实政，请辞不是办法。

四　明朝皇帝修省的效用及君、臣政治的契合

终明一朝，皇帝多修省，尤其在明朝中后期，修省更加频繁，但同时，明朝皇帝却往往"失德"，究竟怎样理解皇帝修省的实效以及修省与失德之间的矛盾？皇帝修省和罪己的举措到底有无意义？从明朝皇帝修省行为前后的实际举措来看，可以将之分为三类加以讨论。

（1）如皇帝诚心修省，则实效多随之而来，而判断是否具有实效，

---

① 《明神宗实录》卷262，万历二十一年七月甲子。

② 《崇祯长编》卷23，崇祯二年六月癸亥，载《明实录》附录四，第1400页。

并非依据灾异是否消失，而是有无对明朝政府原有政策中的偏差进行了有效调整。这种修省多半是因皇帝主动要求或是意识到其重要性，令大臣们各尽其职，同为修省，以图消弭灾祸。这一点可以通过皇帝修省行为的态度体现出来。洪武二年（1369 年）三月，因四方旱灾相仍，民命颠危，风雨不时，丰荒未卜，朱元璋主动减膳省愆，同时还祭告皇考妣，追忆其当年之艰难困苦，指出“今富有四海而遭时若此”，咎实在自身，并具草蔬粝饭，与后妃共食旬日，以示同民艰。① 朱元璋在位时曾多次诚心自我反省，不仅调整当时之政治措施，也在告诫后代君主。宣德三年（1428 年）四月丙寅，山西解州、潞州奏天旱民饥，多流移他境者，宣宗览奏恻然谓尚书夏原吉曰：“比闻山西久不雨，朕心不安，今果奏至。”随即马上遣人赈济，抚绥其民。②

（2）某些大灾大难使皇帝恐惧修省，往往会使其后皇帝的行为有所收敛。弘治十二年（1499 年），孔子故里阙里遇灾，被视为“斯文莫大之变”，又逢星光垂异，孝宗曰“上天示戒，朕甚祗惧”，遂令文武百官修省，务尽职业，以共回天意。③ 正德九年（1514 年）正月，乾清宫大火之后，大臣们对武宗远居豹房、荒废朝政的行为进行了批评和劝诫，令武宗不得不下罪己诏，同时对某些大臣的意见加以采纳。嘉靖四年（1525 年）十月，世宗因四方灾异命辅臣撰旨，谕令上下同加修省。于是大学士费宏等上言修省举实政疏，疏入，世宗曰：“览奏具见忠诚，辅导至意，朕自嗣位以来灾异屡见，虽因事省谕而未臻实效，近日或雨灾、或星变，朕以惶惧，故命卿等撰旨省察，此非下民之咎，其失在朕也”，并将所奏事宜酌情施行。④ 嘉靖十年（1531 年）正月，大内东偏火，自宫人郭氏屋起，延烧至东西十四连房。当时世宗不仅因此而修省，还亲制《火警或问》一书，以明善恶、别患邪。⑤

---

① 《明太祖实录》卷 40，洪武二年三月丙申。

② 《明宣宗实录》卷 41，宣德三年四月丙寅。

③ 《明孝宗实录》卷 153，弘治十二年八月丙申。

④ 《明世宗实录》卷 56，嘉靖四年十月乙未。

⑤ 朱厚熜：《火警或问》，《四库全书存目丛书》，史部第 57 册，第 1 ~ 4 页。

（3）因自然灾害而进行的一般性修省，因这些灾害不直接威胁君主之统治，修省则多敷衍塞责，修省多流于形式，既修之后，即认为其君责已履行，而较少采取实际举措，或只是有选择性地酌情改变。这时，如果灾害不持续发生，则更会被归结为是进行了自我省察的结果。在这种情况下，其实对君德之省察的意义已经十分有限。嘉靖九年（1530 年）正月，礼科等科给事中朱鸣阳等人因清宁宫后房失火上修省疏曰："虽云小灾，实关大体"，指出当时典礼失中、直言废弃、爵赏太滥、刑罚纵失、外戚骄盈、近幸干政等事都可以引发灾异，嘉靖皇帝虽亦反躬修省，但对上疏所奏事宜并未做出积极回应。[①] 万历时期，也经常发生这种遇灾异，大臣要求修省，而神宗敷衍修省的情况，有时甚至干脆留中不报。

从皇帝和士大夫对修省的态度以及修省之效用上也反映出，明朝君、臣在修省这个问题上的一致大于分歧。在明朝历史上，士大夫多敢大胆直言，甚至触鳞请命，君臣之间的冲突屡见于史料，但于修省一事则很少歧见，即使存在一些敷衍修省的情况，但都没有实质性的冲突，其间或有分歧情节，但多不因此而致严重的争执。如景泰元年（1450 年）五月，亢旱为灾，代宗与大臣共同修省。时太子太保兼吏部尚书王直上疏，劝谕指出"陛下存畏天之心以尊祖为念，当奋发乾刚，思雪雠耻，罢不急之务，省无益之费，日御便殿，召诸谋臣宿将考论军马钱谷之实"。疏入，景帝曰："朕自临御以来，夙夜惟以敬天为心，不敢怠忽，然天示以灾异如此，使朕益增兢惕，莫知所为，激切之际，忽得卿言，指朕过失，朕深嘉悦，知改悔之方矣。尚敢畏难而苟安哉？"[②] 此类皇帝对于士大夫要求君主修德省过的建议表示赞许的情况时有发生，体现出帝制体系内君主与士大夫政治角色、理念之间存在契合之点。在明朝君臣之间时有冲突的情形下，修省常成为化解冲突的机制之一。部分上由于如此，修省才反复举行，在明朝成为政策调整的一种惯用方式。

---

① 张卤：《皇明嘉隆疏抄》卷 6，《四库全书存目丛书》，史部第 72 册，第 522 页。

② 《明英宗实录》卷 192，"废帝郕戾王附录第十"，景泰元年五月癸丑。

明朝皇帝修省行为的常规化以及颁布罪己诏书的行为，从本质上说，是一种对统治政策进行自觉调节的机制，在明朝，尤其是明朝中后期，这种反省机制已经发展为一种惯例。明朝在政治制度上废除宰相，分权于六部，增加了皇权在政策抉择中的比重，以后历代皇帝均未曾在制度上修改此祖制，因此，在实际的政策运转中，对皇权的有效监督和反省显得更为必要，相对于外在的制度性监察，修省和罪己作为一种内在的反省机制，对君德、君责的履行提出了要求和保障，使君主之行为具有极限。但也应该看到，这种对君权的限制仍旧相当朦胧，故明代皇帝修省行为虽然频繁，但却并未保证明代的皇帝成为“圣明”君主。

作者简介：李媛，1980年生，女，吉林省吉林市人，东北师范大学历史学博士，现为东北师范大学亚洲文明研究院副教授、《古代文明》编委，专业领域为明清史，研究方向为明清政治文化、礼制文化、女性史。

明代国家祭祀体系中的“天”

——一种政治文化视角的分析

李　媛

提　要： 祀天是明朝国家祭祀体系的核心，统治者通过祀天向全社会展示国家主导意识形态所认定的人间与自然世界的终极秩序，并由此演绎出现行政治权威的合法性和社会等级关系。祀天透射出明人关于“天”的观念：明人眼中的“天”是独一无二的，代表了抽象的至上权威，抽象之天演变为具有象征意义的神圣符号，凌驾于一切自然与人世之上。除此以外，“天”之意象亦具有明显的复杂性，尤其是在祭祀活动中凸显了其自然属性和人格属性。明朝皇帝、士大夫群体以及普通民众也因身份和祭祀目的的不同而对祭天有各自的解读，这些解读构成明人宇宙、社会观念的重要内容。

关键词： 明代；祭祀；天；政治文化

祭天是明朝国家祭祀体系的核心，明人对“天”的理解反映了其关于人间和自然在宇宙观层面的终极认知，因此，从祭祀活动角度对明人关于“天”的意象进行政治文化视角的解读，可以从一个侧面理解明朝国家祭祀制度设置之理念及其终极意义。迄今为止，学界对明朝祀天活动及其制度演变的研究主要关注对于该祭祀仪式，及其当下政治、人事牵连的考察，鲜有对“天”之形象及其寓意的透彻分析，也较忽视这一形象背后体现的政治文化寓意。[①] 本文在整体把握祭天制度之变化的基础上，着重从政治文化的视角解读明人怎样定位祭祀体系中的“天”，通过祭祀，赋予“天”怎样的形象，这些形象在明代祭祀对象体系中如何被神圣化的问题，并进一步分析明代皇帝、士大夫、民众这些不同群体如何看待和解读祭天行为以及“天”这一神圣的祭祀对象。

一　祭祀体系中“天”的唯一性与抽象性

洪武初年，实行天地分祀之制，分别于钟山之阳、钟山之阴建立圜丘、方丘，冬至祀天，夏至祀地，并以日月、星辰、太岁从祀天，以岳镇海渎从祀地，奉仁祖淳皇帝（明太祖之父）配享。洪武十年（1377 年），朱元璋因天地若父母，天地分祀象征父母相分，于人情有所未安，遂改为天地合祀，并为避风雨之便，建大祀殿，每年正月择日于大祀殿行祀天礼，取“三阳交泰，人事起始”之意。朱棣迁都北京后，参照南京的样式于永乐十八年（1420 年）建大祀殿，改以太祖高皇帝配享。洪熙元年（1425 年），增奉太宗文皇帝并配。此后直到嘉靖九年（1530 年）以前，一直实行天地合祀制度。嘉靖九年，议天地分合事起，遂定复洪武元年初制，改建圜丘于南郊大祀殿南，冬至祀天；建方泽于北郊安定门外，夏至祀地；从祀体系重新奉行天神地祇以类相从的原则，祀天以日月、星辰、风云雷雨从，祀地以岳镇海渎、陵寝、诸山从，仍奉太祖高皇帝配，罢太宗配享。嘉靖改天地分祀以后，直至明亡，未再有变动。

---

① 有关明朝天地祭祀制度之演变研究较为重要的成果主要包括，孔令谷：《明代郊祀仪制杂阐》，《说文月刊》1941 年 2 卷 11 期；小島毅：《郊祀制度の変遷》，《東洋文化研究所紀要》第 108 冊；赵克生：《明代郊礼改制述论》，《史学集刊》2004 年第 2 期；胡吉勋：《明嘉靖中天地分祀、明堂配享争议关系之考察》，（香港）《中国文化研究所学报》第 44 期，香港：中文大学出版社，2004；张琏：《明代嘉靖朝郊祀礼更定过程之考察》，2004 年南京“第十届明史国际学术讨论会会议论文”；邢致远、邢国政：《明初南京天坛分合祀的变迁》，《东南文化》2006 年第 2 期。

无论是分祀还是合祀，明人对“天”有一贯的认识，其重要表现在于承认“天”的唯一性和独特性。祭天是祭祀体系中最早形成的祭祀活动之一，是国家祭祀活动的中心。宋元以前，祀天之说有种种分歧，主要反映在对以下几个问题的聚讼纷争上：即祀天于地上之圜丘与祀昊天上帝于明堂能否并举，所祀天、帝是一个还是多个对象，天地分祀还是合祀等。明朝建国初，中书省臣李善长、傅瓛，翰林学士陶安等人即在洪武元年二月上疏，对这些问题进行了集中讨论，认同唐宋时期形成的祀“天”唯一说，主张所祀之“天”只应有一个，其他称呼和祭祀行为不能与之匹敌，亦不能凌驾其上，对“天”独一无二的至尊地位给予肯定，并制定了祀天制度的基本规划。① 弘治八年（1495 年），孝宗命内阁大学士徐溥等为祀天改补进呈“祭三清乐章”，徐溥等人指出，“三清者乃道家邪妄之说，谓一天之上有三大帝，至以周时柱下史李耳当之，是以人鬼而加于天之上，理之所必无者也”，拒绝改补进呈。② 这一声音显示，明朝士大夫对祭天的理解是以儒家的现世理念为基础的，对宗教信仰中的天帝观念对“天”之唯一至上性的冲击自觉抵制。嘉靖时期，世宗曾对祀天礼进行了重大改革，但对“天”之唯一性的认识则始终如一。嘉靖九年（1530 年），世宗与大学士张璁讨论祭天之礼时指出，天应该是绝对唯一的，圜丘合祀天地不符合对天的专祀，是对天之独特性的削弱，所以主张改为圜丘、方泽分祀。除了讨论天地分祀以外，世宗还与大臣们就祀天配享问题产生了分歧，世宗持意太祖冬至郊天配享，太宗孟春祈谷配享，即二祖分配，但是大学士张璁、翟銮等人则认为，二祖并配实为应循之祖制。世宗说：“万物本乎天，人本乎祖，故王者祀天以祖配。天止一个天，祖也止有一个祖，故今日大报天之祀，止当以我皇祖高皇帝配，不当以二圣并配。”③ 世宗与张璁等人在配享问题上固有不同之理解，但从所持之论据上看，他们对天的唯一性是没有异议的。万历时期礼部尚书于慎

① 《明太祖实录》卷 30，洪武元年二月壬寅。台北：“中央研究院”历史语言研究所，1962。

② 《明孝宗实录》卷 107，弘治八年十二月甲寅。

③ 《明世宗实录》卷 111，嘉靖九年三月辛丑。

行也曾经讨论认为，所谓六天之说，十分荒谬。[①] 因此，明朝国家祀天之礼虽源自上古郊天配祖之制，实直接承继唐宋以来归并后的祀天礼，即将“天”看作唯一的至上神加以崇祀。

“天”作为唯一至上的存在拥有怎样的权威呢？这首先体现在对政权之合法性的昭示以及明人对天的敬畏态度上。明太祖即位第一大事就是举行祀天礼，以表示受天明命，结束元朝之统治，建国称帝。太祖以后历代皇帝即位后亦行祭天礼，昭示继承先王之统绪，成为合法新君。在制度上，明朝将对天的敬畏极致化。洪武元年（1368年），朱元璋对元时诏书首语必曰“上天眷命”表示不以为然，认为“其意谓天之眷佑人君，故能若此，未尽谦卑奉顺之意。命易为‘奉天承运’，庶见人主奉若天命，言动皆奉天而行，非敢自专也”[②]。朱元璋公布的“祖训”中也特别强调对天必须常存敬畏之心：“帝王得国之初，天必授于有德者，若守成之君常存敬畏，以祖宗忧天下为心，则能永受天之眷顾，若生怠慢，祸必加焉。可不畏哉？”[③] 嘉靖时期世宗以强力对祀天礼进行了一系列改革，甚至加“皇天上帝”尊号，命诸词臣撰“册天表”，明人黄景昉对此评论到：“嗟乎！天岂可册哉？即加号曰‘皇天上帝’何益？曷异儿戏。”[④]

---

① 明人于慎行也曾论述：“礼曰：‘以禋祀祀昊天上帝。’此天也，郑玄以为，天皇大帝者，耀魄宝也。礼曰：‘兆五帝于四郊。’此五行精气之神也。郑玄以为，青帝灵威仰、赤帝赤熛怒、黄帝含枢纽、白帝白招拒、黑帝汁光纪者，五天也。由是有六天之说。纬书之凿，视道家图箓之文殆有甚矣。唐初，冬至，祀昊天上帝于圜丘；正月上辛，祀感生帝灵威仰于南郊，感生帝者，东帝也；季春，大享明堂，祀五天帝。显庆元年，以高祖配昊天于圜丘，太宗配五帝于明堂。明年，礼官奏四郊迎气，存太微五帝之祀南郊、明堂，废纬书六天之义，而玄说尽黜矣。显庆二年，又诏礼官议明堂制度，以高祖配五天帝，太宗配五人帝。五人帝者，东方帝太昊，西方帝少昊，南方帝炎帝，北方帝颛顼，中央帝黄帝也。六天之说，即汉之五畤，使五行之吏进而并于有昊，说之最谬者矣。”于慎行：《穀山笔麈》卷7，北京：中华书局，1984，第70～71页。

② 《明太祖实录》卷29，洪武元年正月丙子。

③ 朱元璋：《皇明祖训》，《祖训首章》，《四库全书存目丛书》，史部第264册，济南：齐鲁书社，1996，第168页。

④ 黄景昉：《国史唯疑》卷7，上海：上海古籍出版社，2002，第190页。

除了敬畏以外，在祭天时还要诚简以对天，弘治八年（1495 年），内阁大学士徐溥等拒绝为祀天改补进呈“祭三清乐章”时就说，“天子祀天地，天者，至尊无对，尽天下之物，不足以报其德，惟诚意可以格之。故礼以少为贵，物以简为诚，祭不过南郊，时不过孟春，牲不过一牛。盖祭非不欲频，频则反渎；物非不欲丰，丰则反亵”①。指出“天”的至尊地位使得用尽天下之物也不足以报，而只能以祭祀主体的诚意感格，故祭祀以少为贵，祭物以简为诚，祭祀过频和祭物繁丰都是对“天”之神圣性的亵渎。

“天”在明人的祭祀观念中不仅是唯一的，也是一种终极象征，他们对天以抽象的符号化的方式加以崇拜，形成了观念中的“天”，又进而演绎出其自然性、人格性、伦理性等多重属性。

“天”的抽象性及其体现的至尊至上的特征具体演绎开来主要表现在两个方面。首先，天作为至上存在，掌管一切神、鬼，其中既包括风云雷雨、日月星辰、岳镇海渎、山川诸神，也包括各种人鬼，甚至连民间祭祀的厉鬼，虽然其上有城隍神加以统摄，最终也都归于天的掌控之下。“天”本身不是一个有形的或特定的神，而是以一种抽象化的概念的天统领一切自然之神。由于“天”是自然界的主管，故遇到有干旱、雨雪、虫害、地震等自然灾害的时候，常常由皇帝或朝廷重臣祭祀天地，祈福弭灾。

其次，天的抽象性还体现在其为人间一切“理”之终极渊源的观念地位。在明人的观念中，人们的各种诉求和期盼说到底都是在“天”那里得到实现的，人们往往希望在“天”那里寻找到所谓的“理”，这个“理”是抽象的，它代表了社会和自然的终极秩序以及道德的价值所在。在明代史籍中，有大量关于天理人情的言论，君臣评价事物之标准往往归结于合乎天理、顺乎人情。正德十六年（1521 年），杨廷和、蒋冕、毛纪等人在与世宗讨论大礼称号时就指出，“大礼关系万世纲常，四方观听，议之不可不详，处之不可不审。必上顺天理、下合人心，祖宗列圣之心安，则皇上之心始安矣”②。

---

① 《明孝宗实录》卷 107，弘治八年十二月甲寅。

② 《明世宗实录》卷 6，正德十六九月丙子。

“天”被抽象化以后，变成了具有象征意义的符号。明人祭祀体系中，祀天仪式反复举行，使祭祀之实际主体和外围主体，即君主、大臣和民众，在祭祀活动中凝聚起对天的共同认知，举行仪式的过程则能增强这种情感。

二　明人“天”之意象的复杂性

明人观念中的“天”具有唯一性、抽象性和至上的权威，并在祭祀过程中被塑造出多重意象，这些不同的意象在一定程度上反映出明人的现实诉求，表现出明人宇宙观和社会观的复杂性和丰富性。“天”之意象的不同侧面主要表现在其具有的自然属性和人格属性上。尤其在嘉靖时期，祀天礼随着天地分祀改制而发生了很大改变，“一岁四享祀之礼，有冬至圜丘礼，有孟春祈谷礼，有孟夏雩坛礼，有季秋明堂礼，皆所以遵之也”①。在此过程中，“天”的自然性和人格性被凸显出来。

“天”作为一种自然存在，其高远超越、浩瀚无垠和亘古不变本身就是一种充满神圣意味的象征，在以农业为根本生产力的中国传统社会，人们对土地、天空、自然的依赖在很大程度使人们将对农业生产丰盈的期待求诸于“天”的神圣力量。在明朝的国家祭祀活动中，孟春祈谷、孟夏雩礼就显示出将所祀之对象——“天”看作自然之天，凸显其对农事生产的庇佑作用的意念。

祈谷礼是孟春之季祈求一年农业丰登的祭礼，祭祀的对象就是天。明初不设祈谷礼，只于每岁仲春上戊日由皇帝于先农坛亲祭先农，耕籍田，其含义与祈谷礼相类，都是祈求谷物丰收的。不过先农祭祀的对象是先农神，而祈谷礼的祭祀对象则是“天”。永乐后，皇帝只在登极时亲祭先农一次，此外则派遣顺天府官代祀先农。嘉靖九年（1530年），世宗改革以孟春上辛日行祈谷礼于大祀殿，命翰林院将《存心录》所载乐章、祝文

① 《明世宗实录》卷213，嘉靖十七年六月丙辰。

润色，并撰祈谷乐章、祝文，命太常寺选补乐舞生，如数教习，次年又改以启蛰日行于圜丘。十一年以后，改以惊蛰日遣官代行祈谷礼于圜丘，奉高皇帝配，著为定典，代祀圜丘祈谷遂为常例。① 嘉靖十八年（1539 年）以后，祈谷甚至改于禁内玄极宝殿行礼，其作为国家公共祭礼的特征逐渐减弱。对祈谷礼的重设显示出对天之自然属性的凸显。

雩祀既可在天旱不雨时举行，祀天求雨，也指列为明朝国家祭礼的十三项常规大祀之一。作为常规大祀的雩祀的意义在于祈求全年风调雨顺，其对象也是自然之天。进入国家常祀的雩祀始于嘉靖时期，是当时祀天礼改革中的一部分，在规定了冬至行大报礼，岁首上辛行祈谷礼后，又议孟夏大雩之祭。嘉靖十一年（1532 年），诏依郊坛之制建造雩坛。嘉靖十七年（1538 年），世宗因干旱躬祷郊雩，表现出因自然原因而祈天之意。

不唯嘉靖时期复定的祈谷、大雩礼在仪式活动的意义上凸显了天的自然性，明朝祭天活动很多其他方面也展现出对天的自然性的崇拜。如对祀天之日的选择，以有利于农事的代表万物复苏的春首三阳交泰之时为期。洪武三年二月，据太常少卿陈昧奏，规定行郊祀礼，以天下户口钱粮之籍陈于台下，祭毕收入内库藏之，取周礼拜受民数、谷数于天之义。② 这些将天与农业生产关联起来的仪式也折射出明人观念中天的自然属性。

除了自然属性以外，一些祀天活动还凸显了“天”人格性的一面。首先，明人对天的称呼很多，如“天”“帝”“昊天”“昊天上帝”“皇天”“皇天上帝”等，“天”与“帝”实际上被统一用来通指唯一的天，只是在称呼上，“天”更倾向于其抽象性征，“帝”则更倾向于突出其人格属性。嘉靖九年（1530 年）二月，世宗与大学士张璁探讨天地分祀时就指出：“‘天’与‘帝’一也”，但形体主宰不同而已，因此祭祀形式

① 《明世宗实录》卷 134，嘉靖十一年正月辛未。当时给事中叶洪奏言认为，祈谷、大报祀名虽不同，实均为郊天之礼，应该遵循祖宗之制亲郊，成化、弘治之间或有他故，宁展至三月行礼，不过谓郊禋礼重，不宜摄以人臣。遂请世宗亲自祭祀。世宗则认为，祈谷之祭与大报不同，礼文亦有隆杀，况遣官代祭已有先例，不听。

② 《明太祖实录》卷 49，洪武三年二月癸酉。

也有不同，大祀殿祀天是屋下之祭帝，圜丘则是旷处祀天之礼。① 同年四月，张璁在与嘉靖皇帝讨论郊祀取消二祖并配之制时也指出，上古时期，常常天帝并称，"'天'之与'帝'原自无异。"②

其次，"天"的人格属性还表现在，明人在对"天"的理解中注入伦理色彩，将天与君的关系比喻成父与子。弘治内阁大学士刘健就说，君主事天，犹如子之事父，父亲发怒责备儿子，儿子必然恐惧而改过，等父亲消了气才能自安，如果将之视为常事，不予理睬，那么父亲的怒气则会更大，君主事天与此道理是一样的。③ 嘉靖时期，翰林修撰桂华也说过，天将天下付与人君，就好像父亲将家事付与长子一样。若儿子贤能，父亲见其子可以托付，则凡事必以喜怒相示，儿子也可以理解父亲之意，现在上天屡次以变异示意皇上，取义即在此。④ 在这里，天具有了人世间的喜怒哀乐，其所掌管之事也与人事相关联。

另外，嘉靖时期恢复的明堂祭祀也凸显了天的人格属性。⑤ 明初不设明堂大享礼，嘉靖十七年（1538 年），为了全面配合世宗圜丘祭礼的改革，在致仕扬州府通判同知丰坊等人的奏请下，复举明堂古礼，以季秋享上帝于玄极宝殿，奉睿宗献皇帝配。礼部尚书严嵩等言：

> 古者圣王以为，人君，天之宗子。其事天也亦如子之事父，义尊

---

① 《明世宗实录》卷 110，嘉靖九年二月癸酉。

② 《明世宗实录》卷 112，嘉靖九年四月戊辰。

③ 《明孝宗实录》卷 193，弘治十五年十一月丙申。

④ 桂萼：《文襄公奏议》，《四库全书存目丛书》，史部第 60 册，第 137 页。

⑤ 有关中国古代明堂祭祀制度之演变的讨论参见张一兵《明堂制度研究》，北京：中华书局，2005。明人对明堂是祀天之地还是祭祖之地看法也不尽相同。嘉靖六年（1527 年）世宗与辅臣讨论明堂之制，大学士杨一清钩沉历代祭祀明堂之不同说法，认为明堂祭祀重在敬祖，而非祀天。参见《明世宗实录》卷 76，嘉靖九年二月癸酉。但明堂礼在明朝更多被视为祀天之礼，洪武时期，朱元璋曾说："古人于郊扫地而祭，器用匏陶，以示俭朴。周有明堂其礼始备。今予创立斯坛，虽不必尽合古制，然一念事天之诚，不敢顷刻怠矣。"参见《明太祖实录》卷 27，吴元年（1367 年）十月甲午。嘉靖时期的改革明确指出明堂秋享礼应视为祀天礼的一部分，参见此段正文中严嵩的论述。

而情亲，故制为一岁四享祀之礼，有冬至圜丘礼，有孟春祈谷礼，有孟夏雩坛礼，有季秋明堂礼，皆所以遵［尊］之也。明堂，帝而享之，又以亲之也。先儒曰：天即帝也。郊而曰天，以后稷配焉，以尊稷也。明堂而曰帝，以文王配焉，以亲文王也。此周事然也。臣等及覆思，惟今日秋享之礼，国典有缺，委宜举行。但明堂之制古法难寻，要在师先王之意，自为令制。切惟明堂、圜丘皆所以事天也。①

同年冬十一月，上“皇天上帝”之尊号。明堂之制仅在嘉靖时期复行一时，且到最后，仅在禁内玄极宝殿遣官行礼为常，其作为国家公共意义的祭祀活动的含义已经不再具备。隆庆时期，大享礼终被罢除。从祭祀观念上来看，明堂祀天以祖宗配，实际是配合郊祀配祖，强调天的伦理性和道德性，使天除了代表自然之天，还具有了精神和意识上的属性。

三　明人对“祀天”含义的解读

在明人的观念中，“天”是人间和自然世界的终极存在，是一种符号化了的象征，其形象也是历史的和多层面的，新理解和新解释不断地添加到既有的观念体系中，使“天”拥有了多重被不同群体“写上去”（written over）的内涵。② 明代不同群体对“天”以及祀天之功用的差异解读，丰富了明人关于“天”的观念。

（一）皇帝眼中的“祀天”

祀天是受天命者——皇帝的特权，故祀天之举被皇帝诠释为皇权正统性及合法性的象征。明朝开国之君朱元璋的即位祀天礼即带有宣告建国之

① 《明世宗实录》卷213，嘉靖十七年六月丙辰。

② 相关理论详参沃森和杜赞奇在《神的标准化》与《刻划标志》中对神或标志形象的符号多样化内涵的有关论述，参见〔美〕韦思谛编《中国大众宗教》，陈仲丹译，南京：江苏人民出版社，2006。

合法性的独特意义。洪武元年（1368 年）正月乙亥，朱元璋举行登极仪式之前，亲服衮冕告祭南郊，表达了对明朝合法性和朱元璋皇权正统性的昭告。① 有时，这种受天命的特权还被统治者利用借以表达某种意愿，如洪武元年正月，朱元璋即位之前，曾以群臣推戴之意告之于“上帝”，曰：“如臣可为生民主，告祭之日，帝祇来临，天朗气清。如臣不可，至日当烈风异景，使臣知之。”据称，不久，天晴气爽，遂如愿行圜丘即位礼。② 这个时候，天实际上被人君所用，君主借天之口表达自己的思想或欲求，已经不同于上古时期一味听从天命、占卜天意的做法。

明朝皇帝还常常将“天”解释成可以向为君者提出谴告，出异象以示警，但谴告和警示的目的不在于惩罚，而在于告诫，所谓天心仁爱，只对有道之君才施以警告，这时皇帝修省，斋心格天，即是与天沟通、回应天谴的方式。如果不对天之警告予以回应，则必出现更严重的灾害。因此当出现自然灾害或天象示警时，皇帝往往表现出恐惧进而进行修省反思。洪熙元年正月丙戌，大祀天地于南郊之后，仁宗对侍臣说：“天道人事，未尝判为二途，有动于此必应于彼。朕少侍太祖，每征以慎修敬天，朕未尝敢怠……惟天心仁爱人君，常示变以警之，惟明君必敬天于所示警，皆有惕励修省之诫，未尝忽也。”③ 明朝历代皇帝的修省活动十分频繁，成化以后尤其明显，已经发展成为一种常规化的政策调节手段，这种对统治政策进行自觉调节和内在反省的机制，对君德、君责的履行构成了某种制约，使君主之行为具有观念上的极限。④

人君对天的极端崇敬来自于承认天的终极权力。祀天时，君主要表现出对天极度的“诚”“敬”姿态。洪武元年正月，朱元璋将告祀南郊，戒

---

① 祀天仪参见《明太祖实录》卷 29，洪武元年正月乙亥，又见俞汝楫《礼部志稿》卷 59，《登极备考》，《景印文渊阁四库全书》，第 598 册，台北：台湾商务印书馆，1986，第 1 ~ 3 页；徐一夔等：《明集礼》卷 1 ~ 2，《吉礼·祀天》，《景印文渊阁四库全书》，第 649 册，第 66 ~ 110 页。

② 徐学聚：《国朝典汇》卷 4《朝端大政四·登极迎立》，《四库全书存目丛书》，史部第 264 册，第 338 页。

③《明仁宗实录》卷 6 下，洪熙元年正月丙戌。

④ 参见拙作《明朝皇帝的修省与罪己》，《西南大学学报》2010 年第 1 期。

饬百官执事曰：

> 人以一心对越上帝，毫发不诚，怠心必乘其机，瞬息不敬，私欲必投其隙。夫动天地感鬼神，惟诚与敬耳。人莫不以天之高远，鬼神幽隐而有忽心，然天虽高，所监甚迩，鬼神虽幽，所临则显。能知天人之理不二，则吾心之诚敬自不容于少忽矣。今当大祀，百官执事之人各宜慎之。①

君主对天的权威的服从还来自于将君主事天类比于子事父，按照父子之伦理关系，父亲具有绝对权威，子对父必然要表示尊敬和服从。

诚敬还表现在不以繁渎之礼对天。朱元璋对祀天秉承礼文从简的原则，其间曾欲有增，因礼臣阻止而未成。洪武三年（1370 年）正月，因司天台言朔日以来，日中有黑子，朱元璋亲观《存心录》，认为是祭天不顺所致。其不顺之处在于郊坛从祀，礼文太简，欲增十二月将和旗纛之神从祀圜丘、方丘，后因礼部尚书崔亮等人的反对而停止。② 嘉靖时期，世宗也多次强调注意礼仪从简以尽祀天之实。除了诚敬之外，明朝皇帝还认为，祀天不独严而有礼，当有其实，其实就在于能够恤民、福民。③ 洪武二十年（1387 年）春正月大祀天地于南郊礼成，时“天气清明，圣情悦豫”，侍臣进曰：“此陛下敬天之诚所致。”朱元璋说：“所谓敬天者，不独严而有礼，当有其实。天以子民之任付于君，为君者欲求事天，必先恤民，恤民者，事天之实也。即如国家命人任守令之事，若不能福民，则是弃君之命，不敬孰大焉？”又曰：“为人君者，父天母地子民，皆职分之所当尽。祀天地非祈福于己，实为天下苍生也。”④

皇帝还将事天之礼复制到君臣关系中，认为臣对君之态度应该像君主

---

① 《明太祖实录》卷 29，洪武元年正月甲戌。

② 《明太祖实录》卷 48，洪武三年正月丁酉。

③ 孔贞运辑《皇明诏制》卷 2，“洪熙元年郊祀覃恩诏”，《四库禁毁书丛刊》，史部第 56 册，北京：北京出版社，2000，第 507 页。

④ 《明太祖实录》卷 180，洪武二十年正月甲子。

事天一样忠诚和畏惧。洪武三年（1370年）二月，朱元璋问礼部尚书崔亮："朕郊祀天地拜位皆正中，而百官朝参则班列东西，以避正中，此何礼也？"崔亮解释指出，天子郊天升自午陛，以北向答阳之意，群臣朝参，非答祈之义，当避君主之尊，故朝班分列东西，二者取义不同。朱元璋进而指出，臣之事君与君之事天，其道不相远也，遂命侍仪司，自此以后百司朝参左右班相去不得越二尺，其省府台官俱就甬道上拜谒。① 嘉靖五年（1526年）十二月癸亥，大学士杨一清以灾异修省上言指出，灾异频繁皆因阴阳失常，而君道为阳，臣道为阴，这里的阳即象征天，象征君主，而阴则代表在天统治之下的臣，故阴阳有序即君臣有序，臣要辅佐君主，绝不能超越君权。②

（二）士大夫对"祭天"的解读

明代士大夫对祭天的理解并非完全一致，不过从其总体趋向上来看，仍有某些集中的值得关注的特点。首先，士大夫们和皇帝对祀天的解读有许多契合之处，如在君臣关系上，士大夫中也有把皇帝比作臣子的天，以君事天之道类比臣事君之道，将臣对君的祈望类比于祈天的言论。万历四十五年（1617年），雨雪交作，大学士方从哲、吴道南等人借此言辞恳切地请求神宗亲朝，其疏曰：

> 皇上之尊，犹天也，臣等之有所恳祈颙望于皇上，犹之祈天也。其为斋心而祝，披悃而陈，闵闵焉盱目而望者，视三农之望雨，不啻过之，而心力徒勤，挽回莫效，甚至疾呼痛哭，而皇上若不闻，累牍连章，而皇上若不见，是常人之所可取必于天者，而臣等不能得之于皇上。岂天可问，而九重之内，不可问乎？③

方从哲等人的言论在很大程度上代表了许多士大夫是如何在自己的政

① 《明太祖实录》卷49，洪武三年二月庚午。
② 《明世宗实录》卷71，嘉靖五年十二月癸亥。
③ 《明神宗实录》卷554，万历四十五年二月戊午。

治理念中安置天与君主之间的关系的。

在君、臣关于天谴认同一致的基础上，大臣们往往更强调借助天谴对君主进行规劝或者发表自己的政治见解。吴元年，朱元璋与侍臣的一番对话就体现出皇帝与士大夫们对天谴或者上天垂象的反应既相似又有细微差异。当时朱元璋对侍臣说：“吾自起兵以来，凡有所为，意向始萌，天必垂象示之，其兆先见，故常加儆省，不敢逸豫。”侍臣曰：“天高在上，其监在下，故能修省者蒙福，不能者受祸。”朱元璋说：“天垂象，所以警乎下，人君能体天之道，谨而无失，亦有变灾而为祥者。故宋公一言，荧惑移次；齐侯暴露，甘雨应期。灾祥之来，虽曰在天，实由人致也。”①可见士大夫更强调天的警示和监察作用，而皇帝既承认天的警示作用，也会视天象变化为己所用。此类士大夫借助天谴规劝皇帝的记载很多。洪武九年（1376年）九月，淮安府海州儒学正曾秉正因天象异常上疏称：

> 天为万物之祖，王为万邦之君，天之生物不能自治，故生圣人代天工，以君治之，而成其能。是以人君为天之子，天子有过中之政则不言，而垂象以代其言，犹父之教子也。天子知天之示教，而改行修省，求贤于下，下之人言得以达，则是天使之言也。人君于是而听纳之，则天嘉其不违教命，虽怒亦转而喜矣。天嘉而喜，则祚胤久长，社稷永固矣。②

成化六年（1470年）三月，六科给事中潘荣等因雨雪愆期、灾异迭见上疏言：

> 夫人君一身动与天准，欲应天以实，在敬天尽其道，不独在于斋戒祈祷而已。凡政令不宜，下民失所，非敬天也；崇尚珍玩，费用不节，非敬天也；处后宫无序，施恩泽不均，非敬天也；爵或滥及于匠

① 《明太祖实录》卷26，吴元年十月丙午。

② 《明太祖实录》卷109，洪武九年闰九月丙午。

> 役，赏或妄加于非分，非敬天也。伏望皇上思祖宗创业之难，思上天谴告之切，思天下生民之苦，于前数者常加省察，仍乞日御便殿，召内外大臣极言得失。凡利可兴则兴，弊当革则革，事当变更，无事因循，无惮难处，务求敬天尽其道，应天有其实。①

嘉靖十年（1531年），礼部尚书李时因天见彗星，上疏称，君主应讲求至理敬天之诚，“此古帝王克谨天戒之心也……天人相与之际，则尝闻之，固不容文饰以欺陛下”②。士大夫们的这些言论是在承认天的绝对正当性的基础上，对“天”之政治功用的现实解读。

祀天之事在士大夫和皇帝眼中之形象、地位有时也存在巨大差异，作为道统意识和儒家精神的自觉维护者，士大夫作为一个群体普遍认为，祀天之神圣性和象征性不能随意被破坏，而明朝皇帝虽然总体上承认天之至上权威，但因自己在现实社会中处于最高统治地位，倾向于随意而为。正德十三年（1518年），武宗出巡久不归，以至于延误郊祀看牲多时。是年冬十月，大学士杨廷和劝诫武宗回銮看牲祀天，疏言：“臣等窃谓备遣固重，而敬天看牲以严郊祀，尤为至重。伏望皇上俯纳臣等所言，速赐回銮躬行看牲大礼，以尽事天之敬，以遵祖宗之制。”③ 杨廷和此言表明，在他看来，祀天这样的大事即使皇帝本人，也必须按照既定制度施行，不能破坏。礼部尚书毛澄说得更为明白：“窃以为居重驭轻，修内攘外，此帝王之上策。万一边方有警，委之将帅足矣。陛下为天地之宗，子嗣祖宗之大业，诚不宜履险驰危兴戎，启衅徒竭无算之费，恐贻不测之忧。”④ 次年，武宗提出在南京临时行祀天大礼以代替北京祀天礼，大学士梁储、蒋冕等举出太宗文皇帝不得已而亲征、巡狩，但遇郊事将近仍先事回銮行礼的例证，极力阻止武宗在南京代行大礼。他们指出：“南京郊坛配位，洪

① 《明宪宗实录》卷77，成化六年三月甲申。

② 俞汝楫：《礼部志稿》卷47《修省疏·畏天修政疏》，《景印文渊阁四库全书》，第597册，第883页。

③ 《明武宗实录》卷167，正德十三年十月乙亥。

④ 《明武宗实录》卷167，正德十三年十月壬辰。

武时止有仁祖，永乐初方增太祖一位。迁都以后，京师郊坛止以太祖、太宗并配，今若欲于南京旧坛行礼，既不可除去仁祖配位，又不可擅设太宗配位，事体至重至大，臣等尤不敢妄议。古者国君迁都然后移祀天地，此皆事非得已，今若移郊南京，似与古人迁都之举无异。”① 士大夫言辞之激烈，足见关于祀天观念在儒家士大夫和皇帝之间存在深刻的差异和冲突。

除此以外，儒家士大夫与皇帝在对祀天理解上的区别还体现在，儒家士大夫常常将祀天看作崇敬之事，看做是儒家人文精神最重要的表现之一，因此，极力将之区分于佛、道等宗教的斋醮祈祷行为，不容许佛道人士主持国家祀天仪式。成化五年（1469 年），六科给事中劾奏道录司左玄义许祖铭“祈雪秽言怼天，仗剑斩风，亵天慢神，莫此为甚。乞将祖铭明正典刑，以谢神人之怒。及乞敕礼部禁约各观道士，不许擅自祈祷，以亵神明”②。这一点显然与明朝皇帝个人在对国家祭祀和制度化的宗教之间所做的模糊处理不同。在皇室中，常常出现皇帝或其他皇室成员授意下的宗教人士的祀天行为，此类行为与明代国家祭典精神不符，亦未得到主流士大夫的认同。

（三）“祭天”之于民众

利玛窦在谈到古代中国人的崇拜对象时指出，这个民族谨慎地遵循自然之道，他们在 1500 年中很少拜偶像，而是崇拜许多道德高尚之人。事实上，在那些最古老、最有权威的典籍中，他们最崇拜的是天地和君主。只要我们仔细考察所有这些书，就会发现很少有内容与理性之光相违背，里面很多内容都与其一致。③ 这里所说的对君主的崇拜是从服从的角度上来说的，而天地则是中国古代民众最为崇拜的对象。既然天是所有神灵中的最高神和至上存在，那么世间只有皇帝的祭祀才能与之匹配，祀天成为

---

① 《明武宗实录》卷 181，正德十四年十二月辛未。

② 俞汝楫：《礼部志稿》卷 88《祈祷备考·禁非理祈祷》，《景印文渊阁四库全书》，第 598 册，第 590 页。

③ 转引自〔美〕韦思谛编《中国大众宗教》，陈仲丹译，第 267 页。

“天子”的特权，一般民众可以在观念上敬仰和崇拜天，但在行为上，民众没有与天沟通的权利，也不能私自祭天，祭天之于民众，是为禁忌。洪武三年（1370 年）六月，朱元璋颁布“禁淫祠制”，其制曰：

> 朕思天地造化，能生万物而不言，故命人君代理之，前代不察乎此，听民人祀天地，祈祷无所不至，普天之下，民庶繁多，一日之间，祈天者不知其几，渎礼僭分，莫大于斯。古者，天子祭天地，诸侯祭山川，大夫士庶各有所宜祭，具民间合祭之神，礼部其定议颁降，违者罪之。于是中书省臣等奏，凡民庶祭先祖，岁除祀灶，乡村春秋祈土谷之神。凡有灾患祷于祖先，若乡属、邑属、郡属之祭，则里社郡县自举之，其僧道建斋设醮不许章奏上表，投拜青词，亦不许塑画天神地祇，及白莲社、明尊教、白云宗，巫觋扶鸾祷圣、书符咒水诸术并加禁止，庶几左道不兴，民无惑志。①

此制说明了明朝禁止民间祭天的理由和主旨。同时，这一规定也从侧面说明，在明代，百姓私自祭天祈祷的现象很常见，民间私自祀天已经影响和挑战了国家祭祀体系中皇帝祀天的权威性，因此颁布禁令。对于那些民间所普遍信仰的，容易与“天”之形象混淆和冲突的祭祀对象，则被排斥于国家正统祭祀之外，以免造成对祀天礼的冲击。如民间普遍信仰的玉皇大帝，其形象类似于国家祭祀中的“天”“帝”，成化时期，宪宗曾一度命建祠祭玉皇大帝，希望将之列入国家祀典中，与郊祀礼仪相同对待，士大夫则强烈反对，认为玉皇大帝是民间信仰之神，绝不能与祀天等同对待。② 在大臣们的激烈抨击声中，宪宗才命令拆除祠祭设施，神像送宫观侍奉，祭服、祭器、乐舞之具送太常寺收贮。

虽然国家制度不允许民间私自祀天，但是在现实生活中，民间不乏私自祀天行为，只是其所祀并非抽象之天，而更倾向于祭祀各种具体的神，

---

① 《明太祖实录》卷 53，洪武三年六月甲子。

② 《明宪宗实录》卷 156，成化十二年八月乙酉。

但无论其所祀为何神，最终都归之于抽象的天这一终极存在。同时，天也是民间所崇拜的其他各种神灵的最高统帅，因此，民众容易在天那里找到终极的权力和庇佑。民间百姓对天的私祀与皇帝的祀天具有不同的目的，下层民众将天视为能够庇佑一切的至上神，因此，会由于各种原因和背景而崇拜天，故民众对天神的祭祀情况比较复杂和现实。民众私自祀天当然不似国家祭祀体系中的祀天那样注重仪式，而是更注重祀天所能带给他们的实际功用。

从国家祭祀这个角度来看，明朝统治者通过祀天向全社会展示的是国家主导意识形态所认定的人间与自然世界的终极秩序，并由此演绎出现行政治权威的合法性和社会等级关系。明人眼中的“天”是唯一的、独特的，代表抽象的至上权威，由此演变为具有象征意义的神圣符号，凌驾于一切自然与人世之上。除此以外，“天”之意象的复杂性也十分明显，尤其是在祭祀活动中凸显了其自然属性和人格属性。就明人天论的解读者和塑造者来看，明朝皇帝、士大夫群体以及普通民众也因身份和祭祀目的的不同而对祭天有各自的解读，这一点需要从差异互动的视角上加以区分。

作者简介：李媛，1980 年生，女，吉林省吉林市人，东北师范大学历史学博士，现为东北师范大学亚洲文明研究院副教授、《古代文明》编委，专业领域为明清史，研究方向为明清政治文化、礼制文化、女性史。

土木之变中的士大夫政治价值观

李　佳

提　要：在明代土木之变过程中，士大夫群体劝阻英宗亲征，拥立郕王即位，复又力主以礼奉迎英宗还朝。这些行为含有效忠君主之意向，然皆是以社稷利益为政治考量的基点，反映出士大夫虽然在一般意义上忠于君主，但在更根本层面，还是要将君主纳入社稷亦即国家体系之中，以是否有利于朝廷稳定与百姓福祉作为政治判断的合理性依据，这是士大夫的核心政治价值观。在土木之变过程中，先秦以来社稷为重，君为轻的政治理念被反复强调，并成为一种较为凸显的士大夫庙堂政治话语。这种倾向构成明中期以后士风趋向张扬的重要资源。其后，朝臣的谏诤之风更为强劲，士大夫之君臣共治天下的政治理念趋于清晰。

关键词：社稷；君主；士大夫；政治价值观；明代

忠，是中国传统政治文化关于为臣之道的基本原则之一。许慎在《说文解字》中，释忠为敬，竭诚尽责以为忠。言及忠，必然涉及忠的对象，亦即臣要竭诚尽责于谁这一问题，先秦诸子对此多有讨论，其中以忠君与忠社稷的相关论说流传广泛，深刻影响了秦汉以降臣之主体——士大夫阶层的形成，并映射于其行为取向。[①] 那么，在士大夫的观念中，忠的

① 诸子相关论说多见，其中影响较大，常被后世士大夫提及者，如孟子云："民为贵，社稷次之，君为轻。"语见《孟子·尽心下》；子产云："苟利社稷，死生以之。"语见《左传·昭公四年》。

内涵如何，要忠于的对象是君主，还是社稷，二者关系如何？这些问题属于士大夫政治价值观范畴，当做深入分析。发生于明代正统末年的土木之变，将士大夫关于皇帝、社稷位势的体认聚焦在一个场域中。具体而言，英宗是否当亲征，其被俘后朝廷如何应对，乃至在救还英宗与维稳社稷二者难于兼顾的危机中如何抉择等问题，都尖锐地摆在士大夫群体面前。审察他们对上述问题的处理态度，因而可以成为理解明代士大夫政治价值观的一个视角。关于土木之变的研究已有很多，但着眼点多在战和过程以及关键人物如于谦的历史评价问题等。本文以辨析士大夫观念中忠君与忠社稷二者的关系为主题展开讨论，并对土木之变在何种意义上影响了明代士风演变进行考察。

一　劝阻英宗亲征：忠君与忠社稷一体

正统十四年（1449 年）二月，蒙古瓦剌部向明廷贡马，为求得更多赏赐，虚报使臣人数，明廷减少赏赐，并削减马价，此事引发瓦剌部首领也先不满。七月，也先出兵犯边，边关警讯传至京师，英宗震怒，意欲率军亲征。当是时，举朝反对，吏部尚书王直率领群臣合章谏阻，疏曰：

> 臣闻边鄙之事，自古有之，惟在守备严固而已。圣朝备边最为严谨，谋臣猛将，坚甲利兵，随处充满，且耕且守，是以久安。今丑虏无知，忽肆猖獗，违天悖理，自取败亡，陛下慎固封守，益以良将，增以劲兵，加之以赏赐，申之以号令，俾审度事势，坚壁清野，按兵蓄锐以待之，彼前不得战，退无所掠，人困马乏，神怒众怨，陛下得天之助，将士用命，可图必胜，不必亲御六师以临塞下。况秋暑尚盛，旱气未回，青草不丰，水泉犹涩，人畜之用，实有未充，又车驾既出，四方若有急务奏报，岂能即达？其它利害，难保必无。且兵，凶器，战，危事，古之圣人敬慎，而不敢忽。今以天子至尊，而躬履险地，臣等至愚，以为不可。惟在端居穆清，坐运神算，有功者必

> 赏，有罪者必诛，则人人尽力，成功不难。伏惟陛下实宗庙、社稷之主，万邦黎庶之所依归，诚不可不自重也，愿留意三思，俯察舆情。①

王直等人的奏疏要点有三：第一，皇帝当择良将御敌；第二，皇帝亲征有倾覆之危；第三，皇帝举动牵涉宗庙、社稷之事。群臣以此三点为由，劝谏英宗出行。然而，群臣虽然合章谏止，英宗不听，数日后即率大军仓促出京。在行军途中，群臣依然力请英宗回銮。《明英宗实录》记载当时情形：

> 成国公朱勇等有所白，膝行而前，振（王振）令户部尚书王佐、兵部尚书邝野管老营，佐、野先行，振怒，令跪于草中，至暮方释。钦天监正彭德清劝振曰："虏势如此，不可复前，倘有疏虞，陷天子于草莽。"振怒詈之曰："设若有此，亦天命也。"翰林学士曹鼐劝振曰："臣下命不足惜，惟主上系宗社安危，岂可轻进？"②
>
> 上亲征，野（邝野）从行坠马，或劝留怀安城少就医药，野不从。车驾回至宣府，虏踵至，野再上章请疾驱入关，严兵为殿。皆不报。又诣行殿申前请，王振怒曰："汝腐儒，安知兵事？再言必死。"野曰："我为社稷生灵而言，何得以死惧哉！"振愈怒，叱左右扶出，野与王佐相对泣帐中，明日师覆，野死。③

兵部主事俞鉴，从英宗北征，同僚曰："家远子幼，奈何？"鉴曰：

---

① 《明英宗实录》卷180，正统十四年七月壬辰。台北："中央研究院"历史语言研究所，1962。

② 《明英宗实录》卷180，正统十四年七月壬寅。

③ 《明英宗实录》卷181，正统十四年七月壬戌。另《明史》载，在英宗意欲亲征时，邝野上疏言："也先入犯，一边将足制之。陛下为宗庙、社稷主，奈何不自重。"此段文辞与前述"吏部尚书王直率廷臣合章奏"用语一致，断邝野也曾经参与了那场劝谏，载张廷玉等《明史》卷167《邝野传》，北京：中华书局，1974，第4503～4504页。

“为国，臣子敢计身家?”并对尚书邝野表示当在此征途中“力劝班师”①。行人罗如墉从军北征，“濒行，诀妻子，誓以死报国，属翰林刘俨铭其墓。俨惊拒之，如墉笑曰：‘行当验耳’。”②

上述关于户部尚书王佐、兵部尚书邝野、翰林学士曹鼐、兵部主事俞鉴等人的材料中，牵涉王振之事，情由复杂，罗如墉预料败军之语亦未必确实，然此二者与本文主旨无关，此不详述。唯从引文可见，群臣极力劝谏之情形。这些劝谏言论及其死事情状，反映出士大夫对君主与社稷，以及自身与二者关系的一些认识。

第一，忠君——服从皇帝的权威。在士大夫劝谏英宗的言论中，可以看出，此一群体反对皇帝亲征的态度是明确的，就此事而言，与皇帝的意见存在严重分歧。但是当英宗执意亲征时，群臣是要从命随征的。这种从命，被士大夫自身视为合理的行为取向。邝野、王佐等人在激谏不成后，宁可“对泣”于帐中，然不背弃英宗而去。主事俞鉴、行人罗如墉皆表达出不惜以死从君的气魄。《明史》卷167集中收录了死于土木之变的人物小传，类如俞鉴、罗如墉者尚多，此不一一开列。这些士大夫竭诚尽责止于谏诤、身死。这说明，在士大夫的观念中，皇帝的权威是当服从的，甚至不惜以自己的性命为代价。在这种情境中的“忠”，既包含敢于纠正君非的要素，又在一定程度上体现为对皇帝旨意的遵从，这是士大夫忠君观的应有之义。

第二，忠社稷——强调皇帝举动与社稷祸福关系密切。群臣劝谏英宗的言论以社稷、宗社、生灵、黎庶、国等为关键词。其中宗，指宗庙，社，为社稷简称，生灵与黎庶则为民的文言表述。可以看到，在士大夫的观念中，皇帝举动牵涉朝廷宗庙与天下万民的祸福。社稷一语内涵复杂，兼有宗庙统系与民的意向，常被用为国家的代称。在士大夫看来，皇帝是朝廷权力体系的重要组成部分，如若皇帝陷于敌阵，则可能造成整个国家统治机构的无序化，进而宗庙、民等皆受到威胁，亦即社稷危矣。由此而

---

① 张廷玉等:《明史》卷167《俞鉴传》，第4507页。

② 张廷玉等:《明史》卷167《罗如墉传》，第4507～4508页。

论，士大夫对皇帝的忠，与对社稷的忠其实是纠结一处的，二者各自的重要性在相互参照中被反复论说。士大夫忠的对象，亦即竭诚尽责的对象不限于皇帝，还包括宗社、生灵、黎民百姓等。在一般意义上说，社稷为更具有涵盖性，甚至将皇帝包含于内的抽象化政治信仰表征。

二　拥立郕王即位：忠社稷重于忠君

英宗不听群臣劝阻，执意率领大军北上亲征，不料被也先俘获于阵中，明军伤亡惨重。《明史》形容当时情形，“甲子，京师闻败，群臣聚哭于朝”。[①] 皇帝被俘，乃明朝开国以来未有之事，通古代言之，此种情形亦为罕见，留京群臣不免“人心汹惧”,[②] 所谓“聚哭”之语，当为实情。但是，在猝然而至的政治危机中，士大夫群体势必要迅速做出应对，其中要者在于，群臣迅速形成决议，拥立郕王即位。在这一问题上，就现今所见文献材料而言，看不到强力支持英宗留位的士大夫意见。

> 文武百官合辞请于皇太后：“圣驾北狩，皇太子幼冲，国势危殆，人心汹涌，古云‘国有长君，社稷之福’，请定大计，以奠宗社。”疏入，皇太后批答云，“卿等奏国家大计，合允所请，其命郕王即皇帝位，礼部具仪，择日以闻。”群臣奉皇太后旨告郕王，王惊曰：“卿等何为有此议，我有何才何德，敢当此请?”退让再三，群臣固请。王厉声曰：“皇太子在，卿等敢乱法邪?”群臣止不敢言，已而复请曰：“皇太后有命，殿下岂可固违?”兵部尚书于谦扬言曰：“臣等诚忧国家，非为私计，愿殿下弘济艰难，以安宗社，以慰人心。”言益恳切，王始受命。[③]

---

① 张廷玉等：《明史》卷10《英宗前纪》，第139页。

② 张廷玉等：《明史》卷168《陈循传》，第4513页。

③ 《明英宗实录》卷181，正统十四年八月丙子。

尚书姚夔也以身任事，极力赞成郕王速速即位，他说："朝廷任大臣，正为社稷计。"① 英宗被俘一月之内，郕王继帝位，遥奉英宗为太上皇，文武群臣复上疏自陈心迹，云："臣等以生民为忧，以社稷为重，奉表劝进，迫于至情，皇上谦让再三，乃从所请，遂正大位，用图中兴。"② 在当时，朝臣形成默契，全力抗敌。"上下皆倚重谦，谦亦毅然以社稷安危为己任"③。在北京保卫战中，明廷一再拒绝也先的勒索与和谈之议。"额森（也先）拥太上皇至城下，索金帛万万计，且邀大臣王直、胡濙及谦出和。礼部遣使问谦，谦曰：'今日之事，知有战而已，他非所敢闻。'"④ "也先挟上皇至城南，传命启门。（罗）亨信登城语曰：'奉命守城，不敢擅启。'"⑤

以于谦等人为核心的朝臣力主拒敌，传谕边关将领："今闻又以送驾为名，显是欲来窥伺边境，倘彼复来，尔等其念宗社为重，固守城池，拒绝勿纳，毋堕虏计，以误国事。"⑥ 在也先数次挟持英宗叩关的过程中，守城将领皆拒绝为救回英宗而献城。"帝既北狩，道宣府，也先传帝命趣开门。城上人对曰：'所守者，主上城池。天已暮，门不敢开。且（杨）洪已他往'……也先复令帝为书遣洪，洪封上之。"⑦ "初，英宗过大同，遣人谓（郭）登曰：'朕与登有姻，何拒朕若是?'登奏曰：'臣奉命守城，不知其它。'"⑧ 即使是在英宗面前，士大夫也敢于展现出批评的姿态。使臣李实出使也先营中，面见英宗，他说："上昔日任用非人，当引咎自责，谦退避位。"⑨ 杨善再次出使，也先问："上皇归，将复得为天子乎?"善曰："天位已定，难再移。"也先曰："尧舜如何?"善曰："尧让

① 张廷玉等：《明史》卷177《姚夔传》，第4714页。
② 《明英宗实录》卷191，景泰元年四月丙申。
③ 张廷玉等：《明史》卷170《于谦传》，第4545页。
④ 项笃寿：《今献备遗》卷16《于谦》，《景印文渊阁四库全书》，第453册，台北：商务印书馆，1986，第599页。
⑤ 张廷玉等：《明史》卷172《罗亨信传》，第4580页。
⑥ 《明英宗实录》卷186，正统十四年十二月甲寅。
⑦ 张廷玉等：《明史》卷173《杨洪传》，第4609页。
⑧ 张廷玉等：《明史》卷173《郭登传》，第4620页。
⑨ 李实：《北使录》，《丛书集成新编》，第120册，台北：新文丰出版公司，1985，第72页。

舜，今兄让弟，正相同也。”①

通过上述内容可见，在英宗被俘，也先挟英宗攻城的不利局面中，京城守军与边将不因忌惮英宗安危而献城，展现出决绝的政治姿态。由此反映出此一群体关于君主、社稷的如下认识。

第一，忠君所言之君，在一般意义上而言，本与当下皇帝相对应。可是在英宗被俘后，明廷出现事实上的皇权空位，在这种情况下，群臣力主郕王即位，英宗被遥尊为太上皇。这说明，在士大夫的观念中，抽象意义上的君主有着臣必须要服从的政治权威，具体意义上的君主，是士大夫群体可以以死效命的对象，但终究不是绝对不可置换的，皇位更替之际，士大夫群体尽忠的对象随之转换。当也先挟英宗攻打大同时，守臣郭登云："赖天地祖宗之灵，国有君矣。"② 郭登见英宗，而言国有君，此君已非英宗，而为景泰帝。而且，在郕王身份变化的过程中，群臣虽有请命于皇太后之举，然他们的政治选择事实上构成局面变化的主导力量，展现出强烈的自觉意识。需要明确的是，存在这种自觉意识，并不意味着士大夫群体认为此举是可以经常为之的一般化政治选择，传统政治文化确实存在着暴君可诛等通路，但是情势非至于极致，绝不可为，此在中国古代为近于公理的认识。英宗执意亲征，不免于轻率，然终非严重失德之事，在土木之变中，皇帝尚明确在世，而举朝文武大臣不得已主张另立新君，此在明史仅一例，通中国古代言之，亦为罕见。士大夫之所以如此为之，当在于他们对社稷重于君这一传统政治理念的体认。

第二，在士大夫的观念中，君主与社稷的关系，不仅仅停留在关系密切一层，在救护英宗与维护社稷出现冲突的局面中，士大夫需要对二者的政治价值做出排序，传统政治文化中社稷重于君主的观念在当时成为一种活跃的意识倾向。通过当时士大夫群体的言论及其行为可见，英宗的个人安危被定位为相对次要的问题。在英宗被俘初期，于谦等人拥立郕王即位

① 张廷玉等：《明史》卷171《杨善传》，第4566、4567页。

② 谷应泰：《明史纪事本末》卷33《景帝登极守御》，北京：中华书局，1977，第480页。

的政治抉择，降低了英宗在国家政治生活中的地位。他们如此为之的依据，是认为必须采取必要的措施，割断被俘之君与社稷安危间的直接联系，以免也先挟英宗而号令明廷。此后罗亨信、郭登等人皆拒绝撤防，即是继此思路而为之。对于士大夫群体而言，社稷，作为效忠的对象，指向国、民等层面的利益，被视为高于君主个人安危的存在。土木之变中，士大夫反复论说并具体实践了这一政治理念。

此外，尚有二事需要做出说明。第一，并不是所有的士大夫都支持留守京师，徐珵等人建议南迁。但是，此议引发了群臣的激烈反对，胡濙云："文皇定陵寝于此，示子孙以不拔之计也。"① 于谦云："言南迁者，可斩也。京师天下根本，一动则大事去矣，独不见宋南渡事乎！"② "学士陈循曰：'于侍郎言是'。众皆曰是。"③ 在景泰帝在位期间，徐珵为求升迁，意欲掩饰当年所倡南迁之议，改名徐有贞。以上内容说明，于谦等人的意见是士大夫的主流取向，而且，南迁之议并不构成徐有贞等人视救护英宗重于维护社稷安危的证据，而只是体现为士大夫群体内部在如何拒敌这一问题上的策略分歧。第二，在英宗被俘后，明朝不尽是强硬姿态，亦有外送财物，以求也先放还英宗之举。"皇太后遣使赍重宝文绮，皇后钱氏尽括宫中物佐之，诣也先营请还车驾。"④ 也先挟持英宗至大同，郭登等人见英宗，"（英宗云：）'大同库内钱物几何？'登对曰：'有银十四万两，上命取二万二千两至，以五千赐也先，以五千赐伯颜帖木儿等三人，余散虏众。"⑤ 在土木之变过程中，唯有上述两次大规模财物往来，财源一为宫廷之藏，一为大同银库库藏，后者虽以公款为之，然与士大夫群体

① 张廷玉等：《明史》卷169《胡濙传》，第4536页。

② 张廷玉等：《明史》卷170《于谦传》，第4545页。

③ 《明英宗实录》卷181，正统十四年八月癸亥。

④ 谷应泰：《明史纪事本末》卷32《土木之变》，第475页。

⑤ 《明英宗实录》卷181，正统十四年八月戊辰。另《明史》记："登与安及侍郎沈固、给事中孙祥、知府霍瑄等出谒，伏地恸哭，以金二万余及宋瑛、朱冕、内臣郭敬家资进帝，以赐也先等。"见张廷玉等《明史》卷173《郭登传》，第4618页。由此可知，英宗赐予也先银两，除源于大同银库外，尚包括宋瑛等人家资。

主导制定并实行的朝廷对敌政策无关，因此尚且不能用以否定本文关于士大夫群体普遍性政治价值观的论断。

三　奉迎英宗还朝：为忠社稷而忠君

前文讨论了在土木之变中士大夫群体对君主，对社稷的一些认识，可以看到他们认为君主与社稷一体，当处于危急情境中，亦即社稷有虞时，君主的个人安危问题被置于相对次要的位置。但需要明确的事实是，士大夫群体以社稷安危为重，拥护郕王即位，于主导促成朝廷最高权力掌握者变换之际，并没有放弃奉迎英宗还朝的努力，这体现在英宗被俘后的许多事例中，有必要对这部分内容做出进一步分析。

首先，新君即位，对文武官员例有赏赐，于谦等人坚辞不受。“郕王即位，例有赏赉，（叶）盛以君父蒙尘辞”。[①]“论功，加（于）谦少保，总督军务。谦曰：‘四郊多垒，卿大夫之耻也，敢邀功赏哉？’固辞”。[②]景泰元年（1450年），“廷臣朝正毕，循故事，相贺于朝房。（杨）善独流涕曰：‘上皇在何所，而我曹自相贺乎？’众愧，为之止”。[③]

其次，郕王即位，英宗被尊为太上皇，仍然被扣押在也先帐中，群臣并没有放弃奉迎英宗还朝的努力。使臣李实虽有批评英宗之语，然他所作诗中，一再表达出志在迎驾还朝的志向，如云：“虏营迎复吾皇驾”“早奉銮舆复帝州。”[④]御史韩雍诗亦云：“怅望何时遂迎复。”[⑤]正统十四年（1449年）九月，副都御史张纯疏言：“乞命在廷文武群臣朝夕计议，何人可以为将帅？何人可以运谋略？何策可以迎还圣驾？何术可以报复仇

① 张廷玉等：《明史》卷177《叶盛传》，第4721页。
② 张廷玉等：《明史》卷170《于谦传》，第4547页。
③ 张廷玉等：《明史》卷171《杨善传》，第4565页。
④ 李实：《北使录》，《丛书集成新编》，第120册，第71页。
⑤ 韩雍：《襄毅文集》卷4《正统己巳秋客中闻大驾北狩未还惊号赋此》，《景印文渊阁四库全书》，第1245册，第648页。

心？务在精思远虑，一举万全，如此不惟可以报君父之恩，亦可以奠安宗社矣。”① 景泰元年（1450年）六月，王直等人奏言：

> 臣等切惟陛下嗣登大宝，天与人归，四方万国同心欢戴，永永无贰。陛下隆敬兄之心已昭告天地、祖宗、社稷，尊为太上皇帝，名位已定，天下之人皆以为宜。今既留寓虏中，而归以太上之尊，不复事天临民，陛下但当尽崇奉之礼，永享太平悠久之福，陛下于天伦既厚，则天眷益隆矣。②

七月，王直等人复言：“体上皇之心，顺臣民之情，因虏人之意，遣使回答，迎上皇以归。不然则重违众志，恐失事机，虏人指此以为兵端，边事未有宁息，京师亦不得安然无忧。”③ 在奉迎英宗的问题上，于谦也积极表态赞成。“帝（景泰帝）不悦曰：‘朕本不欲登大位，当时见推，实出卿等。’谦从容曰：‘天位已定，宁复有他，顾理当速奉迎耳。万一彼果怀诈，我有辞矣。’帝顾而改容曰：‘从汝，从汝。’”④

再次，在奉迎英宗还朝的礼仪问题上，群臣主张礼当从厚，这与景泰帝存在分歧。早在英宗被俘之初，知事袁敏就主张送衣物到也先营中，言：“臣闻之，主辱臣死。上皇辱至此，臣子何以为心，臣不惜碎首刳心，乞遣官一人，或就令臣赍书及服御物问安塞外，以尽臣子之义。臣虽万死，心实甘之。”⑤ 给事中刘福等人疏言：“今用轿一乘，马二匹，丹陛驾于安定门内迎接太上皇帝，礼仪似乎太薄。”⑥ 景泰帝得疏不悦，命礼部再议。礼部尚书胡濙等奏言：“福（刘福）所言无非欲皇上笃亲亲之义，乃臣子尽忠之道也。”⑦ 千户龚遂荣言：“上皇之出为宗社计，今都人

---

① 《明英宗实录》卷183，正统十四年九月甲辰。
② 《明英宗实录》卷193，景泰元年六月癸酉。
③ 《明英宗实录》卷194，景泰元年七月丁卯。
④ 张廷玉等：《明史》卷170《于谦传》，第4548页。
⑤ 张廷玉等：《明史》卷167《袁敏传》，第4511页。
⑥ 《明英宗实录》卷195，景泰元年八月庚辰。
⑦ 《明英宗实录》卷195，景泰元年八月庚辰。

闻驾还，皆踊跃，迎复之礼宜厚，主上当避位固辞，而后受之乃可，不然恐贻讥千载。”①

通过以上内容可见，士大夫在坚定拥护郕王即位、保位的前提下，极力促成奉迎英宗还朝之事，并主张所用礼遇不可过简。首先，在士大夫的观念中，英宗的身份虽然不再为皇帝，并不如在位期间直接“事天临民”，不直接对社稷安危负责。然毕竟以一国太上皇之尊，为朝廷统系的重要象征人物，能否以礼迎复还朝，终究与社稷的稳定问题相牵连，如王直等人所言，故君在外，或可生变，明廷将难于防控。其次，景泰帝即位以后，士大夫群体力主奉迎英宗还朝，有恋慕故主的情谊，但更深层次的考量在于要求景泰帝重视兄弟情谊，笃守亲亲之义，向天下臣民与外邦展示出朝廷将以此种思路治理国家的意向。尊亲重孝之义，是儒家倡导人君所必要遵行的基本思想。就此而言，士大夫群体积极奉迎英宗还朝，已然超越英宗个人安危一事，而兼有劝导景泰帝实行何种治国之道的意义。再次，当景泰帝因奉迎英宗之议而担忧皇位再次转移之时，士大夫一再建言，忠君之忠，集中体现于“谏”这一行为取向，与谏阻英宗亲征之举理路相通。综合以上内容而论，士大夫群体力主奉迎英宗还朝，立足点还是在于对社稷利益的考量，无论是忠于英宗，还是忠于景泰帝，皆是为忠社稷而忠君。士大夫这一政治角色确有忠君之内涵，然其旨归不限于对君主个人意愿的服从，更根本的诉求还是将君主纳入到社稷，亦即国家管理体系与利益层面，从整体着眼，以是否有利于实现朝廷的稳定与百姓的福祉等政治诉求，作为判定何种行为取向更具有合理性的依据，这是士大夫的核心政治价值观。

四　延展讨论：土木之变对明代士风的影响

在土木之变过程中，群臣以皇帝举动牵涉社稷安危，不可轻出为由，

① 项笃寿：《今献备遗》卷20《叶盛》，《景印文渊阁四库全书》，第453册，第624页。

极力劝阻英宗亲征，英宗不听，大军北出，十余日间皇帝被俘阵中，随征士大夫死难者不可数计。消息传至北京，在朝群臣必须从速做出决断，当也先以英宗安危向明廷要挟时，社稷重于君的观念被反复强调，这种政治价值观成为士大夫行为取向的指导原则。在奉迎英宗还朝这一问题上，士大夫群体明确支持，且认为礼当从厚，但他们的政治考量不限于英宗个人安危之事，而是认为太上皇在外，终究不利于社稷稳定，此中亦有着导引景泰帝以尊亲重孝等儒家思想治国的政治诉求。在士大夫的观念中，君主与社稷关系密切，然做进一步价值判定时，君主被纳入社稷的范畴中，后者为重。这种观念不仅主导了土木之变的政局走向，而且深刻影响了此后明代士大夫群体的行为取向，土木之变是明代士风趋向张扬的一个标志性时期。

首先，社稷重于君主的观念，先秦诸家已有许多讨论，以孟子“民为贵，社稷次之，君为轻”的表述最清晰，对后世影响最大。明初，太祖朱元璋、成祖朱棣强力推高皇帝位势，朱元璋下令删改《孟子》一书，在当时，社稷重于君的观念虽存而不显，至土木之变，这一观念被反复强调，并成为当时处理一系列重大问题的指导思想。土木之变到明亡，历一百九十余年，在此期间，于谦、姚夔等人之重社稷利益，轻英宗个人安危的政治抉择获得了广泛认可。成化时人王鏊评论云：“边人谢之曰：‘中国有主矣’。敌人抱空质，而负不义于天下，所以汲汲来归，盖合郑公、孙申之谋也。”① 弘治时人魏校云：“时景皇帝中兴，故君虽蒙尘，而天下不倾也。”② 万历时人王世贞云：“己巳之役……天位不再，社稷为重，君为轻。”③ 明末谷应泰云：“社稷为重，君臣之义亦轻……挟天子者，挟一匹夫耳。”④ 力主拒敌保社稷的于谦，则成为了通明一代忠臣的典范人物。

---

① 王鏊：《震泽长语》卷上《国猷》，《景印文渊阁四库全书》，第867册，第199页。

② 魏校：《庄渠遗书》卷8《谱牒·世说》，《景印文渊阁四库全书》，第1267册，第830页。

③ 王世贞：《弇州四部稿》卷140《说部·札记外篇》，《景印文渊阁四库全书》，第1281册，第297页。

④ 谷应泰：《明史纪事本末》卷33《景帝登极守御》，第499页。

英宗虽下旨杀于谦，然也说："于谦实有功。"[①] 成化时，朝廷下旨赐于谦祭文，曰："当国家之多难，保社稷以无虞。"[②] 弘治时，谥于谦"肃愍"。万历时，改谥"忠肃"。[③] 嘉靖时人严从简曰："上皇回銮，固天命有在，亦人谋之善也。当时苟无于少保折冲御侮，力引社稷为重，君为轻之义，主战不主和，则送驾之日，已先坠虏彀中。"[④] 上述这些言论皆说明，先秦以来社稷为重，君为轻的观念经土木之变过程中的一番强调，成为明代士大夫群体主流意识形态中较为活跃的一种倾向，这种倾向构成支撑明中期以后士大夫政治角色趋向张扬的一种重要资源，太祖、成祖以来形成的君权强势的势头受到一定程度的挫抑。

其次，在土木之变中，英宗被俘，由此出现皇权空位的非常时期，群臣拥立景泰帝即位。在这一过程中，士大夫群体成为左右政局走向的主导力量，明朝臣下的谏诤之风由此陡然而盛。《明史》云："景泰时，士大夫激昂论事，朝多直臣。"[⑤] "天顺以后居其职者，振风裁而耻缄默。"[⑥] 正德时，臣下张钦谏阻武宗出巡，引土木事例云："车驾将出关，是我与君今日死生之会也。关不开，车驾不得出，违天子命，当死。关开，车驾得出，天下事不可知。万一有如土木，我与君亦死。宁坐不开关死，死且不朽。"[⑦] 晚明时人袁袠形容明朝谏诤之风甚盛，亦提及土木群臣之事，云："士希折槛之风，人慕引裾之节。窜逐甫去，而章疏继陈。如英皇之北狩，武庙之南巡，伏阙死谏者踵接于朝。"[⑧]

但是，也要注意到，明中期以后，士大夫群体内部相互攻讦之风渐

---

① 张廷玉等：《明史》卷170《于谦传》，第4550页。

② 于谦：《忠肃集》附录，《谕祭文》，《景印文渊阁四库全书》，第1244册，第396页。

③ 张廷玉等：《明史》卷170《于谦传》，第4551页。

④ 谈迁：《国榷》卷27，景泰元年八月丙戌，北京：中华书局，1958，第1874页。

⑤ 张廷玉等：《明史》卷177《林聪传》，第4721页。

⑥ 张廷玉等：《明史》卷180《赞》，第4803页。

⑦ 张廷玉等：《明史》卷188《张钦传》，第4999页。

⑧ 袁袠：《世纬》卷上《诱谏》，《景印文渊阁四库全书》，第717册，第8页。

盛，常表现出一定程度的非理性倾向。追溯此种风气源流，大致在土木之变时期。“初经己巳之变，朝廷惩前政委靡之失，稍开言路，一时言事者毛举细故，攻讦阴私，以张直声”①。

再次，土木之变后，士大夫整体声势渐强，要求君臣共治天下的政治理念趋于清晰。英宗不听群臣劝阻，兵败被俘，鉴于这一教训，士大夫群体在景泰帝主政之初，就一再提出君臣共议国事的重要性。正统十四年（1449 年）九月，副都御史朱鉴疏云：“伏望圣母陛下、郕王殿下速为张主，急议边兵，选智勇之将，托忠义之臣，开直谏之路，杜权势之门，凡有军国重事，委之文武大臣公同计议而行，如斯，事必有济。”② 郕王即位后，翰林院侍讲吴节言：“人君负天下之大任，必合天下之众谋，而后能成莫大之功，建不世之业，从古以来未有不谋而成者也……伏惟陛下会合众谋，审而行之，运乾刚之断，鉴委靡之失，则建中兴赫赫之功，端在斯时矣。”③ 湖广按察司佥事韩阳言：“伏愿皇上于威福重权躬亲操揽，然后以天下之事责大臣，以天下之平委风宪，以天下之论付士夫，如此则权不下移，而治道昌矣。”④ 上述要求皇帝与文武大臣共商国是的议题，在土木之变发生后，成为士大夫群体普遍性的政治诉求。此后，一代又一代士大夫在劝谏皇帝时，常援引英宗独断，以至于土木之变事发为依据，要求皇帝听纳臣下意见。在明中期以后，土木之变渐渐被定性为皇权独断有失的典型事例，进而成为士大夫群体视君臣共治天下具有合理性的历史依据。

综上所述，在明代土木之变过程中，士大夫群体劝阻英宗亲征，拥立郕王即位，复又力主以礼奉迎英宗还朝，这些行为含有效忠君主之意向，然皆是以社稷利益为更根本的政治考量基点。士大夫之忠，不限于对皇帝旨意的服从，而是以对朝廷存废，万民福祉等事项的深沉政治关怀为立足

---

① 丘濬：《重编琼台稿》卷 23《明故都察院左副都御史盛公墓志铭》，《景印文渊阁四库全书》，第 1248 册，第 473 页。

② 《明英宗实录》卷 182，正统十四年九月壬午。

③ 《明英宗实录》卷 185，正统十四年十一月庚辰。

④ 《明英宗实录》卷 193，景泰元年六月戊寅。

点，社稷是涵盖这些内容的更高层面的抽象政治概念。因此而论，所谓忠君，乃是以忠社稷为旨归，忠君的本质，并不指向士大夫对皇帝的人身依附关系，而是士大夫这一政治角色实现自我政治信仰的手段。在土木之变过程中，先秦以来社稷为重，君为轻的观念被反复强调，并成为明代士大夫群体意识形态中较为活跃的一种倾向，这种倾向构成支撑明中期以后士风趋向张扬的重要资源，从此而后，明朝臣下的谏诤之风陡然而盛，士大夫之君臣共治天下的政治理念趋于清晰，土木之变是明代士风演变过程中的重要事件。

作者简介：李佳，1982 年生，女，黑龙江哈尔滨人，东北师范大学历史学博士，吉林大学历史学博士后研究人员，现为吉林大学文学院中国史系讲师，专业领域为明清史，研究方向为明代政治文化。

明代群臣“伏阙”抗争现象的政治文化分析

李　佳

提　要：明代士大夫群体多次“伏阙”抗争，君臣冲突的激烈情状在中国帝制政治史上甚为凸显，彰显出该时代士大夫政治的活跃态势。通过对明代群臣“伏阙”抗争现象的研究可以看到，帝制框架内君臣双方存在不同的政治诉求，明代群臣“伏阙”抗争之最值得关注的内涵在于士大夫群体之民本思想与绝对君权观念的冲突。帝制政治不等于皇权专制，大量存在的君臣冲突史事说明，中国古代政治文化远非“专制”一词可以概括。在君臣冲突的过程中，明代士大夫群体展现出担当天下事的责任感，以及对政治合理性的诉求，中国政治文化这种内在的理性要素值得深入研究。

关键词：明代；士大夫；君臣冲突；伏阙；政治文化

一　问题的提出

“伏阙”，意指官民越过常规程序拜伏于宫门前，直接向皇帝上书言事的举动，史书中亦称“守阙”。个人“伏阙”，或为申冤，或为“乞休”，情由多样；群臣“伏阙”大致可分为两类，一为皇帝——官僚政治传统中带有礼仪色彩的程序性举动，如百官“伏阙”恳请皇太子继皇帝位之类；另外一种则是君臣政见发生严重冲突而尚未决裂时群臣公开对抗君主旨意的公共事态。后者为本文讨论的核心。

中国帝制时代的群臣“伏阙”抗争曾经屡有发生，其中在史籍中被反复引为典型事例的一次是，北宋末年，金兵南下围宋，太宰李邦彦主张割地求和，以太学生陈东为首的在京官员、士子，以及数万民众“伏阙”请诛李邦彦，复用主战派官员李纲。结果宋钦宗迫于群臣压力，启用李纲任京城防御使。[①] 在明代，官僚士大夫也曾多次“伏阙”抗争，君臣冲突的激烈情状在中国帝制政治史上甚为凸显。本文通过梳理明代的这些“伏阙”抗争现象，透视明代君臣关系的态势，进而对当时的中国传统政治做出一些政治文化角度的分析。

19 世纪以来，许多学者以皇权专制主义作为中国帝制时代的基本特征，“专制”成为解说中国发展停滞的关键词。黑格尔（Georg Wihelm Friedrich Hegel）称：在中国，皇帝是唯一具有自由意识的实体，“除了天子的监督、审察以外，就没有其他合法权力或者机关的存在。政府官吏们的尽职，并非出于他们自己的良知或者自己的荣誉心，而是一种外界的命令和严厉的制裁，政府就靠这个来维持它自己”。[②] 马克思（Karl Heinrich Marx）在讨论“亚细亚生产方式”时，以中国为例证，认为这种生产方式与政治领域内的专制体制相对应。[③] 魏特夫（Karl August Wittfogel）于20 世纪中叶提出东方专制主义，认为中国始终停留在“亚细亚生产方式”的历史阶段，这种生产方式又可称为东方专制主义，以权力高度专制为其本质特点，专制皇帝的意志决定一切。[④] 费正清（John King Fairbank）在提出“刺激—反应”模式解读中国历史进程时，认为政治领域内的君主

---

① 参见脱脱等《宋史》卷 23《钦宗本纪》，北京：中华书局，1977，第 424 页。

② 〔德〕黑格尔：《历史哲学》，王造时译，北京：三联书店，1956，第 171 页。

③ 〔德〕马克思：《资本主义生产以前的各种形式》，中共中央著作编译局译，载《马克思恩格斯全集》第 46 卷上册，北京：人民出版社，1979。

④ 〔美〕卡尔·魏特夫：《东方专制主义——对于极权力量的比较研究》，徐式谷等译，北京：中国社会科学出版社，1989。

专制是导致中国历史停滞不前的重要因素。① 列文森（Joseph Richmnond Levenson）也认为中国古代是君主特权高度发展的时代，专制是阻碍中国迈向近代的重要因素。② 余英时认为，中国古代政治专制化的特点在明代有充分表现，士大夫群体“扼于明代的政治生态，只能‘独善其身’，而绝望于‘兼善天下’”，“明代的政治文化不能容许‘得君行道’观念的存在”。③ 刘泽华认为：“中国传统社会的最大特点是王权支配社会……臣民在社会与历史上只能为子民、为辅、为奴、为犬马、为爪牙、为工具。”④ 上述关于中国帝制时代皇权专制的论断，有大量文献依据，但是论者在捕捉住皇权专制这一基本事实的同时，常常忽略中国帝制时代政治文化的复杂性。这类理论从来也没有充分注意到，如此狭隘的极少数人的强权政治为什么能够在与社会绝大多数人根本对立的情况下绵延2000多年？中国历史上那些激烈的君臣冲突究竟有无政治文化含义？纯粹以服从为职事乃至近于奴化的中国传统士大夫为什么会有极为丰富的个人著述和复杂的社会思想？具体于明代，那些反复上演的群臣“伏阙”抗争，都是为了向皇帝表示效忠的闹剧而已吗？

二　明代士大夫群体的“伏阙”抗争

在明初洪武、永乐两朝，功臣、诸王占据朝廷要职，士大夫近于侍从

① 〔美〕费正清：《中国：传统与变迁》，陈仲丹等译，南京：江苏人民出版社，1996，第185页。费正清晚年对“刺激—反应”模式有所修正，然仍然坚持对中国政治专制属性的判断，认为中国古代“君权无所不在”。参见费正清著《费正清论中国》，薛絢译，台北：正中书局，1994，第25页。

② 〔美〕列文森：《儒教中国及其现代命运》，郑大华等译，北京：中国社会科学出版社，2000。

③ 余英时：《宋明理学与政治文化》，长春：吉林出版集团有限责任公司，2008，第174～175页。

④ 刘泽华：《王权主义：中国思想文化的历史定位》，《天津社会科学》1998年第3期。

之官，虽间有谏诤之举，然其群体声势不显。仁宗、宣宗诸帝较为亲近儒臣，士大夫位势渐重。总体来看，明前期皇帝与勋戚贵胄间的权力之争较为剧烈，与士大夫群体间的冲突不若后世显见，然亦不是全无迹象。如洪武二年，太祖因孟子有民贵君轻之论，欲罢黜孟子配享孔庙，刑部尚书钱唐犯颜力谏，云："臣为孟轲死，死有余荣。"[①] 太祖虽然大怒，还是因为钱唐的抗争而下诏恢复了孟子配享地位。仁宗继位之后耽于声色，国子监祭酒李时勉当廷指责仁宗所行非礼，仁宗命武士以金瓜击其肋，但李时勉仍然坚持他的指责。[②] 抵至成化时期，士大夫群体"伏阙"与皇帝争是非的现象开始增多。从成化初年至明末，发生了十余次群臣"伏阙"抗争事件，兹依时间顺序分列于下：[③]

成化四年（1468年）六月二十六日，群臣"伏阙"请宪宗将已故英宗皇后钱氏祔葬帝陵。钱后死时，宪宗生母周氏尚在世，周氏欲死后单独与英宗合葬，宪宗为满足生母愿望，命大臣于帝陵外别选址以葬钱后。礼部尚书姚夔等朝臣则认为，钱氏为英宗元后，按制当与皇帝合葬，因而坚持将钱后祔葬帝陵。在皇帝迟疑未准的情况下，群臣退至文华门商议。刑科左给事中毛弘等认为："面诤廷论此其时也……失此机会，恐后终无挽回之理。"于是科道官、礼部尚书夔等跪伏文华门外，要求皇帝立即做出决定。[④]《明史》记此次"伏阙"抗争"自巳至申"，即三个时辰。[⑤] 迫

① 参见张廷玉等《明史》卷139《钱唐传》，北京：中华书局，1974，第3982页。

② 参见张廷玉等《明史》卷163《李时勉传》，第4422页。

③ 明代士大夫群体"伏阙"抗争的主体内容据各朝《明实录》统计，兼用其他文献对"伏阙"事件的发生地点与人数规模等情节做出说明。所取事例符合群臣跪伏殿前待旨的情形，类如英宗亲征，尚书王直自称"伏阙"谏阻，然无其他佐证，是否发生难得确证，本文不取；正统、天顺之际，群臣于郕王面前不待王命而直接扑杀内官的事例，虽《明史纪事本末》称群臣"伏阙"，亦不取。本文所用《明实录》皆为台湾"中央研究院"史语所1962年校勘本。

④ 贺钦：《医闾集》卷8《成化戊子六月二十六日纪时事》，《景印文渊阁四库全书》，第1254册，台北：台湾商务印书馆，1986，第711页。

⑤ 张廷玉等：《明史》卷113《后妃一》，第3517页。

于群臣现场压力，宪宗允准群臣所请，钱后终以礼祔葬帝陵。

正德初年，内臣马永等人导引武宗玩乐无度，武宗常不理政事。正德元年（1506年）十月十三日，当时的大学士刘健和户部尚书韩文等，率领九卿、科道“伏阙”，要求武宗诛杀刘瑾等人。武宗不听，下旨宽宥刘瑾等，百官遂皆罢散。[①] 此次群臣“伏阙”抗争失败后，内阁大学士刘健、谢迁“乞休”明志，终生未再出仕。

正德中，武宗屡次出京巡游，数月不归。正德十四年（1519年）三月，武宗自封“总督军务威武大将军总兵官太师镇国公朱寿”，欲再次出巡。“六科给事中徐之鸾等言：‘南巡旨下，臣等屡疏不可，未蒙批答’……疏上二日不报，于是科道官‘伏阙’俟命，自辰至申”。[②] 武宗当日晓谕群臣退下，七日后，借故将“伏阙”诸臣罚跪于午门前，再五日后廷杖“伏阙”诸臣，“杖之甚重，号哭之声彻于禁掖，往往舁归私宅几绝，复苏”。[③] 由于群臣“伏阙”抗争，武宗没能立即出行，直到正德十四年（1519年）八月，地方藩王叛乱，武宗方以亲征平乱的名义离开北京。

武宗死时无子，士大夫与皇太后商议决定，以藩王世子朱厚熜继承皇位，即后来的明世宗。世宗欲追封其生父兴献王为皇帝，改称孝宗为皇伯考，内阁首辅杨廷和为首的士大夫认为此举变乱帝王统系，于礼不合，一再上疏反对，世宗不听。[④] 群臣于嘉靖三年（1524年）七月十五日：

> 相率诣左顺门跪伏，或大呼“太祖高皇帝”，或呼“孝宗皇帝”，声彻于内……及午，上命录诸臣姓名，执为首者学士丰熙、给事中张翀、御史余翱、郎中余宽、黄侍显、陶滋、相世芳、寺正毋德纯，凡

---

① 《明武宗实录》卷18，正德元年十月戊午。

② 《明武宗实录》卷172，正德十四年三月丙午。

③ 《明武宗实录》卷172，正德十四年三月戊午。

④ Carney T. Fisher是较早对明代“大礼议”展开系统研究的学者，参见Carney T. Fisher, *The Chosen One: Succession and Adoption in the Court of Ming Shizong*. Sydney& Boston: Allen & Unwin, 1990。

> 八人下诏狱。于是修撰杨慎、检讨王元正乃撼门大哭，一时群臣皆哭，声震阙庭。上大怒，命逮五品以下员外郎马理等一百三十四人悉下诏狱拷讯，四品以上及司务等官姑令待罪。[①]

翰林编修王相等十七人被廷杖致死，丰熙、杨慎、王元正等人俱被谪戍。此后数年间，参与左顺门"伏阙"活动的官员被斥削殆尽，世宗逐步实现将生父兴献王称宗祔庙的心愿。此为明代历史上规模最大、伤亡最惨的一次群臣"伏阙"抗争事件。

明神宗无嫡子，宠爱庶三子朱常洵，庶长子朱常洛年十六而不得行冠礼，士大夫要求神宗遵守传统礼制，早日册立朱常洛为太子。神宗迟迟不肯做出决定。万历二十六年（1598年）三月二十七日，"九卿、科道、都督府等衙门各具疏诣文华门，恭进候旨，必得命乃敢退"。[②] 此次"伏阙"后，士大夫持续劝谏，神宗迫于压力，终于在万历二十九年（1601年）如礼册立皇长子为皇太子。

万历三十二年（1604年）八月二十三日，左都御史温纯率九卿、科道官"伏阙"，请神宗罢除矿税。万历中期以后，神宗以修建宫殿缺少经费为由，直接派遣宦官到地方开矿以及设置关卡征税。"当是时，中外争请罢矿税，帝悉置不省。纯等忧惧不知所出，乃倡诸大臣'伏阙'泣请"。[③] 神宗慰谕群臣，然不罢矿税。士大夫群体一再坚持，神宗迫于压力，不得不在矿监、税使的选任以及征银额度等方面有所调整，然终万历一朝不废矿税之征。

万历末年，神宗怠政，群臣屡次"伏阙"请神宗处理政务，以下事项皆属此类。万历四十六年（1618年）七月十七日，礼部左侍郎何宗彦率属员"伏阙"，请神宗点选浙江等省考试官，神宗不报。[④] 万历四十七年（1619年）七月十二日，吏部尚书赵焕率属员"伏阙"，请神宗行政，

---

① 《明世宗实录》卷41，嘉靖三年七月戊寅。

② 《明神宗实录》卷320，万历二十六年三月壬子。

③ 张廷玉等：《明史》卷220《温纯传》，第5801页。

④ 《明神宗实录》卷572，万历四十六年七月癸卯。

神宗不报。[①] 万历四十七年（1619 年）七月二十一日，群臣“伏阙”，请神宗点选官员并处理紧急边事，神宗不报。[②] 万历四十七年（1619 年）九月八日，吏部尚书赵焕同九卿、科道官“伏阙”，请神宗临朝、点选官员等，神宗不报。[③] 万历四十七年（1619 年）九月九日，尚书赵焕率群臣“伏阙”，请神宗行政、发内帑济边等，神宗不报。[④] 万历四十八年（1620 年）二月十三日，九卿、科道官“伏阙”，请神宗临朝并点选官员，神宗不报。[⑤] 万历四十八年（1620 年）六月一日，九卿、科道官“伏阙”，请神宗点选官员等，神宗不报。[⑥]

由以上所见群臣“伏阙”抗争活动，可见明代国家政治生活中，曾经发生激烈而且绵延不断的君臣冲突。此类士大夫群体的“伏阙”抗争，以嘉靖三年（1524 年）谏阻世宗考兴献王事件参加人数最多。据胡吉勋统计，参加嘉靖三年（1524 年）七月左顺门哭谏的朝臣中姓名明确见于记载者，计有二百二十九人。[⑦] 一百三十四人被下狱拷讯，十七人被廷杖致死，多人谪戍。此外，参加正德十四年（1519 年）“伏阙”抗争的有一百余人，[⑧] 该次“伏阙”活动亲历者郑善夫记载，该次因“伏阙”而死者有十一人。[⑨] 其余历次“伏阙”活动的具体参与人数无从详考，然官私史籍皆言九卿、科道官参与其事，可以想见规模之盛。明代士大夫群体“伏阙”抗争首发于文华门，此后左顺门、思善门、仁德门皆有之，地点

---

① 《明神宗实录》卷 584，万历四十七年七月癸巳。

② 《明神宗实录》卷 584，万历四十七年七月壬寅。

③ 《明神宗实录》卷 586，万历四十七年九月戊子。

④ 《明神宗实录》卷 586，万历四十七年九月己丑。万历末年，国家财政紧张，士大夫群体一再要求神宗发放宫内财物以充军饷，神宗对此类要求多不理睬。

⑤ 《明神宗实录》卷 591，万历四十八年二月辛酉。

⑥ 《明神宗实录》卷 595，万历四十八年六月丁未。

⑦ 参见胡吉勋《“大礼议”与明廷人事变局》附录一“哭谏诸臣科贯表”，北京：社会科学文献出版社，2007，第 554～566 页。

⑧ 张廷玉等：《明史》卷 307《佞幸传》，第 7888 页。

⑨ 郑善夫：《少谷集》卷 16《东巡怀草跋》，《景印文渊阁四库全书》，第 1269 册，第 201 页。

不同缘于群臣历次“伏阙”务得靠近皇帝居处之地，哭谏之声直达内廷，使单位空间内的壮烈声势达于至极。历次士大夫群体“伏阙”抗争的发生过程对皇帝来说都意味着一场必须从速解决的政治危机，皇帝处身舆论弱势的情境中，感受到来自士大夫群体的巨大政治压力。

三 君臣冲突与士大夫群体的政治诉求及其局限

明代士大夫的群臣伏阙抗争事件不仅多发，而且往往以士大夫身家性命为代价，时而具有血腥的气味。从官僚士大夫角度而言，这样的一种抗争行为必须基于某种信念，如果在他们的心智中，只有效忠和服从于皇帝的思想，这样的行为是荒唐的。那么，士大夫群体性的与皇帝的抗争的背后，究竟是怎样的一种价值、信念理路呢？

礼部尚书姚夔是成化初年群臣“伏阙”抗争的主事者，他在坚持钱后当如礼祔葬帝陵时，直言皇帝权威是有限的：“天下之大，万世亦将有言之，岂能保其终无据理改而从正者乎？”① 成化朝内阁大学士刘定之形容群臣“伏阙”抗争为“人心如此，实天理所在”。② 嘉靖三年（1524年），诸臣“伏阙”与世宗争“大礼”时，巡按御史郭楠身在云南，驰疏皇帝批评皇帝的做法是一种弊政：“今群臣‘伏阙’呼号，或榜掠殒身，或间关谪戍，不意圣明之朝，而忠良获罪若此。”③ 世宗得郭楠疏大怒，将其廷杖、削籍。然世宗的惩戒措施并没有压制住舆论的声势，参与“伏阙”活动的大学士毛纪致仕离京，九卿并翰林诸司官员在崇文门外为毛纪送别，云：“公此行可谓完名全节矣。”④ 这类做法和言论表明，“伏阙”诸臣的行为而不是皇帝的意愿是士大夫群体公论所赞许的。由此可

① 黄佐：《翰林记》卷8《伏阙》，《景印文渊阁四库全书》，第596册，第955页。

② 黄佐：《翰林记》卷8《伏阙》，《景印文渊阁四库全书》，第596册，第955页。

③ 张廷玉等：《明史》卷192《郭楠传》，第5104页。

④ 毛纪：《鳌峰类稿》卷9《东归日程记》，《四库全书存目丛书》，济南：齐鲁书社，1997，集部第45册，第76页。

以看出，士大夫并不以皇帝之是非为是非，也不以满足皇帝的需求为己任。他们的心目中，有某种公理，此种公理高于权势。

由于“伏阙”体现着对于士大夫心目中公理的持守，身居高位的士大夫的据理力争就被看做是他们的职责所在。在正德元年（1506年）北京群臣尚未“伏阙”进谏时，南京十三道御史陆昆等言：

> 内阁、部院大臣受顾命之托者，所宜弘济艰难，随事匡救。言之不听，尤须‘伏阙’死诤，以悟圣心。顾乃怠缓悦从，间为忠义所激，论谏类多巽顺，退托其身谋得矣。其如先帝付托，天下属望何哉?①

在陆昆的言论中，显然构成士大夫立朝原则性的基础是“先帝”和“天下”，而非当下掌握权势的皇帝。先帝是传统的符号化表征，天下则指万民。所以，士大夫立朝的尊严感、使命感是安置在护持文化传统和万民利益与意愿基础上的。

万历中期以降，国事日坏，朝野士人要求大臣“伏阙”抗争的声音愈发强势。王家屏在万历初年任内阁首辅，因封驳神宗诏书而见忤于君，遂致仕以守臣节。王家屏力持“伏阙”谏君之说，云：

> 使今之司铨者，有缺则慎简以推，推则必求其用，用则必求其速，上或不点，则力荐其才望之宜，疏或不下，则直陈其缺人废事之弊，不听则连章而请，又不听则‘伏阙’以俟，以去就争，以死生争，前者被谴，后者复然，上即威严，能无感动?惟得失之念重，顾忌之累多，借口于调停，专意于阿顺，始力争而不敢，继力争而不能，展转柔从，劲气销沮，虽有执奏，罔敢批鳞。一请不谐，便已结舌。下怯上玩，遂以为常。无怪乎官屡推而不点，疏屡趣而不下也。可胜叹哉，可胜恨哉!②

① 《明武宗实录》卷19，正德元年十一月丁酉。

② 王家屏:《答赵见宇中丞》，载陈子龙等辑《明经世文编》卷393，北京：中华书局，1962，第4253页。

从他的表述中可以清晰看出，士大夫虽然从制度上尊崇皇权，但是却对皇帝行为的可错性有非常清醒的认识。皇帝的权威如果在价值意识中被看做绝对的，则其行为就无所谓是非；其有是非，则皇帝的权威在士大夫观念中就不是绝对的。正因为有皇帝权威的非绝对性意识，通明一代，“伏阙”抗争者的直臣声誉往往在壮烈中达到某种文化意识中的永恒。处身这样的政治文化场域中，“士希折槛之风，人慕引裾之节。窜逐甫去，而章疏继陈。如英皇之北狩，武庙之南巡，‘伏阙’死谏者踵接于朝”。①直接参与了正德十四年（1519 年）“伏阙”抗争活动的郑善夫当时曾写了《东巡怀草》，表明心志。当时曾嘱托同官倪本端、方思道，如果自己因此抗争而死，就将该文进呈武宗，以死谏君。②

士大夫群体与皇权抗争的立意并不限于统治上层内部的关系，在历次“伏阙”抗争活动中，他们经常展现出关注民间社会的价值取向。如正德朝南巡之争中，六科给事中徐之鸾等疏云：

> 水陆舟车一应供张之需，从行士马粮饷刍粟之备，所在葺治殿庐、迎送往来之役，内外从官供给应付之烦，皆不能不取之民者，计括取数年之税不足以办一旦供应之事，贫民何以堪之？至于毁其屋垣，以通牵道，拘其身及其子弟以备夫役，且复百端，皆有司欲禁而不能者。虽谕使安生乐业，其可得乎？③

万历朝矿税之争中，大学士沈一贯疏云：“近年以来天下久罹矿税之苦，而又习闻停止之言，跂望恩纶以日为岁。诸臣受国深恩，感时多故，千章万牍总出悬诚。君臣大义正当如此，岂可罪之为激为渎。”④ 可见对百姓福祉的深刻关切是士大夫与皇帝抗争的着眼点之一。

---

① 袁袠：《世纬》卷上《诱谏》，《景印文渊阁四库全书》，第 717 册，第 8 页。

② 郑善夫：《少谷集》卷 16《东巡怀草跋》，《景印文渊阁四库全书》，第 1269 册，第 201 页。

③ 《明武宗实录》卷 172，正德十四年三月丙午。

④ 《明神宗实录》卷 399，万历三十二年八月辛丑。

即使在针对皇室内部关系和皇帝本人行止的争论中，士大夫也会考虑到这些事务对于公共社会所可能发生的影响。如在万历朝“国本”之争中，礼部官员曾言：“朝廷礼教自出，风化攸关。而冠婚独后，非所以为天下训也。”[①] 诸如宪宗谕令别择墓地以葬英宗元后，神宗迟迟不立太子的行为，都意味着朝廷对民间社会的无原则示范，可能导致民间风气的流变，因而坚持抗争。

通明一代君臣冲突不限于群臣“伏阙”，诸如士大夫封驳诏书之举：嘉靖朝“大礼议”期间，内阁首辅杨廷和“先后封还御批者四，执奏几三十疏”[②]。万历朝历任内阁首辅亦多次封还诏书，坚不奉诏；[③] 诸如士大夫“乞休”明志之举：万历后期，士大夫建言常不为君用，于是“大臣‘挂冠’，小臣‘伏阙’”[④]，神宗不能止。这类士大夫行为与群臣“伏阙”行为的观念理路也是相通的。

中国传统社会一直存在依照血缘关系划分出来的高居社会上层的贵族，但是中国文化意识中从来没有将安定、富足的诉求严格归属于某一个身份群体，而是将之视为普世性的、社会性的诉求。通观明代“伏阙”诸臣与皇帝争执的事由，皇帝的行为取向几乎都出于皇帝本人以及家族、近臣的意愿、利益，而士大夫的主张则在根本上着眼于天下、人民。由此可见，处身“伏阙”情境中的士大夫的角色，在相当程度上是“代民言”的请愿者。明代群臣“伏阙”抗争之最值得关注的内涵在于士大夫群体之民本思想与绝对君权观念的冲突。

当然，“伏阙”作为士大夫群体的一种言谏方式，并不追求改变现行的政治秩序。群臣跪伏宫前而求谕旨，欲以激越言行感动君心，若君心不

---

① 《明神宗实录》卷318，万历二十六年正月甲午。

② 张廷玉等：《明史》卷190《杨廷和传》，第5038页。

③ 张廷玉等：《明史》卷82、122、128、218、233。

④ 陈懿典：《陈学士先生初集》卷20《为恳请圣明定大本昭大信以安宗社疏》，《四库禁毁书丛刊》，集部第79册，北京：北京出版社，2000，第349页。关于明代士大夫群体“乞休”明志的具体情状，可参见李佳《明万历朝官员“乞休”现象分析》，《求是学刊》2009年第2期。

为所动，终究只能望阙兴叹、以生命去做其主张的牺牲，或者退居乡野以明心志，不会从根本上否定皇帝的存在。因此，“伏阙”这种抗争对皇帝的影响有其限度。即使如此，明代士大夫群体对国家政治走势的积极干预，还是使得皇帝任意而为的倾向在一定程度上被弱化。在中国的政治传统中，约束皇权的意向少见于成文法，而更多地见诸士大夫基于道德立场的抗争。君主权力极端化的情形虽然持续发生，但是从政治文化层面看，帝制政治合理性的判定还是着落于人民的福祉与民心的向背，此一人文主义的价值取向是中国传统文化中不可忽略的要素。

在了解明代士大夫群体“伏阙”抗争的史事后，可以看到，此类君臣冲突意味着君、臣政治诉求存在深刻的分野。因此，不应该简单地将帝制政治归结为皇权专制，中国帝制时代的皇帝固然专制，但是无论在文化观念上还是在政治实践中，都有其限制，中国古代政治文化远非“专制”一词可以概括。除了皇帝政治以外，中国帝制时代还存在着贵族政治、士大夫政治、清流政治，以及庶民政治，它们以各自的方式构成帝制时代国家政治运行中的要素。这种复杂情状，需要专门研究，在此不加讨论。在帝制时代政治文化的常规性日常运行中，在朝官员与皇帝间的互动关系对政局之影响最为直接，群臣“伏阙”从属于这一范畴，并显现出士大夫群体参与国家政治时的原则意识。这种原则意识可以追溯到先秦时代的民本政治观。孟子即说“闻诛一夫纣矣，未闻弑君也”①。孟子的话为后世士大夫与君抗衡的行为预设了道德合理性——君臣冲突不能以君尊臣卑为尺度，而要用超越于身份等级之外的原则来衡量。中国传统政治文化的主流其实是将行仁政以惠民定位为政治权威者所应具有的品德。若皇帝不行仁政，则政治权威的合理性受到质疑。忽略中国政治文化讲求政治道德的情怀，就无从解释一代又一代士大夫不惜舍身犯死与君主抗争的文化动因。在秦以后的帝制体制中，国家政治文化中的民本精神受中央集权的皇权主义之挤压，有所扭曲，但是并没有被消灭。隋唐实行科举制度之后，

① 赵岐注、孙奭疏《孟子注疏》卷2《梁惠王章句下》，阮元校刻《十三经注疏》本，北京：中华书局，1980，第2680页。

儒家思想经过整理、倡导，成为士大夫官僚阶层的主导意识形态，该阶层参与国家政治时的政治价值自觉有所强化，以天下为己任的观念成为效忠于权威的工具性服从意识和为生计、荣崇而出仕的功利性考虑之外，更具有“公理”意义的价值取向，并逐渐养育而形成明代士大夫政治的活跃。

作者简介：李佳，1982年生，女，黑龙江哈尔滨人，东北师范大学历史学博士，吉林大学历史学博士后研究人员，现为吉林大学文学院中国史系讲师，专业领域为明清史，研究方向为明代政治文化。

明代官员“乞休”现象分析

王　伟

提　要：乞休是帝国官员在未满七十岁之前，因疾病、孝亲等客观原因或因权力斗争、政治谋略等主观原因而主动提出致仕归家的行为，为乞休归家而上的奏疏称为乞休疏。乞休行为自古有之，见诸史册始于唐朝，却并不多见，宋元仍不明显。明朝正统以后，士大夫乞休现象普遍，并呈逐渐增长的态势。明朝士大夫乞休现象出现的时机和演变的状态与明代的政治生态变迁与政治文化的演变密切相关，是士大夫家国观念变化的重要外在体现。通过分析士大夫的乞休奏疏，可以发现明代士大夫家国观念在明中期后发生的变化，士大夫家国观念中“家”与“族”的观念逐渐浓重，士大夫自我实现的途径多元化，“家国同构”观念处于分裂状态，“国”并非是士大夫实现自我的唯一和最好的选择。明中后期后，中国地方社会绅士阶层的形成与明帝国后期士大夫家国观念的转变存在重要关联。

关键词：明代；士大夫；家国观；乞休；乞休疏

一　明代官员“乞休”概况

中国古代官员七十致仕，在未满七十岁之前，因疾病等原因提前请求致仕归家的现象称为乞休。唐代官员乞休现象，根据《新唐书》和《旧唐书》统计，仅仅两次，最早一次是唐武宗会昌六年（846 年），“左拾遗王龟以父兴元节度使起年高，乞休官侍养，从之”①。查阅《宋史》，官员乞休现象也仅仅 9 次，并非显要的政治现象。从《清实录》中统计清朝官员乞休次数大致为 827 次，年平均为 3 次。清代并未发生官员群体性乞休现象，另外清代官员乞休大致在康熙朝开始出现。而明代官员乞休现象在数量和规模上都超越唐宋清时期，成为明代政治文化中的一种特殊现象。② 非正常七十致仕状态下官员乞休行为是其家国观念发生重大冲突时期，解读官员的乞休奏疏，对分析明代士大夫家国观念变迁走势具有重要的研究价值。

以“乞休”与“乞致仕”为条件，对《明实录》进行检索可知，从洪武到宣德期间，《明太祖实录》《明太宗实录》《明仁宗实录》《明宣宗实录》中“乞休”与“乞致仕”现象并不多见。明代官员的乞休风气大致开始于明英宗正统时期，正统五年（1440 年）七月，广东布政司右布政使刘永清年未七十以病乞休，正统时期其他三位乞休官员分别为：国子监祭酒李时勉、工部尚书谨身殿大学士兼东阁大学士高穀、吏部尚书何文渊三人。

查阅《明实录》可对明代官员乞休做如下统计：

年代	乞致仕	年平均	乞休	年平均	总计	年数	年平均	史料来源
洪武	9	0.25	0	0	9	35	0.25	《明太祖实录》
永乐	5	0.23	0	0	5	22	0.23	《明太宗实录》
洪熙	3	3	0	0	3	1	3	《明仁宗实录》
宣德	15	1.5	0	0	15	10	1.5	《明宣宗实录》
正统	248	8.55	4	0.14	252	29	8.69	《明英宗实录》
成化	160	6.96	103	4.48	263	23	11.43	《明宪宗实录》

① 刘昫等：《旧唐书》卷 18 上《武宗本纪》，北京：中华书局，1975，第 2881 页。

② 目前学界对明代士大夫家国观念的研究尚属薄弱环节，对明代士大夫乞休行为的研究多借乞休讨论晚明的政治生态。主要有李佳的《明万历朝官员“乞休”现象分析》，《求是学刊》2009 年第 2 期；吴琦、马俊：《“乞休”与“挂冠”：晚明弃官现象与政治文化嬗变》，《安徽史学》2012 年第 2 期。

续表

年代	乞致仕	年平均	乞休	年平均	总计	年数	年平均	史料来源
弘治	375	20.83	75	4.16	450	18	25.00	《明孝宗实录》
正德	142	8.88	144	9.00	286	16	17.88	《明武宗实录》
嘉靖	114	2.53	487	10.82	601	45	13.35	《明世宗实录》
隆庆	25	4.17	76	12.67	101	6	16.83	《明穆宗实录》
万历	61	1.27	893	18.60	954	48	19.88	《明神宗实录》
天启	4	0.57	143	20.43	147	7	20.86	《明熹宗实录》
总计	1161	4.47	1925	7.40	3086	260	11.87	

从表中我们可以发现如下现象：第一，洪武到宣德期间的明前期，士大夫乞休现象稀少。明英宗正统以后，士大夫乞致仕和乞休数量较之前四朝激增，说明士大夫乞休现象逐渐常态化。另一现象是《景印文渊阁四库全书》中，正统以后，明人文集中乞休致仕奏疏逐渐增多。第二，明代士大夫乞休数量呈现逐渐增长态势，从年平均数字上可以得到体现，特别是万历以后，乞休行为逐渐成为政治场中的常见现象，成为朝廷不得不着力解决的政治事件。第三，从乞休行为在明代的历史演变态势可推测出明代政治生态和政治文化发生的动态变迁，对乞休行为的研究为解读政治生态中士大夫家国观念的变迁提供路径。以明武宗一朝为例，分析乞休士大夫群体构成比例，根据《明武宗实录》统计，正德年间上疏乞休的官员大致为144位，90%以上为中央三品以上的高级文官，武官、地方官员、低级官员所占比例微乎其微。

对明代士大夫乞休现象进行分类分析，表象上常以年老、疾病、孝亲、天象示警、考察自陈等为理由，明代就曾出现南人任职北方，因“畏寒，不乐久处边地，屡上封事乞休”。① 深层原因多为权力斗争和权术谋略的运用。如果单从规模人数和历时时间来分析，明代士大夫的乞休行为可以分为个体性乞休与群体性乞休两类，个体性乞休最为常见，政治诉求多样，政治情态复杂，虽有共性特征，亦可体现士林风骨和家国观念，

① 《明宪宗实录》卷57，成化四年八月己亥，台北：“中央研究院”历史语言研究所，1962。

但是政治影响力不及群体性乞休行为。士大夫个体乞休行为又有两种特殊情态，一种是仕途一生数次乞休：弘治与正德两朝内阁大学士李东阳从弘治六年（1493 年）首上乞休疏到正德七年（1512 年）十二月致仕归家，历时近二十年，当然每次乞休政治情态不一，弘治朝多借乞休致仕劝谏皇帝，如弘治十四年（1501 年）五月乞休疏中表达政治态度：

> 愿陛下儆畏天戒，矜恤民穷，勤励讲学，省节游宴，爱惜财用，慎重官爵，礼制贵戚，法驭边将，亲贤远佞，崇正辟邪。达台谏为四聪，合宫府为一体。遵宪章于列圣，严教养于皇储。以培天下之元气，以寿国家之命脉，此臣区区犬马之诚，有不能自已者。倘臣言可采，陛下幸留意焉，则臣之退犹臣之进也。如其不可，则臣虽力疾备位，苟充任使，陛下将焉取之，而亦将安用之哉。①

正德元年（1506 年）乞休更多意味是政治权力斗争中的政治韬略：“以一二人之私恩坏百年之定制而不顾，以一二人之邪说违满朝之公论而不恤。”“旨从中出，略不预闻，或有议拟，径行改易。”② 正德五年以后的乞休疏，就已经透出无可奈何的政治意味：“人臣之义，能则致身，不能则止，二者不容以发。”③ 李东阳时年六十四岁，距离七十致仕的朝廷规定尚有六年期限，并且从李东阳获准乞休归家后行为来推论，李东阳仕途中的乞休完全不是因为身体疾病等原因。

另一种个体性乞休是连续数次上疏集中精力乞休归家。万历三十一年（1603 年），内阁大学士温纯与沈一贯相忤，被沈一贯私人弹劾，杜门九月，上乞休二十疏。万历三十二年（1604 年），温纯与吏部侍郎杨时乔主

---

① 李东阳：《怀麓堂集》卷 99《求退录》，《景印文渊阁四库全书》，第 1250 册，台北：台湾商务印书馆，1986，第 1059 页。

② 李东阳：《怀麓堂集》卷 99《求退录》，《景印文渊阁四库全书》，第 1250 册，第 1060 页。

③ 李东阳：《怀麓堂集》卷 99《求退录》，《景印文渊阁四库全书》，第 1250 册，第 1064 页。

持京官考核，沈一贯所欲庇者钟兆斗、钱梦皋等皆在谪中，而加深与沈一贯的矛盾，又不能得到万历帝的支持，求去甚力，连上乞休疏十次，两年间，温纯上乞休疏三十余次。[①] 明代后期，士大夫上疏乞休动辄几十疏，甚至数百疏。如此频繁的乞休，明显超出正常官员乞休致仕行为。

另有主动乞休与被动乞休之分。主动乞休除了客观身体、疾病等原因外，多为政治规谏皇帝或权力斗争失意；被动乞休多因被朝臣弹劾、考核失职，如正德元年巡抚顺天等府地方都察院右副都御史柳应辰因被朝臣弹劾而乞休明志，这种被动乞休行为一类是朝廷对功勋卓越臣子犯错而采用的一种柔和的辞退方式；另一类就是如同柳应辰这样因被弹劾而被动乞休。[②]

中央官员和地方官员的乞休，朝廷处理方式也存在差异。中央官员，特别是内阁大学士、各部尚书等政治地位高的官员，乞休奏疏直达皇帝，由皇帝做出官方批答，从成化到万历前期，大多是给予褒奖挽留、赐医问好、派官劝慰等劝止行为。万历中后期，士大夫乞休行为渐成常态，皇帝对这种乞休行为多采用留中不发的政治策略。万历三十九年（1611 年）大学士叶向高指出："十余年来，大臣得请者，百无一二。至如辅臣李廷机、部臣赵世卿，皆羁留四载，疏至百余，且廷机又屡次叩阍，未蒙允放。今尚书孙丕扬、李化龙又以考察军政不下，相率求去。若复踵桢所为，成何纪纲。""故欲禁诸臣之善去，必先体诸臣之至情。可留则留，且行其言，以安其身；不可留，则听其去，明白裁断，毋事虚拘。则臣子之进退得全，而朝廷之体统不失矣。"[③] 乞休士大夫在长久得不到朝廷公文回复后，往往以挂冠而去、杜门明志等方式消极地对抗皇帝的冷漠。明代地方官员的乞休行为并不多见，绝大多数官员遵从七十致仕的朝廷成法。如果地方官员有乞休行为，往往通过吏部考功司和地方上级官员对这位乞休官员进行评价后，报呈皇帝，最后确定是否同意其乞休归家。嘉靖

① 温纯：《温恭毅集》卷 6，《景印文渊阁四库全书》，第 1288 册，第 522 ~ 553 页。

② 《明武宗实录》卷 12，正德元年四月辛未。

③ 《明神宗实录》卷 481，万历三十九年三月丙辰。

初年，山东承宣布政使司右参议韩邦奇在上疏乞休后，嘉靖帝令吏部与山东布政司合议而定，并参考巡抚都御史陈凤梧的意见：“韩邦奇秉恬退之节，抱经济之才，偶因脾疾之攻，遂起思亲之念，既上疏以乞休，即促装而就道。伏望皇上轸念人才难得，将本官暂令致仕以遂其恬退之节，病痊起用以尽其经济之才。”①

与个体性乞休相对，群体性乞休常关乎明朝国运走向与政治变革，关涉明朝中央权力体系的变迁，又与廷杖、诏狱、伏阙、留中等政治现象相互关联，因此政治影响力往往持久，具有深意。

明代第一次群体性乞休现象发生在成化十三年（1477 年）七月到十二月间，五个月中，六十余位高级官员上乞休奏疏，涉及内阁、六部、都察院、大理寺等中央各权力机构官员。② 这次群体乞休，目标直指同年设立的特务组织西厂。成化十三年“近侍汪直权倾中外，外设西厂行事”。内阁大学士商辂上《请革西厂疏》直陈西厂设立的政治弊端，并发动士林集体抗争，明宪宗虽迫于政治舆论压力而停罢西厂，但是宦权压制士权的态势却已然成为政治生态的基色。通过商辂在成化十三年上乞休奏疏后皇帝的答复意见中就可以透视出政治生态的变化。商辂在成化二年到四年间曾经三次上乞休致疏，均借天象示警，自陈不能尽忠职守而劝诫皇帝反躬自省，却三次被宪宗驳回，慰问挽留不允归家。而成化十三年所上的乞休疏上达宪宗后，明宪宗没有做任何形式上的挽留，很快就下诏同意商辂乞休所请。

第二次群体性乞休现象因乞休三人同为内阁大学士，又同是明孝宗的临终顾命重臣，这次群体乞休行为更加具有政治寓意。早在弘治年间，以徐溥、刘健、李东阳、谢迁为代表的士林群体“协心辅治，事有不可，辄共争之”。③ 到明武宗继位后，政治环境急转直下。正德元年五月，内阁大学士刘健引用宋儒朱子言，上疏朝廷请求改易弊政：“一日立乎其

① 韩邦奇：《苑洛集》卷 17《乞恩休致事》，《景印文渊阁四库全书》，第 1269 册，第 621 页。

② 《明宪宗实录》卷 171，成化十三年十月己未。

③ 张廷玉等：《明史》卷 181《徐溥传》，北京：中华书局，1974，第 4805 页。

位，则一日业乎其官；一日不得乎其官，则不敢一日立乎其位。”武宗留中不下。刘健等再次上疏，历数政令十失，指斥武宗留中不发之弊，“臣等言是，则宜俯赐施行。臣等言非，则亦明加斥责。而乃留中不报，视之若无，使臣等趋向不明，进退无据，深忧极虑，寝食弗宁。”① 迫于压力，武宗不得已而发还前疏。刘健“知志终不行，首上章乞骸骨，李东阳、谢迁继之”②。正德元年相继乞休的士大夫还有：总督两广军务左都御史潘蕃、少师兼太子太师吏部尚书马文升、参赞机务太子少保南京兵部尚书王轼、南京吏部尚书林瀚、南京工部尚书李孟旸、太子太保刑部尚书闵圭、翰林院学士刘忠、南京国子监祭酒章懋、礼部尚书张昇、南京户部尚书秦民悦等高级官员。刑科给事中吕翀在其后的奏疏中道明了刘健、谢迁乞休的真正原因：“盖以维新之政，未能一一尽善，其随事救正冀以感悟君心，尽其职业而章疏每上，虽辄荷忠爱之褒，未必见之行事。若复苟安其位，必取尸素之讥，此所以决于求去而有不俟终日者也。”③

第三次群体性乞休事件发生在正德十四年（1519年）三月间，士大夫群体因谏阻武宗南巡奏疏被留中不发，内阁大学士杨廷和、兵部尚书杨一清、南京户部尚书邓庠、南京兵部尚书乔宇、湖广按察司佥事孟洋乞休退隐。进入四月后，内阁大学士蒋冕、太子少保户部尚书石玠、广西布政司左布政使何珊等人先后以老病上疏乞休求退。群体性乞休现象是士大夫集体对抗皇权的政治行为，皇帝反击的方式除了温和的留中、劝慰之外，往往又借助诏狱、廷杖等政治迫害而回击士大夫群体的政治诉求。明武宗为排除亲征和南巡的政治阻力，就曾经大兴诏狱来打压士大夫。正德十四年三月“下郎中等官黄巩等六人于锦衣卫狱，孙凤等一百七人罚跪于午门”④。

第四次群体性乞休事件发生于明世宗嘉靖元年（1522年）到嘉靖三

① 李东阳：《怀麓堂集》卷99《求退录》，《景印文渊阁四库全书》，第1250册，第1060～1061页。

② 张廷玉等：《明史》卷181《刘健传》，第4815页。

③ 《明武宗实录》卷18，正德元年十月癸酉。

④ 《明武宗实录》卷172，正德十四年三月癸丑。

年，这次群体性乞休行为伴随"大礼议"的政治冲突而发生，又与明代历史上激烈的士大夫伏阙、廷杖、诏狱等政治悲剧结合。三年间100多位官员乞休归家，这种势头一直持续到嘉靖八年（1529年）左右才逐渐减弱。

士大夫乞休行为往往激起士林震动，造成规模化的政治影响。对于德高望重官员的乞休，士大夫群体内部往往上疏皇帝，表达士林挽留这位官员的政治诉求。正德初年，内阁大学士刘健、谢迁乞休后，刑科给事中吕翀上疏正德皇帝指出两位大学士不可轻弃的五大原因，当正德初年皇帝年少国疑之时，时局又是"民穷财尽，而府库空虚，将弱兵寡，而夷虏强盛，水旱盗贼无处无之，星象草木，妖变迭出"①。刘、谢二人为弘治皇帝临终付托重臣，期望辅导新帝一新政治，如果听任刘、谢致仕归家，皇帝就要有不能慰在天之灵，不能昭思慕之孝，却有轻弃老成之嫌。吕翀劝谏正德帝重用刘、谢这样刚正之人，杜绝起用柔顺之人。嘉靖后期以后，士大夫群体内部对某位官员的乞休行为关注度逐渐降低，到万历以后，乞休又成为某些官员沽名钓誉的策略，士林内部反应就更加多样化。

士大夫乞休如果获得朝廷的允许，地位崇高者，朝廷往往给予优待，或者官升一级，给予物质优待。颁发的允许致仕归家的诏书中，也多有溢美之词。如李东阳乞休获准后，皇帝"命有司时加存问，岁给舆隶十名，月馈官廪八石，仍赐白金、彩币，袭荫子侄一人为中书舍人"②。获得这种褒奖和赐予的致仕归家的官员也要上疏皇帝表示感谢，同时借助这种感谢疏劝谏皇帝实行合理的政治。

万历后期后，士大夫的乞休奏疏往往被皇帝留中，士大夫对朝廷的这种消极抵制的行为往往采取过激的方式，更加凸显乞休行为的情绪化。反应大致有三种：第一种反应就是坚持不懈，屡上乞休疏。这是最常见的方式，万历朝大学士赵志皋"四年乞休，至八十余疏"③。李廷机自万历三

① 《明武宗实录》卷18，正德元年十月癸酉。

② 《明武宗实录》卷95，正德七年十二月丁卯。

③ 《明神宗实录》卷363，万历二十九年九月丁未。

十六年（1608年）四月二十一日到万历三十九年十月，上乞休疏123封。李廷机在万历三十九年的奏疏中指出："凡历四年，计四十四个月，约一千三百日矣。"[①] 第二种反应是拒绝俸禄以明去志。万历六年（1578年）内阁次辅大学士吕调阳八疏乞休，没有得到获准后。以"杜门旷职，不当支俸"为由，上疏万历帝拒绝朝廷俸禄。[②] 第三种反应是移居山林以坚去志。万历时期李廷机为乞休，移居荒庙。[③]

明代士大夫的乞休与官职高低密切相关，整个乞休士大夫群体中，三品以上官员所占比例为90%，中央官员比例超过90%，说明离权力体中心越近发生乞休的可能性越大、频率越高。同时也可推论士大夫官位级别越高，其政治自主性和自我主体意识越浓重，相对而言，低级官员和地方官员次之。明代士大夫乞休现象处于复杂变动状态中，与明代的政治时局和国运走向息息相关、密不可分，士大夫乞休行为由士大夫家国观念和主体意识所决定，乞休现象是解读明代士大夫群体精神风貌和风骨气质变迁的一重要切入点。

二　明代官员"乞休"的政治寓意与文化内涵

明代士大夫乞休根植于明代独特的政治文化土壤中，归因于明代士大夫家国观念的变化和明代政治文化的变迁。嘉靖后期，群体性乞休现象不多见，预示明代士大夫群体内部裂变加剧。万历中期后，士大夫乞休现象再成规模之势，成为士大夫群体内部政治斗争的手段之一，士大夫乞休逐渐成为明显的政治情绪发泄方式，情绪化更加明显。虽然万历中期后，官员乞休渐成政治常态，但是这种群体性乞休与成化以后的群体性乞休性质不同，成化年间的乞休是士大夫群体性行为，代表了士大夫群体的政治诉

① 《明神宗实录》卷488，万历三十九年十月戊子。

② 《明神宗实录》卷75，万历六年五月庚申。

③ 《明神宗实录》卷482，万历三十九年四月辛巳。

求；万历以后，虽然乞休数量和规模大增，但是多以个人的政治行为为主，虽然总体上形成与皇权的矛盾态势，但是并未真正形成群体性政治诉求的表达方式。士大夫群体的生存状态从明前期的压抑状态逐渐过渡到正统以后政治个性能够得到表达的彰显状态，明代士大夫的整体性特征逐渐得以展现。嘉靖中期后，情态发生变化，士大夫群体的整体性特征开始发生分裂，至万历中期后，这种分裂态势成勃发状态，成为一显性的政治现象。明末，士大夫乞休又与党争、朋党相关联，成为政治斗争的手段之一。乞休疏逐渐改变政治味道，渐成流俗。

明中叶后，士大夫希望政统复归道统领导的政治诉求逐渐彰显。商辂在《修省疏》中指出：“夫天下之道二，正与邪而已。正者，二帝三王圣贤之道也；邪者，佛老异端之教也。自古人君崇正正道者，无不安享治平之乐；惑邪教者，未有不致危亡之忧。”① 商辂乞休归家后告诫内阁大学士万安、刘吉、刘珝“当言则言，当行则行，毋以区区因循过日也”②。表达了士大夫要行道济民的政治追求。万历朝内阁大学士沈鲤在《考察自陈不职疏》中也指出：“顾徒见闾阎之苦，征求者无虚日，四方之报水旱者无虚月，星官之陈灾变者无虚时，潢池之弄兵革者无虚岁，海内举纷纷忧乱焉，此非臣溺职而谁也?”③ 其在《时政疏》中也申明虽然屡次乞休，久卧床榻，但是仍然“感时触事，不胜忧国之念，将终蕴而不言，则恐一旦长毕，目且不瞑”，并且指明“事在可缓，必不敢轻易进言”④。政治现实与道统理想之间过度冲突，成为士大夫乞休的重要现实原因。这种冲突又发生在明代皇权过度强化的政治生态中，士大夫群体无法通过正常谏诤等方式实现道统的政治诉求，士大夫谏诤的方式除了上疏，即是伏

---

① 商辂：《商文毅公集》卷2《修省疏》，《四库全书存目丛书》，集部第35册，济南：齐鲁书社，1997，第27页。

② 商振伦：《明三元太傅商文毅公年谱》，《四库全书存目丛书》，史部第83册，济南：齐鲁书社，1996，第142页。

③ 沈鲤：《亦玉堂稿》卷5《考察自陈不职疏》，《景印文渊阁四库全书》，第1288册，第273页。

④ 沈鲤：《亦玉堂稿》卷5《时政疏》，《景印文渊阁四库全书》，第1288册，第274页。

阙等过激行为，而皇帝有诏狱、廷杖、枷号等变态的惩罚形式相对，极度的无奈之下，乞休就成为化解这种冲突和矛盾最好的方式。

乞休现象又代表了士大夫的政治操守，在中国士大夫的自我认同中，治世济民与得天行道始终是其政治生涯的核心价值和终极追求。如果不能实现自己家国天下的政治情怀，乞休就成为必然之路。正德朝内阁大学士杨廷和在乞休奏疏中就表达了这一政治情怀："朝廷之委重于臣，必将责其实用；人臣之受知于上，必欲尽其常职。职业未尽，不敢安其居；绩用无成，即当听其去。此君臣之大义，出处之大节也。"①

明代士大夫的乞休疏通常与政治时局处于矛盾状态，士大夫通常在乞休奏疏中指明时局艰难，也提出政治改革的建议和举措，具有浓重的政治寓意，但是这种政治建议却是以乞休疏的形式表达。万历朝内阁大学士沈鲤在《乞休第二疏》中印证了这一现象，其在乞休疏中指出："海内清明与天下相安于无事，臣亦可藏拙匿瑕，不嫌于碌碌伴食也。今环视四境之内，在在民心已离，处处土崩可畏。其时难，其势难，犹厝火积薪之下。火虽未燃，而烟云已滃然，四出一发，而不可扑灭矣。"②"盖臣子立身大节，不过一忠。其事君而能，为忠臣也，则天下之至荣也；其不忠，则天下之至辱也。所谓忠不必皆龙逢比干也，其远而宣猷効力；近而责难陈善，尊主庇民，有造于天下国家者皆是也。其不忠不必皆奸回谀佞也。"③"时难"与"势难"的政治时局中士大夫乞休隐退的政治选择与其坚持的政治抱负和政治情怀相冲突，士大夫的乞休行为就只能归因于与皇权矛盾中的无奈之举。终明之世，士大夫的乞休奏疏虽依政治时局而有较大差异，但是其乞休疏中坚持和传承了尊天与重民的价值取向，虽然这种价值取向可能是用来一种政治说教或道德标榜，但是这一政治气息却始终存在于士大夫的乞休奏疏中。沈鲤在《病危遗疏》中就表达了"苍黎是国家

---

① 《明武宗实录》卷172，正德十四年三月己酉。

② 沈鲤：《亦玉堂稿》卷5《乞休第二疏》，《景印文渊阁四库全书》，第1288册，第279页。

③ 沈鲤：《亦玉堂稿》卷5《乞休第二疏》，《景印文渊阁四库全书》，第1288册，第278～279页。

之元气也，元气壮则国势强，元气衰则国势弱”的临终告诫。[①]

明末时局动荡，士林群体纷乱难辨。“东林一派始以务为名高，继乃酿成朋党，小人君子杂糅难分，门户之祸，延及朝廷，驯至于宗社沦亡，势犹未已”。士林群体发生的动荡根源于学风的改变，清代学者在论及明末的学风之时，就有如下的评论：“讲学之风，至明季而极弊，姚江一派自王畿传周汝登，汝登传陶望龄、陶奭龄，无不提唱禅机恣为高论，奭龄至以因果立说，全失儒家之本旨。”[②] 所以通过乞休奏疏解读明代士大夫的家国观念，除了要以明代士大夫的政治信仰和学术脉络为基础外，也要看到明中期后阳明心学与儒释道合流对整个士林群体的风骨和面貌的影响。

明末权力场斗争日益复杂多样，刘宗周“一阨于魏忠贤，再阨于温体仁，终阨于马士英”。但是终以“首阳一饿”“日月争光”“在有明末叶，可称皦皦完人，非依草附木之流”。在其乞休奏疏中表达了“君亲并重”的政治情怀。[③] 万历时期大学士温纯在《衰疾难胜重任再恳圣恩俯允归籍疏》道明仕途两苦，其一是：“上下相疑相猜，或修怨反噬，暂且不可，况岁岁皆然。”其二是：“差满不得代者怨臣，有疾不得告者怨臣，臣一身方为怨府。”[④] 清人在论及温纯的政治处境时也说明温纯政治生涯“阨于群小，无一日安于其位，而日久论定究称名臣”[⑤]。其后的乞休奏疏中围绕与科臣钟兆斗、钱梦皋的政治舆论斗争，上乞休三十余疏，使得乞休成为政治道德发抒的途径。

明代中后期士大夫家国观念的改变又要追源于士大夫内圣与外王政治

---

① 沈鲤：《亦玉堂稿》卷5《病危遗疏》，《景印文渊阁四库全书》，第1288册，第284页。

② 刘宗周：《刘蕺山集》，“提要”，《景印文渊阁四库全书》，第1294册，第302页。

③ 刘宗周：《刘蕺山集》卷1《恳赐侍养疏》，《景印文渊阁四库全书》，第1294册，第303～304页。

④ 温纯：《温恭毅集》卷6《衰疾难胜重任再恳圣恩俯允归籍疏》，《景印文渊阁四库全书》，第1288册，第527页。

⑤ 温纯：《温恭毅集》卷首，《景印文渊阁四库全书》，第1288册，第383页。

理想的改变。明代中期后，阳明心学逐渐成为显学，日益渗透进士大夫的精神世界。传统儒家认为内圣是外王的前提和基础，而外王是内圣的结果和目的。心学兴起后，人人均可为尧舜，内圣与外王的途径开始简约化和平民化，带来明代中后期士大夫政治追求路径多元化。传统社会中士大夫修身、齐家、治国、平天下的政治追求兴趣弱化。“以道仕君，不可则止”，这是道统与政统的融合与矛盾。“道”是士大夫在政治场域中保持独立性和鲜明个性的基础。士大夫自认为掌握着治理国家、整齐天下的道，这是国家政治正常运转，最后实现天下太平的不二法门。“君”为政统的代表，是一个朝代的政治脉络。在士大夫眼中，政治统系可以发生变化，但是道统却是一脉相承、不可动摇。所以一旦士大夫发现现实政治极大地违背了士大夫精神信仰的道统后，乞休就成为调和这种政治冲突的一种适合的方法。“进退不关其忠，职任不行其术”①。唐宋时期士大夫乞休现象并不多见，一是唐宋两代政治生态相对适合士大夫通过谏诤等方式实现政治诉求，士大夫独立性和主体性可以得到相对充分的表达。明代前期，士大夫乞休行为也不多见，在于明代前期政治生态恶化，士大夫对自身命运的自主性和选择性降低。洪武时期断指不仕的现象，被方孝孺诛杀十族的政治悲剧淹没。明前期的政治现实中君臣关系是被压抑后的扭曲状态，明前期皇权执政状态和政治角色与士大夫眼中垂衣裳而治天下的理想君主形象是冲突的。明中期后，政治生态经过一百五十多年的演变后，仍然无法与士大夫的政治理想相契合，差距进一步拉大，当超过了士大夫的精神张力后，乞休现象就逐渐成为政治常态。

三　明代“乞休”官员的家居生活

明代乞休归家的官员完成由大夫到绅士的身份转型后，在愉悦山水，

---

① 沈鲤：《亦玉堂稿》卷5《乞休第二疏》，《景印文渊阁四库全书》，第1288册，第279页。

以诗情书画度日之外，并未完全消解其政治理想和抱负，往往积极投入到地方社会文教礼治中。内阁大学士沈鲤对"在野"与"在朝"出入评论时指出：

> 虽然用壮者以力，用老者以言。谏行言听，即力已効矣。力効，即所以为致身也。臣在野，犹在朝也。谏不行言不听，则无所见功，无所宣力，臣虽备员左右，不过血气之躯而一筹未展，竟亦何裨，其在朝，犹在野也。由斯以谈言用为上，身用次焉。故古之英君谊辟，遇有衰老笃疾之臣，不能受官，则使人受言于家。或当去国之日，亦谆谆叩所欲言，而听其人之自去，盖言在则即其人在也。①

乞休归家的士大夫，在地方社会往往成为道德模范和社会风气的倡导者，发挥在地方社会的影响力。明清以后的中国基层社会，绅士阶层发挥重要的道德模范作用。内阁大学士李东阳立朝五十年，清节不渝，乞休罢政居家，"请诗文书篆者填塞户限，颇资以给朝夕"。②

乞休虽是士大夫安全退出政治场域的一种途径，但政治斗争却往往并不以士大夫乞休归家为结束。正德元年（1506 年）乞休归家的内阁大学士刘健归家后，宦官刘谨继续追讨，正德二年（1507 年）三月，诏列五十三人为奸党，"榜示朝堂，以健为首"。谢迁乞休归家后"与客围棋，赋诗自若"。内阁大学士焦芳与宦官刘谨联合"勒罢其弟兵部主事迪，斥其子编修丕为民"。正德四年，刘健被"削籍为民，追夺诰命。"③ 正德十一年（1516 年）八月，因与宦官刘瑾政治斗争失败，大学士杨一清引疾乞休。刘瑾"诬一清冒破边费，逮下锦衣狱。大学士李东阳、王鏊力

① 沈鲤：《亦玉堂稿》卷 5《乞休第二疏》，《景印文渊阁四库全书》，第 1288 册，第 279～280 页。

② 张廷玉等：《明史》卷 181《李东阳传》，第 4825 页。

③ 张廷玉等：《明史》卷 181《刘健传》，第 4817 页。

救得解。仍致仕归，先后罚米六百石”①。正德十四年（1519 年）三月，武宗南巡后，致仕归家的杨一清再度被起用。“帝南征，幸一清第，乐饮两昼夜，赋诗赓和以十数。一清从容讽止，帝遂不为江、浙行”②。

“得时行道”与“致主泽民”始终是士大夫的政治理想和追求。③ 当在国家层面无法实现这一理想和追求时，士大夫只能借助乞休的途径退隐归家，在家乡层面践行这一理想情怀。沈鲤归家后修建“沈公桥”、立社仓、设义塾、修大堤、修文雅社，④ 特别是在家乡主持修建防洪工程，被后世誉为“沈堤”。“中州河患最甚者，莫如考城，每逢秋夏水发，城郭漂没，民鲜定居。明时，用沈文端条议，河南岸顺筑长堤一道，河南州、县始免冲决。”⑤

作者简介：王伟，1978 年生，男，吉林松原人，东北师范大学历史学博士，东北师范大学中国语言文学博士后，现为安阳师范学院历史与文博学院讲师，专业领域为明清史，研究方向为明清政治史、政治文化史。

① 张廷玉等：《明史》卷 198《杨一清传》，第 5227 页。
② 张廷玉等：《明史》卷 198《杨一清传》，第 5229 页。
③ 沈鲤：《亦玉堂稿》卷 5《乞休第三疏》，《景印文渊阁四库全书》，第 1288 册，第 280 页。
④ （乾隆）《归德府志》卷 17《水利略四》，郑州：中州古籍出版社，1994，第 502 页。
⑤ （乾隆）《归德府志》卷 14《水利略一》，第 457 页。

王阳明与嘉靖帝关系研究

肖　金

提　要：本文以王阳明在嘉靖朝的际遇变化：封爵、归越、起复、停爵为线索，考察分析影响王阳明与嘉靖帝关系的原因，并回应王阳明与嘉靖初期的政治、王学程朱学的对立与嘉靖初年的政局变化的关系等一系列问题。其中，以王阳明起复为界，王阳明与嘉靖帝关系可分为两个阶段：嘉靖六年之前，嘉靖帝与王学、嘉靖帝与王门弟子、嘉靖帝与王阳明三组关系中，有重合和交汇，但更有分野，尤其是嘉靖帝与王阳明之间，基本处于两条各自不同的路径之上；嘉靖六年，在当时政局变革的背景之下，阳明被起用，嘉靖帝与王阳明在经历短暂的正常互动之后，由于各种因素的影响，两人关系最终走向破裂。在皇权权威的重建与王学兴起背后，是社会思想层面的流变趋势与国家政治权力对于其已经认可的思想价值理念的稳定性的维护之间的矛盾。

关键词：王阳明；王学；嘉靖帝；皇权

长期以来，有关王阳明、嘉靖帝的研究，基本互不关照，特别是对于王阳明晚年的际遇以及与嘉靖帝之间的关系虽不乏散见的涉及，但缺少系统清晰的梳理，关于王阳明与嘉靖初期的政治、王学程朱学的对立与嘉靖初年政局变革的关系等问题的研究和讨论，也还有值得商榷的地方。

沈德符的《万历野获编》等明人笔记已开始注意到王阳明门人在嘉靖初年的政局变革中的积极参与，而首先将王阳明与嘉靖初年政治的关系作专题考察的则是欧阳琛刊于1949年《新中华》杂志上的《王守仁与大礼议》[①]一文，该文主要考察了王阳明与嘉靖初年赞礼诸臣的紧密关系，得出“守仁新学成为赞礼者之理论基础”的基本结论，也就是把嘉靖初年以“大礼议”为标志的政局变革看作是程朱旧学与阳明新学的思想对立在现实政治层面的延伸。这种解释的影响很大，后来的研究者如唐长孺的《跋张璁书扇——略述王守仁与张璁的关系》[②]、田澍的《明代大礼议新探》[③]、张立文的《论张璁的“大礼议”与改革思想》[④]与《论“大礼议”与朱熹王阳明思想的冲突》[⑤]、邓志峰的《“谁与青天扫旧尘”——“大礼议”思想背景新探》[⑥]等论文都持与欧阳琛相似的观点，将导致嘉靖初年政局变革的“大礼议”中存在的两派政治理念的对立解释为同时期出现的“程朱旧学”与“阳明新学”的思想对立，将现实政治斗争看作是两种学说从思想层面的斗争到政治层面的延伸。这从逻辑上似乎很好地实现了明中叶的政治变革与学术变迁的统一性解释，但是，当我们仔细考察支撑这个解释的一系列论据，反观相关历史事实状况时，可以发现这类解释还存在值得商榷的地方。持此主张的基本论据有：王阳明与赞礼派的核心人物张璁、桂萼曾有交往经历，赞礼派中王门弟子颇多，赞礼派“援情入礼”观念与王阳明寄邹谦之的一封书信[⑦]中论礼的主张一致，王

① 欧阳琛：《王守仁与大礼议》，《新中华》1949年第12卷第7期。

② 唐长孺：《跋张璁书扇——略述王守仁与张璁的关系》，载于傅璇琮、许逸民编《学林漫录》第八集，北京：中华书局，1987。

③ 田澍：《明代大礼议新探》，《学习与探索》1998年第6期。

④ 张立文：《论张璁的“大礼议”与改革思想》，《浙江大学学报》2002年第4期。

⑤ 张立文：《论“大礼议”与朱熹王阳明思想的冲突》，《南昌大学学报》1999年第2期。

⑥ 邓志峰：《“谁与青天扫旧尘”——“大礼议”思想背景新探》，《学术月刊》1997年第7期。

⑦ 王守仁：《王阳明全集》卷6《寄邹谦之二》，上海：上海古籍出版社，1992，第202页。

阳明在“大礼议”之后曾在书信中表达了对赞礼派的谨慎支持。以上论据的存疑之处有：①王阳明与张璁、桂萼曾有交往经历，并不能直接证明张璁、桂萼接受了王阳明的学说主张。还需要指出的是，虽然王阳明与张璁、桂萼早年确曾有交往，如与张璁有诗文唱和、与桂萼有一面之缘，但称不上什么学术交流探讨，况且其时王阳明“致良知”学说尚未提出。相反的证据是，王阳明复出之后，有廷臣建议召王阳明入阁，张璁与杨一清向世宗进言“王守仁好古冠服，不宜入阁”云云。桂萼在嘉靖八年主持吏部会议廷臣处理所谓王阳明擅离职守事时更直斥其学说为“伪学”。②赞礼派中王门弟子颇多是事实，但王门弟子在“大礼议”中存在分裂的事实却往往被忽略了，除了态度反复的陆澄之外，王门弟子中的邹守益、王时柯等人都明确站在赞礼派的对立面。③赞礼派在支持世宗称兴献帝为“皇考”的个别奏书中确有“援情入礼”之说，而且与王阳明跟邹守益的书信中谈到的“先王以情制礼”的意思是一致的。但问题是，首先，王阳明与邹守益书信中主要讨论地方风俗、百姓家礼的变迁，并未明确表示其“以情制礼”说是针对“大礼议”而发；其次，无论是赞礼派的“援情入礼”，还是王阳明的“以情制礼”，都不是王学兴起之后才出现的主张，而是《礼记》中本来就有的记载。最能说明“援情入礼”“以情制礼”非王学特有主张的证据是，“大礼议”之初，毛澄劝世宗接受廷臣拟定兴献帝为“本生父母”的尊号时，也说这是合“情”、合“礼”的结果。并非只有赞礼派讲“情”，更非只有王学讲“情”，故而单以“情”“礼”判赞礼派与反对派之别不妥，以此分程朱学与阳明学之异更是缺乏说服力。④王阳明对赞礼派的支持态度是一条有力的证据，前提是如果“大礼议”是由王阳明主导进行的话。然事实正相反，王阳明对“大礼议”始终刻意保持着距离而不愿牵涉其中，这种被动的支持态度，削弱了这条论据的有效性。很明显，不必待王学出然后才有赞礼派，濮王尊号之议，宋儒欧阳修与程子之间便有争论了。考察赞礼派的议礼奏疏，找不到明确以王学为理论依据的痕迹，除了引用《礼记》经典之外，主要就是欧阳修的观点。世宗与赞礼派并不缺少理论支持，嘉靖朝欧阳修从祀孔庙资格的获得，正是对于这种理论支持的回报。

“大礼议”与嘉靖初年政局变革的主导人物无疑是嘉靖帝，因此，嘉靖帝对王阳明及其学说的态度才是分析“王学程朱学的对立与嘉靖初年政局变革的关系”“明中叶政局变革影响下的王学命运”等问题的核心。本文的目标就在于厘清王阳明与嘉靖帝的基本关系，考察各个时期影响王阳明与嘉靖帝关系的具体原因，探求其背后的政治文化内涵。

一　阳明封爵与正、嘉之际的政局

明正德十六年（1521 年）三月丙寅，武宗卒于豹房，无嗣。以儒家政治理念中对于君主德行的期望和要求的标准看来，正德皇帝对于军事活动的那种亲自参与的游戏般的热情和对于国家行政事务的漠不关心，使得他被认为是不称职的。当然，还需要考虑到的是，他的继任者——嘉靖皇帝也需要这种历史叙述以利于塑造其天命所归、中兴再造的形象。

在中国传统政治权力架构之中，国家行政事务往往需要依托皇权，然后逐步展开。由武宗之暴卒形成的王朝君位空缺状况，成为当时面临的最大的政治危机。其时，可能影响政局走向之势力主要有三。

（1）武宗近侍集团，其中主要有宦官和以皇帝“义子”身份存在的亲军将领。一直以来，特别是传统史家，对明代政治中宦官之祸指摘尤力，这显然与儒家政治思想中对于道统与治统的正当性要求有关。然而，细察于史实，则又可见：所谓“权阉”如刘瑾之徒，皇帝尚能以片纸诛之，何以如此？宦官权力从根本上来说，是一种依附性权力，其权力主体在中国传统政治文化中一直没有获得正当性和合法性的认同。一旦旧皇帝驾崩、新皇帝即位，前朝宦官群体命运多为不妙，原因在于他们原来因近侍身份而产生的对皇帝的影响力，随着皇帝之死而消失。这一点，宦官们心知肚明，故而，在武宗病危时，“司礼中官魏彬等至阁言，国医力竭矣，请捐万金购之草泽”[①]。弥留之际，又有所谓“朕疾不可为矣……前

① 张廷玉等：《明史》卷 190《杨廷和传》，北京：中华书局，1974，第 5034 页。

事皆由朕误，非汝曹所能预也”①。这样看上去似乎专门为宦官免责而设的遗言。武宗身边的近侍群体中除宦官之外，另一个特别的群体就是他的“义子”们。前面说到，武宗是一个在儒家政治文化对于理想君主期待标准下的“不合格”的皇帝。古代中国，历代皇帝皆以“天子”自居，以表明其权力的神圣性，他们对于自身血统的延续和对于家庭伦理中父子关系原则的遵循总有一种极为谨慎的态度。皇帝出于对某人忠心或功勋之嘉奖，偶尔有赐以同姓之举，已被视作异荣。而武宗在世之时，“义子”之数以百千计，这种行为无疑在极重视家庭伦理观念的士大夫群体看来是需要指责的。当然，问题不只在于武宗认了多少“义子”从而造成的对儒家所倡导的家庭伦理观念的破坏，还在于他们是武宗“公权私用”的对象。为了便于伴其玩乐，他们一般都被武宗安排在近卫亲军团营中担任将领，并以传升、乞升的形式为他们自己和亲友谋取权力，这样一来，他们及其亲友就构成了一个新的特权群体。中国古代具有合法性认可的特权群体大致可分为几类：以皇帝血缘为核心的相关家庭（如宗室、外戚）、享有功勋荣誉的相关家庭、享有文化荣誉的相关家庭（如包含官僚在内的广泛的士人群体、孔、孟等家族）以及其他的享有特殊道德荣誉（如受旌表）的相关家庭，而这些特权群体的合法性，则是通过一系列被要求普遍遵守的法条、定例和政治惯习确立起来的。武宗对于其近侍群体的权力放纵，也为他们在其死后的命运埋下了伏笔。

（2）贵族集团，具体地说，又包含了与皇帝有血亲关系的宗室和外戚群体，以及功勋贵族家庭。自秦以后的帝制中国，随着皇权专制之逐步加强，贵族群体在国家行政事务中的权力逐渐式微。明制，藩王一旦成年之后，俱被遣至其所属藩地，虽有养尊处优之殊荣，却在权力上给予明确限制，地方行政事务且不得插手，遑论中央？功勋贵族多数承袭自开国之初受封之功臣。明初，朱元璋屡兴大狱，自李善长、胡惟庸、蓝玉等遭族诛之祸，其间罗织牵连，功臣之家虽有幸免者亦皆陷于自危之境，基本退出了国家政治舞台。明代皇室后、妃多出自民间，少与世家大臣联姻，且

① 张廷玉等：《明史》卷16《武宗本纪》，第212页。

御之极严，故而外戚权轻，女祸不兴。武宗猝卒，其母张太后便成为皇室贵族的权力代言人，实际上，在正、嘉之际的整个君位空缺时期，国家诏令基本都是以她的名义发布。

（3）官僚士大夫集团，他们一方面以“道”的实践者自居，一方面又需要来自于皇帝对这种实践的权力的授予，也就是说，他们在根本上并非简单的只是体现皇权的意志，而是依赖皇权实现“道”的完成。帝制时代，皇权是整个国家权力结构的顶点。那么，当士大夫所坚持之“道”与皇权之意志冲突时，是坚持还是服从就成了一个问题，对此的讨论将在后文有所涉及。如前所述，一般说来，随着皇权专制的加强，一面是贵族政治的式微，而另一面则是官僚政治的发达。明初裁撤“三公”，宰相之名不复存，史家论及，多将其看作是皇权专制加强过程中对官僚政治的打击。笔者以为，此说似尚有可存疑处。两汉之功臣、外戚，魏晋之士族门阀，都是具有贵族色彩的政治势力，逮至于唐宋，科举兴而贵族政治才基本消失。朱元璋以布衣取天下，与刘邦颇似，开国之后便大封功臣，一时间位列朝堂各据权位，俨然有功勋贵族政治之势。这是否也可以看作是对于唐宋以来士大夫官僚政治的反动呢？至少可以说，朱元璋之裁撤宰相，直接的结果是对当时功勋贵族的打击，也为后来的士大夫官僚政治的回归腾出了权力空间。朱元璋临死前留下的是一个六部、九卿直接对皇帝负责的国家政治权力架构。这种制度安排，进一步集中了皇权，但随着世袭皇帝行政能力的减弱，它的弊端也就显现出来了，反而促进了明代士大夫官僚政治的发达。自成祖揽学士入阁以备议论咨询，至于正、嘉之际，内阁已然权重。以阁臣杨廷和为首的官僚集团成为当时国家行政事务的负责者。

武宗死后，当日遗旨有三。其一出自太监转述所谓武宗临终之语：“朕疾殆，不可为矣。尔等与张锐可召司礼监官来，以朕意达皇太后，天下事重，其与内阁辅臣议处之。前此事皆由朕而误，非汝众人所能与也。”① 此旨一方面为宦官卸责，另一方面也为张太后与阁臣在随后的权

① 《明武宗实录》卷197，正德十六年三月丙寅，台北：“中央研究院”历史语言研究所，1962。

力行使提供了合法性。其二为太后与阁臣共议的结果，以武宗遗旨名义发出："朕疾弥留，储嗣未建。朕皇考亲弟兴献王长子厚熜，年已长成，贤明仁孝，伦序当立。已遵奉《祖训》'兄终弟及'之文，告于宗庙，请于慈寿皇太后，即日遣官迎取来京，嗣皇帝位。奉祀宗庙，君临天下。"① 此旨为随后世宗以藩王继统的合法性提供了依据，也为"大礼议"埋下了伏笔。其三"虽奉上遗旨，实内阁辅臣请于太后而行者"："传遗旨：令太监张永、武定侯郭勋、定边伯朱泰、尚书王宪选各营马步官军防守皇城四门、京城九门，及草桥、芦沟桥等处。东厂、锦衣卫缉事衙门及五城巡视御史，各督所属巡逻，毋得怠玩"②。"又传遗旨：豹房随侍官军劳苦可悯，令永、勋、泰、宪提督统领，加意抚恤。罢威武团练营官军还营，各边及保定官军还镇。革各处皇店、管店官校，并军门办事官旗校尉等各还卫。其各边镇守太监留京者，亦遣之……"③ 此旨稳定和控制了京城的社会局面，避免了可能发生的军事变乱和危机。随后命"司礼等监太监谷大用、韦霦、张锦、内阁大学士梁储、定国公徐光祚、驸马都尉崔元、礼部尚书毛澄奉金符以行"④ 迎立未来的嘉靖皇帝。可以注意到这份名单，宦官集团、贵族集团、官僚集团的代表一个不少。联系前几份遗旨，可以从侧面反映出，为了应对当时的政治危机，杨廷和内阁在整合当时各种政治势力以最终实现皇权的平稳过渡中所做的努力。

正德十六年（1521 年）四月戊寅，迎立诸臣至安陆捧进遗诏；壬午，兴世子辞父墓；癸未，车驾发安陆；癸卯，车驾至京城外。礼部具仪请如皇太子即位礼，嘉靖诘问："遗诏以吾嗣皇帝位，非皇子也。"杨廷和等认为，需"如礼部所具仪，由东安门入，可居文华殿上笺劝进，择日登极"。嘉靖帝拒绝。张太后旨意，"天位不可久虚……文武百官即日上笺劝进"云云，最后，以嘉靖帝的坚持，廷臣的妥协告终。⑤ 这是嘉靖帝与

① 《明武宗实录》卷 197，正德十六年三月丙寅。
② 《明武宗实录》卷 197，正德十六年三月丙寅。
③ 《明武宗实录》卷 197，正德十六年三月丙寅。
④ 《明武宗实录》卷 197，正德十六年三月丙寅。
⑤ 《明世宗实录》卷 1，正德十六年四月癸卯。

廷臣间的第一次“礼仪之争”，嘉靖帝已经显露其“继统不继嗣”的态度。耐人寻味的是，正、嘉之际的君位空缺，本来对明王朝来说无疑面临着一场严重的政治危机；同时，却也为官僚士大夫群体的政治理性的展示提供了契机。一般来说，新帝即位之初，尚有励精图治之心，随着时间迁延，到各朝统治的中后期，社会矛盾日益尖锐。武宗好军事、喜巡游，常置国政于不顾，宵小奸佞之徒不免投其所好，趁机弄权于其间。是以民生艰难，各地暴乱频仍。武宗死后至世宗登极之初，杨廷和总揽朝政，以武宗遗诏与嘉靖帝登极诏书为依托，对正德一朝所积累之弊政进行拨乱反正。

正德十六年三月戊辰，颁遗诏：“朕以菲薄，绍承祖宗丕业，十有七年矣，图治虽勤……兴献王长子厚熜……伦序当立……嗣君未到之日，凡有重大紧急事情，该衙门具本暂且奏知皇太后而行……衙门见监囚犯，除与逆贼宸濠事情有干，凡南征逮系来京，原无重情者，俱送法司查审明白释放；原籍各处妇女见在内府者，司礼监查放还家，务令得所。各处工程除营建大工外，余尽得停止……”① 正德十六年四月二十二日，朱厚熜即皇帝位，颁诏天下。登极诏共八十款，内容针对武宗一朝种种弊政，包括：恢复因言忤旨、忠言诤谏而遭受处分官员的职务；恢复宗室应有权利；罢黜各种以传升、乞升、冒籍等形式获任之官职；召回、清理武宗时期外派管理皇庄、京仓、守备地方的宦官；免除正德十六年以前历年拖欠杂税等；鼓励言官直言无隐；废除正德期间新增问刑条例等。②

武宗遗诏与嘉靖帝登极诏的基本精神在于革除和裁撤自武宗即位以来出现的种种弊政，从而使帝国的政治运行回到相对正常的轨道之上。整个改革的推行，都是打着“孝宗朝旧制”的旗号进行的。从政治实践的策略角度来看，它为杨廷和的一系列改革提供了合法性；但问题在于，它不只是策略性的，实际上也成了这场改革在国家政治的各个层面推进的尺度。而明至孝宗时，帝国政治的积弊已深，所以，应该注意到，这场旨在对武宗朝弊政进行拨乱反正的改革，从一开始其实就是具有很大局限性

---

① 《明武宗实录》卷197，正德十六年三月戊辰。

② 《明世宗实录》卷1，正德十六年四月癸卯。

的；同时，各项改革措施在后来的具体实践过程中，特别是嘉靖帝即位之后，随着由“大礼议”引发的人事变动，这些改革又被大打折扣。

随着国家政治局面的稳定，以杨廷和为首的内阁成为嘉靖帝即位之初国家权力的真正核心。他们随即利用手中的权力，展开了对武宗朝遗留下来的各类人员的政治清算。正德十四年（1519 年）的“宸濠之变”被重新提起，它为这场政治清算提供的契机有：首先，对于有证据指证与宁王有所往来的宦官、亲军与朝廷官员，直接以“交通宸濠”的罪名加以处理；其次，与这些已经被定罪的宦官、近侍过从紧密的官员也以“结交内侍、夤缘权幸”的名义被处理；最后，则是处理了一批在“宸濠之役”中有冒功、掩功行径的人员。

在这个背景下，巡按山东御史胡松上疏，“宸濠之变都御史王守仁、知府伍文定首倡大义，其功虽已叙录，而闻风向义、戮力协谋者升赏尚多未及”①。平叛宸濠之后，王阳明以父老、祖丧上疏，乞暂归省葬，未报。于是不待旨自行挂印而归，一直闲居在家。嘉靖帝在藩邸时，就颇闻宸濠之役与阳明之功，至是，下旨：“王守仁擒斩乱贼、平定地方。朕莅政之初，方将论功行赏，所请不允。其敕守仁亟来京。”② 阳明得旨之后，曾欲进京。但是，自杨廷和秉政之后，内阁权重，打破了阁、部之间原有的权力平衡。吏部尚书王琼因不满权力被架空而与杨廷和发生了冲突。而正是王琼在执掌兵部时对王阳明的赏识和提携，在宁王发难之前对江西军事的谋划处置，才使阳明能够在“宸濠之役”中一举成功，故阳明在辞赏疏中一再归功于本兵。此时的杨廷和不愿让一个立场不明，甚至有可能站在自己对立面却具有巨大影响力的人物进京。借口看起来冠冕堂皇：“有言国哀未毕，不宜举宴行赏者。”③ 于是，朝廷命“升提督南赣、汀漳军务右副都御史王守仁为南京兵部尚书，参赞军务”④。

至正德十六年十一月，嘉靖帝“诏追论江西平宸濠功，兵部集廷臣

① 《明世宗实录》卷 2，正德十六年五月壬子。

② 《明世宗实录》卷 2，正德十六年五月癸丑。

③ 张廷玉等：《明史》卷 195《王守仁传》，第 5166 页。

④ 《明世宗实录》卷 4，正德十六年七月丁丑。

会议，备列诸臣功次及死事先后，请甄别等第，封拜、升赏、赠荫、恤录及有功赎罪有差”。会议的结果是，封王守仁为新建伯，奉天翊卫推诚宣力守正文臣，特进光禄大夫、柱国，兼南京兵部尚书，照旧参赞机务，岁支禄米一千石，三代并妻一体追封。① 王阳明在随后的辞赏疏中，归功于廷臣：“该部调度之臣，则有若尚书王琼等，是皆有先事御备之谋，所谓发纵指示之功也。”② 并以为赏赐不均：

> 夫考课之典，军旅之政，固并行而不相悖；然亦不可以混而施之。今人方有可录之功，吾且遂行其赏可矣。纵有既往之愆，亦得以今而赎。但据其显然可见者，毋深求其隐然不可见者赏行矣。而其人之过犹未改也，则从而行其黜谪。人将曰：昔以功而赏，今以罪而黜，功罪显而劝惩彰矣。今也将明军旅之赏，而阴以考课之意行于其间，人但见其赏未施而罚已及，功不录而罪有加，不能创奸警恶，而徒以阻忠义之气，快谗嫉之心。③

这份辞赏疏至少有两个地方会引起当时以杨廷和为首的内阁的不满：其一，此时的阁、部权力之争已告一段落，吏部尚书王琼以“奸佞”之罪几乎获死，被杨廷和赶出了权力核心和政治舞台；阳明在这个时候述王琼之功显得不合时宜，也不会被朝廷认可。其二，阳明所指的在“宸濠之役”中有功人等在“考课”中多遭黜落，而“考课大典”恰恰是杨廷和为首的内阁在正、嘉之际进行权力重组和人事变革的手段之一；阳明在这里对“考课大典”的质疑，也就可能会被视作是对杨廷和主持的“新政”的不认同。

阳明辞赏不能、诉求不应，且未获展用之机，此时恰遭亲丧，遂借机归越。但是，朝廷对阳明的封爵之赏，却也变成一纸空文，一直到杨廷和

---

① 《明世宗实录》卷8，正德十六年十一月丁巳。

② 王守仁：《王阳明全集》卷13《辞封爵普恩赏以彰国典疏》，第453页。

③ 王守仁：《王阳明全集》卷13《再辞封爵普恩赏以彰国典疏》，第457～458页。

等人被议礼诸臣所取代，权力格局又变，阳明再获起用之前，都没有兑现。正、嘉之际的权力博弈，主要在官僚群体内部展开。嘉靖帝与王阳明虽然都卷入其中，杨廷和为首的内阁集团的政治实践也是在嘉靖帝的名义之下进行的，但是他们在这个过程中基本上处于被动地位，嘉靖帝与王阳明之间还没有直接互动的机会。

二　阳明归越与“大礼议”的兴起

“宸濠之变”前，值阳明巡抚江西。宁王为以后发难准备力量，交结四方豪杰，与江西各级地方官员都有来往，并有意拉拢阳明，“贻书守仁问学”。[①] 阳明虚与委蛇，曾派弟子冀元亨往宁王府论学。后在“宸濠之役”中，由于事起仓促，一时所集兵士皆乌合之众，在攻破南昌之后，城内居民死伤颇多，府库也被劫掠。所以阳明虽一时论功封爵，然指责不断。一则认为阳明交通宁王在先，后乃趁一时之变，权衡两端，侥幸成事；一则认为阳明放纵军士，屠戮无辜，私藏南昌府库财产。巡按江西御史程启充得宸濠密信，其中有：“代者汤沐、梁宸可，王守仁亦好”之语。因论守仁党逆，宜追夺其封爵。给事中汪应轸、主事陆澄为守仁奏辨。嘉靖帝则重申了对守仁之功的肯定：“守仁一闻宸濠之变，仗义兴兵，戡定大难，特加封爵，以酬大功，不必更议。”[②]

同时，阳明还被卷入对以“交通宸濠”罪名处置的部分朝廷官员的政治清算之中。御史张钺劾尚书张子麟交通逆藩，且以阳明等为证。子麟疏辩其污。嘉靖帝命守仁等上其事。原巡按江西御史伍希儒但言其所见有子麟名在宸濠馈遗籍中，未见子麟启词。“御史何鳌、希儒畏罪讳过，故不敢言。既而操江都御史伍文定及王守仁具以实对，云濠党多有伪造书启以欺濠罔利者，欲以宽子麟”。“御史沈灼、给事中毛玉等并请亟诛逆党

---

① 张廷玉等：《明史》卷195《冀元亨传》，第5169页。

② 《明世宗实录》卷18，嘉靖元年九月丙午。

以快人心，并谓守仁大臣勘事不宜持两端”①。“亟诛逆党以快人心”才是当时执政者需要的局面，而王守仁这种与整个政治清算氛围不合拍、不配合的态度，也是其不能获用的原因之一。

阳明自龙场驿悟道以来，专倡“致良知”之学。居越期间，聚徒讲学，与当时宿儒交相问难；又作《朱子晚年定论》以证其说，并讽时学之谬。因此，随着阳明良知说影响的逐渐扩大，不免被自认坚守“程朱正统”的卫道之士目为异端。嘉靖元年十月，礼科给事中章侨上疏：“三代以下，论正学莫如朱熹。近有聪明才智足以号召天下者，倡异学之说，而士之好高务名者，靡然宗之。大率取陆九渊之简便，惮朱熹为支离，及为文辞，务崇艰险。乞行天下痛为禁革。”② 时河南道御史亦以为言，礼部覆议二人之言深切时弊，有补风教。嘉靖帝明确支持，并说：“祖宗表章六经，颁降敕谕，正欲崇正学、迪正道、端士习、育真才，以成正大光明之业。百余年间，人才浑厚，文体纯雅。近年士习多诡异，文辞务艰险，所伤治化不浅。自今教人取士，一依程朱之言，不许妄为叛道不经之书，私自传刻，以误正学。”③

当时，阳明弟子有在朝者，如陆澄等人欲上疏奏辩。阳明闻而止之：

> 无辩止谤，尝闻昔人之教矣。况今何止于是。四方英杰，以讲学异同，议论纷纷，吾侪可胜辩乎？惟当反求诸己，苟其言而是欤，吾斯尚有未信欤，则当务求其非，不得辄是己而非人也。使其言而非欤，吾斯既以自信欤，则当益求于自慊，所谓默而成之，不言而信者也。然则今日之多口，孰非吾侪动心忍性，砥砺切磋之地乎？且彼议论之兴，非必有所私怨于我，亦将以为卫夫道也。况其说本自出于先儒之绪论，而吾侪之言骤异于昔，反若凿空杜撰者，固宜其非笑而骇惑矣。未可专以罪彼为也。④

---

① 《明世宗实录》卷25，嘉靖二年四月壬辰。

② 《明世宗实录》卷19，嘉靖元年十月乙未。

③ 《明世宗实录》卷19，嘉靖元年十月乙未。

④ 王守仁：《王阳明全集》卷35《年谱三》，第1287页。

又嘉靖二年（1523年）二月：

> 南宫策士以心学为问，阴以辟先生。门人徐珊读《策问》，叹曰："吾恶能昧吾知以幸时好耶！"不答而出。闻者难之。曰："尹彦明后一人也。"同门欧阳德、王臣、魏良弼等直接发师旨不讳，亦在取列，识者以为进退有命。德洪下第归，深恨时事之乖。见先生，先生喜而相接曰："圣学从兹大明矣。"德洪曰："时事如此，何见大明？"先生曰："吾学恶得遍语天下士？今会试录，虽穷乡深谷无不到矣。吾学既非，天下必有起而求真是者。"①

自正德十六年阳明以父丧归越，至嘉靖三年守制期满，依例应该起复任职。当时王阳明、杨一清皆一时众望所归，朝中举荐之疏不断。一清一荐而任军务，再召即入内阁；阳明起复之路则颇坎坷，廷臣疏荐不止，嘉靖帝皆拒不起用。

嘉靖三年（1524年）十二月，"兵部尚书金献民等以贼平班师，上命陕西三边设提督军务大臣一员，该部议推才优望重者往。于是吏部言致仕少傅大学士杨一清、兵部尚书彭泽、南京兵部尚书王守仁俱「堪」任。上命一清以原官改兵部尚书兼都察院左都御史，提督陕西三边军务"②。嘉靖四年（1525年）二月，"礼部尚书席书奏荐致仕大学士杨一清、南京兵部尚书王守仁文武兼资，堪任将相，今一清已督三边，守仁当处之内阁秉枢机，无为忌者所抑。且云今诸大臣多中材，无足与计天下事者。定乱济时，非守仁不可……上不许，曰：'近日边方多事，已命廷臣集议。席书身为大臣，果有谋略，宜即悉心敷奏，共济时艰，何必自委中才者，负委任。'"③嘉靖四年七月，"应天巡抚都御史吴廷举荐新建伯王守仁文武全才，宜暂掌南京都督府事。兵部覆议，以文臣掌府事未便，俟别缺推用之"④。嘉

① 王守仁：《王阳明全集》卷35《年谱三》，第1287页。

② 《明世宗实录》卷46，嘉靖三年十二月戊午。

③ 《明世宗实录》卷48，嘉靖四年二月辛卯。

④ 《明世宗实录》卷53，嘉靖四年七月己卯。

靖四年十二月，杨一清自陕西召回内阁，廷臣首推原兵部尚书彭泽、王守仁可代。嘉靖帝不允，乃更推原任户部尚书邓璋及致仕兵部尚书王宪。“会给事中郑一鹏劾宪夤缘权幸……不可用，请更择有才望者。上竟用宪，趣令赴代”①。嘉靖五年，王时中以兵部左侍郎迁尚书。先是：“吏部会推者再，俱未允。试监察御史熊爵乃言本兵重地，贵在得人，新建伯王守仁、尚书彭泽皆壮猷元老，可当是任。章下所司。”② 嘉靖五年十二月，席书方病，因奏：“顷议礼初已有另庙之说，具前庙卷内所载略具。惟开神道以众议不一，及迁主、谒庙之议稍未编入，宜即敕原议礼官如方献夫、霍韬、黄宗明、熊浃、黄绾同本部官增修续之，或召起尚书王守仁可与谘议。”③ 嘉靖帝未作回应。

杨廷和于嘉靖三年二月致仕后，正、嘉之际杨廷和内阁主要成员相继辞任，“议礼”诸臣逐渐进入权力中心，政局悄然变化。继杨廷和掌内阁者为费宏，所以对于阳明之不获用，《明史》认为：“久之，所善席书及门人方献夫、黄绾以议礼得幸，言于张璁、桂萼，将召用，而费宏故衔守仁，复沮之。”④ 关于费宏之“衔守仁”，《弇山堂别集》《明史考证》论及，认为当“宸濠叛乱”之时，费宏受难在前，值“宸濠之役”，费宏又援兵于后，颇有功勋，而江西事后，阳明论功诸疏，未有一语及之，所以不免忌恨阳明。这是可能的因素之一，然其解释力不足之处在于：此时的费宏，其权重远远不能比之于嘉靖三年以前的杨廷和，他基本上没有起用或拒用大臣的主动权；此时的嘉靖帝也非初入宫门、如履薄冰的新主，经历了“大礼议”中与杨廷和第一回合的权争，此时他已逐步重建起皇权的权威。所以，阳明的不能获用，自有嘉靖帝的私念在其间。

以杨一清之用与王阳明之不用窥之，嘉靖帝想要达成的是官僚集团内部权力的制衡。比之王阳明，杨一清与“议礼”新贵的疏远关系恰恰是他的优势。疏荐杨一清自三边入阁的吉棠在其奏章中陈述的理由是：当时

① 《明世宗实录》卷58，嘉靖四年十二月丁酉。

② 《明世宗实录》卷69，嘉靖五年十月辛酉。

③ 《明世宗实录》卷71，嘉靖五年十二月己未。

④ 张廷玉等：《明史》卷195《王守仁传》，第5166页。

内阁中费宏与“议礼”新贵席书“相积不下”，需要第三方力量的介入，从立场、资历和威望来说，杨一清是最合适的人选。虽然当时廷臣颇有异议，但嘉靖帝还是执意召一清入阁。反之，“议礼”新贵中，如席书、霍韬为阳明挚友，方献夫、黄绾、黄宗明等人皆阳明弟子门人，嘉靖帝不可能不考虑阳明进入政治中枢之后是否会出现对于权力平衡局面的冲击。从后来的政局走向也可以看到，嘉靖帝始终警惕出现用一个同样可能对皇权施压的新的“议礼”集团来填补杨廷和为首的内阁离任之后形成的权力空白，他需要的是一股与自己步调一致，而又独立于张、桂诸人的政治力量。除一清之外，无论是王琼、彭泽的起用还是后来费宏的再退再起，都有这个因素。

“大礼议”是明中叶历史上重要的政治事件，它是由嘉靖帝“藩王继统”引发的身份问题的界定展开的。虽然，“大礼议”过程中阳明挚友、弟子门人参与其间，但他本人始终保持远离政治旋涡之外。当时，“霍兀涯、席元山、黄宗贤、黄宗明先后皆以大礼问，竟不答”①。至嘉靖六年，阳明起复之时，与霍韬信中才谈起对“大礼议”之事的看法：

> 往岁曾辱《大礼议》见示，时方在哀疚，心善其说而不敢奉复。既而元山亦有示，使者必求复书，草草作答。意以所论良是，而典礼已成，当事者未必能改，言之徒益纷争，不若姑相与讲明于下，俟信从者众，然后图之。其后议论既兴，身居有言不信之地，不敢公言于朝。然士夫之问及者，亦时时为之辩析，期在委曲调停，渐求挽复，卒亦不能有益也。后来赖诸公明目张胆，已申其义。然如倒仓涤胃，积淤宿痰，虽亦快然一去，而病势亦甚危矣。今日急务，惟在扶养元气，诸公必有回阳夺化之妙矣。②

这封信表达了阳明对“大礼议”的基本态度：对“议礼派”主张的支持，

---

① 王守仁：《王阳明全集》卷35《年谱三》，第1292页。

② 王守仁：《王阳明全集》卷21《与霍兀崖宫端》，第834页。

不愿卷入“大礼议”中的权力争斗，对“大礼议”之后政局“病势亦甚危”的担忧。他在这里所提出的“惟在扶养元气”的主张，以及后来与“议礼派”中王门诸弟子书信中表达的类似观念，对“议礼派”中王门弟子在“大礼议”之后的为政风格能够不同于张、桂亦有所影响。

三　阳明起复与嘉靖初年政局变革中皇权的完胜

“大礼议”过程中，随着一系列的人事变动和政治改革措施的展开，改变了正、嘉之际形成的特殊的政治局面，并对后来的中央权力结构及其运作模式产生了持续性的影响。正、嘉之际在特殊历史条件下被忽然放大的内阁权力，在与皇权的制度性对抗中回落。内阁权力在正、嘉之际闪现出来的相对独立性被取消了，阁权重新回归成为帝制政治中皇权的依附型角色。嘉靖帝自藩邸入继大统，几乎是孑然一身，真正保障他能够得以重建皇权权威的根本力量，在于皇权在帝制国家政治设计中的制度性优势。在帝制国家政治设计中，皇权被看作是现实政治权力的唯一合法性来源，也是改变国家权力结构的基本动力。嘉靖帝在“大礼议”中，以权力授予和权力废黜的手段，利用一部分官僚驱逐了另一部分官僚。它的后果便是，由于皇权的介入和影响，形成了士大夫官僚群体的分裂。

王阳明起复之前，嘉靖朝的政局变化可大体划分为两个阶段。从嘉靖帝即位到杨廷和致仕，是这一时期政局变化的前一阶段。嘉靖帝提出“议礼”之后，杨廷和等人试图将他们所建构的皇位继承人的“合法性”条件强加给嘉靖帝。嘉靖帝从最初一个人面对几乎举朝一致的对立所采取的默认和妥协，随着支持他的“议礼”诸臣的出现，态度逐渐走向强硬。张、桂等人的出现，为嘉靖帝表达自己的主张以对抗朝议提供了理论支持；而回报张、桂等人的，则是官方荣誉和权力。从杨廷和致仕到费宏第一次去职，是这一时期政局变化的后一阶段。杨廷和致仕后产生的连锁性反应是蒋冕、毛澄、乔宇等人的相继退出，从而形成权力空缺，由于很难使用政治资历太浅的新兴的“议礼派”直接来填补，于是费宏、石珤等在“大礼议”中持温和态度的老臣成了权力过渡的人选。而一旦新兴的“议礼派”位势渐尊，与他们展开权力争斗，他们的过渡性使命也就结束。嘉靖六年(1527年)二月，费宏被攻致仕，十月，张璁遂以尚书、大学士入直内阁，不久之后，桂萼也入阁了。① 费宏去位之后，“议礼派”全面上台。一时间，“议礼”新贵迁延举荐，引用私人。阳明在与方献夫书中告诫：

> 诸公皆有荐贤之疏，此诚君子立朝盛节，但与名其间，却有所未喻者。此天下治乱盛衰所系，君子小人进退存亡之机，不可以不慎也。譬诸养蚕，便杂一烂蚕其中，则一筐好蚕尽为所坏矣。凡荐贤于朝，与自己用人不同：自己用人，权度在我；若荐贤于朝，则评品宜定。小人之才，岂无可用，如砒硫芒硝，皆有攻毒破痈之功，但混于参苓蓍术之间而进之，鲜不误矣。②

当时，岑猛在广西田州为乱，朝廷命提督都御史姚镆征讨。不久，姚镆奏称岑猛父子被擒，嘉靖帝降敕论功行赏，事情告一段落。随后，当地少数民族头目卢苏、王受再叛，并攻陷思恩。姚镆复合四省兵征之，久不能胜，为巡按御史石金所参劾。于是，朝议用侍郎张璁、桂萼荐，③ 特起阳明总督两广及江西、湖广军务。阳明闻命之后，上疏推辞：

> 臣伏念君命之召，当不俟驾而行，矧兹军旅，何敢言辞？顾臣患

① 张廷玉等：《明史》卷193《费宏传》，第5110页。

② 王守仁：《王阳明全集》卷35《年谱三》，第1311~1312页。

③ 《明史》以为守仁复出为张、桂所荐，考之《实录》：起王守仁总制两广、江西、湖广军务在五月丁亥日；廷推以守仁代镆事，系于六月丙午日；桂萼荐守仁疏，系于六月壬戌日，则桂萼举荐守仁疏在廷推之后十六。桂萼疏中有“边事方急，请召用王琼、王守仁以济时艰”云云，“上以守仁已起用两广，趣令赴任，琼甘肃事情令勘官亟为奏报，仍命吏部议琼应否起用以闻”。观嘉靖帝对桂萼荐疏回复中“已起用”等语，则桂萼在阳明起复过程中所起的作用，似没有一般认为的那么大。参见《明世宗实录》卷77，嘉靖六年六月壬戌条。

> 痰疾增剧，若冒疾轻出，至于偾事，死无及矣。臣又复思，思、田之役，起于土官仇杀，比之寇贼之攻劫郡县，荼毒生灵者，势尚差缓。若处置得宜，事亦可集。镆素老成，一时利钝，亦兵家之常。御史石金据事论奏，所以激励镆等，使之善后，收之桑榆也。臣以为今日之事，宜专责镆等，隆其委任，重其威权，略其小过，假以岁月，而要其成功。至于终无底绩，然后别选才能，兼谙民情土俗，如尚书胡世宁、李承勋者，往代其任，事必有济。①

阳明认为，欲“要其成功”，需“专责任”“重威权”“略小过”“假岁月”。疏入，姚镆致仕。嘉靖帝对杨一清等阁臣言：

> 姚镆，朝廷特不言其罪，只就伊辞章准之。卿等之意，乃为还有郑润与朱麒耳，以他每三人同事，何只罢镆一个？今时虽曰镇、巡、总兵同任一方之事，照致吉与凶，皆在一巡抚。若果事事同心相处，彼此不异，事岂得不成？斯朕谓之吉也；如彼此相抗，事出一偏，至于有失，则推让他人，斯朕谓之凶也。且田州未能平息，辄来奏捷邀功，以致余孽复乱，岂不为生民之害？虽蛮夷猾诈，然在我处之未尽。
>
> 卿等又以王守仁不知何日可到，守仁见今取用，若镆既在，守仁亦不知来与不来。果如斯任缺人，着所在有司催促，上紧赴任。②

一个月后，阳明还未动身，再下旨催促：“卿识敏才高，忠诚体国，两广多事，方籍卿抚定，纾朕南顾之怀……卿宜亟往节制诸司，调度军马剿贼安民，其毋再诿，以负朕望。”仍令遣官驰传趣之。③ 阳明之再起，实赖门人黄绾之力为多。其时张、桂正值荣宠，而黄绾与张璁又有“同乡故

① 王守仁：《王阳明全集》卷35《年谱三》，第1305页。

② 《明世宗实录》卷77，嘉靖六年六月丙午。

③ 《明世宗实录》卷78，嘉靖六年七月癸巳。

友”之谊，恰逢姚镆兵事失利，所以有此荐举。

阳明起复前，曾有三封书札致黄绾，表示婉转推辞起复之命，并希望朝廷落实对江西之功的封赏，抚恤“宸濠之役”中赴难之士，并对当时国家局势发表看法。其中一书称：

> 东南小蠢，特疮疥之疾；群僚百司各怀谗嫉党比之心，此则腹心之祸，大为可忧者。近见二三士夫之论，始知前此诸公之心尚未平贴，姑待衅耳。一二当事之老，亦未见有同寅协恭之诚，间闻有口从面谀者，退省其私，多若仇仇。病废之人，爱莫为助，窃为诸公危之，不知若何而可以善其后，此亦不可不早虑也。①

书中“一二当事之老”，所指便是“议礼派”上台之后陷于权力争斗的张璁与杨一清等人。黄绾于是上书颂守仁平宸濠功：

> 守仁中途闻变，倡义统众，设奇运谋，遂擒宸濠于樵舍。虽获拜爵，而铁券未给，禄米未颁。其领兵知府惟伍文定得升都御史，荫子千户；而刑珣、徐琏，仅布政即报罢；戴德孺升布政遽死；副使陈槐因劝宰臣进贤，黜为民；御史伍希焉、谢源以考察落职。赏罚不当，何以劝忠？臣请召守仁与大学士杨一清等共图至治，仍给以应得铁券、禄米。将陈槐、徐琏等起用，伍希焉、谢源等议录，戴德孺量予荫袭，以为宣忠效力之劝。②

嘉靖帝命：“给守仁券、禄，俟广西事宁，别有委任。江西有功诸臣，下御史覆实，其致仕罢黜有才识可用者，清议无干者，吏部议请举用。”③并“以田州、思恩贼锋虽挫，首恶未擒，仍命守仁会同守臣亟督兵剿抚，

① 王守仁：《王阳明全集》卷21《与黄宗贤》，第830页。
② 《明世宗实录》卷79，嘉靖六年八月甲子。
③ 《明世宗实录》卷79，嘉靖六年八月甲子。

以靖地方”①。方献夫上书，请“专属王守仁，罢镇守太监郑润、总兵朱麒”。嘉靖帝召回郑润，予阳明专任之权。②

阳明赴任途中，上疏提出了自己对思、田之乱的看法。对于思、田叛乱，阳明认为造成这样不可收拾的状况，岑猛父子固然有罪，但更大的责任在于两广驻军。他们专为诸瑶、僮而设，事权既专且重。

> 若使振其兵威，自足以制服诸蛮。夫何军政日坏，上无可任之将，下无可用之兵，有警必须倚调土官狼兵，若猛之属者，而后行事。故此辈得以凭恃兵力，日增桀骜。及事之平，则又功归于上，而彼无所与，固不能以无怨愤。始而征发愆期，既而调遣不至。上嫉下愤，日深月积，劫之以势而威益亵，笼之以诈而术愈穷。由是谕之而益梗，抚之而益疑，遂至于有今日。③

阳明提出的解决方略为：第一，抚民为主，缉贼为次。第二，裁撤流官，恢复土制。章下兵部，尚书王时中条其不合者有五：第一，田州既改土为流，因其叛乱而尽易之，朝令夕改，无以示信，须查别府州事例，土流兼置而后可。第二，岑猛父子职级因罪降革，不当仍复府制，宜降五品，衙门择人分管。第三，卢、王二酋有名首恶，除非果能向顺，执献同恶、投赴军门，然后可待以不死，听候安置。第四，思恩自弘治末年建置已久，不可一概改易。第五，继续悬赏生擒岑猛并斩首来献者，以激励有功，方为兵家所急。嘉靖帝态度：“从部议。以守仁才略素优，论奏必有所见，但未经询谋佥同，恐非定论，令与镇巡等官熟计以闻。其应施行者，亦许以便宜从事。”④ 对于朝廷的急功近利，不能采纳他的策略，阳明感叹：“思、田之事已坏，欲以无事处之。要已不能；只求减省一分，则地方亦可减省一分之劳扰耳。此议深知大拂喜事者之心，然欲杀数千无罪之人，

① 《明世宗实录》卷79，嘉靖六年八月乙丑。

② 《明世宗实录》卷80，嘉靖六年九月癸卯。

③ 王守仁：《王阳明全集》卷35《年谱三》，第1310页。

④ 《明世宗实录》卷86，嘉靖七年三月乙未。

以求成一将之功，仁者之所不忍也。”[①] 阳明后来在对思、田事的处理中，基本秉承了其在这时的设想；而他的这种坚持己意的态度，也为嘉靖帝后来对其“恩威倒置”的指责提供了借口。

阳明起用之初，嘉靖帝为表示专任其权，命阳明巡抚两广期间，各镇巡抚官需竭力相助。“命守仁以便宜从事，饬湖广镇巡官协心体国，不得自分彼此”[②]。嘉靖七年五月，阳明“报思、田贼平”并述其在思、田凡为经略事宜有三：其一、特设流官知府以制土官之势；仍立土官知府以顺土夷之情；分设土官巡检以散各夷之党；拟府名为“田宁”，以应谶谣、定人心。其二、设州治于府之西北。立岑猛第三子邦相为吏目，待其有功，渐升为知州。其三、分设思恩土巡检司九，田州土巡检司十有八，以卢苏、王受并土目之为众所服者世守之。疏中有“剿十患”“抚十善”之陈情，大意为重申谨慎用兵，以安抚地方为首务而非以消灭叛军为成功。

阳明经略思、田的结果，基本与其最初的设想吻合，而与朝廷的五条策略相左。唯在“土、流兼设”的问题上似乎做了妥协，但实际上还是将岑猛、卢苏、王受等土官恢复原职。嘉靖帝览其疏，“深嘉之，曰：守仁受命提督军务，莅事未久，乃能开诚宣恩，处置得宜，致令叛夷畏服，率众归降，罢兵息民，厥功可嘉……其经略善后事宜，仍许守仁以便宜从事，应奏请者，亟奏定夺”[③]。后又请“因其城池修治府治，复用岑猛二子并卢苏、王受等”。嘉靖帝“悉从之”[④]。既而复破八寨、断藤峡。又上疏：

> 臣因督兵亲历诸巢，见其形势要害，各有宜改立卫所，开设县治，以断其脉络，而扼其咽喉者。若失今不为，则数年之间，贼复渐来，必归聚生息；不过十年，又有地方之患矣。臣以遵制便宜，相度举行，凡为经略事宜有六：移南丹卫城于八寨；改筑思恩府治于荒

---

① 王守仁：《王阳明全集》卷35《年谱三》，第1312页。

② 《明世宗实录》卷77，嘉靖六年六月甲子。

③ 《明世宗实录》卷88，嘉靖七年五月壬午。

④ 《明世宗实录》卷89，嘉靖七年六月丙午。

田；改凤化县治于三里；增设隆安县治；置流官于思龙，以属田宁；增筑守镇城堡于五屯。①

自平思、田至破八寨、断藤峡，嘉靖帝对王阳明巡抚地方的各项策略，即使在与兵部意见不合的情况下，依然都给予了支持。但是，从平定思、田开始，阳明屡次与兵部意见不同，他力主用抚而不用剿的经营策略，不免要“大拂喜事者之心”；而破八寨、断藤峡之后，阳明与嘉靖帝之间的关系也开始转变。

四　王阳明与嘉靖帝关系的破裂

阳明巡抚两广期间，朝中又有了建议召其入阁的呼声。先是，御史胡明善言：“新建伯王守仁性与道合，思若有神，抚绥广寇，兵不血刃；大学士杨一清有济险应变之方，折冲御侮之略。盖天所授，以佑中兴，幸早召守仁入，与一清同心辅政。”“上曰：任用大臣，朝廷自有处置。下其章于所司。”② 而后御史马津言：“新建伯王守仁忠贞干济，在在有声，功高人忌，毁誉失宝，请召置庙堂，以慰民望。”③“上以两广未宁，守仁方有重寄。津妄奏渎扰，切责而宥之。”④

此两疏上于阳明平思、田之后，破八寨、断藤峡之前。应该说此时阳明已然建功，且在赴两广之前，嘉靖帝又有“俟广西事宁，别有委任”之语，何以不能功成身进，而举荐者还被“切责”呢？黄绾在《阳明先生行状》中有这样的解释，在阳明起复之初，其就曾举荐其师阳明入阁：“予时为光禄寺少卿，具疏论江西军功，及荐公才德，堪任辅弼。上喜，亲书御札，并疏付内阁议。杨公一清忌公入阁，与之同列，乃与张公孚敬

① 王守仁：《王阳明全集》卷35《年谱三》，第1319页。

② 《明世宗实录》卷89，嘉靖七年六月甲辰。

③ 《明世宗实录》卷89，嘉靖七年六月乙卯。

④ 《明世宗实录》卷89，嘉靖七年六月乙卯。

具揭帖对曰：‘王守仁才固可用，但好服古衣冠，喜谈新学，人颇以此异之。不宜入阁，但可用为兵部尚书。’”“桂公知，遂大怒詈予，潜进揭帖毁公，上意遂止。”[①] 关于这段公案，叶权《贤博编》载：“先师柴后愚公，阳明先生弟子也。尝言……武宗大渐，先生密疏，预言世及之事，疏寝不报。嘉靖初，桂大学士与先生有隙，微发其奏，幸先生卒，止削爵，不尔，且有奇祸。”惜为孤证。[②]“十二月，杨公一清与桂公萼谋，恐事完回京，复命见上，予与张公又荐之，上必留用。又题命公兼理巡抚。奉圣旨‘王守仁暂令兼理巡抚两广等处地方，写敕与他’”[③]。杨一清与阳明颇有交往，两人常有书信往来，阳明常执弟子礼。杨一清何以此时对阳明诟病若斯？这里黄绾隐瞒了他与杨一清之间的矛盾。“绾与璁辈深相得。璁欲用为吏部侍郎，且令典试南京，并为杨一清所抑，又以其南音，不令与经筵。绾大恚。”[④]“一清雅知守仁，而黄绾尝上疏欲令守仁入辅，毁一清，一清亦不能无移憾。”[⑤] 看来，当时执事之臣都不愿看到阳明入阁，而对阳明的指摘又都与阳明所倡的新学有关。可见当时阳明学说还并没有获得最高权力的认同，嘉靖帝对阳明的使用也始终有所保留。王学被“议礼派”最核心的张、桂二人所抵触，那么将“大礼议”看作是王学与程朱理学从思想层面到政治层面延伸的观点，大约是不太可靠了。

当然，影响嘉靖帝对阳明态度除了对其学说的不满之外，还有另外的原因。阳明本来只有平定思、田之命，然而，思、田之役后，阳明不待命遂破八寨、断藤峡诸贼，后上经略疏，兵部以其专擅。霍韬上疏为阳明辩解，比之周亚夫，并有“阃以外，将军制之”，“大夫出疆，有可以安国家、利社稷，专之可也，古之道也”，“八寨之贼，为地方大患百数十年，

---

① 黄绾：《阳明先生行状》，王守仁：《王阳明全集》卷38《世德纪》，第1425页。

② 叶权：《贤博编》，北京：中华书局，1987，第16页。

③ 黄绾：《阳明先生行状》，王守仁：《王阳明全集》卷38《世德纪》，第1425页。

④ 张廷玉等：《明史》卷197《黄绾传》，第5220页。

⑤ 张廷玉等：《明史》卷195《王守仁传》，第5167页。

一旦仰赖圣明，任用守仁，以底平定”等语。[①] 后阳明上捷音疏，又言：“两地进兵，各不满八千之众，而三月报绩。共已逾三千之功，盖其劳费未及大征十之一，而其斩获加于大征三之二，远近室家相庆，道路欢腾，皆以为数十年来未见其斯举也。”“伏望皇上明昭军旅之政，既行庙堂协赞举任之上赏，亦录诸臣分职供事之微劳，及将宣慰彭明辅等特加升奖，官男彭宗舜、彭荩臣免其赴京，就彼袭替，以旌其报国之义。土目卢苏、王受等，亦曲赐恩典，或不待三年而遂锡之冠带，以励其报效之忠。如此，庶几功无不赏，而益兴忠义之心，赏当其功，而自息侥幸之望矣。”[②] 阳明捷音疏令嘉靖帝不满的原因除了认为他夸大战功以及擅自用兵之外，还有一点也很重要，即：代君行赏。本来，所谓捷音疏，列名报功没有问题，但如“免其赴京，就彼袭替”“不待三年而遂锡之冠带”则是对朝廷或皇帝权力的冒犯了。所以，“始，帝以苏、受之抚，遣行人奉玺书奖谕。及奏断藤峡捷，则以手诏问阁臣杨一清等，谓守仁自夸大，且及其生平学术。一清等不知所对”[③]。

另外，“聂能迁案”直接引发的“议礼派”内部的分裂，也间接影响了嘉靖帝与王守仁的关系。锦衣卫指挥佥事聂能迁，见《明伦大典》书成，不得升职，怨望不平。嘱闲住工部主事翁洪草疏：“论新建伯王守仁贿通礼部尚书席书，得见举用，词连詹事王［黄］绾及大学（士）张璁。”[④] 嘉靖帝一面斥责“聂能迁乃捏词妄奏，伤害正类”，“令法司严加审问，并追究帮助之人”；[⑤] 一面安抚黄绾、张璁等人，并责成杨一清处置此案。最终，聂获夺职、流放之刑。黄、张本欲置聂于死，故嫌杨一清票拟太宽。于是，黄绾上疏暗指杨一清：

> 朝臣之中，有饕餮无厌，如狼豕之不极；张胆无忌，如贲育之敢

① 王守仁：《王阳明全集》卷35《年谱三》，第1320～1321页。

② 王守仁：《王阳明全集》卷15《八寨断藤峡捷音疏》，第507～509页。

③ 张廷玉等：《明史》卷195《王守仁传》，第5167页。

④ 《明世宗实录》卷90，嘉靖七年七月丁亥。

⑤ 《明世宗实录》卷90，嘉靖七年七月丁亥。

往；变幻是非，如化人之莫测；狡猾闪倏，如鬼魅之默运……内侍被其深结而交誉，言官皆其私人而不言。始臣亦以为才，今方觉之。第论其情状而不指斥其姓名，盖欲陛下因情状以查群臣之中孰为最似者耳。①

张璁则斥杨一清："内阁自三杨之后为奸人鄙夫，贪污无耻，习以为常。又闲废有年仍求起用，去而复来，略不自惩前非；来而复去，犹且阴为后计。"② 杨一清疏奏："黄绾、张璁为同乡故友，挟私报怨。"③ 由于黄绾、席书与阳明的密切关系，同时他们两人又是最热心在嘉靖帝之前举荐阳明的人，"聂能迁案"难免会让嘉靖帝对阳明心怀芥蒂。

嘉靖七年（1528 年）九月，守仁病甚，乃上书请辞官。"上曰：卿才望素著，公议推服，近又身入瘴乡，荡平巨寇，安靖地方，方切倚任。有疾宜在任调治，不准辞"④。阳明举林富代其职，不俟命即归。⑤ 嘉靖七年十一月，至南安，卒。八年正月，嘉靖帝看到阳明"举林富代职"疏，并获知阳明死讯。桂萼劾阳明擅离职守，嘉靖帝"怒其专擅，且疑有诈"⑥ 谕吏部论阳明之罪：

吏部会廷臣议故新建伯王守仁功罪。言守仁事不师古，言不称师，欲立异以为名，则非朱熹格物致知之论。知众论之不与，则著朱熹晚年定论之书，号召门徒，互相唱和。才美者乐其任意，或流于清谈；庸鄙者借其虚声，遂敢于放肆。传习转讹，悖谬日甚。其门人为之辩谤，至谓杖之不死，投之江不死，以上渎天听，几于无忌惮矣。

① 《明世宗实录》卷 91，嘉靖七年八月甲寅。
② 谈迁：《国榷》卷 45，嘉靖七年七月庚午，北京：中华书局，1958，第 3381 页。
③ 《明世宗实录》卷 91，嘉靖七年八月甲子。
④ 《明世宗实录》卷 92，嘉靖七年九月甲戌。
⑤ 《明世宗实录》卷 97，嘉靖八年正月乙巳。
⑥ 《明世宗实录》卷 97，嘉靖八年正月乙巳。

> 若夫剿畲贼，擒除逆濠，据事论功，诚有可录，是以当陛下御极之初即拜伯爵，虽出于杨廷和预为己地之私，亦缘有黄榜封侯拜伯之令。夫功过不相掩，今宜免夺封爵，以彰国家之大信；申禁邪说，以正天下之人心。
>
> 上曰："卿等议是。守仁放言自肆，诋毁先儒，号召门徒，声附虚和，用诈任情，坏人心术。近年士子传习邪说，皆其倡导。至于宸濠之变，与伍文定移檄举兵，仗义讨贼，元恶就擒，功固可录，但兵无节制，奏捷夸张。近日掩袭寨夷，恩威倒置。所封伯爵，本当追夺，但系先朝信令，姑与终身。其殁后恤典俱不准给。都察院仍榜谕天下，敢有踵袭邪说果于非圣者，重治不饶。"①

桂萼主持的吏部所议虽然非难阳明学术，尚且承认其事功之伟；而嘉靖帝则是将阳明事功、学问贬至一无是处，更加严厉。其后，阳明门人方献夫及霍韬不平，上疏争之：

> 诸瑶为患积年，初尝用兵数十万，仅得一田州，旋复召寇。守仁片言驰谕，思、田稽首。至八寨、断藤峡贼，阻深岩绝冈，国初以来未有轻议剿者，今一举荡平，若拉枯朽。议者乃言守仁受命征思、田，不受命征八寨。夫大夫出疆，有可以安国家，利社稷，专之可也。况守仁固承诏得便宜从事者乎？守仁讨平叛藩，忌者诬以初同贼谋，又诬其辇载金帛。当时大臣杨廷和、乔宇饰成其事，至今未白。夫忠如守仁，有功如守仁，一屈于江西，再屈于两广。臣恐劳臣灰心，将士解体，后此疆围有事，谁复为陛下任之！②

嘉靖帝报闻而已。詹事黄绾上疏，辩阳明事功、学术，疏入不报。又有给事中周延抗疏论列，谪判官。

① 《明世宗实录》卷98，嘉靖八年二月甲戌。

② 张廷玉等：《明史》卷195《王守仁传》，第5167页。

五　王阳明晚年际遇的政治文化解读

王阳明晚年际遇的政治背景是嘉靖初年政局变革中皇权权威的重建，它是嘉靖帝通过对所谓“维礼派”与“议礼派”的分别打击实现的。正嘉之际，杨廷和内阁成为当时帝国政治的实际负责者。这样的权力格局，不管是从明初设立的君权空前集中的政治模式看，还是从中国传统君主政治对于国家权力结构的制度性安排看，都造成了对于皇权主导下的中国传统政治生态的冲击。这种冲击，在嘉靖初年，表现为杨廷和内阁在特殊历史条件下形成的被放大的权力对嘉靖帝的皇权的压力。

嘉靖帝即位之初，国家政治的运行存在着对杨廷和内阁权力的依赖。所以当杨廷和与嘉靖帝在“议礼”问题上开始产生冲突之初，杨廷和屡疏乞休，嘉靖帝挽留之辞，极为恳切：“卿朝廷元臣，德望素隆，出处进退系国轻重。近因连疏乞休，朕念卿以经济宏才匡弼先朝，辅佐新政，备尝艰险，曲尽心力，转危为安，功在社稷，孤忠大节，中外共知，已屡有旨慰谕，为天下留卿。奈何复有此奏，以老病为词?”① 杨廷和的“连疏乞休”固然有“以道事君，不可则止”的意味，同时也是对嘉靖帝施加压力。嘉靖帝称此时的杨廷和“出处进退系国轻重”，并非只是单纯的慰勉之辞。但随着“议礼派”支持者的出现，嘉靖帝找到与“维礼派”对抗的力量之后，态度开始转变：“帝欲去本生之称，纪与石珤合疏争之。帝召见平台，委曲谕意，纪终不从。朝臣伏阙哭争者俱逮系，纪具疏乞原。帝怒，传旨责纪要结朋奸，背君报私。”② “礼部尚书汪俊疏乞休致，上以俊职司邦礼，近奉议尊室未成，故引疾求退，责以违悖正典，肆慢朕躬，令其回籍。”③ “上责冕内阁重臣，多事之际，正宜竭忠辅道，乃故引

---

① 《明世宗实录》卷21，嘉靖元年十二月庚子。

② 张廷玉等：《明史》卷190《毛纪传》，第5046页。

③ 《明世宗实录》卷37，嘉靖三年三月丙戌。

疾求退，又牵大礼灾异为由，咎归于上，故言辞乞，有负重托，非大臣事君之义。”①

随着“大礼议”的展开，嘉靖帝将张璁、桂萼、席书等人渐次升至高位，替代了杨廷和等人的职权，并在分化、利用在朝元老和“议礼”新贵之间的权力冲突中执掌权衡。至嘉靖七年六月颁《明伦大典》时“敕定议礼诸臣之罪”：杨廷和削籍，毛澄夺官，蒋冕、毛纪、乔宇、汪俊各镌秩闲住，林俊、何孟春、夏良胜削籍。② 又言：“叙典秩礼，圣贤之大道；赏善罚罪，天子之大权”③ 至此，“议礼派”全面掌权——张璁以礼部尚书兼署都察院事入阁，桂萼以吏部尚书入阁，并在朝廷迅速扩展自己的政治势力。

嘉靖帝完成了对杨廷和等正德末年遗留下来的政治势力的清理之后，马上就对“议礼派”的核心人物张、桂二人展开处理。嘉靖八年八月，“工科给事中陆粲劾张璁、桂萼罔上行私，专权纳贿，擅作威福，报复恩仇……王琼……邵杰……文选郎周时望、胡森……主事杨麟、王激，皆亲故鬻权；礼部左侍郎严嵩、右佥都御史李如圭……皆党奸比周，怙恶益甚”。嘉靖帝有旨：“璁负君忘义，勒回家省改；萼革散官并学士，以尚书致仕；周时望、胡森下狱；罢邵杰、严嵩、李如圭。粲不早言，并下狱。”④ 且“谕文武群臣明张璁、桂萼等罪”⑤。跟张、桂等一起参与“议礼”的方献夫说：“昔攻璁、萼者，以为党而去之；今附璁、萼者，又以为党而去之。缙绅之祸何时已。”⑥ 虽然罢黜张璁之后一个月又随即将他召回，但是皇权的权威就在这一罢一召之间获得呈现——大臣进退系于君主一念。“大礼议”之后遗留下来的“缙绅之祸”是士大夫官僚群体的分裂，而嘉靖帝正是借此实现了皇权在国家政治生活中的超越性

① 《明世宗实录》卷 39，嘉靖三年五月乙丑。

② 《明世宗实录》卷 89，嘉靖七年六月癸卯。

③ 《明世宗实录》卷 89，嘉靖七年六月癸卯。

④ 谈迁：《国榷》卷 54，嘉靖八年八月丙子，第 3406 ~ 3407 页。

⑤ 谈迁：《国榷》卷 54，嘉靖八年八月戊寅，第 3407 页

⑥ 张廷玉等：《明史》卷 196《方献夫传》，第 5189 页。

的回归。

在这个背景下，作为新学领袖的王阳明与作为世俗皇权代表的嘉靖帝的关系，可以在如下视角中分析。

（1）嘉靖初年嘉靖帝对皇权权威的重建与阳明学的兴起之间的重合与分野。一种学说兴起的过程，也就是它获得其所处时代的普遍认同的过程。所谓普遍认同，可以从两方面进行考察：一是社会层面的；一是国家政治生活层面的。阳明学最初的传播主要是以王阳明个人讲学的形式在社会层面展开的，虽然曾遭到来自朝廷的批评，但是在阳明居越六年的讲学影响之下，阳明学在当时社会士人阶层中获得了很大的认同。阳明学所倡“致良知”之说，其概念出于孟子之所谓“人之所不学而能者，其良能也；所不虑而知者，其良知也。孩提之童无不知爱其亲者，及其长也，无不知敬其兄也。亲亲，仁也；敬长，义也。无他，达之天下也”①。“良知”即人之“本心”，人的天然之性，人的道德自觉之可能性，人的感情在被物欲所制之前的自然流露。所以“阳明学”肯定个体的体认、肯定按照人的自然情感去进行生活之选择。而“大礼议”中杨廷和等人与嘉靖帝的冲突就在于，前者注重的是政治习惯和政治伦理而忽视了后者在个人情感上的诉求。本来在皇权至上的中国传统政治生态中，皇帝个人情感诉求的表达在一般状态下是“自由”的；而在正、嘉之际形成的特殊权力结构之下，杨廷和等人则试图压抑嘉靖帝的个人情感诉求使之服从于他们所认为应该遵循的政治习惯和所预设的政治伦理。嘉靖帝通过“大礼议”，实现了尊崇“本生父母”的个人情感诉求，恢复了皇权在中国传统政治生态中的超越性，完成了对皇权权威的重建。这是王门弟子中方、黄等人在“大礼议”时支持嘉靖帝的原因，也是王阳明在与霍韬信中说“往岁曾辱《大礼议》见示……心善其说。既而元山亦有示……意以所论良是”的原因。此为嘉靖初年皇权权威的重建与阳明学的兴起之间的重合之一。

---

① 杨伯峻译注《孟子译注》卷13《尽心章句上》，北京：中华书局，1960，第307页。

王门弟子或者认可阳明学的士人在国家政治生活中的参与程度，是影响王学发展的因素之一。“大礼议”中以议礼主张被嘉靖帝超拔进用的“新贵”有：张璁、桂萼、席书、熊浃、霍韬、方献夫、黄绾、黄宗明等人，除了张、桂、熊之外都与阳明有密切关系，而方献夫、黄绾、黄宗明更是王门弟子。尽管王门弟子中许多人在“大礼议”之前就是阳明的同僚，而且又有像邹守益、王思这样因支持杨廷和主张而遭处罚的情况，但“大礼议”还是在整体上提高了王门弟子参与国家政治生活的层次，阳明在嘉靖六年的再次起用，也得力于这些人的多次举荐。此为嘉靖初年皇权权威的重建与阳明学的兴起之间的重合之二。

近来学者，受欧阳琛先生《王守仁与大礼议》一文的影响，在关于明中叶政局变革与学术变迁的研究中，为了使两者实现逻辑之统一，往往在讨论时放大这两点重合，而忽视其背后存在的分野。概括地说：其一、强调阳明学的“良知说”对个人情感的肯定与“大礼议”中嘉靖帝的个人情感诉求的统一，忽视对于个人情感的肯定本为儒家固有之精神，非阳明学所首创，为嘉靖帝在“大礼议”中作理论支持的乃是欧阳修的观点而非阳明学的事实；其二、强调王门弟子中方献夫、黄绾等人在“大礼议”中的参与作用，并将王门弟子参与看作阳明学的参与，忽视王门弟子在“大礼议”中态度存在分裂的事实；其三、强调王阳明对“大礼议”的支持态度，忽视王阳明拒绝参与“大礼议”论争的事实。嘉靖初年的政局变革中，嘉靖帝旨在实现对皇权权威的重建，其中有与阳明学兴起之间的重合因素。所以在“大礼议”中，有部分王门弟子如方、黄等人为嘉靖帝所超拔进用，进入国家权力中心；但是这与在“大礼议”中部分王门弟子如王思被杖死，邹守益、王时柯被贬黜责罚一样，很大程度上应该看作是他们在嘉靖初年政局变革中不同政治取向下的个体参与，而非混淆为阳明学的参与。

嘉靖初年，嘉靖帝对皇权权威的重建与阳明学的兴起之间存在的根本分野在于：与程朱学不同，阳明学关注的是个体的生命体验和人性与道德的自觉，而不在于对国家政治生活的指导。一方面，阳明学的传播路径和影响层面在社会学术层面，王阳明本人刻意回避被卷入嘉靖初年的政争，没有让其学说影响国家政治生活的主动性；另一方面，嘉靖帝在对皇权权威的重建过程中，并不需要阳明学提供理论支持；他对王门弟子中方、黄等人的任用，在于需要一股支持的政治力量，而不是接受他们的学说。如嘉靖帝在《明伦大典》的序言中所说："执礼之臣，先后论列，本之圣经，稽之《仪礼》。"①

（2）嘉靖帝对王阳明态度之转变及其对阳明新学的敌意的形成。考察王阳明与嘉靖帝之间的关系，如果纠结于"嘉靖帝为什么不重用王阳明"的疑问，不难找出一堆似是而非的解释来。但是，这个疑问的前提是建立在"嘉靖帝应该重用王阳明"的预设之上的。而认为"应该重用王阳明"，只是当时嘉靖帝身边的席书、黄绾等人的看法，对于嘉靖帝来说，则未必如此。首先，从上文对"嘉靖初年皇权权威的重建与阳明学兴起之间的分野"的讨论中，可以看到：这一时期，嘉靖帝与阳明学、嘉靖帝与王门弟子、嘉靖帝与王阳明三组关系中，有重合和交汇，但更有分野，尤其是嘉靖帝与王阳明之间，在嘉靖六年以前基本处于两条各自不同的路径之上。其次，关于阳明在江西的事功，当时朝中就有不同的争论，从阳明死后嘉靖帝所说的"至于宸濠之变……但兵无节制，奏捷夸张"来看，嘉靖帝并不完全认可。另外，王阳明与嘉靖初期被起用的前朝老臣如刘健（正德时大学士）、杨一清（正德时大学士）、王琼（正德时吏部尚书）等相比，资历、行政经验都是远远不够的；与"议礼派"新贵张璁、桂萼相比，他又没有与嘉靖帝一起共同参与"议礼"、清洗杨廷和等势力之功。所以，对嘉靖帝来说，并没有必然要重用他的理由。

嘉靖六年阳明起复之后，他与嘉靖帝才有了直接地互动。从起用时嘉靖帝的"俟广西事宁，别有委任"之语，以及黄绾"荐公才德，堪任辅弼"来看，阳明起用之初，嘉靖帝是有召其进入权力中枢的想法的。但是，等到思田叛平、广西事宁之后，却让"王守仁暂令兼理巡抚两广等

① 《明世宗实录》卷89，嘉靖七年六月癸卯。

处地方，写敕与他”。这期间，是嘉靖帝对王阳明态度的转折点。从黄绾在年谱中的解释看，是由于当时张璁、桂萼、杨一清三大臣的共同阻止。张、杨二人以为：阳明“好服古衣冠，喜谈新学，人颇以此异之，不宜入阁”，但还“可用为兵部尚书”；而桂萼则是“潜进揭帖”，“上意遂止”。桂萼的密帖如果真如《贤博编》所载，那么对于嘉靖帝与王阳明的关系的影响无疑是致命的。这个转折之后，阳明动辄得咎，在嘉靖帝首肯下对思、田的处置，被嘉靖帝嘉奖过的思、田之功，嘉靖帝“允王守仁便宜从事”授权下的破八寨、断藤峡，转而变成“近日掩袭寨夷，恩威倒置”的指责。桂萼的揭帖内容已无法确定，但通过嘉靖帝后来对吏部会议处理阳明的回复：“守仁放言自肆，诋毁先儒，号召门徒，声附虚和，用诈任情，坏人心术。近年士子传习邪说，皆其倡导。”我们至少可以确定：嘉靖帝对阳明新学的敌意，是促使他对阳明态度发生转变的重要因素。

在中国传统的政治生态中，皇权的超然地位，不仅体现在它作为帝国行政权力的“合法性”的来源，对存在于国家政治生活中不同政治力量的超越性；同时，它对存在于社会学术层面的不同思想潮流也具有超越性，这种超越性常常表现为皇帝面对不同思想潮流时采用的实用主义态度。所以对于嘉靖帝个人来说，当“大礼议”中需要实现自己“尊亲”的目的时，他可以对杨廷和等人所执的程朱之说置之不理；或者也可以在后来一边尊奉程朱，一边热衷青词。而作为皇权的具体存在，嘉靖帝在面对公共政治生活时，又需要遵循和倡导国家权力所认可的思想意识和价值观念。这一时期，在对于官方意识形态的程朱学的维护这一点上，为程朱学卫道的章侨之流的士人的“正学”坚守与嘉靖帝的“治术”运用具有一致性。

阳明学说的兴起，是建立在对于当时的学术现状和士人思想状况的反思与批评之上而提出来的，阳明新学对程朱学的批评，在嘉靖帝看来，已经不只是单纯的学术理念的差异，而是另立异说，是对官方程朱学所象征的国家权力对社会生活进行指导的权威性的挑战。国家权力的权威与皇权的权威是一致的，而阳明学作为一种新兴的、对时代具有反思意识的社会学术思潮，嘉靖帝对它的敌意，可以看作是由社会思想层面的流变趋势与国家政治权力对于其已经认可的思想价值理念的稳定性的维护之间的矛盾形成的。

作者简介：肖金，男，1983 年生，四川宜宾人，东北师范大学历史学硕士，现供职于《新文化报》社，专业领域为明清史，研究方向为明清政治史、思想文化史。

学术与政治

——张居正思想演变的历程

梁曼容

提　要：以往学界对张居正行实、业绩研究丰赡而对其思想演变历程关注不多，本文认为，张居正身处明代儒学复杂嬗变历程之中，自身思想也经历了几次重大转变。张居正少时浸润佛学，入仕后受徐阶和当时讲学之风影响，倾心王学。这种对王学的钟情在张居正告假的三年中骤然降温。再次入仕后，张居正特别讲究为学术注入“务实”和“修养”的内涵，与当时思想界对良知派“学术空疏”的批评潮流若合符节。随着张居正逐渐走向权力高端，他的考虑更多出于执政者立场，因此在王守仁从祀一事上依违两间。随后，由于讲学风气与张居正整肃行政、控制思想言论益相冲突，张居正与王学分道扬镳，甚至与整个讲学界彻底决裂。

关键词：明代；张居正；王学；政治

张居正作为明代重要的政治家，在明代中叶国势渐衰、危机四伏的状况下，推行涉及吏治、财政、边防等多方面的改革，成效卓越。他本人和他的改革成为研究明代历史不能跨越的重要问题。而张居正的改革与其学术思想密切相关，要完整、恰如其分地把握他的政治、经济改革，分析其成与败，就必须对他的学术思想进行深入探讨。自明后期以来，关于张居正思想的评论和研究已有不少，但对张居正学术思想的定位莫衷一是，基本观点有如下几种。

一是“法家说”，这种说法是将张居正置于儒法视域下进行考察，较多地关注张居正“信赏罚、一号令”的举措及“禁讲学、毁书院”的思想控制。这种把张居正纳入儒法视域下进行研究的方法，又进而产生出“纯法家”“外儒内法”“儒法并用”“援法入儒”等各种说法。这些说法虽然各执一词，但基本都是在“儒”“法”二元分析中展开，非此即彼，或亦此亦彼。如：明人王世贞在《嘉靖以来首辅传》中说张居正“好申韩法”，用的是法家权术。① 谢肇淛在《五杂俎》中评论张居正学术多为法家申韩之术。② 明末清初史家谈迁在《国榷》中称“江陵本申韩之学，其佐治信赏必罚，捷于风雷”。③ 清人傅维鳞的《明书》认为张居正是“祖申商之余习，结曹王之奥援，能以法劫持天下”。④ 王夫之痛恨张居正实行禁学措施，称其承申韩支流余裔以横行，贻害百年，罪行甚至超过桀和纣。⑤ 1934 年，陈翊林作《张居正评传》，给予张居正很高的评价，认为他贯通儒、法、释、兵等各家，但主要精神是法家。⑥ 稍晚，嵇文甫将张居正视为明朝思想界中“异军突起”的纯法家人物。⑦ 当代学者韦庆远在《张居正和明代中后期政局》一书也认为张居正重法令，行法治，与法家主张相契合。⑧

二是“儒家说”，这种说法主要针对“法家说”而来，同样是在儒家和法家之间进行考量。持此说者主要是萧公权和熊十力。1946 年萧公权在《中国政治思想史》中指出，“张氏治体用刚之说固与鞅、斯有显然之区别”，“其论政治之目的则仍守儒家民本之旨”。⑨ 1949 年以后，熊十力

---

① 王世贞：《嘉靖以来首辅传》卷 7，《景印文渊阁四库全书》，第 452 册，台北：商务印书馆，1986 年第 508 页。
② 谢肇淛：《五杂俎》卷 15《事部三》，北京：中华书局，1959，第 429 页。
③ 谈迁：《国榷》卷 69，北京：中华书局，1958，第 4252 页。
④ 傅维鳞：《明书》卷 150《张居正传》，上海：商务印书馆，1937，第 2987 页。
⑤ 参见王夫之《读通鉴论》卷 3、17、18、22，北京：中华书局，1975。
⑥ 陈翊林：《张居正评传》，上海：中华书局，1934，第 167 页。
⑦ 参见嵇文甫《晚明思想史论》，北京：东方出版社，1996，第 79 页。
⑧ 参见韦庆远《张居正和明代中后期政局》，广州：广东高等教育出版社，1999。
⑨ 萧公权：《中国政治思想史》，沈阳：辽宁教育出版社，1998，第 508、509 页。

作《韩非子评论——与友人论张江陵》，本于对两千年中国政治之批判，称张居正为“汉以后二千年一人而已”，赞其“虚君共和”“民主精神”，根植儒佛精神，采纳法家作用，力革两千余年姑息贪污之政治。他认为张居正的学术宗本在儒，深于佛，资于道与法，以成一家之言，虽然有采于法家，但根底与法家迥异。①

三是“实学说”，有关实学并没有统一的定义，学界存在的各种用法之内涵都是指“经世致用”之学，因为不同于道德心性之学，而称之为“实学”。如陶希圣《中国政治思想史》，将张居正思想定位为“实用主义”。② 陈鼓应等主编的《明清实学简史》将张居正专列一章论述，认为张居正的实学是着眼于“祖宗旧制”的经世实学思想。陈宝良的《张居正思想新论》与于树贵的《张居正经世实学思想初探》基本是围绕“实学”展开。③ 高寿仙在《治体用刚：张居正政治思想论析》一文中，认为张居正是贯通儒法，很难分清是儒还是法，因此其思想属于“崇尚实学的实用主义政治理论”。④

四是“心学说”，这种说法直接视张居正思想为儒家学说，从儒家内部“理学”“心学”之间进行辨析，他们认为张居正受王学影响为多。例如：朱东润认为“居正论学，直认本真，这是在阳明学派的空气中所得的认识”。⑤ 当下学者左东岭探讨了张居正接受心学的途径及其心学思想的特点，说明了心学对张居正人生态度与政治改革的影响。⑥ 刘岐梅的《论张居正禁讲学》一文认为张居正是以程朱理学为归宿的王学修正派。⑦ 黄卓

① 参见熊十力《韩非子评论——与友人论张江陵》，上海：上海书店出版社，2007。

② 参见陶希圣《中国政治思想史》第四册，上海：中华印刷出版公司，1948，第229页。

③ 参见于树贵《张居正经世实学思想初探》，《湖南师范大学社会科学学报》2005年第6期；陈宝良《张居正思想新论》，《江汉论坛》1988年第11期。

④ 高寿仙：《治体用刚：张居正政治思想论析》，载南炳文、商传主编《张居正国际学术研讨会论文集》，武汉：湖北人民出版社，2013，第176页。

⑤ 朱东润：《张居正大传》，武汉：湖北人民出版社，1957，第315页。

⑥ 左东岭：《论张居正的心学渊源及其与万历士人心态之关系》，《首都师范大学学报》2001年第2期。

⑦ 刘岐梅：《论张居正禁讲学》，《孔子研究》2004年第5期。

越在其《张居正与王学关系之考辨》一文中也指出早年张居正归属王学。[1]何威萱在《张居正理学思想初探》一文中通过对比分析，指出张居正"与朱子相异，颇似阳明"。[2] 此外，方立克主编的《中国哲学大辞典》"张居正"条写道："哲学上受王守仁心学影响较深，强调'心体'的作用。"[3]

对张居正的思想定位之所以出现上述大相径庭的说法，可能与没有仔细梳理张居正思想演变的历史过程，忽视了张居正前后思想的转变有关。本文意在对张居正学术思想演变做一历史的爬梳，尽力展示张居正的思想变迁过程。思想定性涉及儒家与法家、原儒与宋明、理学和心学、儒学与佛老之学之间的复杂纠结和儒学的演变问题，需在思想论析与历史性演变梳理皆达清晰透彻之后进行，当尚待将来。依时间顺序理析，张居正的思想学术和政治举措经历中的推演，包含如下节点：一、嘉靖二十六年（1547 年）入仕之前，浸润佛学；二、嘉靖二十六年（1547 年）到嘉靖三十三年（1554 年）告假回乡，契合王学；三、嘉靖三十三年（1554 年）到嘉靖三十六年（1557 年）重新入仕，心态发生转变；四、嘉靖三十七年（1558 年）到隆庆五年（1571 年），讲求务实；五、隆庆六年（1572 年）到万历二年（1574 年），在王守仁从祀一事上依违两间；六、万历三年（1575 年）以后，整顿士风。

一　少年浸润佛学

张居正生活的嘉隆万时代，儒学内部主流思潮从朱子学到王阳明心学的变迁已经基本完成。王阳明的学术因其直指本心的简易特征，吸引了大

① 参见黄卓越《张居正与王学关系之考辨》，载李晓昕、李友学主编《王学之魂》，贵阳：贵州民族出版社，2005，第 193～208 页。

② 参见何威萱《张居正理学思想初探》，载南炳文、商传主编《张居正国际学术研讨会论文集》，第 190 页。

③ 方立克主编《中国哲学大辞典》，北京：中国社会科学出版社，1994，第 400 页。

量信徒，其盛况被描述为“门徒遍天下，流行逾百年，其教大行……嘉、隆而后，笃信程、朱，不迁异说者，无复几人矣”。① 张居正，字叔大，号太岳，幼时就表现出非凡的才能，12 岁中秀才，16 岁成为举人，甚至被誉为“贾生不及”的王佐之才。② 但在进士及第之前的这 22 年，从各种材料中很难看出他受到王学的影响，反之，一些证据表明，他受到佛学的影响较深：

> 正昔在童年，获奉教于门下，今不意遂已五旬，霜华飞满须鬓，比之贤嗣上年所见，又不侔矣。意生分段之身，刹那移易迁变，人乌得而知之，可慨，可慨！……向者奉书，有衡、湘、太和之约，非复空言。正昔有一宏愿，今所作未办，且受先皇顾托之重，忍弗能去。期以二三年后，必当果此，可得仰叩毘庐阁，究竟大事矣。《三塔图说》，披览一过，不觉神驰。冗甚未能作记，俟从容呈上。③

上述材料是张居正写给李元阳的信，从这封信可以获知两个重要信息：第一，张居正童年时曾拜师李元阳，受到李元阳佛学造诣的影响。李元阳，云南太和人，太和李氏世代宗仰佛教。他曾任荆州知府，罢官后出家做和尚，终其一生。④ 此时已经担任内阁首辅的张居正称其为“尊师”，时常书信往来，互相论禅。第二，童年佛学的学习给张居正影响很深，以至于虽然写信时已“五旬华鬓”，尤不忘“仰叩毘庐阁”的出世宏愿。而这种出世情怀，在少年时便已经具有，张居正曾多次提及：

---

① 张廷玉等：《明史》卷 282《儒林传一》，第 7222 页。

② 张居正参加童试时，得到荆州知府李士翱的赏识，李士翱在督学使田项面前夸张居正“贾生殆不及也”。参见张敬修《张文忠公行实》，《张居正集》卷 47，第 4 册，武汉：湖北人民出版社，1994，第 410 页。

③ 张居正：《张居正集》卷 19《答中溪李尊师论禅》，第 2 册，第 470 页。

④ 参见李选《荆州府知府中溪李先生元阳行状》，载焦竑《焦太史国朝献征录》卷 89，《四库全书存目丛书》，史部第 105 册，济南：齐鲁书社，1996，第 82 ~ 86 页。

（万历元年）正少而学道，每怀出世之想，中为时所羁绁，遂料理人间事。①

（万历元年）仆少耽沈寂，每有出世之想，不意中道为时所羁绁，遂至于此。且欲暂了人间事，以酬俗缘。②

（万历二年）正昔有一宏愿，今所作未办，且受先皇顾讬之重，忍弗能去。期以二三年后，必当果此，可得仰叩毘庐阁，究竟大事矣。③

（万历八年）正少无世韵，宿有道缘……然遵道之志，未敢少衰也。④

上面这三段材料虽然都是张居正担任首辅后写的，但他都特意提到少年时就有出世之想，现在肩负重任，却“未敢少衰”。从师从和出世思想，可以推测少年张居正浸润佛学，佛学对他的影响很深。

二　初仕契合王学

嘉靖二十六年（1547 年）张居正会试成进士，选入翰林院为庶吉士，遇到了热衷讲学、笃信王学的徐阶教习，张居正受到徐阶的赏识。由此可以推测张居正与王学的渊源首先来自于乃师的影响。这时的张居正对王学颇有好感，作于入选翰林院不久的《宜都县重修儒学记》充分显示出这一点：

自孔子没，微言中绝。学者溺于见闻，支离糟粕，人持异见，各

① 张居正：《张居正集》卷 18《答李中溪有道尊师》，第 2 册，第 349 页。

② 张居正：《张居正集》卷 18《答太常殷秋溟》，第 2 册，第 447 页。

③ 张居正：《张居正集》卷 19《答中溪李尊师论禅》，第 2 册，第 470 页。

④ 张居正：《张居正集》卷 25《寄有道李中溪言求归未遂》，第 2 册，第 906 页。

信其说天下。于是修身正心、真切笃实之学废，而训诂词章之习兴。有宋诸儒，方诋其弊。然议论乃日以滋甚，虽号大儒宿学，至于白首犹不殚其业。而独行之士，往往反为世所姗笑。呜呼！学不本诸心，而假诸外以自益，只见其愈劳愈敝也。故宫室之敝，必改而新之，而后可观也；学术之敝，必改而新之，而后可久也。①

张居正从儒学演变的角度，论述了王学产生的重要意义。他认为孔子而后，圣学失之支离糟粕，程朱理学的兴起正是为改新学术，但却又陷于"假诸于外"的弊端，学术应当本之于心，王学的兴起又使得学术为之一新。张居正对王学的评价显然很高。在这篇文章中，张居正还强调了"道民之术"在于学术教化，而非法令政刑：

夫法令政刑，世之所恃以为治者也。言道德礼义，则见以为希阔而难用。然要其本，则礼禁未然之前，法施已然之后。法之为用易见，而礼之为教难知。故古之王者，立大学以教于国，设庠序以化于邑。皆所以整齐人道，敦礼义而风元元者也。今议者不深惟其本始，骛为一切之制，以愉快于一时。夫教化不行，礼义不立，至于礼乐不兴，刑罚不中，民将无所措其手足。当此之时，虽有严令繁刑，只益乱耳。乌能救斯败乎？由此观之，道民之术在彼不在此也。②

张居正不仅认为学术教化是治理天下的根本之术，而且斥责了当时出现的"为政恶用学"的错误看法：

善宦者流，尝轻诋理学之士，以为不适于用。且曰："为政恶用学为哉！夫守经据义，士所先也；聪明强干，吏所先也。欲为政而从事于学，泥矣！"张子曰："不然。吾闻古之君子，终始典于学……

① 张居正：《张居正集》卷37《宜都县重修儒学记》，第3册，第564页。
② 张居正：《张居正集》卷37《宜都县重修儒学记》，第3册，第563页。

试使理学之士商功利，课殿最，诚不如广汉、延寿。然明道正谊，使天下回心而向道，类非俗吏所能为也。夫欲舍学以从政，譬中流而去其楫，蔑以济矣。”①

这段材料来自张居正写给毕仕和的一篇送行文章，当时毕仕和要去朝邑县任知县，根据《续朝邑县志》所记，毕仕和是于嘉靖三十一年（1552年）出任朝邑县知县。② 因此，张居正此文应是作于此时，此时张居正倾心王学，面对诋毁理学的说法，借机进行辩诬，对于学术与政教的关系深以为然，认为“政亦学也。世言政、学二者，妄也”。

从张居正书牍中可以发现，张居正与王学学者书信往来、交往密切，其所交往的王学学者除了徐阶，还有聂豹、罗洪先、胡直、罗汝芳和宋仪望等。虽然没有直接的材料可以说明张居正何时何地与他们相结识，但应该可以肯定的是张居正是通过徐阶认识这些人的，并且至迟不晚于嘉靖三十二年（1553年）。

聂豹，字文蔚，号双江，是王阳明的私塾弟子，亦是徐阶的受业恩师。嘉靖三十一年（1552年），徐阶入阁，王学学者聂豹和欧阳德被起用担任兵部尚书和礼部尚书。王学经过明世宗一度的政治压制之后再度活跃起来，③ 王守仁身前的多种著述得到刊刻，各地的王门学者纷纷创立书院并在书院内祭祀王阳明。嘉靖三十二年（1553年），徐阶、聂豹、欧阳德、程文德等在京主持“灵济宫大会”，云集至千人，其盛为数百年所未

---

① 张居正：《张居正集》卷35《赠毕石菴先生宰朝邑叙》，第3册，第452页。

② 参见王学谟《续朝邑县志》卷5，“毕仕和，石首人，举人，三十一年至，潜心理学，专务以德化民”。《四库全书存目丛书》，史部第196册，第736页。

③ 嘉靖十三年南京“伪学党祸”，薛侃、黄宗明、魏良弼、邹守益、季本等阳明弟子一时皆落职。参见《欧阳南野先生文集》卷6《家书》七，《四库全书存目丛书》，集部第80册，济南：齐鲁书社，1997，第467页。嘉靖十六年御史游居敬上疏弹劾湛甘泉，奏请毁王、湛所著书及门人所创之书院，世宗下旨所创书院改毁，今后不许再有私创。参见《明世宗实录》卷199，嘉靖十六年四月壬申，台北：“中央研究院”历史语言研究所，1962。

有，罗汝芳也参加了这次盛会。① 作为徐阶门生的张居正应该是在嘉靖三十一年（1552 年）和三十二年（1553 年）先后结识了聂豹和罗汝芳。张居正所写的《启聂司马双江》正是在聂豹担任兵部尚书之时：

> 窃谓学欲信心冥解，若但从人歌哭，直释氏所谓阅尽他宝，终非己分耳。昨者伏承高明，指未发之中，退而思之，此心有跃如者。往时薛君采先生亦有此段议论，先生复推明之。乃知人心有妙万物者，为天下之大本，无事安排，此先天无极之旨也。夫虚者，道之所居也。涵养于不睹不闻，所以致此虚也。心虚则寂，感而遂通。故明镜不惮于屡照，其体寂也。虚谷不疲于传响，其中空也。今不于其居无事者求之，而欲事事物物求其当然之则，愈劳愈弊也。②

这段话体现出张居正对于王学所契较深，尤其对聂豹的“归寂”说感兴趣。第一，张居正提出学当凭借心来沉思解悟，因为心有万物，为天下之本。以“心”为“理”为天地万物的根本，正是王学最核心的命题。张居正对“心”十分讲究，还表现在其一生之中常讲“虚心鉴物”，即使在实行一些对学界的禁毁政策之后，他仍自称“吾平生学在师心”。③ 第二，王门后学分化不同学派，张居正倾向于王学之中的“归寂派”，对于如何达到“心”的本然状态，他采用了聂豹的“归寂”方法，即“涵养于不睹不闻”，使心虚寂。第三，张居正对于朱学弊病有很清醒的认识，认为朱学“欲事事物物求其当然之则，愈劳愈弊也”，并因此而对聂豹致虚之说颇为赞同。王学在王阳明去世之后，由于后学对于如何致良知持有不同见地，分化为众多学派，针对王畿与泰州学派力倡现成良知造成完全摒弃

① 嘉靖三十二年，罗汝芳在京廷试，参加了灵济宫大会，与聂豹和欧阳德等讲学两月。参见方祖猷《罗汝芳年谱》，载《罗汝芳集》附录，南京：凤凰出版社，2007。

② 张居正：《张居正集》卷 28《启聂司马双江》，第 2 册，第 1266 页。

③ 张居正：《张居正集》卷 25《答湖广巡抚朱谨吾辞建亭》，第 2 册，第 942 页。

工夫与知识的弊端，聂豹提出“归寂以致知”的归寂说。罗洪先所见与此深相契合，二人成为归寂派的代表。[①] 所谓以归寂作为致良知的途径，具体形式是“静中存养”，整个过程表现为“内观反听而忘智”，[②] 其“脱略事为”的静坐法被当时一些学者认为类似“禅悟”。可能正是由于虚寂类似禅悟的静中存养，才使得早年深受佛学禅宗影响的张居正更容易与归寂派相契合。嘉靖三十四年（1555 年），聂豹致仕，之后也不见张居正与聂豹讨论心学。但张居正与归寂派的其他学者还保持着密切联系。

罗洪先，字达夫，号念庵，早年曾师事王阳明弟子黄弘纲、何廷仁，与王畿、钱德洪论学，主张“收摄保聚”，与聂豹“归寂”说相契合，同为“归寂”派代表人物。罗洪先因为触怒嘉靖帝在嘉靖二十年归田致仕，此后再未为官，嘉靖三十二年（1553 年）的京师灵济宫大会也并未记载其曾参加。所以，张居正究竟是何时何地结识罗洪先已不可考。张居正有三首写给罗洪先的诗，可证明二人有交往：

方广寺宴坐次念庵先生韵并致仰怀

幽隐何所托，长与薜萝期，听法过祇苑，皈心礼大悲。

壑晴云起处，松暝鹤归时。此意人先觉，吾来已较迟。[③]

访大方禅僧次念庵先生韵

烟雨晓微微，山堂未启扉。花坛分石髓，苔壁挂云衣。

挥麈频问难，停舫已忘归。曹溪一宿后，真觉夙心非。[④]

---

① 归寂说受到王畿、邹守益、刘文敏的致难，“惟罗念菴深相契合，谓‘双江所言，真是霹雳手段，许多英雄瞒昧，被他一口道著，如康庄大道，更无可疑’。”黄宗羲：《明儒学案》卷 17《江右王门学案二》，北京：中华书局，1985，第 373 页。

② 参见杨国荣《王学通论——从王阳明到熊十力》，上海：华东师范大学出版社，2008，第 109～110 页。

③ 张居正：《张居正集》卷 42《方广寺宴坐次念庵先生韵并致仰怀》，第 4 册，第 160 页。

④ 张居正：《张居正集》卷 42《访大方禅僧次念庵先生韵》，第 4 册，第 161 页。

观音岩次罗念庵韵

上方重阁晚依依，飞锡何年此息机？行尽碧霄平有路，坐看红树不知归。

法身清净山长在，灵境虚无尘自稀。欲借一枝栖野鹤，深公应笑买山非。①

前两首诗是张居正致仕后于嘉靖三十五年（1556 年）游南岳衡山时所作，第三首诗具体写作年代不可考，但可以确定也是张居正告休期间游历所作。这三首诗表达了对罗洪先的敬仰和怀念之情，由于闲居在家，政治抱负无法施展，因而也表达出张居正有意忘却尘世、归隐山林的心境。所以，可以推测，张居正至少是在嘉靖三十五年（1556 年）之前就已经和罗洪先相识，并对其十分敬仰。而与罗洪先的相识可能缘于张居正的另一位心学友人胡直。

胡直，字正甫，号庐山，早年从欧阳德学，嘉靖二十六年（1547 年）拜师罗洪先，嘉靖三十五年（1556 年）进士，同样属于“江右王门”。早年张居正与胡直交好，胡直拿出家传《遗训》给张居正看，张居正也引他为同道：“吉，胡正甫氏出其高、曾祖《遗训》。余观之，称慕古昔……正甫行修，而文恬于世好最为卓越矣……余与正甫论学最契，谓其出于罗念庵先生，余素所倾向者。”② 张居正自认与胡直的学术最契合，因为胡直学术出于罗洪先，而念庵先生是他最倾慕的。张居正与罗洪先相识可能通过胡直，也未可知。却表明张居正与王门后学，特别是江右王门的关系非常密切。其实，不止胡直，耿定向、罗汝芳也一度被张居正视为知己。③ 在这篇文章中，张居正还借机赞扬了王阳明的学说之于学士大夫，犹如“盖膏雨之洽润”，“受则丰茸犹华实，弗受则茈乘之财日就槁矣”。对阳明学术评价之高，再次证明早年的张居正是一名王学服膺者。

① 张居正：《张居正集》卷 44《观音岩次罗念庵韵》，第 4 册，第 315 页。

② 张居正：《张居正集》卷 38《书胡氏先训卷》，第 3 册，第 595 页。

③ 参见张居正《张居正集》卷 28《答罗近溪宛陵尹》，第 2 册，第 1288 页。

三　告假回乡期间学术心态的转变

张居正与王学及王学弟子的亲密期很快就过去了。过去研究者都注意到张居正担任首辅后对学术的一系列高压政策，论其“不喜学”，却忽视了他学术心态的转变。这一转变正是在他不得志的告假三年中发生的。关于张居正告假居乡的时间，有两种说法：一是“三年”说，持此说者为朱东润和崔曙庭；二是“六年”说，持此说者为陈翊林、扬铎、韦庆远和刘志琴，张居正本人自己也说“前后山居者六年”。[①] 但实际上，张居正已于嘉靖三十六年（1557 年）返京，三十七年（1558 年）还奉命到汝宁册封崇王，[②] 由于之后又回家待了一段时间直到三十八年（1559 年）秋，于是便有了“三年说”和“六年说”。由于张居正实际已于嘉靖三十六年（1557 年）销假，且他思想的转变主要是发生在嘉靖三十三年（1554 年）到嘉靖三十六年（1557 年）间，所以本文亦以“三年说”为准。张居正在这三年中学术心态发生转变有两个原因：一是因为这三年使他更加深刻体会到民生疾苦和家国危机。虽然早在嘉靖二十八年（1549 年），张居正就上《论时政疏》，表现出关心国家时事的情怀，但居家三年之后，张居正提倡务实、反对空谈的意识更加强烈了。务实与阳明学说本不矛盾，王阳明本人即建立了赫赫功业。但张居正对心学的骤然降温还缘于游历衡山的体验，这亦是第二个原因。嘉靖三十五年（1556 年），张居正与友人同游衡山，作了两篇游记，其中第二篇《后记》反映出张居正思想心态发生了重要的转变，兹全录于下：

---

① 张居正：《张居正集》卷 38《先考观澜公行略》，第 3 册，第 629 页。

② 根据《明世宗实录》，朱翊镏受封崇王是在嘉靖三十七年七月，参见《明世宗实录》卷 461，嘉靖三十七年七月庚午。张居正在《答崇王》一信中述及“先年，肃皇帝使仆捧册立殿下为王”，参见张居正《张居正集》卷 18《答崇王》，第 2 册，第 394 页。

> 张子既登衡岳数日，神惝惝焉，意罔罔焉，类有击于中者，盖其悟也。曰：嗟乎！夫人之心，何其易变而屡迁耶！余前来，道大江，遡汉口而西，登赤壁矶，观孙曹战处，慷慨悲歌，俯仰今古。北眺乌林，伤雄心之乍衄；东望夏口，羡瑜亮之逢时。遐想徘徊，不知逸气之横发也。继过岳阳，观洞庭，长涛巨浸，惊魂耀魄，诸方溟涬，一瞬皆空。则有细宇宙，齐物我，吞吐万象，并罗八极之心。及登衡岳，览洞壑之幽邃，与林泉之隈隩，虑澹物轻，心怡神旷；又若棲真委蛇，历遐蹈景之事不难为也。嗟乎！人之心，何其易变而屡迁耶。太虚无形，茫旻漠泯，澒濛鸿洞云尔。日月之迭照，烟云之变态，风雨露雷之舒惨，淑气游氛之清溷，日交代乎前，而太虚则何所厌慕乎？即太虚亦不自知其为虚也。夫心之本体，岂异于是耶？今吾所历诸境，不移于旧。而吾之感且愕且爱且取者，顾何足控搏。乃知向所云者，尽属幻妄。是心不能化万境，万境反化心也。夫过而留之，与逐而移焉，其谬等耳。殆必有不随物为欣戚，混溟感以融观者，而吾何足以知之。①

张居正一路从赤壁矶游历而来，眺望乌林和夏口，观洞庭，登衡岳，发现自己的心情随着游览之地的变化而“且愕且爱且取”，顿时明白“心不能化万境，万境反化心”。需要加以辨析的是，“心即理”是王学的核心命题，与朱熹区别“道心”“人心”不同，王阳明心学将自心与普遍之理合一，由于理是万物之所以然，因此逻辑上万物依存于心，心是万物的本体。所以，张居正对“心”的质疑逻辑上可以看做对心学的质疑。但张居正本人是否确实如此认为，因为缺乏材料不能过度诠释。不过张居正此时的心态发生了微妙的转变是基本事实，也是在这之后便不见他向早年那样热衷王学了。这种对“心”的质疑和务实思想的加强共同加强了张居正思想中的务实色彩，当政之后张居正与王学渐行渐远，最终走到了学术的对立面。

① 张居正：《张居正集》卷37《后记》，第3册，第546页。

四　重新入仕后的务实思想

嘉靖三十六年（1557年），张居正回到翰林院任职，重新入仕的他特别讲究“务实”、反对空谈，在与王学友人的信函中，也时常进行辩难，给予提醒。嘉靖四十一年（1562年），“知己”罗汝芳升任宁国府知府，张居正特意写了一篇送行文章，指出学贵在适用和躬行，对他寄予了实践的期望。[①] 嘉靖四十二年（1563年），张居正再次写信劝导“信心任理”的罗汝芳，希望其能在实际处磨练，“学问既知头脑，须窥实际。欲见实际，非至琐细、至猥俗、至纷纠处，不得稳贴。如火力猛迫，金体乃现”。他认为圣人之所以为圣人，正是因为对“人情物理”能洞其情，辟其义，明其分，若“人情物理不悉，便是学问不透”。[②] 在给另外一位“知己”耿定向的书信中，张居正也感慨“比来涉事日深，知虚见空谈之无益”，[③] 表达了他反对空谈的思想。嘉靖四十五年（1566年），张居正晋升为翰林院侍读学士，掌翰林院事，他在所写的告诫文章《翰林院读书说》中，提出学人当“敦本务实”，并言“学不究乎性命，不可言学；道不兼乎经济，不可以利用”。[④] 这句话大抵道出了当时张居正既重视本体又强调务实的思想特点。

对“论学最契”的胡直，张居正也表达了务实的重要性：

> 承教虚寂之说大而无当、诚为可厌，然仆以为近时学者，皆不务实得于己，而独于言语名色中求之，故其说屡变而愈淆。
>
> 夫虚故能应，寂故能感。《易》曰：“君子以虚受人。”“寂然不

① 参见张居正《张居正集》卷36《赠罗惟德擢守宁国序》，第3册，第490页。

② 张居正：《张居正集》卷28《答罗近溪宛陵尹》，第2册，第1288页。

③ 张居正：《张居正集》卷28《答西夏直指耿楚侗书》，第2册，第1284页。

④ 张居正：《张居正集》卷34《翰林院读书说》，第3册，第377页。

> 动，感而遂通天下之故。”诚虚诚寂，何不可者？惟不务实得于己，不知事理如一，同出之异名，而徒兀然嗒然，以求所谓虚寂者，宜其大而无当，窒而不通矣。审如此，岂惟虚寂之为病，苟不务实得于己，而独于言语名色中求之，则曰致曲，曰求仁，亦岂得为无弊哉！愿与同志共勖之也。①

在这篇讨论“虚寂”的书信中，张居正认为虚寂本身没有问题，“不务实”才是真正的弊端所在，所以虚寂当与务实相结合，只要务实于己，就不会大而无当，若不务实，而于言语名色中“致曲求仁”，同样有弊端。当时学术流于空疏，表现为士人空谈心性、束书不读，这是由于王阳明学术思想的内在矛盾所导致。王阳明主张“心即理”，认为万事万物不外于“吾心”，虽然并未否定“致”的工夫，但逻辑上却为用本体代替工夫的思想留下了出路。王畿和泰州学派所谓的“现成良知”将这种还只是具有逻辑发展可能性的思想变为一种实际的学说和奉行的主张。其实，思想界对于学术空疏的批判在王学产生之初就已存在，而在王守仁死后，王门内部也出现多种补救的办法。张居正对士人风气的批判与当时思想界的批评潮流相一致，并没有多大新意。值得注意的是他对思想界的种种补救措施也很不以为然，认为不过是“又崇饰虚谈，自开邪径，所谓以肉驱蝇，负薪救火也”。② 在他看来，最有效的措施还是“务实”。这封给胡直的回信写于隆庆四年（1570 年），第二年，即隆庆五年（1571 年），张居正被任命为该年会试的主考官。张居正趁这个机会表达了自己的务实思想，意在转移学风。他为辛未会试作了三篇程策，《程策三》专就士人君子而论，阐明了理想人才的标准是像禹、周公和孔子一样“树鸿业于当时，垂鸿称于后世者”，达到这种理想的关键是“养”：

> 古环伟奇特之士，树鸿业于当时，垂鸿称于后世者，岂独其才之

① 张居正：《张居正集》卷 15《答楚学道胡庐山论学》，第 2 册，第 140 页。
② 张居正：《张居正集》卷 16《答南学院周乾明》，第 2 册，第 230 页。

过人哉？盖尤系于养矣。养有深浅，则其才有纯驳。才有纯驳，则其建立有钜细……古之善养才者，不恃其得天之异，而勉其修己之夫人非无才之患，有才而能善用之为难……盖此三圣人者，[①] 受之于天，既皆得夫浑沦磅礴之气，修之于己，又皆懋夫沉潜纯粹之学。其所基者，密而宥；而所蓄者，完而固也。故能决大疑，排大难，建大功，立大节，纡徐委蛇，而不见作为之迹。[②]

张居正在这篇程策中格外强调了“修养”在学术和功业中的重要性。他说理想的人才并不只是因为才气过人，关键在于“养”，养的深浅程度决定人的才气纯粹与否。并且说像禹、周公和孔子这样的古代圣人正是因为善于修养，所以能“决大疑，排大难，建大功，立大节”。前已提到，王畿与泰州学派讲究现成良知，实际上导致了不学不虑，完全摒弃了原来王阳明思想中“致良知”的“致”的过程。张居正在会试中大力提倡修养过程，实际上是力图为学术重新注入“致”的工夫，但在张居正这里，“养”的真正目的还是做像禹、周公和孔子那样的“树鸿业”的理想的人才。这样，张居正就把修养与建功立业融合在一起。

总体而言，这一时期的张居正依然认为学术对治理天下和作育人才至关重要，对“空疏”的态度与当时学界的批判潮流相一致。由于现成良知派摒弃掉“致知”过程导致的束书不观、空谈阔论，王门后学及后来的东林派都提出了相应的补救办法，邹守益提出“戒惧以致中和”，聂豹提出“归寂以致知”，东林派重新引入朱学的“格物”。张居正此时引入“务实”和“修养”，同样是力图挽救王学流弊的一种努力，并未走到学术的对立面。独特之处是，张居正对“空疏”的批判并不是哲学探究，相反，他认为当时的各种思想争辩依然“负薪救火”。在体验了民生疾苦之后，他认为只有学以致用，躬行实践才是学术的根本之道，试图重新改变士风。

---

① 此三人为禹、周公、孔子。

② 张居正：《张居正集》卷31《辛未会试程策三》，第3册，第162～168页。

五　王守仁从祀问题上依违两间

从隆庆六年到万历二年，张居正驱逐高拱，担任首辅，逐渐掌握国家权力于一身。但无论从张居正本人的书信、文集还是奏疏中，都几乎没有关于学术的议论。与张居正的缄默形成鲜明对比的是，此一时期朝中大臣关于王守仁从祀的争论十分激烈。

王守仁心学在明代知识界和下层社会都产生了极大的影响，王守仁本人身前也事功卓越，但心学在政治上几度受到打压，来自王学外部的指责与王学内部应对外来指责进行的争论一直伴随着王学的始终。就在王守仁死后的第二年，即嘉靖八年（1529 年），吏部尚书桂萼即召集廷臣议论王守仁功罪问题，结论是，阳明学术不足取，宜加严禁，世爵恤典等亦免夺。[①] 随之，阳明弟子一时皆落职，王学及书院屡次遭到严禁。因此，王守仁个人的荣辱关系着王学的学术地位和所有王学弟子的命运。而孔庙从祀，不仅是一项殊荣，更是意味着官方的认可。隆庆元年，时任内阁首辅热衷王学的徐阶已经为王守仁争回了被剥夺的封爵。这样一来，王守仁从祀孔庙被在朝的王门学者顺理成章地提上了日程。但由于隆庆二年（1568 年）徐阶致仕，高拱再相，尽反徐阶所为，关于王守仁从祀孔庙的呼声便几乎在朝中销声匿迹。

隆庆六年（1572 年）六月高拱再度罢相，张居正担任内阁首辅，呼吁王守仁从祀的声音重新兴起。这是因为张居正早年对王学颇有好感，与王学友人关系亲密，因此他被王门学者们寄予厚望。

这次争论比起隆庆元年的争论更为激烈，一直持续到万历二年（1574 年）。情形大致如下：隆庆六年（1572 年）十二月，礼科都给事中宗弘暹请会议王守仁从祀孔庙；[②] 万历元年（1573 年）二月，江西巡抚

① 《明世宗实录》卷 98，嘉靖八年二月甲戌。

② 《明神宗实录》卷 8，隆庆六年十二月辛未。

徐拭称“王守仁学窥圣域，勋在王室，请与薛文清公瑄一体从祀”；[①] 三月兵科给事中赵思诚上疏，请罢王守仁从祀，称王守仁不仅“党众立异，非圣毁朱”，而且生前有种种恶迹：“宣淫无度”，窃取财物，贪婪莫测；[②] 五月浙江道监察御史谢廷杰请祀王守仁；[③] 七月南京福建道御史石槚上疏表示反对；[④] 随后，户科给事中赵参鲁上疏争祀王守仁；[⑤] 十一月工部办事进士邹德涵奏王守仁宜祀孔庙；[⑥] 万历二年（1574 年）六月巡按浙江监察御史萧廪上疏请王守仁从祀。[⑦]

面对朝中激烈的争论，张居正作为内阁首辅，他的意见无疑是决定性的。就现在见到的材料来看，张居正只在给谢虬峰的两封回信中提到了王守仁从祀一事。两封信都是写于万历元年（1573 年）。张居正书牍中称南学院谢虬峰，据《明神宗实录》隆庆六年（1572 年）九月“辛亥”条，谢廷杰从浙江道御史受命提调南直隶学政，故谢虬峰应是谢廷杰。谢廷杰是王守仁从祀的积极倡导者，编辑刊发了《王文成公全书》。万历元年，关于王守仁从祀之事，争论激烈，礼部会议迟迟没有结果，谢廷杰时担任南直隶学政，不在京城，于是写信给张居正询问会议结果。因而有了张居正的这两封简短的回信：

> 叠辱华翰，具悉雅情。近来俗尚浇漓，士鲜实学。南畿多士之区，首化之地，惟公加意一振之。阳明先生从祀事，以宗伯病，不能会议，久稽题覆，好事者遂乘间而诋之，其言粗浅可哂，然何伤于日月乎。[⑧]
>
> 叠辱华翰，深荷雅情。阳明先生从祀，礼官方欲定议，而南疏复

---

① 《明神宗实录》卷 10，万历元年二月乙丑。
② 《明神宗实录》卷 11，万历元年三月乙酉。
③ 《明神宗实录》卷 13，万历元年五月戊戌。
④ 《明神宗实录》卷 15，万历元年七月戊子。
⑤ 《明神宗实录》卷 15，万历元年七月壬寅。
⑥ 《明神宗实录》卷 19，万历元年十一月甲申。
⑦ 《明神宗实录》卷 26，万历二年六月辛未。
⑧ 张居正：《张居正集》卷 18《答文宗谢道长》，第 2 册，第 366 页。

至，又极其丑诋，至欲并褫其封爵，则亦过矣。①

第一封回信，张居正推脱礼部尚书陆树声生病未能会议。第二封回信，表明由于“南疏复至”再次有反对的奏疏，朝廷也很难抉择。而且反对者不仅仅是反对王守仁从祀孔庙，甚至认为应该重新褫夺王守仁恢复不久的封爵。张居正信末说重新褫夺封爵的主张“则亦过矣”。

张居正在王阳明从祀一事上不肯出面主持，可能是由于处于首辅的位置不便表态。虽然没有证据表明张居正实际反对王守仁从祀，但以其与王学的深厚渊源，不肯表明立场已经意味深长。未支持从祀与他作为首辅的政治考虑可能有关：一是，自嘉靖三十六年再次入仕以来，张居正对士风状况的忧虑逐渐增加，而王门后学恰恰导致学术空疏、士风散漫的弊端。从祀王守仁，无疑与张居正即将进行的士风整顿的政治举措相左；二是，王学兴起的原因之一是朱子学的意识形态化与科举制度相结合导致的学术教条和死板。因此，王学信徒虽然众多，但在产生之初便具有了异于官方意识形态的色彩。这是张居正作为执政者不得不考虑的重要因素。张居正虽然不支持王守仁从祀，却也不公然反对，原因同样有两点：一是，就张居正个人来说，他早年对王学颇有好感，“何伤日月”表明即使当时他对王阳明本人的学术也无鄙薄之意，况且他尚与王门诸多学者保持较好的关系，不便公然反对。二是，当时王门后学遍天下，从阁臣到地方官的许多朝廷官员或是王学学者或笃信王学，张居正此时担任首辅不久，权力还不稳固，公然反对引起的轩然大波对张居正来说并不容易应对。张居正对学术的态度逐渐明朗和强硬是从万历三年开始，并持续到他去世。

六　士风整顿中与讲学界对立

张居正对士风的整顿，始于万历三年（1575 年），万历七年（1579

① 张居正：《张居正集》卷 18《答南学院谢虬峰》，第 2 册，第 411 页。

年）毁书院达到高潮。张居正这一时期的学术主张与之前截然不同，意在用意识形态化的程朱理学对士风进行改造和控制，达到“尊主权、一号令”的目的。因其手段激进、雷厉风行，因而被后世学者斥之为“申商余习”“法家权术”。因为士学相依，这些举措对学界影响极大。

张居正对士风进行的整顿以“夺情”为界分为前后两个阶段。第一阶段从学校开始，通过提学宪臣着手。万历三年，张居正权力日益稳固，考成法的实行保证了朝廷各项政策朝令夕行。这时，张居正开始对士风进行整顿。其政见都反映在《请申旧章饬学政以振兴人才疏》中：

> 窃惟养士之本，在于学校；贞教端范，在于督学之臣。我祖宗以来，最重此选。非明经行修、端厚方正之士，不以轻授；如有不称，宁改授别职，不以滥充。且两京用御史，外省用按察司风宪官为之，则可见居此官者，不独须学行之优，又必能执法持宪、正己肃下者，而后能称也……今后凡廷试岁贡生员，容臣等遵照先朝事例，严加考试。有不堪者，尽法黜落；提学官俱照例提问降调。其愿就教职者，该部先考阅。有年力衰惫者，即行拣退，不准送试。廷试学业荒疏，不堪师表者，发下该部；验其年力尚壮，送监肄业，以须再试。如年已衰，不必发监，遥授一职，回籍荣身。①

张居正首先提出了提学宪臣的任选标准，认为学校是为国家培养人才的根本，而培养“贞教端范”的人才，就要对负责教育的提学宪臣严加审核。继而规定了生员冒滥等积弊的处理。但张居正的主要意图是想通过提学宪臣和生员的严格管理来达到整顿学风的目的，所以，张居正在奏疏中制订了十八条规章，其中三条对于理解张居正对士风的整顿有重要意义。

> 一、圣贤以经术垂训，国家以经术作人。若能体认经书，便是讲

① 张居正：《张居正集》卷4《请申旧章饬学政以振兴人才疏》，第1册，第174～175页。

明学问，何必又别标门户，聚党空谭。今后各提学官督率教官生儒，务将平日所习经书义理，著实讲求，躬行实践，以需他日之用。不许别创书院，群聚徒党，及号招他方游食无行之徒，空谭废业，因而启奔竞之门，开请托之路。违者提学御史听吏部、都察院考察奏黜；提学按察司官听巡按御史劾奏；游士人等，许各抚按衙门访拿解发。

一、我圣祖设立卧碑，天下利病，诸人皆许直言，惟生员不许。今后生员，务遵明禁。除本身切己事情，许家人抱［报］告，有司从公审问，倘有冤抑，即为昭雪。其事不干己，辄便出入衙门，陈说民情，议论官员贤否者，许该管有司，申呈提学官，以行止有亏革退。若纠众扛帮聚至十人以上，骂詈官长，肆行无礼，为首者，照例问遣，其余不分人数多少，尽行黜退为民。

一、国家明经取士，说书者，以宋儒传注为宗；行文者，以典实纯正为尚。今后务将颁降《四书》《五经》《性理大全》《资治通鉴纲目》《大学衍义》《历代名臣奏议》《文章正宗》及当代诰律典制等书，课令生员，诵习讲解，俾其通晓古今，适于世用。其有剿窃异端邪说，炫奇立异者，文虽工弗录。所出试题，亦要明白正大，不得割裂文义，以伤雅道。①

上述三条表明了张居正士风改造的基本立场：第一，反对空谈。秉承了之前的务实思想，当政后，张居正用国家诏令的形式予以贯彻，反对学术界“别标门户，聚党空谭”，向全体士人重申了自己“反对空谈”的主张。除了命令“不许别创书院，群聚徒党，及号招他方游食无行之徒，空谭废业”外，还具体提出了惩治办法：“违者提学御史听吏部、都察院考察奏黜；提学按察司官听巡按御史劾奏；游士人等，许各抚按衙门访拿解发”。第二，加强言论和思想控制。重申了朱元璋关于卧碑的禁令，禁止生员议政。第三，在朱子学与王学之间，张居正强调朱子

① 张居正：《张居正集》卷4《请申旧章饬学政以振兴人才疏》，第1册，第172～177页。

学的官方统治地位，“以宋儒传注为宗”，开始走向王学的对立面。诏令规定生员要认真诵习明初颁行的以朱子注为基础的经书教材，如有“剽窃异端邪说，炫奇立异者，文虽工弗录”。所谓的“异端邪说”是指一切违反朱子之说者，王学及其后学恰恰在许多方面脱离甚至背离了朱学的矩矱。这显示出张居正在这一时期思想再次发生重大转变。再次入仕后的张居正虽然反对高谈阔论，但并不反对王学，至此，他对王学的态度已经明朗。第四，强调官方化的程朱理学。需要辨析的是，官方化的程朱理学与原来的程朱理学不同。程朱理学经过元明的官方化，与政治权力越来越紧密的连接，逐渐教条而丧失了原来的独立意识和批判精神。程朱理学原本超越性的普遍之理反而沦为统治者控制士人的政治手段和思想牢笼。这才是作为执政者的张居正所偏爱的。其意在谋求加强意识形态领域的控制，与他在其他领域的改革措施相辅相成，达到“尊主权、一号令”的目的。

张居正对士风的整顿特别注重“尊主权、一号令”，其后多次强调了这一点。这是由于张居正推行的在经济和军事领域的改革遇到了阻力，因而要继续改革就必须整顿人心，统一号令。万历五年（1577 年），他写信给时任湖广提督学道的金学曾，嘱咐金学曾改变士习不外乎“尊敕谕”三字。① 同年，在写给屠义英的信中还特别说孔子再世也得“尊奉”敕谕，“不敢失坠”：

> 假令孔子生今之时为国子司成，则必尊奉我圣祖学规以教胄，而不敢失坠；为提学宪臣，则必尊奉皇上敕谕以造士，而不敢失坠。必不舍其本业而别开一门，以自蹈于反古之罪也。今世谈学者，皆言尊孔氏，乃不务孔氏之所以治世立教者，而甘蹈于反古之罪，是尚谓能学孔矣乎？②

① 张居正：《张居正集》卷 22《答楚学道金省吾论学政》，第 2 册，第 699 页。

② 张居正：《张居正集》卷 22《答南司成屠平石论为学》，第 2 册，第 716 ~ 717 页。

万历七年（1579 年），张居正拟诏毁天下书院，手段激进，张居正思想控制的政治实践达到了高潮。张居正对讲学的不满由来已久，此时不惜与学术界彻底决裂，还得从其本人身上寻找原因。一是万历三年以后，张居正与讲学者关系逐渐交恶。曾被张居正视为知己的罗汝芳因为终日讲学为事，致使张居正不悦而致仕。① 二是随着张居正权力如日中天，朝中反对他的声音也逐渐增多。其中，张居正的门生傅应祯和刘台弹劾措辞最为激烈，使得张居正十分难堪。三是夺情之事，这也是最重要的因素。

张居正夺情一事闹得沸沸扬扬，具体过程史家有详尽记述，在此不再赘言。需要指出的是，反对张居正夺情者都对张居正进行了道德非难和学术褊狭的指责。② 正是道德谴责与学术批判加剧了张居正与士大夫之间的对立，而此时大权在握的张居正也更为独断骄奢，因此，决意对学界进行彻底整顿。夺情一事便成了张居正与讲学者彻底决裂的转折点，耿定向曾回忆说：

> 昔年相君遭丧，二三士绅倡议相君，以此少□，而谗者因乘间谮言：倡此议者，尽是讲学之党。相君稍稍蓄疑，而谗者益构之。以此，相君意谓吾方欲振饬纪纲，而讲学者见以为申韩操切，吾方欲致主安富，而讲学者见以为管商富强，吾方忘家以殉社稷，而讲学者又见以为贪位遗亲。是今之讲学，皆迂伪取名，即昔之横议乱天下者也。③

---

① 《明神宗实录》卷 66，“万历五年闰八月辛亥”条载，给谏者是刑科给事中周良寅。周良寅之疏乃是由于张居正的“唆使”，周是张居正隆庆五年的门生，参见周汝登《圣学宗传》卷 18《罗汝芳》，《四库全书存目丛书》，史部第 98 册，第 262 页。又沈懋学与张居正次子张肆修、罗近溪、曾直卿等聚会于净业寺，罗近溪与禅僧大谈禅机，张肆修不悦，告张居正，遂有“召责之命”，令其致仕，参见沈懋学《郊居遗稿》卷 8《复王龙溪先生》，《四库全书存目丛书》，集部第 163 册，第 696 页。

② 邹元标批评张居正的学术褊狭：“夫帝王以仁义为学，继学为志，居正道之功利，则学非其学，忘亲不孝，则志非其志。皇上而学之志之，其流害有不可胜言者。”参见黄宗羲《明儒学案》卷 23《江右王门学案八》，第 533 页。

③ 耿定向：《耿天台先生文集》卷 4，《与刘养旦》，《四库全书存目丛书》，集部第 131 册，第 116 页。

万历七年（1579 年），张居正拟诏毁天下书院。这次毁书院比较彻底和严厉，除了白鹿洞书院允许留下三百亩田产以外，其他书院如天真书院等与王门讲学有关的诸多重要书院均在禁毁之列，一律并入里甲，失去了赖以生存的物质基础。而且张居正明令禁止巡抚御史等官建立书院，并规定以上各条作为对官吏政绩的考核。经过这次沉重打击，学术界能一直坚持讲学的学者所剩无几。应该说达到了压制讲学言论，将学术界纳入政治控制的目的。对于来自思想界的指责，张居正辩解道：

> 吾所恶者，恶紫之夺朱也，莠之乱苗也，郑声之乱雅也，作伪之乱学也。夫学乃吾人本分内事，不可须臾离者。言喜道学者，妄也；言不喜者，亦妄也。于中横计去取，言不宜有不喜道学者之名，又妄之妄也。“以指喻指之非指，不若以非指喻指之非指也；以马喻马之非马，不若以非马喻马之非马也”。言不宜喜道学之为学，不若离是非、绝取舍，而直认本真之为学也。孔子自言人不如己之好学，三千之徒，日闻其论说，而独以好学归之颜子。今不谷亦妄自称曰：凡今之人，不如正之实好学者矣。①

在张居正看来，当下学界所讲之学是混淆真道学的作伪之学，张居正说他崇尚的道学是直认本真的真道学，所厌恶的是讲学者违背道学真谛的假道学。他自称自己才是实好学。这段话透露出一个重要信息：张居正此时不止把王学，而且把整个讲学界都一概斥之为伪学。到了万历九年（1581年），张居正干脆直言要向孙武、诸葛亮、张泳、王廷相学习执法严明，讲求实效：“孙子云：‘约束不明，申令不熟，将之过也。约束已明，申令已熟，而士不用命，则士之过也，杀之无赦’……昔之治蜀者，皆以严效，远则诸葛孔明、张乖崖，近则王浚川。”②

综上所述，张居正对士风整顿有三个原因：一是，出于早年就对士风

① 张居正：《张居正集》卷 24《答宪长周友山讲学》，第 2 册，第 849 页。

② 张居正：《张居正集》卷 26《答四川巡抚张濂滨》，第 2 册，第 1039 页。

空疏的担忧；二是，万历初年张居正推行的在经济和军事领域的改革遇到了阻力，因而要继续改革就必须整顿人心，统一号令；三是，张居正与讲学诸人构隙而促使张居正手段变为激进。反映出张居正此时的学术思想有两大转变：一是，重申朱学，与王学彻底分道扬镳；二是，强调官方化的朱学，意在思想和言论控制，不止反对王学而是反对整个讲学界。只是因为当时讲学之士多为王门子弟，所以受祸最深。这也就是为什么后来的东林人士虽然不喜王学但同样批评张居正禁讲学毁书院的原因。

张居正身处明代儒学发生重要演变历程之中，自身的学术思想也经历了几次转变。张居正少时浸润佛学。入仕后，受徐阶和当时讲学之风的影响，对王学颇为倾心，与王学学者特别是江右王门保持着亲密往来。这种对王学的钟情在张居正告假的三年中骤然降温，缘于一次游历体验和对民生疾苦的直接感受。再次入仕后，张居正特别讲究为学术注入“务实”和“修养”的内涵，与当时思想界对良知派“学术空疏”的批评潮流相一致。然而随着张居正逐渐走向统治上层，他的考虑更多出于执政者的身份立场，因此在王守仁从祀一事上依违两间。在讲学风气与其整肃行政、控制思想言论益相冲突情况下，张居正与良知派和王学，甚至整个讲学界都产生了不可解的冲突。张居正与王学分道扬镳，最后与整个讲学界彻底决裂。张居正引入程朱理学的做法，与后来的东林派极为相似。但虽然二者都为重新端正人心和学术，张居正的考虑却比东林派更多地出发于政治统治的因素，他引入的是便于进行思想控制的官方化的程朱理学，实际上是通过政治手段将学术发展强行拽回到明初的状态，为的是重新树立日益削弱的政府的威信和权力。张居正力图用政治手段改变学术的做法，虽然在一定时期内压制了讲学形势，但终究无法改变学术发展的内在逻辑理路。张居正死后没多久，讲学再次兴盛起来，明朝也很快在风雨飘摇中走到终结。

作者简介：梁曼容，1983 年生，女，山西阳泉人，东北师范大学历史学硕士，博士研究生，专业领域为明清史，研究方向为明清政治史、政治文化史。

从《帝鉴图说》看张居正的圣王期待及政治追求

常文相

提　要：《帝鉴图说》是明万历初首辅张居正为幼龄即位的万历皇帝主编的一部帝王启蒙读本兼政治教科书，形象展现了以其为代表的官僚士大夫群体的“圣王”期待与政治追求。该书以图文并茂的方式述史叙事，从君臣关系、君民关系、君主自身修养三个层面阐论君德治道之要，在培养幼君继承传统儒家治国理念的同时，也反映出张居正以致君尧舜、淑世安民为己任的儒家士大夫政治诉求。

关键词：《帝鉴图说》；张居正；圣王期待；政治追求

明隆庆六年（1572 年）五月，穆宗朱载垕去世，六月，年仅十岁的皇太子朱翊钧登基，此即明神宗，以次年改元万历，又称之为万历皇帝。万历皇帝冲龄践祚，年幼易塑，把他培育成一位崇道德、尊教化、明事理、善谋断的合格皇统继承人，不仅是佐政大臣义不容辞的责任，也是朝野上下共同一致的愿望。为此，首辅兼帝师的张居正特意为新君主编了一部帝王启蒙教材《帝鉴图说》，作为当时围绕其所展开的一系列有计划辅导教育的有机组成部分。图说的内容，体现了以张居正为代表的官僚士大夫对皇帝本身以及君臣、君民关系等有关君德治道问题的认识和理解，寄托着他们的从政理念与价值追求，形象地反映了这一群体的“圣王”期待。

前人对《帝鉴图说》已有一些研究。牛建强先生的《从〈帝鉴图说〉

看16世纪末的中国帝政》介绍了该书的编纂起因和内容，论述了群臣对万历皇帝教育问题的普遍关切以及寄托在其身上的政治理想的幻灭，认为："传统政治理念和现实社会变化间的激烈冲突和较量，其结果则导致那些对皇帝进行封建伦理道德灌输的最高层政治家集团努力的失败。"① 韦庆远先生的《张居正与〈历代帝鉴图说〉》着重结合《万历起居注》中的相关史料，论证图说对万历皇帝曾经起到的鉴戒作用，考察了张居正对少年万历皇帝的教育培养和其间君臣之际的融洽关系，同时指出："万历随着年纪的增长，其德行亦急遽下滑……张居正手握大权，专擅国政，本意是为致国家于富强，但却存在着最高统治权力应该由谁掌握和归谁运用的问题，君臣之间的矛盾冲突日益尖锐，某种大反覆的悲剧正在酝酿。"② 新加坡学者李焯然的《帝王之学：张居正及其〈帝鉴图说〉》考述了该书的编纂传播概况，分析其中反映出的治国理念以及万历前十年的君臣关系，并注意到了道德政治理想与实际之间存在的偏差。③ 高寿仙先生的《治体用刚：张居正政治思想论析》是基于原来发表过的《张居正政治思想阐释》一文修改而成，新作补充了有关《帝鉴图说》恪守儒家伦理规范的编辑思想与张居正为政"治体用刚"主张之间有所矛盾的阐释，认为"这应当是出于实用主义的考虑"，"在张居正那里，可能是合乎现实需要的惟一选择"。④ 陈士诚《从〈帝鉴图说〉看张居正心目中理想君王的形象，兼论他的帝师角色》，主要探讨了皇帝、帝师及帝学书三者的关系，理析了图说中所呈现的理想君王形象，指出："这个理想君王的形象除了合乎中国传统儒家的圣王观、先帝的期望、当时臣民对君主的要求，更隐含张居正本人的施政理念。"该文还对历代帝学书的基本面貌

① 牛建强、汪维真：《从〈帝鉴图说〉看16世纪末的中国帝政》，《史学月刊》2000年第4期。

② 韦庆远：《张居正与〈历代帝鉴图说〉》，《明清史续析》，广州：广东人民出版社，2006。

③ 〔新〕李焯然、徐之敏：《帝王之学：张居正及其〈帝鉴图说〉》，载南炳文、商传主编《张居正国际学术研讨会论文集》，武汉：湖北人民出版社，2013。

④ 高寿仙：《治体用刚：张居正政治思想论析》，载南炳文、商传主编《张居正国际学术研讨会论文集》，武汉：湖北人民出版社，2013。

及本书的版本流传情况作了考证。①

以上研究，或者着眼于张居正对万历皇帝教育成败的讨论，或者注重于群臣政治理想与万历皇帝现实作为发生背离原因的解读，或者致力于描绘被儒家传统和当时政局所规定的理想君王的应然形象。其中有关张居正政治思想的辨析，肯定了其出于实用主义目的而显露出服膺和践行法家理论的倾向。然而张居正通过《帝鉴图说》所展示出的“圣王”期待，究竟传达出了何种文化价值上的深层意涵，其实仍是值得继续深入探究的课题。本文拟重新梳理《帝鉴图说》的编纂内容及教育实践，并在此基础上考察张居正于皇帝教育中表现出的政治理念与追求，进而尝试分析在明代皇权渐趋强化的政治环境下，以张居正为代表的官僚士大夫群体的这种政治诉求所能够透射出的文化含义。

一 《帝鉴图说》的编纂缘起与内容

《帝鉴图说》全称《历代帝鉴图说》，书成于隆庆六年（1572 年）十

---

① 陈士诚：《从〈帝鉴图说〉看张居正心目中理想君王的形象，兼论他的帝师角色》，香港科技大学人文学部硕士论文，2008。关于《帝鉴图说》版本流传的研究还有：刘蔷：《〈帝鉴图说〉及其版本丛谈》，《北方论丛》2000 年第 5 期。Julia K. Murray：From Textbook to Testimonial：The Emperor's Mirror，an Illustrated Discussion（Di jian tu shuo/Teikan zusetsu）in China and Japan，*Ars Orientalis*：Vol. 31，Freer Gallery of Art，The Smithsonian Institution and Department of the History of Art，University of Michigan，2001. 此外，许振兴对 1993 年中国社会科学出版社出版的排印本《帝鉴图说》内的文字错误进行了校对并提出商榷，而在现已出版的该书注本读物中，以贾乃谦和陈生玺两位先生撰写的前言具有一定的学术性。参见许振兴《新编排印本〈帝鉴图说〉商榷》，《古籍整理研究学刊》1999 年第 3 期；陈生玺、贾乃谦整理《帝鉴图说评注》，郑州：中州古籍出版社，1996；陈生玺译注《帝鉴图说》，武汉：崇文书局，2007；陈生玺、贾乃谦等译注《帝鉴图说》，上海：学林出版社，2010。关于本书与帝王教育关系的文章则有：王有英：《从〈帝鉴图说〉管窥中国古代帝王教育》，《广西师范大学学报》2009 年第 5 期；颜丙震：《〈帝鉴图说〉与清代的皇室教育》，《宜宾学院学报》2010 年第 3 期。另尚有一些有关张居正对万历皇帝教育以及《帝鉴图说》版画插图方面的研究，兹不赘述。

二月，据李晋华《明代敕撰书考》介绍：

> 穆宗命讲臣采摭前代君人治迹，溯唐虞以迄汉唐宋，理乱兴衰得失，可为劝戒者，条其事百余，各因事绘图，系之以说，以备观览而资考镜。至隆庆六年十二月十八日书成（此时穆宗已崩），建极殿大学士张居正，武英殿大学士吕调阳等奉进。①

依李晋华的说法，此书为穆宗生前命讲官编撰，在其去世后由张居正等进呈万历皇帝。然按《明神宗实录》所载：

> 上御文华殿讲读毕，大学士张居正率讲官进《帝鉴图说》。先是，居正属讲官马自强等考究历代之事，撮其善可为法者八十一事，从阳数；恶可为戒者三十六事，从阴数。每一事为一图，后录传记本文。取唐太宗"以古为鉴"之意，名曰《帝鉴图说》。是日具疏进。②

可知本书实乃辅臣专为幼君进学修身治国之道所准备的一套政治启蒙读本，其编纂的发起和主持者正是张居正本人。张居正在《进〈帝鉴图说〉疏》中亦自言：

> 臣等备员辅导，学术空疏，夙夜兢兢思所以佐下风、效启沃者，其道无繇，窃以人求多闻，事必师古……乃属讲官臣马自强等略仿伊尹之言，考究历代之事，除唐虞以上皇风玄邈纪载未详者，不敢采录，谨自尧舜以来有天下之君，撮其善可为法者八十一事，恶可为戒者三十六事……仍取唐太宗"以古为鉴"之意，僭名《历代帝鉴图

---

① 李晋华：《明代敕撰书考附引得》，北平：燕京大学哈佛燕京学社引得编纂处，1932，第67页。

② 《明神宗实录》卷8，隆庆六年十二月己巳，台北："中央研究院"历史语言研究所，1962。

说》，上呈睿览。①

同样，万历元年（1573 年）礼部尚书陆树声、吏部左侍郎王希烈分别为是书所写的序言中也提到：

《帝鉴图说》者，今元辅少师张公辑以进御者也……公令讲臣采摭前代君人治迹，溯唐虞以迄汉唐宋，理乱兴衰得失，可为劝戒者，条其事百余，各因事绘图，系之说以备乙览、存考镜焉。②

今元辅少师张公既辑《帝鉴图说》奏御，刻其副以传……烈尝考载籍，究观古大臣之义，则叹公之所为，虑至远也。③

同时人王宗沐及稍后的李维桢亦称：

元辅少师张公首对平台，深被眷倚……公犹以圣学为急，乃偕少保吕公暨三四讲臣裒古行事之善恶可为法戒者……名曰《帝鉴图说》，书成进御。④

余犹记为图时，相臣以意授词臣，陶文僖辈成之，表上不列诸臣名。⑤

---

① 张居正：《张太岳集》卷 38《进〈帝鉴图说〉疏》，上海：上海古籍出版社，1984，第 478 页。

② 陆树声：《〈帝鉴图说〉叙》，张居正等：《帝鉴图说》，《北京图书馆古籍珍本丛刊》第 14 册，北京：书目文献出版社，1998，第 705 页。此版本据国家图书馆藏明万历三年（1575 年）郭庭梧刻本影印，另外现今常见的该书古籍版本还有山东省图书馆藏清纯忠堂刻本的影印本，收在《四库全书存目丛书》中。参见张居正、吕调阳《帝鉴图说》，《四库全书存目丛书》，史部第 282 册，济南：齐鲁书社，1996。两书文字内容基本一致，本文相关引文均采用《北京图书馆古籍珍本丛刊》本。

③ 王希烈：《〈帝鉴图说〉后序》，张居正等：《帝鉴图说》，第 871 页。

④ 王宗沐：《敬所王先生文集》卷 5《〈帝鉴图说〉序》，《四库全书存目丛书》，集部第 111 册，济南：齐鲁书社，1997，第 126 ~ 127 页。

⑤ 李维桢：《大泌山房集》卷 8，《〈帝鉴图说〉序》，《四库全书存目丛书》，集部第 150 册，济南：齐鲁书社，1997，第 460 页。

以上诸人均未表示该书的编订缘于明穆宗的授意，且王希烈更直接指出“绘图陈说”皆经张居正“意所指授，手所疏列，精思极虑而后成之”。[①]再对比引文，可以看出李晋华的考释即源自陆树声的序文，只是把“公令讲臣”改为“穆宗命讲臣”。基于这一点，新加坡学者李焯然怀疑“李氏此说可能有误”，“不免误导读者”。[②] 而《万历野获编》的记载也支持了此书分责于众手而经张居正总其成之说：

> 今上以冲圣御宇，张江陵相公进《帝鉴图说》以劝讲……初修《帝鉴》时，分派各词林编纂，江陵特总其成耳。比进御时，江陵竟以己名独上，上褒谕甚至，无一语及他臣。[③]

《帝鉴图说》以讲述古时君王的行为事迹为主，“书中所载皆史册所有”，[④] 广泛取材于《史记》等历代正史、《资治通鉴》以及后人仿其体例补续的《资治通鉴外纪》《资治通鉴前编》和《续资治通鉴长编》等，还有少量故事出自个别先秦典籍和唐宋笔记。据陈士诚研究，本图说的体例格式与当时在民间刊行的童蒙书如《日记故事》《君臣故事》有很多类似甚至相同之处，文字解说则主要参考了明代历朝《宝训》及一些御制书籍的思想内容，另对《大学衍义》《大学衍义补》《册府元龟》等亦有所借鉴。[⑤] 全书上起传说中的尧舜时代，下至北宋末年，按朝代顺序选择其中“善可为法”的81事、“恶可为戒”的36事，分编成《圣哲芳规》和《狂愚覆辙》两部分。这是因为“善为阳为吉，故用九九，从阳数也，

---

① 王希烈：《〈帝鉴图说〉后序》，张居正等：《帝鉴图说》，第871～872页。

② 〔新〕李焯然、徐之敏：《帝王之学：张居正及其〈帝鉴图说〉》，载南炳文、商传主编《张居正国际学术研讨会论文集》，第229～230页。

③ 沈德符：《万历野获编》补遗卷1《列朝·今上史学》，北京：中华书局，1959，第800页。

④ 永瑢等：《四库全书总目》卷90《史部四十六·史评类存目二》，北京：中华书局，1965，第761页。

⑤ 参见陈士诚《从〈帝鉴图说〉看张居正心目中理想君王的形象，兼论他的帝师角色》，香港科技大学人文学部硕士论文，2008。

恶为阴为凶，故用六六，从阴数也”。① 为达到教育目的，编者在每一故事前先绘制图画，其次节录史籍原文，最后再加以浅白精当的解说，图文并茂，相得益彰。对于年幼的万历皇帝来讲，这种新颖生动的形式不仅增强了他的直观感受，也加深了其对文字内容的领会理解。且书中解说所做的恰到好处的褒贬评价，更有助于阐明事理，启迪心智，宣扬教化。由此善有榜样，恶有典型，“媺恶并陈，劝惩斯显”，正是：“欲触目生感，故假像于丹青，但取明白易知，故不嫌于俚俗。虽条目仅止百余，而上下数千载理乱之原，庶几略备矣。”②

编纂这部图说的用意，在于考察古往今来国家理乱兴衰的历史得失，教导万历皇帝追慕圣帝贤王的履迹，成为明德有为的一代令主。用张居正自己的话说：

> 考前史所载治乱兴亡之迹，如出一辙，大抵皆以敬天法祖、听言纳谏、节用爱人、亲贤臣、远小人、忧勤惕厉即治，不畏天地、不法祖宗、拒谏遂非、侈用虐民、亲小人、远贤臣、槃乐怠傲即乱。出于治，则虽不阶尺土一民之力，而其兴也勃焉；出于乱，则虽藉祖宗累世之资，当国家熙隆之运，而其亡也忽焉……伏望皇上俯鉴愚忠，特垂省览，视其善者取以为师，从之如不及，视其恶者用以为戒，畏之如探汤。每兴一念，行一事，即稽古以验今，因人而自考。高山可仰，毋忘终篑之功，覆辙在前，永作后车之戒。③

他希望万历皇帝能够知古察今，有所惩戒，并从以往的统治经验中取法善类，吸取教训，勿蹈败亡覆辙，即如“人主欲长治而无乱，其道无他，但取古人已然之迹，而反己内观，则得失之效，昭然可睹矣”。④ 实际上，本书书名也正取自唐太宗“以古为鉴，可知兴替”之言，所谓“前王之

---

① 张居正：《张太岳集》卷 38《进〈帝鉴图说〉疏》，第 478 页。
② 张居正：《张太岳集》卷 38《进〈帝鉴图说〉疏》，第 478 页。
③ 张居正：《张太岳集》卷 38《进〈帝鉴图说〉疏》，第 478 页。
④ 张居正：《张太岳集》卷 38《进〈帝鉴图说〉疏》，第 478 页。

遗轨，后王之永鉴，世主未有不师古而善治者”。① 更重要的是，张居正还通过该书切实表达了其“致君尧舜”的愿望。他在政治实践中亦不遗余力培养和督导万历皇帝成为圣君明主，使之“念念皆纯，事事合理，德可媲于尧舜，治将埒于唐虞”，并憧憬着“千万世之下，又必有愿治之主，效忠之臣，取皇上今日致治之迹，而绘之丹青，守为模范”的君臣修睦佳话。②

经统计，《帝鉴图说》共列举了54位帝王，其中在上篇《圣哲芳规》内作为颂扬对象的有32位，在下篇《狂愚覆辙》内作为警示对象的有26位，且汉武帝、汉成帝、晋武帝、唐玄宗4人在上下两篇里均有出现。上篇采录“善可为法”事例最多的是唐太宗，有13例，以下分别为汉文帝、宋仁宗均7例，唐玄宗6例，宋太祖5例，光武帝、唐宪宗均4例，夏禹王、汉高帝均3例；下篇采录“恶可为戒”事例最多的是秦始皇、汉成帝和宋徽宗，均3例，其次为汉灵帝、隋炀帝、唐中宗和唐玄宗，均2例。进一步看，仅唐太宗、汉文帝、宋仁宗3人的事例数便占了上篇总数的1/3，而另有4位帝王于善恶两篇中并存，甚至有的在下篇的事例数还超过了上篇。可见行善举相对集中于少数帝王，而作恶事则在众多帝王身上都可体现，“狂愚”显然多于“圣哲”。此确如张居正于上篇结尾的《述语》中所说：

> 夫自尧舜以至于今，代更几世，主更几姓矣，而其可取者，三十余君而已。中间又或单举一善，节取一行，究其终始，尚多可议。其完善烁懿、卓然可为世表者，才什一耳，可不谓难哉！③

再者相比之下，该书的选材更注重帝王的德行而非才干，更彰显帝王的文治而非武功。上篇居于为善事例数前三位的唐太宗、汉文帝和宋仁宗，无

① 陆树声：《〈帝鉴图说〉叙》，张居正等：《帝鉴图说》，第705页。
② 张居正：《张太岳集》卷38《进〈帝鉴图说〉疏》，第478页。
③ 张居正：《张太岳集》卷7《进〈帝鉴图说〉述语》，第86页。

不是以盛德含容、发政施仁彪炳史册的；而下篇举出的作恶帝王的事例数则以秦始皇为最，着重批判了他焚毁典籍不崇儒教、大营宫室不念民力等失德行径。这正显现了在传统儒家文化背景下，士大夫群体的价值理念和评议标准。

依故事先后为序，上篇《圣哲芳规》中的81则故事大致可分成11类，下篇《狂愚覆辙》中的36则故事大致可分成8类，制表如下，以见以张居正为代表的官僚士大夫们通过《帝鉴图说》所展现的"圣王"期待的具体内涵。

圣哲芳规	故事序号
器重贤臣	1、10、15、23、24、25、29、35、39、44、47、49、53、58、62、65、67、81
虚怀纳谏	2、4、12、13、18、19、28、30、32、40、42、46、56、63、69、72、76、77
笃行孝悌	3、54、66
爱物仁民	5、7、8、11、14、26、34、43、45、50、55、60、74、79、80
敬天法祖	6、9
崇儒重教	16、27、33
惜福节用	17、21、36、37、52、57、59、68、70、75、78
屏黜奸佞	20、22、48、64
勤政务学	31、38、61、71、73
不信祥瑞	41
绝弃释道	51
狂愚覆辙	故事序号
戒游逸	1、5、12、17、19、24、25、26、27、29、32
戒酒色	2、4、6、13、21、23
戒渎神	3
戒妄诞	7、10、22、34
戒毁儒	8
戒营建	9、18
戒佞幸	11、14、15、28、30、33、36
戒贪奢	16、20、31、35

张居正在《进〈帝鉴图说〉疏》里提到，他心目中理想"圣王"的形象是"敬天法祖、听言纳谏、节用爱人、亲贤臣、远小人、忧勤惕厉"，反之便是"不畏天地、不法祖宗、拒谏遂非、侈用虐民、亲小人、

远贤臣、槃乐怠傲”。照此标准同上述分类比较，两者实相符合。但以上分类无法做到尽善尽美，因为有些故事可以被解读出多重含义，所以只能按其主旨大意编排归纳，且还存在上下两篇故事从正反两面同时说明一种问题的情况。尽管这样，据此也已经能够概括出明代士大夫群体的思想观念里到底在期待着一位怎样的“圣王”。

以《帝鉴图说》为中心来考察，不妨把官僚士大夫的“圣王”期待划分成三个基本方面：君臣关系、君民关系以及君主自身的德行修养。三者相辅相成，互有兼容，无论君臣关系还是君民关系，最后都归结到君主自身上。君臣关系和君民关系主要从“器重贤臣”与“爱物仁民”两类中予以体现，而彰明君主自身德行修养的最重要的两条则是“虚怀纳谏”和“惜福节用”，其中“虚怀纳谏”的具体内容又与其他类别多有相关。从故事的数量分布也可了解，反映以上四类事迹的篇目占据了绝对多数。与之相对，君主荒纵废政、宠昵嬖佞、挥霍无度、盘剥民众等背弃儒家伦理道德规范的恶行自然作为反面典型凸显出来。值得注意的是，《帝鉴图说》不仅包含了化育君心的传统内容，还表现了挽救时艰的现实关怀。它取材历史典籍，继承以史为鉴的教育模式，其所表达的仁政理念也契合儒家惯常的“内圣外王”的价值取向。此外它并未局限于灌输式的乏味说教，而是与当时社会在政治、经济、军事等各层面潜伏的矛盾或爆发的危机相联系，与张居正为匡正时弊、扭转颓势而进行整顿改革的思想相联系。总的来看，《帝鉴图说》植根于传统文化且切近当下政局，是一部既汇合儒家经典与历史鉴戒，又融入道德熏陶和行政历练的帝王启蒙读本兼政治教科书，其寄托了以张居正为代表的士大夫的政治理想，同时也在一定程度上显示出经世致用的务实意义。

具体分析起来，在君臣关系方面：首先，《帝鉴图说》主张“天下可以一人主之，不可以一人治之”，“为君者忧勤惕厉，主治于上，为臣者竭忠尽力，分治于下”。[①] 君臣之间相亲相信，互为儆戒劝励，共同谋议

① 张居正等：《帝鉴图说》，《圣哲芳规·任贤图治》《圣哲芳规·上书黏壁》，第713、763页。

国事。君臣鱼水，主明臣直，此即孟子所谓“君之视臣如手足，则臣视君如腹心”。其次，书中多次言及君主任贤使能的重要性。“天下之治乱，系贤人之去留”，“用人者恒有余，自用者恒不足”。[①] 君主只有友待匹夫，礼贤下士，臣子才可知恩图报，展布其能，正是“股肱具而后成人，良臣众而后成圣”。[②] 再者，故事里还明确指出了君臣关系所应达至的情文兼备的理想状态，过与不及皆不可取。“君之于臣，有能听其言，行其道，而不能致敬尽礼者，则失之薄；亦有待之厚，礼之隆，而不能谏行言听者，则失之虚；又有赏赐及于匪人，而无益于黎元国家者，则失之滥，而人不以为重矣。”[③] 这就要求君主做到以下两点：一是“接见贤臣，从容讲论”，且“礼数款洽，蔼然如家人父子一般”。[④] 二是“乐于闻谏，屈于从人”，读览大臣章疏，必加诚敬，“盖诚敬则精神收敛，精神收敛则意见精详，可以察其言之当否，以为施用，非徒敬其章疏而已也”。[⑤] 最后，图说也谈到了君臣二者各奉其道，各行其职，君权与相权有机结合，臻于完善，从而稳定高效地发挥最大政治功用的问题。君主“不亲细事，而委任贤相，得为君之体也”，然人主又当独断于上，“须是真知宰相之贤，乃可以委任责成，不劳而治”。同时，治乱之机，视其所任，“若不择其人，而轻授以用舍之柄，将至于威权下移，奸邪得志”，为害实非不深。[⑥]

在君民关系方面：《帝鉴图说》反复强调，君主必须广施仁政以泽及众生。其不但自身要宽厚仁慈，不忍害物伤民，还应以德善之心化人，使“天下的人都体着尧舜的心为心，守礼安分，自不犯刑法”，从而“增修其德，而期于无刑者，无所不至矣”。[⑦] “为人君，止于仁”，这正是传统

---

① 张居正等：《帝鉴图说》，《圣哲芳规·蒲轮征贤》《圣哲芳规·任用三杰》，第743、731页。

② 张居正等：《帝鉴图说》，《圣哲芳规·任贤图治》，第713页。

③ 张居正等：《帝鉴图说》，《圣哲芳规·撤殿营居》，第772页。

④ 张居正等：《帝鉴图说》，《圣哲芳规·延英忘倦》《圣哲芳规·烛送词臣》，第792、818页。

⑤ 张居正等：《帝鉴图说》，《圣哲芳规·焚香读疏》，第797页。

⑥ 张居正等：《帝鉴图说》，《圣哲芳规·委任贤相》，第781页。

⑦ 张居正等：《帝鉴图说》，《圣哲芳规·下车泣罪》，第718页。

儒家思想对君主安定社稷、教养万民的最高要求。因此，“人君之治天下，其必以恩德为务”，人民感激拥戴，“凡可报君之德者，必无所不用其情矣”；相反，“为君若是暴虐不恤百姓，则人亦将视之为寇仇而怨叛之”。[①] 百姓“抚之则后”，“虐之则仇”，[②] 水能载舟亦能覆舟的道理，君主实不可不有所惧惕警醒。“盖为天子者，置其身于亿兆众庶之上，若治之有道，则民皆爱戴，而尊位可以常保；倘或治失其道，以致兆庶离叛，则虽求为匹夫，亦不可得矣。”[③] 基于此，统治者就该在选任官吏和体恤民情上多下工夫。“朝廷设官分职，本以为民……不肯轻授一职以遗害于民，诚得圣王重官爵、惜名器之意”，只有“吏称其官”，才能“民安其业”。[④] 再有，“国依于民，而民依于食，使民有饥荒，而不为赈恤，则死者固多，而民心亦离散矣”，所以君主当“以民命为重，必使百姓受惠”，“薄于自奉，而厚于恤民”，如此方得用财安邦之本。[⑤] 另外，重视农业也是君主爱物仁民的主要表现之一。“大抵四民中，惟农为最苦，春耕夏耘，早作暮息，四体焦枯，终岁勤动，还有不得一饱食者。”[⑥] 贤明君主本该知稼穑之艰难，留意于农事，恭俭仁恕，悯念民力。人君兢兢业业，常怀务本之心，才可祈求升平，福祚绵长。

在君主的德行修养方面：《帝鉴图说》主要从虚怀纳谏和惜福节用两个角度对君主加以规劝教导。书中认为，“人君之德，莫贵于听言”，为君者应“惓惓以求言闻过为务”，“容受直言，不加谴责，言之当理者，时加奖赏以劝励之”，如此才能“下情无所壅，而君德日以光”。[⑦] 再者，“人君生长深宫，未能周知天下之务，岂能件件不差，惟虚心听从那辅弼

---

① 张居正等：《帝鉴图说》，《圣哲芳规·纵囚归狱》《圣哲芳规·遇物教储》，第770、776页。

② 张居正等：《帝鉴图说》，《圣哲芳规·入关约法》，第730页。

③ 张居正等：《帝鉴图说》，《圣哲芳规·敬受母教》，第798页。

④ 张居正等：《帝鉴图说》，《圣哲芳规·爱惜郎官》，第757页。

⑤ 张居正等：《帝鉴图说》，《圣哲芳规·遣使赈恤》，第790~791页。

⑥ 张居正等：《帝鉴图说》，《圣哲芳规·后苑观麦》，第814页。

⑦ 张居正等：《帝鉴图说》，《圣哲芳规·止辇受言》《圣哲芳规·谏鼓谤木》，第734、715页。

谏诤之臣，则智虑日明，历练日熟，遂能遍知广览而成圣人矣”，诚如“木从绳则正，后从谏则圣”。[①] 而臣下朝夕纳诲，直言无隐，只愿启沃帝心，助裨圣化，使“其君免于危险，无有过失”，非为邀宠图赏，以至“忠言逆耳，庸主所不乐闻，然使规谏尝闻，则政事无缺，实可乐也”。[②] 因此君主要虚心延访，嘉奖听受，归善如流，纳谏从速，且有闻过自省、知错必改的度量和勇气。在节省财用上，“大抵人主爱民之心重，则自奉之念轻”，且“人主之好尚，乃天下观法所系”，尤须审虑慎处。[③] “若宫闱之中，服饰华丽，用度奢侈，则天下化之，渐以成风，坏风俗，耗财用，折福损寿，其害有不可胜言者矣。”[④] 且人君一有所好，往往征求四方，催督苛扰，劳民伤财。因而君主切莫贵异物，崇奢靡，以致心神迷乱，政事怠荒。只有罢不急之工，黜无益之用，撙节惜福，与民休息，这才是真正的承业保国之道。不然，“穷万民之财，以供一己之欲，一旦民穷盗起，社稷丘墟，虽有台池鸟兽，岂能独乐哉?”[⑤] 图说也着重讲明君主有辨识忠奸、亲贤远佞的必要，是为“乱未尝不任不肖，治未尝不任忠贤”。[⑥] “国家不幸有奸臣弄权，邪佞小人又从而阿附之，相与壅蔽人主之聪明，所赖忠义之士发愤直言，以阴折其气而消其党”，如果群臣顺意始蒙赏，抗旨即见罪，“则天下莫敢复忤权奸，而人主益孤立于上矣”。[⑦] 便佞之人专一窥伺主上喜好，巧言令色，混淆是非，为君者当深以为戒。“然佞人亦难识，但看他平日肯直言忠谏的，就是正人，好阿意奉承的，就是佞人。以此辨之，自不差矣”[⑧]。此外，“为治不在多言，顾力行何如

① 张居正等：《帝鉴图说》，《圣哲芳规·遇物教储》，第 776 页。

② 张居正等：《帝鉴图说》，《圣哲芳规·纳谏赐金》《圣哲芳规·焚香读疏》，第 736、797 页。

③ 张居正等：《帝鉴图说》，《圣哲芳规·露台惜费》《圣哲芳规·焚裘示俭》，第 738、759 页。

④ 张居正等：《帝鉴图说》，《圣哲芳规·戒主衣翠》，第 803 页。

⑤ 张居正等：《帝鉴图说》，《圣哲芳规·露台惜费》，第 738 ~ 739 页。

⑥ 张居正等：《帝鉴图说》，《圣哲芳规·屏书政要》，第 795 页。

⑦ 张居正等：《帝鉴图说》，《圣哲芳规·葺槛旌直》，第 749 页。

⑧ 张居正等：《帝鉴图说》，《圣哲芳规·面斥佞臣》，第 774 页。

耳”,[1] 从纠正当时官场上常见的迂阔不实的习气来说，君主用人亦得多奖掖提拔讲求成效、务真干练的官员，不能迷惑于空言泛论及口舌之辩。最后，贤德的君主还需做出敦尚正大、笃行孝悌、亲近师儒、读书好学的表率。“治天下之道，具于经书，而天下之可乐，莫如务学”[2]。“自古圣人，虽聪明出于天赋，莫不资学问以成德。盖古今治乱兴衰，天下民情物理，必博观经史，乃可周知，必勤于访问，乃能通晓，故明君以务学为急”[3]。戡乱用武，获治以文，英主有见于此，故能身致太平。

在下篇《狂愚覆辙》里，图说从相反方面明确指出君主荒于逸乐、耽于游宴、溺于酒色、惑于佞幸的危害，告诫他们若一味骄纵贪肆，终会导致政乱国衰、败亡失位的可悲下场。书中不断申说君主切忌宠昵女嬖宦寺等奸佞之臣，“自古亡国非一，而女色居其大半”，“女色可远不可近，近则为其所迷，而举动不知谨，患害不知虑”。[4] 而奸臣则“要蔽主擅权，必先导其君以逸豫游乐之事，使其心智蛊惑，聪明壅蔽，然后可以盗窃威福，遂己之私”。[5] 至于中官，只需“给事左右，供奉内庭”，“但不宜授以兵权，使得专制朝廷耳”。[6] 为此之故，下篇故事还是一再劝勉君主修德勤政，惜财俭用，亲贤纳言，明辨忠奸。人君乃万民之主，自当“爱养财力”，“兢业政事”，不应“穷奢极侈，流连荒亡”，“为适一己之快乐，不顾百姓之困穷”。[7]“自古帝王皆以民力为重，不忍轻用，知民心之向背，乃天命去留所系也”，如果“上耗国用，下竭民力，曾不知恤，遂使邦本动摇”，则“民心离叛，覆灭随之”。[8] 同上篇相似，此处亦讲到

---

① 张居正等：《帝鉴图说》，《圣哲芳规·蒲轮征贤》，第743页。

② 张居正等：《帝鉴图说》，《圣哲芳规·夜分讲经》，第753页。

③ 张居正等：《帝鉴图说》，《圣哲芳规·竟日观书》，第804～805页。

④ 张居正等：《帝鉴图说》，《狂愚覆辙·宠昵飞燕》《狂愚覆辙·戏举烽火》，第838、828页。

⑤ 张居正等：《帝鉴图说》，《狂愚覆辙·任用六贼》，第868页。

⑥ 张居正等：《帝鉴图说》，《狂愚覆辙·十侍乱政》，第841页。

⑦ 张居正等：《帝鉴图说》，《狂愚覆辙·玉树新声》《狂愚覆辙·游幸江都》，第853、856页。

⑧ 张居正等：《帝鉴图说》，《狂愚覆辙·大营宫室》《狂愚覆辙·应奉花石》，第832～833、867页。

君主察识贤佞的方法："大抵勉其君恭俭纳谏者，必忠臣也，言虽逆耳，而实利于行；导其君侈靡自是者，必奸臣也，言虽顺意，而其害无穷。"①除此而外，本篇同样谴责了人君慢神亵天、废坏祖德、毁学灭儒、迷信佛仙等无道行为，并对一些本是聪慧明达之主却终以逸奢取败表示了惋惜，更加突显了殷鉴不远之意："晋武、唐玄、庄宗之流，皆英明雄武，又亲见前代败亡之祸，或间关险阻，百战以取天下。及其志得意盈，迷心鸩毒，遂至一败涂地，不可收拾……成败得失之机，可畏也哉！"②

综上，为君者只有遵循圣贤仁德之道，以史为鉴，以礼自防，内销佚欲，外勤政事，才可养身立命，保邦安民。正如图说所言："人君一心，万化本源"，"敬胜怠者昌，怠胜敬者亡，义胜欲者从，欲胜义者凶"。③"治世莫若爱民，养身莫若寡欲"，寡欲乃是爱身，爱身即为爱民，"民为邦本，本固则邦宁"，若"上之所欲无穷，下之所需难继，以致海内骚然，百姓怨叛，而君身不可保矣"。④ 可见君主务必"夙夜畏惧，窒欲防非，重道崇儒，缓刑尚德，以忠厚立国，推赤心置人"，⑤ 无论肇基创业，还是守成中兴，皆恩惠生民，垂范后世。

二　《帝鉴图说》的教育实践与鉴戒效用

万历皇帝冲龄践祚，付祖宗之托，系社稷之重，其"知识渐长，情窦渐开"，正处"聪明初发之时，理欲互胜之际"，因而"养之以正，则日就规矩，养之不正，则日就放逸"。⑥ 此刻张居正视"培养君德、开导

① 张居正等：《帝鉴图说》，《狂愚覆辙·任用六贼》，第869页。

② 张居正：《张太岳集》卷7《进〈帝鉴图说〉述语》，第87页。

③ 张居正等：《帝鉴图说》，《圣哲芳规·论字知谏》《圣哲芳规·丹书受戒》，第794、726页。

④ 张居正等：《帝鉴图说》，《圣哲芳规·受言书屏》，第801~802页。

⑤ 张居正等：《帝鉴图说》，《圣哲芳规·敬受母教》，第798页。

⑥ 张居正：《张太岳集》卷36《请皇太子出阁讲学疏》，第463页。

圣学”为“当今第一要务”,[①] 他为了把万历皇帝塑造成恪遵道统、法行尧舜的圣王明君，尤加意于对之展开帝德君道的辅导。王希烈亦云：

> 夫辅养之道与匡救异，辅养之于冲年与鼎盛之年异。人主至有佚德，然后忠谏直鲠之士相与随而争之，其转移之甚难，而用力甚倍。辅养之道，常止邪于未形，起善于微眇，故渐渍日益而从之也轻。夫人少而习之，长而安焉。[②]

《帝鉴图说》的编纂正与之相适，该书借助图画叙述史迹，阐明义理，内容形式不仅抓住了稚龄儿童的心理特点，且更契合对幼年帝王及时进行启蒙教育的需要。道理深入浅出，知识寓学于用，万历皇帝见到此书，自然兴味盎然，欣悦接受：

> 奉图册前，上遽起立，目左右展册。居正一一指陈大义，上应如响，其不待指陈能自言其义者，十居四五。次日报曰：“览卿等奏，具见忠爱垦（恳）至，朕方法古图治，深用嘉纳，图册留览，还宣付史馆，以昭我君臣交修之义。”……自是日置图册于座右，每讲辄命居正解说数事，以为常。[③]

张居正试图通过该书抚育万历皇帝高尚的情操、健全的品格以及宏旷的器识，使其从儒家典籍和历史教训中汲取统治经验，同时也注意在教学之外联系朝政，随事启迪，强化其治国能力的锻炼。而万历皇帝这时也正励精图强，奋发向学，勉力成为有道之君，君臣之间在“圣王”理想上达成共识并付诸实践。从此，《帝鉴图说》作为配合早年万历皇帝经史学习与执政训练的日常讲读课本，对其产生了积极影响。

---

① 张居正：《张太岳集》卷37《乞崇圣学以隆圣治事》，第469页。
② 王希烈：《〈帝鉴图说〉后序》，张居正等：《帝鉴图说》，第871页。
③ 《明神宗实录》卷8，隆庆六年十二月己巳。

《明神宗实录》载，万历元年（1573年）三月：

> 上御文华殿讲读，辅臣张居正进讲《帝鉴图说》汉文帝“劳军细柳”事，因奏曰：“古人言，天下虽安，忘战必危。今承平日久，武备废弛，将官受制文吏，不啻奴隶。夫平日既不能养其锋锐之气，临敌何以责其有折冲之勇？自今望皇上留意武备，将官忠勇可用者，稍假权柄，使得以展布，庶几临敌号令严整，士卒用命。”上然之。①

明朝国防战备自中叶以降渐趋废弛，遂有蒙古袭扰北边，倭寇侵扰东南。张居正实际上是借书中汉文帝《屈尊劳将》的故事直指现实问题，当前急需整饬武备，激励斗志，抵御边患，振扬军威，而且还应改变过去重文轻武的陋习，适当优礼武将。“将权不重，则军令不严，士不用命”，“人主要边将成大功，不可不体其情，厚其赏，以劝之也”。② 万历皇帝有见于此，当月便下旨“诏内外官各举其人以备任使”，③ 且日后他在对武官的选拔任用上也着意提高其威信，加强其职权。万历三年（1575年）八月，万历皇帝谕兵部：“朕方加意武备，急在得人，今后各抚按官举劾武职到部，卿等若的有所知，即宜秉公裁酌，明开可用可罢之状，具实奏闻请旨黜陟。”④ 两年后，四川总兵刘显因屡受地方掣肘阻挠而引疾求去，万历皇帝又当即批示：“祖宗朝委任总兵官，体统原重，近来有司往往不服节制，非礼抗违，殊非政体。有仍前违玩者，许令径自参奏处治。”⑤

绥远靖边，重在武将，布政安民，首在文官。万历二年（1574年）正月，张居正题：

---

① 《明神宗实录》卷11，万历元年三月甲申。

② 张居正等：《帝鉴图说》，《圣哲芳规·屈尊劳将》《圣哲芳规·解裘赐将》，第742、799页。

③ 夏燮：《明通鉴》卷66《纪六十六·神宗》，万历元年三月丙申，北京：中华书局，1959，第2567页。

④ 《明神宗实录》卷41，万历三年八月癸酉。

⑤ 《明神宗实录》卷65，万历五年八月己卯。

> 致理之道，莫急于安民生，安民之要，惟在于核吏治。前代令主，欲兴道致治，未有不加意于此者，如臣等前所进《帝鉴图说》中“褒奖守令”“召试县令”诸事，载之史册，以为美谭。①

疏中讲，太祖每遇外官来京奏事，常召见赐食，访问民间疾苦，凡廉干爱民者，虽县丞典史，亦赍敕奖励。皇上既有咨牧养民之心，不妨效祖宗综核吏治之轨，面见廉能官员，以示劝惩。不出几日，万历皇帝即御皇极门引见朝觐的廉能官，亲加奖赏，并对贪酷不法及临期未至者予以处分。②这里张居正主要表达了慎选良吏、久任安民的吏治整顿意图。“朝廷官爵，以待贤才”，若任意与人，“上坏朝廷名器之公，下遗百姓剥削之害”。③ 再者，“官惟久任，则上下相安，既便于民，日久超擢，则官不淹滞，亦便于官”，而如今“科目太繁，额数日增，升转之期，计日可俟，席不暇暖，辄已他迁”，甚至“视其官如传舍，视百姓如路人”。④ 故此，该年四月吏部覆议地方官历俸六年方可升迁，万历皇帝认为久任本系良法，若独责守令势必难以推行，着各衙门一体遵守，并于万历六年（1578 年）三月间又重申了这一意旨。⑤

万历皇帝亲奖廉能，躬临铨选，着意于人才吏治。为了能让其及时全面熟掌天下疆里和诸司职务，以便更好地辨识官材，知人善任，万历二年（1574 年）十二月，张居正专门会同吏部尚书张瀚、兵部尚书谭纶遍查两京及在外府部而下知府以上文武职官姓名、籍贯、出身资格，造为一座职官书屏。此屏设于文华殿后，中间绘以全国疆域，左右两侧分别浮贴文武职名，十日更换一次，望万历皇帝讲读之余，朝夕省览。“如某衙门缺某官，该部推举某人，即知某人原系某官，今果堪此任否。某地方有事，即知某人见任此地，今能办此事否”。这样一来，下情上达，提纲挈要，举

① 张居正：《张太岳集》卷 38《请定面奖廉能仪注疏》，第 485 页。

② 参见《明神宗实录》卷 21，万历二年正月戊子、甲午。

③ 张居正等：《帝鉴图说》，《狂愚覆辙·西邸鬻爵》，第 842 页。

④ 张居正等：《帝鉴图说》，《圣哲芳规·褒奖守令》，第 747 页。

⑤ 参见《明神宗实录》卷 24、73，万历二年四月丙寅、万历六年三月壬戌。

目了然，“四方道里险易，百司职务繁简，一时官员贤否，举莫逃于圣鉴矣”。① 而《帝鉴图说》中《上书黏壁》《屏书政要》《受言书屏》《受无逸图》等故事，也讲述了唐宋诸帝把大臣的章奏建言及《贞观政要》《无逸篇》或粘之墙壁或书于屏风以供治国参考的事迹。张居正此番进献职官书屏，正体现了其教育万历皇帝用人唯实之意。而对于渎职枉法、为害一方的贪官污吏万历皇帝确也绝不姑息纵容，万历四年（1576年）十月：

> 先是，山东抚按劾奏昌邑知县孙鸣凤赃私狼藉，上览奏怒甚，遣中官持示辅臣张居正等，欲逮系下吏。居正对云：“固当尽法，但旧例俱下部覆，请行抚按提问。”至是讲毕，上语辅臣以鸣凤贪鄙，恶且笑之。居正对曰：“今皇上励精，臣等仰体德意，以节俭率百僚，法度亦稍振举，维是有司贪风未息。欲天下太平，须安百姓，欲安百姓，须有司廉平。”上复曰：“昨览疏，此人乃进士出身，何无藉如此？”居正对曰：“正恃进士出身，故敢放肆，若举人岁贡，必有所畏忌，以后用人当视其功能，不必问其资格。”上深以为然。②

这里张居正不仅重申了依法整肃吏治以安民生的宗旨，且还因势利导，适时指出选任之法拘泥资格出身的弊端，巧妙地把自己的政见主张贯彻进对万历皇帝的平日教导中。

在培育万历皇帝惜财节用方面，万历元年（1573年）十月：

> 上御文华殿，辅臣张居正进讲《帝鉴图》宋仁宗“不喜珠饰”事。上曰：“国之所宝，在于贤臣，珠玉之类，宝之何益？”居正因言：“明君贵五谷而贱金玉，五谷养人，故圣王贵之。金玉虽贵，饥不可食，寒不可衣，铢两之间，为价不赀，徒费民财，不适于用。故

① 《明神宗实录》卷32，万历二年十二月壬子。

② 《明神宗实录》卷55，万历四年十月癸酉。

《书》言，‘不作无益害有益，不贵异物贱用物’，良以此耳。”上曰：“然，宫中妇女只好妆饰，朕于岁时赐赏，每每节省，宫人皆以为言。朕云，今库中所积几何?”居正顿首曰：“皇上之言及此，社稷生灵之福也。”上又语及讲官所讲秦始皇“销兵”事，言：“木棍岂不能伤人，何以销兵为?”居正因言：“为治唯在布德修政，以固结民心，天下之患，每有出于所防之外者。秦没（后）来只因几个戍卒倡乱，斩木为兵，揭竿为旗，于是豪杰并起，遂以亡秦。所以说天时不如地利，地利不如人和，唯圣明留意。”①

以古时贤君的实例来规劝万历皇帝履行节俭，爱养民力，会比空洞的说教更具实效。在张居正的建议下，宫廷用度尽量节省，宁使上有所损，亦勿虚耗民财。《明神宗实录》还载，万历四年（1576年）十二月：

上御文华殿讲读，举御袍示辅臣曰：“此袍何色?”居正以青对。上曰：“紫也，服久而渝耳。”居正曰：“此色既易渝，愿少制。世宗皇帝服不尚华靡，第取其宜久者而用之，每御一袍，非敝甚不更，故其享国久长，未必不由于此。窃闻先帝则不然，服一御辄易矣。愿皇上惟以皇祖为法，能节一衣，则民间数十人受其衣者，若轻用一衣，则民即有数十人受其寒者，不可不念也。”时左右亦盛言，方今民穷，至有鬻妻子以应尚供者，上深然之。②

万历皇帝主动减免皇室开支，而张居正亦本着轻徭薄赋、休养生息的精神，随时随事劝导其轸念民瘼，施惠百姓。

上文万历皇帝所说的“国之所宝，在于贤臣”，正应了图说中“永思理本，所宝惟贤”的训谕。③ 人主常陷溺于祥瑞珍奇之物，岂不知“得贤

① 《明神宗实录》卷18，万历元年十月乙卯。

② 《明神宗实录》卷57，万历四年十二月庚申。按“民间数十人”，原作“民数间十人”。

③ 张居正等：《帝鉴图说》，《圣哲芳规·不受贡献》，第789页。

臣，理政事，安百姓，使天下太平，这才是真正的祥瑞”。[①] 珍禽奇兽，形质间有殊异，皆气化偶然，不足为奇。对于这一点，少年万历皇帝也算得头脑清醒，不为所惑。万历四年（1576 年）四月，天方国贡千里马，户科右给事中李邦佐等言圣王不贵异物：“回夷贡马，原无足贵，此端一开，将珍禽异兽之足以供玩好、规厚赏者，纷纷杂至。乞将原马却回……除常贡方物外，悉令沮止。”[②] 万历皇帝应允嘉纳。又万历九年（1581 年）十月，庆云见于宜阳，凝结如盖，河南巡抚上其状。兵科给事中刘朝噩劾其匿灾献媚：“君臣相儆，未闻以祥瑞为言……区区云物，聚散何常？纵令有之，何不见于时和年丰之世，而乃偏见于水旱频仍之区？”疏入得旨：“四方祥异，守臣皆当以闻，原非导谀，朝廷亦未尝以此为瑞。”[③] 与好祥瑞同属虚妄的是佞佛道求长生：“神仙之说，原是谄谀之人，干求恩宠，见得天子之富贵已极，无足以动其意者，惟有长生一事，不可必得，遂托为渺茫玄远之说，以歆动人主之意。”[④] 万历七年（1579 年）二月，万历皇帝出疹痊愈，慈圣太后传谕，之前曾许僧人于戒坛设法度众，今宜酬还此愿。张居正马上谏阻，认为僧人聚众败坏风俗，且奸人乘之恐生意外，圣躬康豫，理应敕下礼部，遣官告谢郊庙社稷，方为名正言顺，神人胥悦。此事遂寝。[⑤]

《帝鉴图说》特别强调了法祖图治、节财爱民的思想：“大抵创业之君，亲历艰苦，知民间衣食之难，爱惜撙节”，以是“取于民者有制，而用常有余”。但后来子孙生长富贵，流于奢靡，“冒破侵克，取于民者日多，而用反不足”，终致“横征暴敛，民穷盗起，危其国家”。因此，“继体之君，若能取法祖宗，自服御之近，以至一应费用，必考求创业时旧规”，则“财用自然充积，赋敛可以简省，民皆安生乐业，爱戴其上，而

---

① 张居正等：《帝鉴图说》，《圣哲芳规·纵鹊毁巢》，第 765 页。

② 《明神宗实录》卷 49，万历四年四月戊子。

③ 《明神宗实录》卷 117，万历九年十月丙申。

④ 张居正等：《帝鉴图说》，《圣哲芳规·遣归方士》，第 778 页。

⑤ 参见《明神宗实录》卷 84，万历七年二月癸未。

太平可长保矣”。[1] 在现实生活中，张居正也着重加强对万历皇帝这一方面的督教。《明神宗实录》万历二年（1574 年）十月载：

> 上从容与辅臣语及建文皇帝事，因问曰：“闻建文当时逃免，果否?”辅臣张居正对言：“国史不载此事，但先朝故老相传，言建文当靖难师入城，即削发披缁，从间道走出，后云游四方，人无知者。至正统间，忽于云南邮壁上题诗一首，有‘流落江湖数十秋’之句。有一御史觉其有异，召而问之，老僧坐地不跪，曰‘吾欲归骨故国’，乃验知为建文也。御史以闻，遂驿召来京，入宫验之，良是。是时年已七八十矣，后莫知其所终。”上因命居正诵其诗之全章，慨然兴叹，又命书写进览。居正退而录其诗以进，因奏：“此亡国之事，失位之辞，但可为戒，不足观也。臣谨录圣祖《皇陵碑》及《御制文集》进览，以见创业之艰难，圣谟之弘远，伏望皇上览而仰法焉。”[2]

张居正不愿让万历皇帝过多猎奇于建文帝失位亡国之事，试图把他的注意力转移到体念先祖开创缔造之艰上，以此鞭策其居安思危，守法祖训。《御制皇陵碑》是洪武十一年（1378 年）明太祖朱元璋为其父母修建凤阳皇陵时亲笔撰写的自传体碑文，他用近乎口语的韵文毫不掩饰地述说了自己贫寒困苦的家世及早年走投无路被迫起义的坎坷历程，以期子孙后辈慎终追远，继往开来。[3] 文章用情朴实真挚，用语率直无华，读来如泣如诉，一气呵成，充满英雄奋起于平凡的苍凉悲壮之感。万历皇帝观后也深受触动：

> 次日，上于文华殿又谕：“先生，《皇陵碑》朕览之数遍，不胜

① 张居正等：《帝鉴图说》，《圣哲芳规·留衲戒奢》，第 760 ~ 761 页。

② 《明神宗实录》卷 30，万历二年十月戊午。

③ 碑文参见朱元璋《明太祖集》卷 14《皇陵碑》，合肥：黄山书社，1991，第 271 ~ 274 页。

> 感痛。”居正因奏言：“自古圣人受艰辛苦楚，未有如我圣祖者也。当此流离转徙，至无以糊口，仁祖及淳皇后去世，皆不能具棺敛，藁葬而已。盖天将命我圣祖拯溺亨屯，故先使备尝艰苦，正孟子所谓‘动心忍性，增益其所不能’者也。故我圣祖自淮右起义师，即以伐暴救民为心，既登大宝，衣浣濯之衣，所得元人水晶宫漏，立命碎之，有以陈友谅所用镂金床进者，即投于火，孝慈皇后亲为将士补缝衣鞋。在位三十余年，克勤克俭，犹如一日，及将先逝之年，犹下令劝课农桑。各处里老粮长至京者，皆召见赐食，问以民间疾苦。臣窃以为，我圣祖以天之心为心，故能创造洪业，传之皇上，在皇上今以圣祖之心为心，乃能永保洪业，传之无疆。”上曰：“朕不敢不勉行法祖，尚赖先生辅导。”①

张居正为万历皇帝树立了两位学习榜样，鼓励其远效明太祖，近法明世宗。他曾说：“高皇帝真得圣之威者也，世宗能识其意，是以高卧深宫之中，朝委裘而不乱。今上，世宗孙也，奈何不法祖?”② 万历四年（1576 年）五月，张居正等面请万历皇帝“留神政务，省览章奏，暇时间取皇祖世宗皇帝所亲批旧本览阅，以为裁决庶务之法”。他查拣出内阁和纂修馆中所藏世宗亲笔谕旨、票贴及批改过的奏题章疏等进上，“乞皇上万几之暇，特加省阅，则致理之方，不外于法祖而得之矣”。③ 所谓“远稽古训，不若近事之可征，上嘉先王，不如家法之易守”，张居正出于同一目的，又于万历八年（1580 年）十二月吩咐儒臣将本朝列祖《宝训》《实录》逐一简阅，分类编纂，次第进呈，拟于明春开讲，以望万历皇帝“留神听览，黾勉力行”。④ 该类编共计 40 款，分别为：

---

① 《明神宗实录》卷 30，万历二年十月戊午。

② 谈迁：《国榷》卷 68，隆庆六年六月庚辰，北京：中华书局，1958，第 4193 页。

③ 《明神宗实录》卷 50，万历四年五月辛酉。

④ 《明神宗实录》卷 107，万历八年十二月甲辰。

> 曰创业艰难、曰励精图治、曰勤学、曰敬天、曰法祖、曰保民、曰谨祭祀、曰崇孝敬、曰端好尚、曰慎起居、曰戒游佚、曰正宫闱、曰教储贰、曰睦宗藩、曰亲贤臣、曰去奸邪、曰纳谏、曰理财、曰守法、曰警戒、曰务实、曰正纪纲、曰审官、曰久任、曰重守令、曰驭近习、曰待外戚、曰重农、曰兴教化、曰明赏罚、曰信诏令、曰谨名分、曰却贡献、曰慎赏赉、曰敦节俭、曰慎刑狱、曰褒功德、曰屏异端、曰饬武备、曰御夷狄。①

从名目上看，其所体现的教育方向及期待与《帝鉴图说》如出一辙，两书一为前代史鉴，一为本朝训录，可称异曲同工。同时，张居正在这种讲读互动中也注意提高万历皇帝处理国政的能力："皇上偶有疑难，即望面赐咨询，或臣等窃有见闻，亦得随时献纳，其诸司章奏，有紧要者即于讲毕面奏请裁，既可以开发聪明，亦因以练习政事。"② 两月后，他把第一款太祖开天肇基之事修订完稿，题名《训录类篇》，请万历皇帝"遵照前旨，于文华殿如先年进讲《帝鉴图说》例，从容讲解"。③

再有，世禄之家"以习见富势之为尊，不知国法之可畏"，关于如何对待勋戚，《帝鉴图说》主张"人君之于外戚，固当推恩，但不当假以权柄，不幸而有罪，亦宜以法裁之"，从而使其"皆知守礼奉法，保其禄位"。④ 万历皇帝于图说中裁抑贵戚的故事也颇有所感，万历三年（1575年）三月：

> 上览《帝鉴图说》至"强项令"董宣事，嘉叹久之，顾谓辅臣张居正等曰："彼公主也，尚不私庇一奴如此，外戚家何可不守法？

① 张居正：《张太岳集》卷44《请敷陈谟烈以裨圣学疏》，第569页。

② 《明神宗实录》卷107，万历八年十二月甲辰。

③ 《明神宗实录》卷109，万历九年二月乙卯。

④ 张居正等：《帝鉴图说》，《圣哲芳规·赏强项令》《狂愚覆辙·五侯擅权》，第755、836页。

今戚里间，朕以慈闱故，多有委曲调停处，渠宁讵知?”①

这里所指的，应是慈圣太后的父亲武清伯李伟等恃宠骄纵、屡有不法的情事，万历皇帝读书至此，当有所介怀。

无论是在国家大政方针上还是在日常点滴小事中，张居正几乎利用一切机会培养万历皇帝奋励向学，躬行节俭，法祖务实，爱民勤政。《帝鉴图说》正是这些“圣王”理想的高度概括和集中体现，张居正对万历皇帝的种种教导都可在书中找到历史依据与现实意义。而万历皇帝也感同身受，能够自觉把图说里的劝诫潜移默化为自己的实际行动。如万历三年(1575年）四月有一天讲读：

上感日食之变，于宫中制牙牌一，手书十二事锓其上，曰“谨天戒、任贤能、亲贤臣、远嬖佞、明赏罚、谨出入、慎起居、节饮食、收放心、存敬畏、纳忠言、节财用”，所至即悬于座右以自警。是日以示辅臣张居正、吕调阳，居正因奏：“此数言者，皇上虽因天变自警，其实修身治天下之道，毕具于此，终身行之可也。”因逐句发明其义，且曰：“知之非艰，行之为艰，愿皇上允蹈，无为空言，即古帝王何以加诸？自今上所行，与所书有未合者，许令左右得执牌以谏。”上嘉纳焉。②

观万历皇帝所书，正与《帝鉴图说》要旨相合。又如翌年三月的一次讲读：

先是上以《大宝箴》为习字影格，辅臣张居正因言“此文于君德治道大有关切”，乃撰注解一篇以进。至是召居正等前，上起立，高举《大宝箴》一册，面授居正。居正受册北面立，上覆诵终篇，

① 《明神宗实录》卷36，万历三年三月癸卯。

② 《明神宗实录》卷37，万历三年四月壬申。

> 不失一字。诵毕居正乃前进讲，上皆洞其微旨，所引“琼宫瑶台”“糟丘酒池”“开罗启祝”“援琴命诗”等事，能悉知其颠末。讲至“周文小心”，上曰：“小心当是兢兢业业之意。”至“纵心乎湛然之域”一条，上曰：“此不过言人当虚心虚事耳。”居正因举手贺曰：“只‘虚心’二字，足蔽此条之议矣。夫人心之所以不虚者，私意混杂故耳，诚能涵养此心，除去私欲，如明镜止水，则好恶刑赏无不公平，而万事理矣。”①

唐太宗纳《大宝箴》的故事《帝鉴图说》即有载录，箴言语词真切，耐人寻味。其以“大明无私照，至公无私亲，故以一人治天下，不以天下奉一人”为主旨，规劝君主清心寡欲，雍容谨慎，无偏无党，赏罚有度：“勿内荒于色，勿外荒于禽；勿贵难得货，勿听亡国音；勿谓我尊而傲贤慢士，勿谓我智而拒谏矜己。”② 或许受到启发，张居正于万历七年（1579 年）四月也上了一篇《雝肃殿箴》，箴曰：

> 不以嗜欲滑和，不以逸豫灭德。无作好，无作恶，蔼蔼熙熙，如春斯煦。无荒色，无荒禽，兢兢惕惕，如渊斯临。勿谓燕闲，人莫予观，一喜一怒，作人燠寒。弦急者绝，气平者安，优优和衷，为君实难。勿谓宥密，人莫予弼，一动一言，恒为度律。危惧则存，骄泰则失，昭昭神明，相在尔室。③

此箴表情达意，与《大宝箴》并无二致。除了箴言，还有酒诰，《帝鉴图说》提到：“夫酒以供祭祀燕飨，礼所不废，但纵饮过度，则内生疾病，外废政务，乱亡之祸，势所必至。”④ 万历皇帝当然也认可这一点，万历五年（1577 年）底，一日讲读毕，他与辅臣谈论起所讲之《酒诰》篇。

① 《明神宗实录》卷 48，万历四年三月丁酉。

② 张居正等：《帝鉴图说》，《圣哲芳规·纳箴赐帛》，第 764 页。

③ 《明神宗实录》卷 86，万历七年四月癸卯。

④ 张居正等：《帝鉴图说》，《圣哲芳规·戒酒防微》，第 719 页。

张居正言："往者百官多以宴会妨废政事，自罪郭子直等之后，大小诸臣皆兢兢识业，不惟不敢，亦且不暇。"万历皇帝答道："朕比奉圣母慈训，宫中宴饮，一切省减，往时设元宵灯火，今岁悉罢之。"① 其戒嗜饮耽乐之情，可见一斑。

此外，《帝鉴图说》还尝引孟子"恭俭岂可以声音笑貌为哉"之语，在褒奖君王种种美德的同时，也表露出对人主持志不坚，"意不出于至诚"的隐忧。书中指出，晋武帝、唐玄宗、后唐庄宗等初年都克勤克俭，一时治化大有可观，但后来志满气骄，终不免国运式微，由奢取败。② 万历四年（1576 年）三月，即上文所述万历君臣讲习《大宝箴》的第二天：

> 上御文华殿讲读，辅臣张居正进讲《帝鉴图说》至唐玄宗于勤政楼设宴宠幸安禄山事。上览其图有"勤政楼"三字，曰："楼名甚佳，乃不于此勤理政事，而佚乐宴饮，何也？"辅臣张四维对："此楼建于玄宗初年，是时方励精图治，故开元之治有三代风，至于天宝志荒，所以致播迁之祸。"居正因言："人情靡不有初，鲜克有终，故有始治而终乱、由圣而入狂者。古圣帝明王兢兢业业，日慎一日，盖虑克终之难也，玄宗不能常持此心，故及于乱。当时张九龄在开元中知禄山有反相，欲因事诛之，以绝祸本，玄宗不用其言，及乘舆幸蜀，乃思九龄先见，遣人至岭南祭之。"上曰："即如此，亦悔无及矣。"居正又言："无论往代，即我世宗皇帝嘉靖初年于西苑建无逸殿，省耕劝农，欲以知王业艰难，又命儒臣讲《周书·无逸》篇，讲毕宴文武大臣于殿中。至其末年崇尚焚修，圣驾不复临御，殿中徒用以誊写科书、表背玄像而已，昔时勤民务本气象不复再见，而治平之业亦寝不如初。夫以世宗之明，犹然有此，以是

① 《明神宗实录》卷 70，万历五年十二月壬寅。

② 参见张居正等《帝鉴图说》，《圣哲芳规·焚裘示俭》《圣哲芳规·焚锦销金》《狂愚覆辙·宠信伶人》，第 759、779、864 页。

> 知克终之难也。昨讲《大宝箴》云，‘民怀其始，未保其终’，亦是此义。”上嘉纳之。①

张居正勉尽为师之责，不惮劳避怨，坦率批评嘉靖皇帝政事有缺之处，而万历皇帝亦能遵照其谆谆训诲。君臣间讲学议政，从容论道，此间《帝鉴图说》的教育之功自不可泯。然而不幸为张居正言中，“靡不有初，鲜克有终”的古训，恰恰再一次应验到了万历皇帝身上。万历皇帝成年之后，图说的鉴戒效用显不如前，其影响也难觅踪迹了。

三　张居正的圣王期待及政治追求

万历皇帝即位伊始，张居正就向其提出“讲学勤政，亲贤远奸，使宫府一体，上下一心，以成雍熙悠久之治”。② 他认为自古帝王必以务学向化为急，及时题请举行日讲经筵，布置安排可谓周至详尽：

> 一、伏睹皇上在东宫讲读，《大学》至《传之五章》，《尚书》至《尧典》之终篇，今各于每日接续讲读。先读《大学》十遍，次读《尚书》十遍，讲官各随即进讲，毕各退。一、讲读毕，皇上进暖阁少憩，司礼监将各衙门章奏进上御览，臣等退在西厢房伺候。皇上若有所谘问，乞即召臣等至御前，将本中事情一一明白敷奏，庶皇上睿明日开，国家政务久之自然练熟。一、览本后，臣等率领正字官恭侍皇上进字毕，若皇上欲再进暖阁少憩，臣等仍退至西厢房伺候，若皇上不进暖阁，臣等即率讲官再进午讲。一、近午初时，进讲《通鉴节要》，讲官务将前代兴亡事实直解明白，讲毕各退，皇上还宫。一、每日各官讲读毕，或圣心于书义有疑，乞即下问，臣等再用

① 《明神宗实录》卷48，万历四年三月戊戌。
② 《明神宗实录》卷2，隆庆六年六月癸酉。

> 俗说讲解，务求明白。一、每月三、六、九视朝之日，暂免讲读，仍望皇上于宫中有暇，将讲读过经书从容温习，或看字体法帖，随意写字一幅，不拘多寡，工夫不致间断。一、每日定以日出时请皇上早膳毕，出御讲读，午膳毕，还宫。一、查得先朝事例，非遇大寒大暑，不辍讲读，本日若遇风雨，传旨暂免。①

此日讲科目涵盖儒家经典、历史鉴戒、实政能力、身心修养等各项内容，上承太子豫养时期的讲读进度，下启初为人君以后的治国方略，足见张居正对万历皇帝的督促之严、用意之切与期望之高。其后又规定经筵日期为“春讲二月十二日起至五月初二日免，秋讲八月十二日起至十月初二日免”，且以皇帝敕旨形式告谕诸官：“凡经史所载，理欲消长之端，政治得失之故，人才忠邪之辨，统业兴替之繇，务明白敷陈，委曲开导，毋曲说以徇好，毋避讳以为嫌。”② 在《大学》等书读完后，张居正以“《大学》一书，乃圣贤修己治人之要道，《尚书》‘尧典’‘舜典’，又千圣相传治天下之大经大法”，恐之前进讲“于圣心未有启发”，又“令讲官陶大临等通前温讲一遍”。③ 此外，他还曾亲自重新审校讲章，编成《大学》一本、《虞书》一本、《通鉴》四本进呈，希望万历皇帝“万几有暇，时加温习，庶旧闻不至遗忘，新知日益开豁”。④ 可见，《帝鉴图说》的编纂与授习实际上乃是张居正对万历皇帝进行系列教育活动的一个有机组成部分和必要环节，该书内容亦不外敷陈“理欲消长、政治得失、人才忠邪、统业兴替”等圣贤道理与祖宗法度，它同其他讲读教材和辅导方式互相配合，共同呈现出一幅张居正所期待的“圣王”的真切景象。

张居正无疑在皇帝教育中倾注了自己的政治价值取向与理想追求，他坦言“阁臣之职，上以辅养君德，赞理万几，下以表率百僚，兼综庶

---

① 张居正：《张太岳集》卷37《僢日讲仪注疏》，第470页。

② 《明神宗实录》卷13、9，万历元年五月辛巳、万历元年正月丁未。

③ 《万历起居注》，万历元年正月十二日癸巳，第1册，北京：北京大学出版社，1988，第15～16页。

④ 《明神宗实录》卷20，万历元年十二月乙丑。

务”，又表示“辅弼之职，上则培养君德，翼赞庙谟，下则表率群僚，修明庶政”。[①] 阁辅之职至繁至重，张居正则“通识时变，勇于任事”，[②] 慨然以事君行道、平治天下为怀。他自言：

> 仆以草茅孤介，拥十龄幼主，立于天下臣民之上，国威未振，人有侮心。若不稍加淬励，举祖宗故事，以觉寤迷蒙，针砭沉痼，则庶事日隳，奸宄窥间，后欲振之，不可得矣。故自仆受事以来，一切付之于大公，虚心鉴物，正己肃下。法所宜加，贵近不宥，才有可用，孤远不遗。务在强公室，杜私门，省议论，核名实，以尊主庇民，率作兴事……然审时度势，政固宜尔。[③]

其实早在嘉靖中期，张居正就曾上疏痛论朝政，指出当时存在五大弊端：“曰宗室骄恣、曰庶官瘝旷、曰吏治因循、曰边备未修、曰财用大匮。”[④] 后在此建言基础上，其又于隆庆初奏进《陈六事疏》，然两疏俱未获朝廷应有重视。直至万历改元，张居正肩任师保之责，受帝后委以大柄，其平生济世安民的抱负始得展布。

《陈六事疏》针对“近来风俗人情，积习生弊，有颓靡不振之渐，有亟重难反之几”，从“省议论、振纪纲、重诏令、核名实、固邦本、饬武备”六个方面阐述了张居正的施治纲领。[⑤] 谈迁称许道：“江陵相业，见于六事，按其言征之，靡不犁然举也。”[⑥] 而这些政论又不同程度地体现在以《帝鉴图说》为媒介的皇帝教育中，为万历初政奠定了良好开端。如其中“固邦本”云：

---

① 张居正：《张太岳集》卷37、40，《遵谕自陈不职疏》《辞加恩疏》，第467、510页。

② 张廷玉等：《明史》卷213，《张居正传》，北京：中华书局，1974，第5653页。

③ 张居正：《张太岳集》卷25，《与李太仆渐庵论治体》，第308页。

④ 张居正：《张太岳集》卷15，《论时政疏》，第183页。

⑤ 张居正：《张太岳集》卷36《陈六事疏》，第453～459页。

⑥ 谈迁：《国榷》卷65，隆庆二年八月丙午，第4094页。

《书》曰："民为邦本，本固邦宁。"……唯百姓安乐，家给人足，则虽有外患，而邦本深固，自可无虞……伏望皇上轸念民穷，加惠邦本，于凡不急工程，无益征办，一切停免，敦尚俭素，以为天下先。①

国君安危与社稷兴亡皆系于人心向背，因而统治者当以布德施仁、惠泽民生为重，这样的观念在图说中屡见不鲜。谈及君民关系，张居正还曾作有《人主保身以保民辛未程论》：

天之立君以为民也，人君明于天之意，则所以自爱其身者，必不轻矣。夫以天下之大，林林总总之众而无君，则孰与治之？人主以其身托于天下，君王之上而无民，则孰与守之？……贵以其身为天下者，乃可以托天下，爱以其身为天下者，乃可以保天下……人主之身，非一人之身，亿万兆人之身也。天以民之故而爱君，而人主不思爱其身以保民，则无乃孤天所以付托之意乎？……古之帝王善保其身者，使欲不穷于物，物不屈于欲，则其欲有节矣。②

君主制欲保身以保民，此处确与书里"爱身乃可以爱民""安百姓亦所以安其身"之说完全一致。③ 张居正又指出，近世帝王"以天下之大奉一人之身，而常苦其不足"，是以家国难保，不可收拾，故明主应"不以天下奉其身，而以其身为天下使，其身常有余而无不足，其民常安乐而无患难"。④ 这同样契合于他所赞同的"人君以一人治天下，非以天下奉一人"的思想。⑤ 与恤念民力密切相关的是崇俭节用，《陈六事疏》仍于"固邦本"条言："天之生财，在官在民止有此数"，"与其设法征求，索

① 张居正：《张太岳集》卷36《陈六事疏》，第457～458页。

② 张居正：《张太岳集》卷15《人主保身以保民辛未程论》，第177～178页。

③ 张居正等：《帝鉴图说》，《圣哲芳规·受言书屏》，第802页。

④ 张居正：《张太岳集》卷15《人主保身以保民辛未程论》，第179页。

⑤ 张居正等：《帝鉴图说》，《狂愚覆辙·芳林营建》，第844页。

之于有限之数以病民，孰若加意省俭，取之于自足之中以厚下”。① 而《帝鉴图说》在批评唐玄宗“敛财侈费”时亦讲：“天地生财，只有此数，在官者多，则在民者寡矣……巧取民财，横征暴敛，由是杼柚空虚，闾阎萧索，以至民穷盗起，瓦解土崩。”② 关于这一点，张居正对万历皇帝的督教实可谓用心良苦。

万历七年（1579年）三月，万历皇帝因内库缺乏，传取光禄寺银十万两，张居正上书劝阻，言语中颇透出几许无奈：“臣等不敢抗违，窃惟财赋有限，费用无穷，积贮空虚，民膏罄竭，不幸有四方水旱之灾，疆场意外之变，可为寒心。此后望我皇上凡百费用，痛加撙节，若再有取用，臣等亦决不敢奉诏矣。”③ 同月他又就户部所进揭帖向万历皇帝讲明，国家财赋已入不敷出，然“天地生财，止有此数，设法巧取，不能增多”，当此民穷势蹙、变生不虞之时，惟加意撙节，省却浮费，“庶国用可裕，而民力亦赖以少宽”。④ 一个月后，万历皇帝令工部铸钱给用，张居正又以制钱原为便民非为进供之由谏止，他依然苦口奉劝其“敦尚俭德，撙节财用，诸凡无益之费，无名之赏，一切裁省，庶国用可充，民生有赖”。⑤ 再如该年七月，言官请罢苏、松及应天织造，万历皇帝不听，张居正为之委曲开说，其言灾情重大，百姓流离，“地方钱粮，委难措处”，“多一事则有一事之扰，宽一分则受一分之赐”，只有“重惜民生，保固邦本”，方为“社稷灵长之庆”。⑥ 不久张居正续上《请酌减增造段匹疏》，仍旧痛陈江南水灾民力困疲的现状，再三告诫万历皇帝轻赋简役，以“爱养元元，培植邦本”。⑦ 又万历九年（1581年）四月，张居正与万历皇帝论及南直吏治民情：

---

① 张居正：《张太岳集》卷36《陈六事疏》，第457页。
② 张居正等：《帝鉴图说》，《狂愚覆辙·敛财侈费》，第862页。
③ 《明神宗实录》卷85，万历七年三月丙午。
④ 张居正：《张太岳集》卷43《看详户部进呈揭帖疏》，第555页。
⑤ 张居正：《张太岳集》卷43《请停止输钱内库供赏疏》，第557页。
⑥ 张居正：《张太岳集》卷44《请罢织造内臣对》，第557~558页。
⑦ 张居正：《张太岳集》卷44《请酌减增造段匹疏》，第558页。

帝御文华殿，居正侍讲读毕，以给事中所上灾伤疏闻，因请振。复言："上爱民如子，而在外诸司营私背公，剥民罔上，宜痛钳以法。而皇上加意撙节，于宫中一切用度、服御、赏赉、布施，裁省禁止。"帝首肯之，有所蠲贷。①

可见，在对万历皇帝的培养上，无论是经筵讲读还是政务处理，张居正都明晰表达出传统儒家以民为本、政出于公的价值理念。

另一方面，作为明代中后期力挽危局、起衰振隳的政治家，张居正所推行的以恢复和提高国家机关行政效能为中心的整顿与改革确然有着强烈的现实指向，而同时其也把自己的施政方针恰当融会进帝王教育中，因此《帝鉴图说》里反映出的一些政令主张本就代表了他的一贯立场。如在严核吏治、选官久任上，《陈六事疏》的"重诏令""核名实"两条即称：

近日以来，朝廷诏旨多废格不行……一切视为故纸，禁之不止，令之不从……伏望敕下部院等衙门，凡大小事务，既奉明旨，须数日之内即行题覆。若事理了然，明白易见者，即宜据理剖断，毋但诿之抚按议处，以致耽延。其有合行议勘问奏者，亦要酌量事情缓急，道里远近，严立限期，责令上紧奏报。该部置立号簿，登记注销，如有违限不行奏报者，从实查参，坐以违制之罪。

人主之所以驭其臣者，赏罚用舍而已，欲用舍赏罚之当，在于综核名实而已……今用人则不然，称人之才不必试之以事，任之以事不必更考其成，及至偾事之时，又未必明正其罪……加以官不久任，事不责成，更调太繁，迁转太骤，资格太拘，毁誉失实……臣愿皇上慎重名器，爱惜爵赏，用人必考其终，授任必求其当……用舍进退，一以功实为准。毋徒眩于声名，毋尽拘于资格，毋摇之以毁誉，毋杂之以爱憎，毋以一事概其平生，毋以一眚掩其大节……如此则人有专

① 张廷玉等：《明史》卷213《张居正传》，第5649页。

职，事可责成。①

以此为指导思想，万历元年（1573 年）十一月，张居正正式提出“考成法”：

> 近年以来，章奏繁多，各衙门题覆，殆无虚日，然敷奏虽勤，而实效益鲜……请自今伊始，申明旧章，凡六部、都察院遇各章奏，或题奉明旨，或覆奉钦依，转行各该衙门，俱先酌量道里远近，事情缓急，立定程期，置立文簿存照，每月终注销……若各该抚按官奏行事理有稽迟延阁者，该部举之；各部院注销文册有容隐欺蔽者，科臣举之；六科缴本具奏有容隐欺蔽者，臣等举之。②

该法颁布，一扫官场往日苟且拖沓之靡风，百官凛凛奉职，无所遁情，谈迁赞曰：“江陵立考成法，以为制治之本，向者因循玩愒，至是始中外淬砺，莫敢有偷心焉。”③ 张居正也表示自己“综核名实”实出于“一念为国之公”：“致理之要，在于安民，欲民之安，责在守令。今主上年虽冲幼，已知注心邦本……今振举纲维，精核吏治……考成一事，行之数年，自可不加赋而上用足。”④ 这正像图说中所传达给万历皇帝的一样，朝廷任官授职并重视吏治的最终归宿仍在于安惠民生。

尽管当时有人指责法密政严不无苛刻之扰，⑤ 但张居正恰恰认为时异

---

① 张居正：《张太岳集》卷 36《陈六事疏》，第 455 ~ 457 页。

② 张居正：《张太岳集》卷 38《请稽查章奏随事考成以修实政疏》，第 482 ~ 483 页。此处时间，《国榷》记载为“万历元年六月丙子”，《明神宗实录》和《万历起居注》均记载为“万历元年十一月庚辰”，今从《实录》和《起居注》。参见谈迁《国榷》卷 68，万历元年六月丙子，第 4227 页；《明神宗实录》卷 19，万历元年十一月庚辰；《万历起居注》，万历元年十一月四日庚辰，第 1 册，第 117 ~ 124 页。

③ 谈迁：《国榷》卷 68，万历元年六月丙子，第 4227 页。

④ 张居正：《张太岳集》卷 25、27，《答冏卿李渐庵论用人才》《答山东抚院李渐庵言吏治河漕》，第 303、329 页。

⑤ 参见《明神宗实录》卷 35，万历三年二月庚辰。

事殊，如今之世“士习浇漓，官方刓缺”，[①] 非用刚威之力剔刷积弊，势难重振纲纪，一定国是。其言“明兴二百余年矣，人乐于因循，事趋于苦窳”，“自隆庆以来，议论滋多，国是靡定，纪纲倒植，名实混淆”，而本朝立国规模，“本之威德并施，纲目兼举”，故应“修明祖宗法度”，“一切以尊主庇民、振举颓废为务”。[②] 这样，张居正秉政，全力“以尊主权、课吏职、信赏罚、一号令为主”，雷厉风行，一时治体为肃。此外，张居正这种法在必行的务实作风还体现在其劝说万历皇帝如期处决重囚上，尽管《帝鉴图说》里《下车泣罪》《览图禁杖》《纵囚归狱》等故事宣扬了慎刑爱民的观念，但由他看来，春生秋杀、刑赏予夺皆不违“上天所以立君治民之意”，对于穷凶极恶之徒，“与其暗毙牢狱而人不及知，何如明正典刑犹足以惩奸而伸法”。[③] 在此情形下，治体用刚亦是张居正对“圣王”的一个明确要求。

摒弃虚文妄议，讲求真绩成效，这又是张居正为强化国家行政效能而做出的实在努力。《陈六事疏》首条“省议论”即言：

> 汉臣申公云：“为治不在多言，顾力行何如耳。”臣窃见顷年以来，朝廷之间议论太多……是非淆于唇吻，用舍决于爱憎，政多纷更，事无统纪……要在权利害之多寡，酌长短之所宜，委任责成，庶克有济……伏望皇上自今以后，励精治理，主宰化机，扫无用之虚词，求躬行之实效。[④]

图说《蒲轮征贤》的故事同样讲到申公“力行”之语乃“治天下之要道”，并称：“盖议论多，则心志惑，与其托之空言，不若见诸行事之为

---

① 张居正：《张太岳集》卷 37，《请戒谕群臣疏》，第 468 页。

② 张居正：《张太岳集》卷 25、28，《与李太仆渐庵论治体》《答奉常陆五台论治体用刚》，第 308～309、335 页。

③ 张居正：《张太岳集》卷 40《论决重囚疏》，第 515 页。

④ 张居正：《张太岳集》卷 36《陈六事疏》，第 454 页。

有益也。”[①] 为此，张居正曾上疏指陈近来章奏“词多浮靡”“过为夸侈”之病，请求万历皇帝敕谕百官，“凡为制诰，必须复古崇实，毋得徇情饰辞，以坏制体”。[②] 他还针对当世士子“好言上古久远之事”，以“异趋为高”，以“虚谭贾誉”，而提请朝廷“申明旧章，以作新振德之”。[③] 实际上，王希烈在《帝鉴图说》的后序中即已透露出张居正编纂该书本有此一层用意，其云：“使当世士大夫知今日所亟，在君德不在政事，一切省谈说而除文苛，知公辅养之深意，益务励翼以佐下风，人人各举其职，则主必益圣，治必益隆，太平可期日而望。”[④] 只是这里更加注重辅养以君德为先，并向天下昭示万历君臣一体同心之态。

整饬武备、留意边务也是张居正帝王教育的一项重要内容，正谓：“当今之事，其可虑者，莫重于边防；庙堂之上，所当日夜图画者，亦莫急于边防。”[⑤] 除图说故事的教导外，在万历皇帝即位不久，张居正就疏请谕戒边臣：“秋防在迩，比常务要倍加儆备，庶可永保无虞，亦以见皇上临御之初，留心边事，盖鼓舞振励之一机也。”[⑥] 又万历三年（1575年）五月，辽东误报警患，张居正因之上疏讲论边事，责令兵部探敌实情，加强戒备：

> 夫兵家之要，必知彼己，审虚实，而后可以待敌，可以取胜。今无端听一讹传之言，遽尔仓皇失措……是彼己虚实，茫然不知，徒借听于传闻耳……且近日虏情狡诈，万一彼常以虚声恐我，使我惊惶，疲于奔命，久之懈弛不备，然后卒然而至，措手不及。是在彼反得先声后实，多方以误之之策，而在我顾犯不知彼己，百战百败之道……

---

① 张居正等：《帝鉴图说》，《圣哲芳规·蒲轮征贤》，第743～744页。

② 张居正：《张太岳集》卷38《明制体以重王言疏》，第479～480页。

③ 张居正：《张太岳集》卷29、39《答楚学道金省吾论学政》《请申旧章饬学政以振兴人才疏》，第359、494～495页。

④ 王希烈：《〈帝鉴图说〉后序》，张居正等：《帝鉴图说》，第872页。

⑤ 张居正：《张太岳集》卷36《陈六事疏》，第458页。

⑥ 张居正：《张太岳集》卷37《请谕戒边臣疏》，第467页。

> 故臣等不以虏之不来为喜，而深以边臣之不知虏情为虑也。兵部以居中调度为职，尤贵审察机宜，沉谋果断，乃能折冲樽俎，坐而制胜。①

同年十二月，万历皇帝又向张居正言及辽东战况，张居正对："往时损军之法太严，故将领观望，不敢当虏，苟幸军完无损而已。今辽东军杀伤至四五百人，斯乃血战，臣以为宜宽论损折，以作战败之心，而厚加恤录，以酬死事之苦。"② 在其多方筹划调度下，万历初年的边境形势呈现出自明中期以来较为难得的安宁平和局面。

在辅弼圣君之路上，张居正屡屡向万历皇帝申明法守祖制的要义，其于君臣首次平台召对时就说："方今国家要务，惟在遵守祖宗旧制，不必纷纷更改，至于讲学亲贤，爱民节用，又君道所当先者。"又云："为祖宗谨守成宪，不敢以臆见纷更，为国家爱养人才，不敢以私意用舍。"③ 甚至《帝鉴图说》的上篇述语一气罗列了明朝历代皇帝的种种"创守鸿规"，以期万历皇帝"扬烈""远追"：

> 二祖之开基靖难，身致太平，则尧舜汤武功德并焉，典则贻休，谟烈垂后，则汉纲唐目巨细具焉；昭皇帝之洪慈肆宥，培植国脉，则解网泽骨之仁也；章皇帝之稽古右文，励精图治，则宏文延英之轨也；睿皇帝之聘礼处士，访问治道，则蒲轮玄纁之举也；纯皇帝之亲爱诸王，厚遇郕邸，则惇睦友于之风也；敬皇帝之延见群臣，曲纳谠言，则揭器止辇之明也；肃皇帝之心存敬一，治本农桑，则《丹书》《无逸》之箴也；皇考穆宗庄皇帝之躬修玄默，服戎怀远，则垂衣舞干之化也。④

---

① 张居正：《张太岳集》卷39《论边事疏》，第499页。

② 《明神宗实录》卷45，万历三年十二月辛未。

③ 张居正：《张太岳集》卷37《谢召见疏》，第464～465页。

④ 张居正：《张太岳集》卷7《进〈帝鉴图说〉述语》，第87页。

显而易见，法祖图治已成为张居正辅政的一个鲜明表征。然与此同时，他又“勇敢任事，豪杰自许”，[①] 以识时达变的改革者形象展示在世人面前，强调“非得磊落奇伟之士，大破常格，扫除廓清，不足以弭天下之患”。[②] 事实上，张居正自身在守制与变革间并未表现出多少内在紧张，无论恢复祖制还是除旧布新，他一直都将提升政府运作效能作为出发点，其曾感慨道：

> 高皇帝以神武定天下，其治主于威强，前代繁文苛礼，乱政弊习，划削殆尽……历仁、宣、英、宪、孝，皆以刚明英断，总揽乾纲，独运威福，兢兢守高皇帝之法，不敢失坠，故人心大定，而势有常尊。至于世庙，承正德群奸乱政之后，又用威以振之，恢皇纲，饬法纪，而国家神气为之再扬……列圣相承，纲维丕振，虽历年二百有余，累经大故，而海内人心晏然不摇，斯用威之效也。[③]

由此张居正认为明太祖创下的律令法度规制尽美，后世“虽有智巧，蔑以逾之”，今日“法之不行”的症结在于“人不力也”，“不议人而议法”终致于事无补。他也称赞汉宣帝为“综核之主”，欣赏其“未常新一令，创一制，惟日取其祖宗之法，修饬而振举之”，“惟其实事求是而不采虚声，信赏必罚而真伪无眩，是以当时吏称其职，民安其业”。[④]

其实用威也好，综核也罢，对于祖宗之法的变与不变，张居正始终还是从解决现实问题处着眼，且他抚君从政的根本目的，最后仍可归结在安民乐业、惠恤黎元上。其《辛未会试程策二》又讲：

> 法不可以轻变也，亦不可以苟因也，苟因则承敝袭舛，有颓靡不振之虞……轻变则厌故喜新，有更张无序之患……法制无常，近民为

① 张廷玉等：《明史》卷213《张居正传》，第5643页。
② 张居正：《张太岳集》卷35《答西夏直指耿楚侗》，第450页。
③ 张居正：《张太岳集》卷18《杂著》，第212页。
④ 张居正：《张太岳集》卷16《辛未会试程策二》，第193～194页。

要，古今异势，便俗为宜……法无古今，惟其时之所宜，与民之所安耳。时宜之，民安之，虽庸众之所建立，不可废也；戾于时，拂于民，虽圣哲之所创造，可无从也。①

张居正于《答少宰杨二山言条编》里也说："政以人举，法贵宜民……朝廷之意，但欲爱养元元，使之省便耳，未尝为一切之政以困民也……可否兴革，一顺天下之公而已。"② 而其这一"致理安民"的政治追求在他给同僚耿楚侗的信中表露得更为真切：

治理之道，莫要于安民，究观前代，孰不以百姓安乐而阜康，闾阎愁苦而危乱……仆每思本朝立国规模，章程法度，尽善尽美……今不必复有纷更，惟仰法我高皇帝怀保小民……奠安国本耳。故自受事以来，凡朝夕之所入告，教令之所敷布，惓惓以是为务。锄强戮凶，剔奸厘革，有不得已而用威者，惟欲以安民而已。③

既然标榜法祖，《帝鉴图说》下篇述语再引太祖朱元璋之言以警戒万历皇帝道：

臣等尝伏读我太祖高皇帝《实录》，与侍臣论及古来女宠、宦寺、外戚、权臣、藩镇、夷狄之祸……高皇帝曰："朕究观往古，深为用戒。然制之有道，若不惑于声色，严宫闱之禁，贵贱有体，恩不掩义，则女宠之祸，何自而出？厚其恩赉，不任以事，苟干政典，裁以至公，则外戚之祸，何由而作？宦寺便习，供给使令，不假以兵柄，则无宦寺之祸。不设丞相，六卿分职，使上下相维，大小相制，防耳目之壅蔽，谨威福之下移，则无权臣之祸。藩镇之设，本以卫

① 张居正：《张太岳集》卷16《辛未会试程策二》，第193页。

② 张居正：《张太岳集》卷29《答少宰杨二山言条编》，第353页。

③ 张居正：《张太岳集》卷32《答福建巡抚耿楚侗言致理安民》，第397页。

民，使财归有司，兵必合符而调，岂有跋扈之忧？修武备，谨边防，来则御之，去不穷追，则无夷狄之虞。”渊哉睿谟，诚万世圣子神孙所当遵守而弗失者也。①

能够看出，图说故事的编排已经充分考虑到上述朱元璋所论各种败亡取祸之由，而有针对地向万历皇帝示以劝惩。张居正在其《杂著》中也就此发表见解说：

圣祖远鉴前代，贻谋深远，今二百余年，凡此数事皆无之。独承平日久，武备废弛，丑虏渐强，叛附者众。而当事者犹事虚谈，持文法，将帅之令不能行于偏裨，偏裨之令不能行于士卒，深可虑耳！②

可知张居正敦促万历皇帝留心边防军备亦是其来有自，至于待处外戚，他则先后上有《请裁抑外戚疏》《论外戚封爵疏》及《议外戚子弟恩荫疏》，规谏万历皇帝优赏亲贵不可逾礼越制，“恩虽无穷，而必裁之以义”。③ 在约束宦官上，万历二年（1574年）十月，一次讲读中万历皇帝提到“今宫中宫女内官俱令读书”，张居正对言：“读书最好，人能通古今，知义理，自然不越于规矩。但此中须有激劝之方，访其肯读书学者，遇有差遣，或各衙门有管事缺，即拔用之，则人知奋励，他日人才亦如此出矣。”④ 万历八年（1580年）年底，乾清宫小珰孙海、客用诱导万历皇帝游宴嬉戏，慈圣太后闻状，训诫甚切，杖逐二人。张居正接连上疏，“条其党罪恶，请斥逐，而令司礼及诸内侍自陈上裁去留”。⑤ 疏中他劝励万历皇帝自兹以往过而能改，“依然为尧舜之主”，而“臣等亦庶几可勉

① 张居正：《张太岳集》卷7《进〈帝鉴图说〉述语》，第87页。
② 张居正：《张太岳集》卷18《杂著》，第214页。
③ 参见张居正《张太岳集》卷39、43、45《请裁抑外戚疏》《论外戚封爵疏》《议外戚子弟恩荫疏》，第493~494、555~556、571~572页。
④ 《明神宗实录》卷30，万历二年十月癸亥。
⑤ 张廷玉等：《明史》卷213《张居正传》，第5649页。

为尧舜之臣”，并恳请其“戒游宴以重起居，专精神以广胤嗣，节赏赉以省浮费，却珍玩以端好尚，亲万几以明庶政，勤讲学以资治理”。① 从这些要求看，其内涵与《帝鉴图说》中对“圣王”德行的期待并无差别。

正是因为明太祖朱元璋废黜丞相，改由皇帝亲揽天下政务，直接承担起国家日常行政管理职责，从而造成了明代皇权的膨胀及与其连带的皇帝政治功能的增强。既然皇帝角色在国家政治结构中的地位与作用日渐突显，那么同皇权强化相适的，理所应当是士大夫群体对皇帝的理想预期的提高，这也就使得他们更加注重教育辅佐皇帝依从传统儒家道德规范以践履先贤的美德懿行和治迹遗轨。从此种意义上说，《帝鉴图说》的问世可谓恰逢其时。张居正在给友人的信中就反复剖白说：

> 主上虽在冲年，已具大有为之度，近又日御便殿讲读，因而商确政事，从容造膝，动息必咨。仆亦得以罄竭忠悃，知无不言，言无不信。②
>
> 仆今事幼主，务兢兢守法，爱养小民，与天下休息。诸大擘画，必俟圣龄稍长，睿明益开，乃可从容敷奏，上请宸断行之。③
>
> 朝夕进说于上前，则又惓惓以恭俭仁厚，培植纯一未凿之良，即《帝鉴》所载……可见其梗概。期以数年之后，主德既成，治具毕张，乃收管钥、举纲维而归之于上。④

言辞中清晰可见他对万历皇帝寄予的殷切厚望，而在国务历练上，其也并不放松，时常提醒万历皇帝“省章奏，历政事，日览一二疏，将国家事讲究明白，即他年躬揽万几无难矣”。⑤ 万历皇帝热衷书法，他即以帝王务学以大相劝：

---

① 张居正：《张太岳集》卷 44《请清汰近习疏》，第 568 页。

② 张居正：《张太岳集》卷 24《与王鉴川言虏王贡市》，第 291 页。

③ 张居正：《张太岳集》卷 25《与王敬所论大政》，第 305 页。

④ 张居正：《张太岳集》卷 25《与李太仆渐庵论治体》，第 308～309 页。

⑤ 《明神宗实录》卷 58，万历五年正月庚子。

> 帝王之学，当务其大。自尧舜至于唐宋英贤之主，皆以修德行政，治世安民，不闻有技艺之巧也。惟汉成帝知音律能吹箫度曲，六朝梁元帝、陈后主、隋炀帝、宋徽宗、宁宗皆能文章善画，然无救于乱亡。可见君德之大，不在技艺间也。①

为此张居正适时免去了日讲习字课目，万历六年（1578 年）十二月，他又进言：

> 请自来岁为始，停罢写字，每日叠讲之后，容臣等将各衙门紧要章奏面奏数本，摘其中紧关情节逐一讲说。要见祖宗法度如何，见今事体如何，某事便益合当举行，某事弊坏合当厘革，今当作何处分，应何批答。皇上或面赐质问，令臣等反覆开陈，或出其圣意，与臣等商议可否，议定然后行之……又惟帝王之学，要在讲明义理，知古今治乱安危之所由……皇上既讲明义理，又通达政事，于治天下何有？惟圣明留意。②

张居正培养万历皇帝，本就是以修德明义、讲求治道为务，此外他还建议“日用翰林官四员入直，应制诗文及备顾问”，③ 以望其“辨材审官”，“他日量能擢才，自可断于圣衷”。④

需要指出的是，在《帝鉴图说》中，张居正经常会以肯定的姿态称扬君主诸如“总揽乾纲”“政事皆由己出”以及“军国机务独自裁决”等集权性行为。⑤ 由此不难看出，处于当时以皇帝为主导的政治文化态势下，张居正内心里其实明显表现出了一种认同与服从皇帝至上权威的理念

① 《明神宗实录》卷 33，万历二年闰十二月丁亥。

② 《明神宗实录》卷 82，万历六年十二月甲午。

③ 张廷玉等：《明史》卷 213《张居正传》，第 5650 页。

④ 张居正：《张太岳集》卷 45《请用翰林官更番侍直疏》，第 571 页。

⑤ 张居正等：《帝鉴图说》，《狂愚覆辙·斜封除官》《狂愚覆辙·嬖佞戮贤》《狂愚覆辙·纵酒妄杀》，第 858、839、851 页。

主张。这一“尊主权”的意识在他各类奏牍中大致均有流露，其中尤以《陈六事疏》所论最为激切：

> 天下之事，虑之贵详，行之贵力，谋在于众，断在于独……人主以一身而居乎兆民之上，临制四海之广，所以能使天下皆服从其教令，整齐而不乱者，纪纲而已……此人主太阿之柄，不可一日而倒持者也。[①]

正因如此，像图说里《淮蔡成功》的故事那样，张居正希望君主“欲为一事，须审之于初，务求停当，及计虑已审，即断而行之，如唐宪宗之讨淮蔡，虽百方阻之，而终不为之摇”。[②] 然明君独断于上，必得有忠臣力赞于下，“明主劳于求贤，而逸于得人”，[③] 其委任责成贤能，“垂衣裳而天下治”，[④] 亦无所谓失权。且在张居正看来，帝王独断威刚意在实现富国强兵之王道，不等同于专用霸术，“王霸之辩，义利之间，在心不在迹”，留心于国富兵强，“诚生民之福也，第须一一核实考成，乃可有效”。[⑤] 再者君、臣、民之间也要保证政令畅达，“君者，主令者也，臣者，行君之令而致之民者也”，[⑥] 政致于民而有法，是为兴治之途。观其所言，知其尊君辅政亦念在社稷苍生。事实上，张居正确也自认为“上佐明主”，不曾“有一语一事背于尧舜周孔之道”，只是“所为皆欲身体力行，以是虚谈者无容耳”。[⑦] 可见，张居正为政虽崇君权求绩效，但他在皇帝教育中所表现出的“圣王”期待及政治追求，依然没有背离传统儒家所秉持传承的君明德臣忠良从而共治天下以达太平的士大夫政治理想。

---

① 张居正：《张太岳集》卷 36《陈六事疏》，第 454 ~ 455 页。

② 张居正：《张太岳集》卷 36《陈六事疏》，第 454 页。

③ 张居正：《张太岳集》卷 43《乞鉴别忠邪以定国是疏》，第 546 页。

④ 张居正等：《帝鉴图说》，《圣哲芳规 · 任贤图治》，第 714 页。

⑤ 张居正：《张太岳集》卷 31《答福建巡抚耿楚侗谈王霸之辩》，第 383 页。

⑥ 张居正：《张太岳集》卷 36《陈六事疏》，第 455 页。

⑦ 张居正：《张太岳集》卷 30《答宪长周友山明讲学》，第 373 页。

“托孤寄命，岂易事哉!”[1] 张居正为培养万历皇帝遵行“圣王”之道，付出了巨大心血。但其于万历十年（1582年）去世后，君恩中变，治道翻更，诚如李维桢所言：

> 是以辛、壬而前，主无失德，国无秕政，斧藻琢磨，此图未为无助。相臣以骖乘芒刺种祸，而继之者，礼貌事权不能与江陵伍。癸、甲而后，朝讲稀御，宫府睽隔，图说之善者，行不十一，而不善者，往往邮而效之。比年与乱同道，横政日出，荩臣哲士，直言极谏，唇燥舌敝，若罔闻知，而于图何?[2]

本来，明朝自嘉靖以降，随着皇权的再度抬升，内阁在国家政治中渐次演变成较为单纯的辅翼和运作皇权的角色，导致其作为士大夫政治中心的地位逐步削弱。[3] 而官僚系统功能的独立性与完整性屡遭皇权的介入和破坏，又使得士大夫群体越发难以对皇权滥用形成有力制约。《帝鉴图说》对帝王的劝诫作用，在政治文化含义上更大限度体现于把君主权力放置在公共价值及治道民心的评价框架内加以考量，其虽与皇帝政治保持着一定张力，但同时面对皇帝个人的专断与强权亦缺乏有效的体制性规限。在万历皇帝早年，其身上已经表露出“圣王”追求下的心理紧张，亲政后更是变本加厉，怠于国事而溺于财货，征索无度而靡费无穷。后张居正时代的内阁在与皇权的博弈中也由强势一转为软弱，再无法担负起官僚系统行政中枢的职责。然而，尽管对万历皇帝的“圣王”期待最终未能如愿，但是从《帝鉴图说》所展示出的以张居正为代表的官僚士人群体的政治信念与追求中，我们仍可以清楚看到中国历史上那种生生不息的士大夫政治理性的一抹亮色。

---

① 张居正等：《帝鉴图说》，《圣哲芳规·明辨诈书》，第745页。

② 李维桢：《大泌山房集》卷8《〈帝鉴图说〉序》，第460页。万历九、十、十一、十二年分别为农历辛巳、壬午、癸未、甲申年。

③ 参见赵轶峰《明代嘉隆万时期政治文化的嬗变》，《社会科学辑刊》2012年第4期。

结　语

综上所述，《帝鉴图说》是万历皇帝继位之初内阁首辅张居正为“培养君德、开导圣学”而主持编纂的一部帝王启蒙读本兼政治教科书，集中反映了以张居正为代表的官僚士大夫群体的“圣王”期待。该书采用图文并茂的形式，用通俗精练的语言分别讲述了前代“善可为法”“恶可为戒”的两类帝王故事，以教育万历皇帝借鉴古今兴亡得失，吸取历史经验教训，遵循圣哲致治芳规，勿蹈狂愚败亡覆辙。图说内容包括君臣关系、君民关系以及君主自身的德行修养三个方面，其选材评议不仅符合传统儒家的道德伦理规范，同时也与张居正为提高政府效能和解决统治危机而展开的整顿改革联系起来，显示出一定的经世致用的现实意义。围绕《帝鉴图说》，张居正阐释经史，规陈时策，对万历皇帝进行了一系列有针对性的辅导。其既注重涵养君德，开发智识，又强调留心政务，练达事体，此间图说产生了积极影响，起到了良好的鉴戒作用。《帝鉴图说》的讲习作为万历皇帝日常教育的一项有机组成部分，张居正无疑在其中倾注了自己的政治理念与追求。无论是在力谏万历皇帝布德施仁、惜财恤民上，还是在要求其整肃纪纲、综核吏治上，无论是在激励万历皇帝恩威兼用、摒虚求实上，还是在劝勉其法祖图治、亲信贤臣上，张居正都自觉表现出了诸如“民为邦本”“致理安民”等传统士大夫以天下为公的忧患意识与社会责任感。伴随着明代皇权的扩张及皇帝在政治结构中主导性的增强，士大夫群体对皇帝角色的理想预期亦相应提升，《帝鉴图说》则正是这一高标准“圣王”期待的生动而具体的写照。尽管在政治实践中，张居正推崇君权独断的思想时有流露，但总体来说，其为政依然能够体现出一种蕴含士大夫公共理性精神的价值取向。

作者简介：常文相，1984年生，男，辽宁朝阳人，东北师范大学历史学硕士，博士研究生，专业领域为明清史，研究方向为明清政治社会史。

黄宗羲君臣观的时代文化语境

姜佳曦

提　要： 学界对黄宗羲国家政治观所做的评论，大多基于对《明夷待访录》文本的解析，这会在一定程度上脱离黄宗羲本人学术、思想的语境而加入其原本不具备的内涵。本文取黄宗羲国家政治观中表达最为鲜明的君臣观为核心线索，将其相关表述放到孕育和影响了其本人思想历程的时代文化语境中追溯分析。考察表明，明代自国家初创时代由太祖定下的较为严厉的君臣关系的基调，给明代士大夫以追求"圣君贤相"模式的契机；自明代中前期开始，丘濬等已经在倡导一种君臣分权的模式，明中后期的李贽、东林人士更为黄宗羲的君臣观提供直接的精神与素材来源；黄宗羲的师学与家学传承，使他从王阳明、刘宗周等人那里体会了士大夫群体对君臣权力分配的追求。黄宗羲在亲身经历与时代背景影响下，将他所深谙的儒家传统君臣关系理念、士大夫精神与明清之际的政治大变动参酌反思，表达出《明夷待访录》中的君臣观。这种君臣观是在一个漫长的思想与实践历程中出现在明清政权易替的节点的，合乎中国政治文化历史自身逻辑的思想表述。

关键词： 黄宗羲；君臣观；政治文化语境

在明清思想研究界，黄宗羲的名字常与"启蒙""反专制"等一系列词汇相关并提，黄宗羲的思想被作为一个时代的标志被人研读，相关讨论层出不穷。

黄宗羲（1610～1695年），字太冲，号梨洲，浙江余姚通德乡（今属浙江宁波余姚明伟乡）人，生于明神宗（1572～1620年在位）万历三十八年（1610年），卒于清圣祖（1662～1722年在位）康熙三十四年（1695年）。他历明而入清，一生著作丰富，主要有《明儒学案》《明夷待访录》《南雷文定》《孟子师说》等。最早关注黄宗羲政治思想的是他的同时代人顾炎武（1613～1682年），致书称："大著《待访录》，读之再三，于是知天下之未尝无人，百王之敝，可以复起，而三代之盛，可以徐还也。"[①] 然而，随着清王朝基业渐稳，《明夷待访录》呈现的君臣关系说与清代更为严厉的君臣制约关系格格不入。乾隆年间钦定《四库全书》收入黄宗羲的六部著作而不收《明夷待访录》，该书在清前期并未形成普遍影响。晚清时代，力图借鉴西方政治体制以挽救中国命运的维新人士，借古典理论宣传新政见，发现中国古典文化中也存在与西方君臣分权理念类似的论述，认为找到了在中国进行变法的内在依据。梁启超等人用黄宗羲比附卢梭，认为维新派主导的民主改良早在300年前就有先贤指引，并非是纯粹西方理论的生搬硬套。[②] 但是需要注意的是，以梁启超为代表的维新人士如此推崇黄宗羲，并非由于他们对黄宗羲思想有深入的研究，而是由于黄宗羲与卢梭政治话语的相似性，这种相似性给他们宣传自己的价值理念以新的契机。但是，这种比拟给以后的黄宗羲研究留下了难题，在很长一段时间内，探析黄宗羲政治思想与启蒙思想之间的关系成为黄宗羲政治思想研究的主流。[③] 在新中国成立之后，随着大众教育的普及

① 黄宗羲：《思旧录·顾炎武》，沈善洪主编，吴光执行主编《黄宗羲全集》（增订版）第1册，杭州：浙江古籍出版社，2005，第393页。

② 在梁启超的《中国近三百年学术史》，刘师培的《黄梨洲先生的学说》，陈天华的《狮子吼》等著作中，均可见把黄宗羲当成中国的卢梭的说法。他们认为黄宗羲的思想虽然不如卢梭的完备，但是民约之理都已经包括其中。

③ 孙宝山认为维新人士出于政治目的，无暇对《明夷待访录》和卢梭的《民约论》进行细致的比较，所提出的简单对比给后代研究者留下了无解的难题。见孙宝山《返古开新——黄宗羲的政治思想》，北京：人民出版社，2008，第3页。

和把黄宗羲作为“明末清初的启蒙思想家、坚定的反君主专制主义者”写入教材，黄宗羲成为大众文化中思维定格的关键词。

关于黄宗羲政治思想的基本性质，第一种影响较大的观点可以概括为“启蒙”论。[①] 在解释这种启蒙思想发生的原因时，有的强调经济领域的“资本主义萌芽”，有的强调政治领域的晚明弊政。这类研究直接套用了西方的“启蒙”等词汇。“启蒙”特指西方近代的一种思潮，核心理念是批判专制，倡导民权、自由、平等，是西欧封建专制君主制的对立面。然而黄宗羲在反专制的言论中并没有反对君主制本身存在的合理性，为防止君主个人专权而强调的宰相制度也不是为了倡导代议制民主政治的。黄宗羲的国家制度设计思想还是需要被置于其形成的环境中，在更具体的层面加以分析。第二种影响较大的研究倾向是把黄宗羲的思想定位为“民本主义”。[②] 其中认为黄宗羲的思想几乎等同于先秦儒家的民本主义的论说，忽视了近两千年来的中国政治思想推演变化的因素。先秦民本因素应只构成黄宗羲君臣观架构的一个价值源头，但并不包容其思想的全部内涵。另一种研究倾向是强调黄宗羲继承了前代的“异端”思想，包括东晋鲍敬言的“无君论”、唐末《无能子》的非君思想、邓牧的《伯牙琴》等。这种分析，夸大了黄宗羲对儒家思想家的背离。

从研究方式角度看，迄今对于黄宗羲国家政治观的研究，大多是直接通过对《明夷待访录》文本语词解析做出的。这样的解析固然必要，但

---

① 这种评价自维新时代起就占主导地位，梁启超、萧公权、钱穆、萨孟武、侯外庐这些早期的史学大家均持这种观点。而到20世纪50年代以后，基本教材的编撰和第一次黄宗羲研究会（国际黄宗羲学术研讨会，1986）的基调都定在了反专制上。而在论文方面则不计其数，不一一罗列。

② 部分学者认为黄氏思想虽然具有反专制因素，但不可比附为西方启蒙主义。如孟广林：《明清思潮与文艺复兴比较之我见》，《中国史研究》1987年第4期；张岂之：《论黄宗羲的〈明夷待访录〉》，《人文杂志》1980年第2期；赵子平：《〈明夷待访录〉与〈社会契约论〉》，《浙江学刊》1982年第3期；涂文学：《黄宗羲和孟德斯鸠思想异同片论》，《江汉论坛》1985年第2期。还有少数学者认为其思想实质依旧是传统儒家民本主义，如徐进：《黄宗羲的民本思想及其对限制专制君主的构想》，《文史哲》1992年第1期；董根洪：《论黄宗羲“民本”思想的性质》，《中共浙江省委党校学报》2006年第6期。

是，用近代以来方传入中国的“民主”“启蒙”等新词汇去比较、解释黄宗羲在该词汇传入之前就写成的《明夷待访录》中的语汇，可能导致在被解释文本中加入其本来不具有的内涵。这使得黄宗羲的君臣观含义在研究过程中有日渐复杂化的倾向，同时也弱化了黄宗羲君臣理念与中国政治文化传统的联系，将之表述为与中国传统政治思想针锋相对的说法。想要克服这类倾向，一个必要工作就是将黄宗羲君臣观的生成放到孕育和影响了其本人思想历程的时代文化语境中进行考察。本文即选取黄宗羲国家政治观中表达最为激越鲜明、最受关注的“君臣观”作为核心线索，将之置于黄宗羲所处时代语境及其本人经历视角下进行考察。

一　明代君臣观流变及其与黄宗羲思想的关联

理解黄宗羲君臣观念的含义，需要审视整个明代与君臣关系相关的政治思想的流变推演历程。

（一）朱元璋的君臣观

在明代政界关于君臣关系的思考中，明太祖朱元璋的君臣观长期具有影响力。朱元璋多年戎马生涯，深感夺取天下不易，必要千方百计保证朱氏江山长治久安，故其治国理念虽有几分儒家色彩，但还是为明代政治定下了君主专制的基调。在朱元璋看来，君臣地位有着明显的上下之分，绝不可能如黄宗羲所言是“名异而实同”的。他说：“上古天下之治乱，在于君臣能驭不能驭耳。若君能，则驭臣下以礼法……故治由此矣。若君罔知所以驭臣下……故乱由而始矣。”① 明太祖在君、臣的产生和职能上的看法与黄宗羲不同。关于君的出现，明太祖曾言：“古人有言，民生有欲，无主乃乱，使天下一日无主，则强凌弱，众暴寡，富者不得自安，贫

① 朱元璋：《明太祖集》卷2《谕福建承宣布政使司参政魏鉴瞿庄诏（又）》，合肥：黄山书社，1991，第15页。

者不能自存矣。”[①] 有别于黄宗羲所认为的上古君主“以千万倍之勤劳而己又不享其利”,[②] 明太祖认为君是上天所任命的:“上帝好生,寰宇生民者众。天恐生民自相残害,特生聪者主之,以育黔黎。”[③] 这就给了君主一个依据天的意志统治国家,可任意处置的理由。在臣的出任上,明太祖认为是上天给了君任命百官、统治百姓的权力:“上帝命为天下生民主,任以司牧,使厚民生。”[④] 而黄宗羲则认为臣工自己因想为天下万民服务而出仕。在君臣的权力分配上,明太祖认为天下之大,“非一人所能独理”,[⑤] 知道应该发挥贤君良臣的共同作用。但他要求臣下完全忠于君主:“臣之事君,与君之事天,其道不相远也”,[⑥] “君臣之分,如天尊地卑,不可逾越”。[⑦] 在具体政事分配上,朱元璋把国之大事分为“大政”与“常事”两类,“大政如封建、发兵、铨选、制礼作乐之类则奏请裁决,其余常事循制奉行”。[⑧] 也就是要把关系国之命脉的大权收归皇帝,给臣工的只是执行权而已。在为臣职责的要求上,朱元璋主张为臣关键在于“张君之德,布君之仁,补其不足,而节有余”,[⑨] 认为“古今之贤士莫不修己行仁,为时君之用”,[⑩] “人臣爱君以道”,[⑪] 也就是以辅佐君主治理天下为根本出发点,以天下太平、王朝安定为归宿点。但是黄宗羲却尖锐地指出,“为臣者轻视斯民之水火,即能辅君而兴,从君而亡,其于臣道固未尝不背也”,[⑫] 认为臣道的关键不在于辅君,而在于为民。

---

① 《明太祖实录》卷 49,洪武三年二月庚午,台北:“中央研究院”历史语言研究所,1962。
② 黄宗羲:《明夷待访录》,《黄宗羲全集》,第 1 册,第 2 页。
③ 朱元璋:《明太祖集》卷 8《谕琉球山北国王帕尼芝》,第 166 页。
④ 《明太祖实录》卷 40,洪武二年三月丙申。
⑤ 《明太祖实录》卷 29,洪武元年正月辛丑。
⑥ 《明太祖实录》卷 49,洪武三年二月庚午。
⑦ 《明太祖实录》卷 110,洪武九年十月甲寅。
⑧ 《明太祖实录》卷 129,洪武十三年正月己亥。
⑨ 《明太祖实录》卷 251,洪武三十年三月癸丑。
⑩ 《明太祖实录》卷 131,洪武十三年四月戊子。
⑪ 《明太祖实录》卷 49,洪武三年二月甲子。
⑫ 黄宗羲:《明夷待访录》,《黄宗羲全集》第 1 册,第 5 页。

综观明太祖定下的明代君臣关系的基调，可以看到，儒家的理想君臣模式和臣的尊严在明初的政治实践中受到严峻挑战。但这种挑战并没有彻底扼杀士大夫追求“圣君贤臣”模式和君臣共治局面的情结，他们对君臣关系的思考从未中断，终为黄宗羲所集大成。

（二）方孝孺的君臣言论

台湾学者高准认为，“方孝孺的养民为君之天职论等明初对君臣关系的思考都是黄宗羲思想的先驱”。[①] 黄宗羲著《明儒学案》，方孝孺位列第一。方孝孺对君臣关系的思考偏重于君主的职能，他专作《君职》篇，认为“君之职在乎养民”。[②] 具体在君主的起源上，他写道：“生民之初，固未尝有君也，众聚而欲滋，情炽而争起，不能自决，于是乎有才智者出而君长之。”[③] 显然是把君主作为为民除困解难的圣人来看，这与黄宗羲的观点一致。与黄宗羲抨击后世君主视天下为一人之产业而谋私利相同，方孝孺也认为君主不应该谋一己私利，“天之立君也，非以私一人而富贵之，将使其涵育斯民，俾各得其所也”。[④] 在臣的产生上，他则认为是“世变愈下，而事愈繁，以为天下之广非一人所能独治也，于是置为爵秩，使之执贵贱之柄，制为赏罚，使之操荣辱修短之权。”[⑤] 虽然两人同样把民视作为臣的出发点，以天下事务纷繁为缘由，但在方孝孺看来，臣是君的附庸，他谈到：“受命于天者，君也；受命于君者，臣也。臣不供其职，则君以为不臣，君不修其职，天其谓之何，其以为宜然而佑之耶？抑将怒而殛绝之耶？”[⑥] 由此而见，方孝孺更注重如何在一种合理的君臣体系之下谋得国家民众利益的最大化，而不像黄宗羲那样为谋求民众利益

---

① 高准：《黄梨洲政治思想研究》，台北：阳明山华冈（中国文化大学）书局，1967，第 9 页。

② 方孝孺：《逊志斋集》卷 3《君职》，《景印文渊阁四库全书》，第 1235 册，台北：台湾商务印书馆，1986，第 102 页。

③ 方孝孺：《逊志斋集》卷 3《君职》，第 102 页。

④ 方孝孺：《逊志斋集》卷 2《深虑论七》，第 96 页。

⑤ 方孝孺：《逊志斋集》卷 3《君职》，第 102 页。

⑥ 方孝孺：《逊志斋集》卷 3《君职》，第 103 页。

的最大化而把妨碍这种利益实现的后世君主、“小儒”痛加批驳。

在君臣权力的分配上，方孝孺虽未直言分权要求，但他说“人君不患乎无才，而患恃其才以自用，不患乎不学，而患挟其学以骄人”，[①] 显然认为为君之关键是发挥臣下的功用与学识。就算是君“邈乎无为，澹乎无谋”，但只要“任天下之才智而不与之争能，则功之出于人者犹出于己也”。[②] 他把处理国政大事的能力寄托在了臣身上，主张君主要培养德行，“以正心为本”，“敬天仁民、别贤否、明是非”，只要做到了这些，自然就会有“智者为之谋，仁者为之守，勇者为之战，而艺能才美之士，咸以其术自奋，何患有所不知哉？”[③] 可见，方孝孺心目中的君主就是儒家理想中的“内圣外王”之人。方孝孺虽然认为臣侍君以忠为天经地义之事，但是他仍然要求臣能保持独立的人格，“君臣之际有常礼，上不以尊而威其下，下不以卑而屈于上，道合则仕，否则引而退，不宜以鞭笞戮辱惧之也”。[④]

虽然在批判君主专制的问题上方孝孺言论不如黄宗羲激烈，但是作为明初专制政体初步奠定时代合理君臣关系的阐述者，方孝孺的君臣观已然与朱元璋的前述思想形成很大差异。

（三）丘濬对理学君臣观的阐释

明代中叶能以学者身份系统阐述君臣思想，又能高居庙堂之上阐述自己的君臣观的，非丘濬莫属。黄宗羲虽然自认为王学正传，但有调和朱王倾向，这种倾向使得他在评价丘濬之时有些许批评之意。黄宗羲著作中提到丘濬之处极少，在《明儒学案》中仅为五处，有三次阐述丘濬与三位案主共事的事实[⑤]，还有两次是在阐述王恕与丘濬关系时，用了“濬意弗

---

① 方孝孺：《逊志斋集》卷3《君学上》，第100页。

② 方孝孺：《逊志斋集》卷3《君学上》，第100页。

③ 方孝孺：《逊志斋集》卷3《君学上》，第100页。

④ 方孝孺：《逊志斋集》卷4《周礼辨疑一》，第120页。

⑤ 参看黄宗羲《明儒学案》卷5《白沙学案上·文恭陈白沙先生献章》，《黄宗羲全集》。第7册，第82页；黄宗羲：《明儒学案》卷45《诸儒学案上三·郎中庄定山先生昶/布政陈克庵先生选》，《黄宗羲全集》，第8册，第375、381页。

善"，"阴抑之"，"果丘濬所使也"这样的语句，[①] 可见黄宗羲对丘濬为人有所不满。在编辑《明文海》时，黄宗羲曾如此介绍丘濬："丘濬字仲深，琼山人，弘治间大学士，琼台盖博而未洽者。观其恶白沙、定山之不仕，补《大学衍义》之平天下而不及内侍，是何心哉？文亦驳杂。"[②] 尽管如此，黄宗羲与丘濬两人在国家政治学说的构建，特别是在君臣观上，从语句到内涵，相似之处颇多。

丘濬的政治思想主要体现在其于弘治初年上呈于明孝宗的《大学衍义补》。该书中，丘濬专作《正百官》阐述臣的产生、作用与职责，而作为国之中心的君主产生、地位与职责则主要体现在《正朝廷》与《正百官》两目。在君主起源上，丘濬并没有突破君主受命于天的理念，他直言"臣愚以为人君受天地之命，居君师之位"，[③] "人君所居之位极崇高而至贵重"。[④] 但是，至高无上的君主并非可以为所欲为。丘濬在把天和君相联系的同时，又把天和民意相关联，认为"民心之所同，即天意之所在也"。[⑤] 君主行事不能"以祖宗之官爵，为己之私物，以上天之事功，行人之私意"。[⑥] 丘濬虽然在君主的起源上固守于"君权天授"，但是在天授的基础上追求上古儒家的君职理念，要求君职为民。他多次以"臣按""臣以为"的方式强调："自古圣帝明王知天为民以立君也，必奉天以养民"，[⑦]"上天立君，使之统邦国建官府以安民"，[⑧]"天生民而立君以牧之"，[⑨]"天之

---

① 黄宗羲：《明儒学案》卷9《三原学案·端毅王石渠先生恕》，《黄宗羲全集》，第7册，第174～175页。

② 黄宗羲评，黄百家补录：《明文海评语汇辑》卷66《诏表》，《黄宗羲全集》，第11册，第100页。

③ 丘濬：《大学衍义补》卷1《正朝廷·总论朝廷之政》，《景印文渊阁四库全书》，第712册，台北：台湾商务印书馆，1986，第30页。

④ 丘濬：《大学衍义补》卷1《正朝廷·总论朝廷之政》，第29页。

⑤ 丘濬：《大学衍义补》卷3《正朝廷·公赏罚之施》，第50页。

⑥ 丘濬：《大学衍义补》卷1《正朝廷·总论朝廷之政》，第32页。

⑦ 丘濬：《大学衍义补》卷1《正朝廷·总论朝廷之政》，第33页。

⑧ 丘濬：《大学衍义补》卷1《正朝廷·总论朝廷之政》，第35页。

⑨ 丘濬：《大学衍义补》卷13《固邦本·总论固本之道》，第186页。

道在生民，人君之命亦在生民”。[①] 诸如此类对君主之看法，虽与黄宗羲所要求“以千万倍之勤劳而己又不享其利”的君主有一定差距，在天与君的关系上有一定区别，但是总体理念接近，即主张君主地位有别于民众，但需能为民谋利。

在臣的角色问题上，丘濬认为臣职在于分担君所不能完成的治民任务。“人君以一人之身居四方之中，东西南北咸于此焉，取正者也。一身之精神有限，耳目之见闻不周，人不能尽识也，事不能尽知也，故必择大臣而信任之，俾其搜访人才，疏通壅蔽，时加询谋。”[②] “君一人而已，所统之地非一所也，所治之民非一人也，所行之事非一类也，必欲事理民安而无一处不到焉，非立官以分理之不能得也。”[③] 既然君主与臣下都为国家不可或缺，且产生的途径相似，那么在价值取向上，其仍然要求以民心民意作为执政要点。而在权力分配上，作为正统程朱理学拥护者的丘濬，不可能突破理学所倡导的“君臣大义”，也就是虽然两者在权力来源上一致，但是明显君主臣辅、君上臣下。他认为只有“君总治于上，臣分治于下”，然后才会“事有统纪，民有依归，而天下平定焉”。[④] 丘濬认为人君要“砺天下之人而使之与我共国家之政而治天下之民”。[⑤] 在君臣关系上，则要求臣下忠于君主，“承顺君命”。[⑥] 但是忠诚并不等于盲从，丘濬认为相对于君主而言，百官的首要职责就是“上辅君德，下济民生”，要“致君泽民”，[⑦] 纠正皇帝的过错。为此，他专作《正朝廷·广陈言之路》《正百官·重台谏之任》，要求皇帝善于纳谏，御史勇于监察指正。虽然君主权力高于臣下，但他还是要求君臣之间有合理的相处之道，其写有《正百官·敬大臣之理》，阐发“君臣一体”“君臣同游”的理想。从

① 丘濬：《大学衍义补》卷5《正百官·定职官之品》，第82页。
② 丘濬：《大学衍义补》卷1《正朝廷·总论朝廷之政》，第30页。
③ 丘濬：《大学衍义补》卷5《正百官·定职官之品》，第81页。
④ 丘濬：《大学衍义补》卷5《正百官·定职官之品》，第81页。
⑤ 丘濬：《大学衍义补》卷2《正朝廷·定名分之等》，第47页。
⑥ 丘濬：《大学衍义补》卷5《正百官·定职官之品》，第82页。
⑦ 丘濬：《大学衍义补》卷5《正百官·总论任官之道》，第78页。

丘濬论述君臣产生、地位、相处之道来看，他追求的君臣关系，与黄宗羲所设计的政权组织方式有相似之处。

关于具体的君臣职能分异，丘濬在《正百官·公铨选之法》里有更为详细的阐述："君有君之职，臣有臣之职。君之职在乎任人，臣之职在乎任事。"① 要求君臣双方分配好权力、职责。若"君不任人而自任"，就是抢了臣的职责，"是以一身而代百工之事，力有所不及，虑有所不周……本欲以防一人之奸而适足以长百奸，本欲以虞一事之废而适足以致百废"。也就是反对君主一人任意妄为，要求君主为治"有一事则设一官，用一官则司一事，分曹而异局，委任以责成"。② 在这种理念下，针对明代国家机构设置，丘濬要求皇帝"重六部之职，简卿佐之任，以为朝廷出政之本"。③ 在明初废相问题上，丘濬也没有过多的纠缠，他认为当时明代政局中之"五府六部，卿佐与夫都察院、通政司、大理寺皆前代三省两府执政之官也，虽无宰执之名，实理宰执之事，但其事一总于朝廷而不颛颛任于一人，是以百年以来朝廷无纷更之弊"。④ 他在乎的只是君主具体权力的分配下达，而不在乎是分配给一个人还是一群人。但是丘濬无疑还是希望要有类似宰相之类的官职存在以制约君主的绝对权力，虽然他在《大学衍义补》中赞成高祖废相之法，但是仍多次提到宰相，并承认宰相在天子与百官之间的重要作用。在君臣之间权力的分配上，丘濬继承了宋代以来的君权限制理论，并把它与明代的政治现实相结合，给后来的政治思想以重大启示。

因《大学衍义补》之政治理念阐发具体而系统，在明代影响很大。除了明孝宗认为其"考据精详，论述赅博，有补政治"，而下令"誊副本下福建书坊刊行"之外，⑤ 还作为教材发送各地方学校。而王圻之《续文献通考》，顾炎武之《天下郡国利病书》都大量引用该书，可见其与明代士大夫政

① 丘濬：《大学衍义补》卷 10《正百官·公铨选之法》，第 139 页。

② 丘濬：《大学衍义补》卷 10《正百官·公铨选之法》，第 139 页。

③ 丘濬：《大学衍义补》卷 1《正朝廷·总论朝廷之政》，第 36 页。

④ 丘濬：《大学衍义补》卷 5《正百官·定职官之品》，第 87 页。

⑤ 《明孝宗实录》卷 7，成化二十三年十一月丙辰。

治理念关系至大。虽然黄宗羲对于丘濬尚理学而贬心学的学术态度颇为不满，也影响到他对丘濬人物个性的评价，但这并不影响黄宗羲对于丘濬君臣思想精神的借鉴。黄宗羲在大量的文献阅读中，已经消化吸收了这一系列思想，转化为自己的思想成果。鉴于两人在君臣职责、君臣分权等方面从语句到思想内涵的相似性，以及整体政治理念的契合度，可以推知黄宗羲与丘濬的君臣观思想，甚至上溯到方孝孺的思想，以及时代上介乎丘黄之间的东林人物的思想之间有一线索延衍而来，共同构成明代君权限制的文化语境。

（四）东林人士的君臣观

综观整个明朝政局，与黄宗羲最密切的政治派别，不管是从时间、空间、人际关系、思想内涵、时代背景还是利益相关度来看，都非“东林”莫属。在黄宗羲看来，也只有东林恪守正统为臣之道。故研究黄宗羲君臣观的时代文化语境，东林人士的君臣观是无法跨越的一个话题。东林书院自建立之日起，就以“家事、国事、天下事，事事关心”为宗旨，以“讽议朝政，裁量人物”为讲习之余的主要活动。[①] 当是时，朝中派系斗争错综复杂，东林书院虽立于江南一隅，却能使天下士人“慕其风者，多遥相应和”，[②] 从一个学术派别发展到一个政治派别。东林人士表现出来的士大夫以天下为己任的精神、要求君臣分权的理念，正是黄宗羲后来所设计的君臣权力分配模式的营养来源。东林人物的君臣论，主要体现在以下几个方面。

1. *关于君主*

在君主的问题上，东林人物大都持君主当以“天下为公”，而非以天下为“一己之私”的观念。万历十四年（1586 年），“国本之争”初起，恰顾允成参加当年廷试，在策论中，他以苏轼的“天下无事则公卿之言轻于鸿毛，天下有事则匹夫之言重于泰山”切入，表明当时应为天下有事之时，希望皇帝接受他文中的建言。他提到：“夫皇太子，国之本也，忠言嘉谟，国之辅也，两者天下之公也。郑妃即奉侍勤劳，以视天下犹为皇上一己之私也，今也以

① 张廷玉等：《明史》卷 231《顾宪成传》，北京：中华书局，1974，第 6032 页。
② 张廷玉等：《明史》卷 231《顾宪成传》，第 6032 页。

私而掩公，以一己而掩天下，亦已偏矣。”① 万历二十一年（1593 年），针对“三王并封”之事，他再次上疏：“天下事，非一家私事，盖言公也，况以宗庙社稷之计，岂可付之一人之手乎？”② 他明指郑贵妃不该把天下当成皇帝一己之私，实则在提醒皇帝天下非一家之私，应以江山社稷而非个人喜好为重。对此，顾宪成的评价是“吾弟于身家事尽悠悠，惟是世道人心所系，则寤寐不忘”。③ 他本身也为国事几度上疏。万历二十年（1592 年），顾宪成上疏指责皇帝未守人主之本分，“夫为天下之主者，未有不以天下为心者也”。④ 他还曾说：“夫天下之事，非一家私议。”⑤ 在天下事非一人之私的观念指导下，顾宪成得出“是非者，天下之是非，自当听之天下”⑥ 的结论，他把圣人的是非理论作为天下事物决断的标准，曾说：“仆不敢以一己之是非为出处，而以天下之是非为出处，又不敢漫以天下之是非为出处，而以天下贤人君子之是非为出处。”⑦ 高攀龙对顾允成的前述策论也颇为欣赏，作《顾季时行状》记载此事。与东林学派密切相关的朝中人物如左光斗提出，“国之公心，非特一人一家之私议也”。⑧ 赵南星曾论述君王以修身为重，原因是其“为天下国家者也”，⑨

① 顾允成：《小辨斋偶存》卷 1《廷试制科》，《景印文渊阁四库全书》，第 1292 册，台北：台湾商务印书馆，1986，第 257 页。

② 顾允成：《小辨斋偶存》卷 2《恭请册立皇太子疏》，第 265 页。

③ 顾宪成：《泾皋藏稿》卷 22《先弟季时述》，《景印文渊阁四库全书》，第 1292 册，第 239 页。

④ 顾宪成：《泾皋藏稿》卷 1《建储重典国本攸关不宜有待恳乞圣明早赐宸断以信成命以慰舆情事疏》，第 8 页。

⑤ 顾宪成：《小心斋札记》卷 2，载《顾端文公遗书》，《四库全书存目丛书》，子部第 14 册，济南：齐鲁书社，1995，第 260 页。

⑥ 顾宪成：《顾端文公年谱》卷 3《谱下》，载《顾端文公遗书》，第 535 页。

⑦ 顾宪成：《泾皋藏稿》卷 5《与赵太石吴因之二银台（又）》，第 60 页。

⑧ 左光斗：《左忠毅公集》卷 1《国是本乎人心疏》，《续修四库全书》，第 1370 册，上海：上海古籍出版社，2002，第 529 页。

⑨ 赵南星：《学庸正说》卷中《中庸正说上 · 凡为天下国家有九经所以行之者一也》，《景印文渊阁四库全书》，第 207 册，台北：台湾商务印书馆，1986，第 406 页。

“其任家国天下之责重”。① 缪昌期认为臣下“所谓爱其君者非独爱其君也，爱其君之所以托天下也”。② 他要求君主在听取臣下意见时要虚心接受，因为“人各有心，心各有口，各是其是，各非其非”，应该让“尽言者尽天下之心”，而不要“以一人之私议掩之也”。③ 缪昌期还以天下公论之所出来论述天下为公，认为简单的是或者非都无法判断公或不公，“天下之论不过是非两端而已，一是一非，一非一是，谓之异，不谓之公，一是偕是，一非偕非，谓之同，不谓之公”，而公论则是“出于人心之自然”。在这个基础上，他又把可以判断公否的范围作了限定，也就是公论自在人心，并非等级高者就可以决定天下是非，任何人的是非观念都不容剥夺，所谓“天子不能夺之公卿大夫，公卿大夫不能夺之愚夫愚妇者”④。

东林人士已经拥有了系统区分天下公私的理念，并有了明确的言论表达，而非像前代那样只是一种模糊的精神指向。这种观念与黄宗羲的“天下为主”，君主的作为要“兴天下之公利、除天下之公害”的思想已经非常接近。但是黄宗羲在《明夷待访录》中直接提出的“君为客”的思想，却要比东林人士坚定得多。

2. 关于臣道

东林人士关于臣的定位主要在于其分君职能，而为臣之道在于为天下，为百姓。东林人物都认为臣对国家非常重要，很多时候决定着国家未来的走向，是国家的象征，具有尊严。高攀龙在听闻阉党将来抓捕之际，留下“臣虽削夺，旧系大臣，大臣受辱则辱国”的遗言，投湖自尽，可见他至死不能忘记自己作为臣与他人之区别。⑤ 顾宪成把臣定位为“共事

① 赵南星：《学庸正说》卷上《大学正说·自天子以至于庶人》，第 362 页。

② 缪昌期：《从野堂存稿》卷 2《爱君以周公为法》，《续修四库全书》，第 1373 册，上海：上海古籍出版社，2002，第 388 页。

③ 缪昌期：《从野堂存稿》卷 2《拟请圣断综核名实剖判是非以息群嚣定国是疏》，第 386 页。

④ 缪昌期：《从野堂存稿》卷 2《公论国之元气》，第 391 页。

⑤ 高攀龙：《高子遗书》卷 7《遗疏》，《景印文渊阁四库全书》，第 1292 册，第 460 页。

之人”。[1] 赵南星认为“大臣焉，政本所系”，[2] “谓之臣，则共治天下国家者也”。[3] 左光斗则认为当时一切事物能否处理得当关键在于人臣：“今日之事，根源是在辅臣，则收拾亦在辅臣。”[4] 关于臣是国家的栋梁，是与皇帝共同商讨国家重大事务者这一点，不管是东林党人，还是黄宗羲，都有着惊人的一致。这种一致性是明代士大夫政治文化中的一种主流思想，也是黄宗羲能做出系统君臣设计的文化语境。其次是臣的职能，东林人士都认为为臣当关心天下事。顾宪成曾谈及一种大臣“即有他美，君子不齿也”。这种人“官辇毂，念头不在君父上；官封疆，念头不在百姓上；至于水间林下，三三两两相与讲求性命，切磨德义，念头不在世道上”。[5] 顾允成曾经指出“方今朝廷之上，人主果大公而至正乎，宰执果秉持而不失乎，台谏果补察而无私乎？”[6] 高攀龙发展了北宋名臣范仲淹的“先天下之忧而忧，后天下之乐而乐”的观念，提出“居庙堂之上，则忧其民，处江湖之远，则忧其君”，应该是“士大夫实念也”。除此“实念”之外，士大夫还要有“实事”，即“居庙堂之上，无事不为吾君，处江湖之远，随事必为吾民”。[7] 东林人士还指出针对朝中弊端进谏应为人臣第一要务。顾宪成认为“国家之患莫大于壅”，壅即言路不畅，上下不能相通。不管是“大臣持禄不肯言，小臣畏罪不敢言”的“壅在下”，还是“幸而不肯言者，肯言矣不敢言者，敢言矣究乃格而不报”的“壅在上”，都是“大乱之道”。[8] 联想东林党人在顾宪成、顾允成等进谏“国本”、请止矿监税使事件，黄尊素、杨涟、魏大中等人揭露魏忠贤事

---

① 顾宪成：《小心斋札记》卷 2，载《顾端文公遗书》，第 260 页。

② 赵南星：《学庸正说》卷中《中庸正说上 · 凡为天下国家有九经所以行之者一也》，第 405 页。

③ 赵南星：《学庸正说》卷中《中庸正说上 · 凡为天下国家有九经所以行之者一也》，第 406 页。

④ 左光斗：《左忠毅公集》卷 1《国是本乎人心疏》，第 529 页。

⑤ 顾宪成：《小心斋札记》卷 11 载《顾端文公遗书》，第 318 页。

⑥ 顾允成：《小辨斋偶存》卷 5《上座师许相国》，第 292 页。

⑦ 高攀龙：《高子遗书》卷 8 上《答朱平涵》，第 486 页。

⑧ 顾宪成：《泾皋藏稿》卷 7《万历奏议序》，第 97 页。

件中所表现出来的勇气，实乃是践行臣道修养的绝佳范本，而这些范本也正是黄宗羲所推崇的为臣之道所包含的内容。

3. 关于君臣关系

东林人士阐述君臣关系较多，这可能与晚明君臣冲突严重有关。首先是君臣相处之道。顾、高两人在君臣相处之道上都主张臣下对君主忠诚。顾宪成直接说“臣之事君，犹子之事亲也”,① 还阐述了一旦“臣不得于君，子不得于亲”之后会产生的后果以及应该采取的化解方法。高攀龙自杀之前还写下：“君恩未报，结愿来生。”② 但是，东林人物也绝不满于专制君权无限制地凌驾于人臣之上，而追求一种共治局面。赵南星提出“为天下国家者”的“经常之道”有“九经”，其中第二项就要求“尊贤”，对贤臣要“礼之若宾师也……视之若股肱也”。③ 其次是君臣之间权力的分配。顾宪成既反对君主的独断，也反对臣下越职夺权：“所谓权者，固自有在，非人臣可得而专也。是故职主于分任，而权则无所不统，权主于独断，而职或有所不伸。君臣之分于是乎在，盖其际严矣。”④ 在关于君主和臣下的分权问题上，东林人士比较倾向于用明责专断独裁者之名来隐责皇帝。这可以以顾宪成评价春秋时期的一句话为例，他说：“礼乐征伐……自诸侯出，自大夫出，自陪臣出……探本寻源，毕竟又自上之无道始。”⑤ 把政治动乱的根源归结为君主的不治。

在君臣之间的权力分配中，涉及人臣之中的执大政者，即为“相”，而自明太祖罢相之后，明朝不复再设宰相，但在东林人物心中，或被称为“相”，或被称为“辅臣”，仍然需要有这样一个角色存在。顾宪成就认为，“君以择相为要”，他引用魏文侯的话指出“家贫思良妻，国乱思良相”。⑥

---

① 顾宪成：《泾皋藏稿》卷10《愧轩记》，第129页。

② 高攀龙：《高子遗书》卷7《遗疏》，第460页。

③ 赵南星：《学庸正说》卷中《中庸正说上·凡为天下国家有九经所以行之者一也》，第405页。

④ 顾宪成：《泾皋藏稿》卷1《致以安愚分事疏（代孙堂翁立峰作）》，第9页。

⑤ 顾宪成：《小心斋札记》卷4，载《顾端文公遗书》，第274页。

⑥ 顾宪成：《小心斋札记》卷12，载《顾端文公遗书》，第325页。

东林人士要求寻找能够真正担当起国之大任的人来出任“相”，而不能滥付之于权臣甚至阉人。在东林人士看来，任官的标准是“天下官用天下人，以天下第一等人居天下第一等官”。① 可以出任宰相的人应该是“天下第一等人”，要包括德才等多方面。面对晚明纷繁的政治局势，东林人士对于权臣专权现象不满。当是时，他们深知暂时无可为相之人，于是要求把相的权力集中到一群人而非单独的个体之上，所谓“政事归六部，公论付言官”。②

在君臣权力分配问题的处理上，东林人士与黄宗羲不尽相同。虽然双方都希望由一个能担当起国之大任的人来出任宰相，但是由于明太祖废宰相之后留下的体制空白，双方的阐发点有所不同。在东林人士看来，明代的阁臣权力过重，所以他们在对张居正、申时行、王锡爵、沈一贯的政策进行评价时总是要批驳其专权，而对专权的解决方法则是再把权力下分，也就是再分到六部或者其他。而黄宗羲则不这么认为，他认为阁臣根本不是宰相。“或谓后之入阁办事，无宰相之名，有宰相之实也。曰：不然。入阁办事者，职在批答，犹开府之书记也”③。他认为阁臣的所有旨意皆“内所授”，不能真正行使为臣之责任，而此根源所在还是皇帝的专权，所以他提出的处理方法就是恢复设立真正拥有权力的宰相。分析其区别产生之原因，还在于方案的提出背景不一，东林人士要求解决现实问题必须从实际出发，而黄宗羲在为未来作制度的设计，可以带有几分理想与期望的成分。

综观东林人士在君臣关系上的论述，可见其继承了明代中前期以来的君臣论，而且因自身所处的复杂环境，东林人士的君臣观不仅仅表述在书面上，更表现在晚明士大夫轰轰烈烈的运动之中。在黄宗羲看来，东林人士是“一堂师友，冷风热血，洗涤乾坤”的士大夫典范。④

---

① 左光斗：《左忠毅公集》卷 1《复祖宗之旧制疏》，第 531 页。

② 张廷玉等：《明史》卷 231《史孟麟传》，第 6045 页。

③ 黄宗羲：《明夷待访录》，《黄宗羲全集》，第 1 册，第 9 页。

④ 黄宗羲：《明儒学案》卷 58《东林学案》，《黄宗羲全集》，第 8 册，第 727 页。

（五）李贽的君臣说

当代有关明代思想史或王学发展史的著作，大都会将李贽思想专列一章，然黄宗羲之《明儒学案》，非但未为李贽专列一案，甚至没有成为附属案主，只在谈及他人与李贽交往或思想交锋时淡淡提到几笔。李贽在晚明思想界引起轩然大波，何以黄宗羲略李贽而不论？两人在某些原则问题上或有冲突。但是，黄李两人思想也实有相似之处，即同样对当时的政局有着强烈的批判意识。

李贽在学脉传承上属于王学，曾经直接拜师于王艮之子王襞，又比较推崇罗汝芳。在君主的产生问题上，李贽认为“天之立君，所以为民”，他论述道：“圣人无中，以民为中也。夫民之所欲，天必从之。况居民上而为天子者哉！”[①] 在《初潭集》中，他把居于人上“如临深渊”“如履薄冰”害怕不能为政于民而失民的黄帝、舜、禹，[②] 能够不听小人谗言，立太子“为天下”[③] 的汉光武帝等人列入圣君之列；把虽然喜欢养鸟，但知道“夫君者，民之父母也”，[④] 宁可用两石粟与民换一石秕谷，而坚决不用民之食物粟去喂鸟的邹穆公列入贤君之列。可见，他判别君主合格与否的标准在于能否真正地实现“立君为民”。关于君主地位，李贽虽然认为在职责上，君主治民、民被治之间存在区别，但是他不认为本质上有什么区别。这个理论与他曾求学于泰州学派有一定的关系。泰州学派的中心观点就是人皆可以为尧舜，而李贽认为圣人和凡人本质上归一。“天下之人，本与仁者一般，圣人不曾高，众人不曾低，自不容有恶耳”[⑤]。“尧舜与途人一，圣人与凡人一”，既然圣人与凡人一样，他就劝世人“勿以尊

① 李贽：《道古录》卷下《第一章》，福建省李贽著作注释组福州小组：《李贽研究参考资料（六）》，福建师范大学图书馆内部资料，1975，第19页。

② 李贽：《初潭集》卷21《君臣一·圣君》，北京：中华书局，1974，第359页。

③ 李贽：《初潭集》卷21《君臣一·圣君》，第364页。

④ 李贽：《初潭集》卷21《君臣一·贤君》，第367页。

⑤ 李贽：《焚书》卷1《复京中友朋》，北京：中华书局，1975，第21页。

德性之人为异人也”，看他们的所作所为，“亦不过众人之所能为而已”。所以人们大可“率性而为，勿以过高视圣人之为可也”。[①] 既然被李贽称为圣君的尧舜也与常人一样，那么后世君主，就更加没有必要自认为高人一等了。

在君主职能上，与君主顺天意为民而立相一致，君主的主要职责就是善治民。李贽认为“君子以人治人”，不能“以己治人”，而要“以人本自治”，原因在于“人能自治”，倘若“不能听其自治，是伐之也，是欲以彼柯易此柯也”。这样的治理方法“虽近而实远”，又“安能治之，安足为道也耶?”[②] 而想要“以人治人”，必须要“好恶从民之欲”，[③] 知道民生的真正需求。在臣的职能上，李贽认为亦要把是否“为民”放在第一位。冯道能获得李贽的肯定，主要在于“安养斯民”。李贽在评价他时说：“夫社者，所以安民也，稷者，所以养民也，民得安养而后君臣之责始塞。君不能安养斯民，而后臣独为之安养斯民，而后冯道之责始尽。”他认为冯道作为臣应该在君不能“安斯养民”之时负起臣之职责，他批评后世诋毁冯道之人皆是“不知以安社稷为悦者矣”。[④] 可见李贽亦主张君臣同职。孔子在论述“以人治人”之道实施治民的对象时，仅仅提到“君子”两字，没有强调是君主还是官僚。而在李贽看来，圣贤与凡人一体，治人之人本无高下之分而只有分工不同。除了安民之外，对于其他政治思想家极力推崇的人臣“谏君”职责，李贽也有独特的见解。自宋明以来的政治家都认为为臣有“正君”职能，即要对君主的不足、过错提出批评改进之道，以“正君心”来“正天下”。虽然李贽也同意当君主有过错时应该进谏，但是“夫暴虐之君，淫刑以逞，谏又乌能入也!”针对不可谏之人，没有必要以死相抗，应对的方法应该是：“蚤知其不可谏，即引身而退者，上也；不可谏而必谏，谏而不听乃去者，次也。”“若夫

---

① 李贽：《道古录》卷上《第十一章》，第 13 页。

② 李贽：《道古录》卷下《第六章》，第 21、22 页。

③ 李贽：《道古录》卷上《第十五章》，第 16 页。

④ 李贽：《藏书》卷 68《外臣传・吏隐・冯道》，北京：中华书局，1959，第 1141 ~ 1142 页。

不听复谏，谏而以死”，那就是“痴臣”了。[①]

在李贽的君臣观里，君和臣之间只有政治的共同期求而没有道德上的任何牵扯。他要求君臣一体，为国为民治事，而不认为“君臣之义，无所逃于天地之间”。[②] 李贽在五伦之中，列夫妇、父子、兄弟、师友皆于君臣之前，因为在他看来：“夫妇，人之始也。有夫妇然后有父子，有父子然后有兄弟，有兄弟然后有上下。”[③]

李贽并不认为儒学是治国平天下的不二法门，他直言儒臣“不可以治天下”。[④] 他把儒臣分为“德行”和“文学”两类，再在德行之下分“行业”与“德业”两种。[⑤]“德业儒臣”指专注于儒家理论创设的学者，而“行业儒臣”则指信奉儒学的政治家。李贽在分析这些政治家时，认为只有把儒家学问和行政相分离的人才能获得施政的成功，所以他得出单纯信奉儒学不能治国平天下的结论。

李贽的学脉渊源可上溯到泰州学派，除师承于王襞之外，李贽的“以人治人”“顺从民欲”“穿衣吃饭，即是人伦物理”[⑥] 等一系列思想，与王艮的“百姓日用即是道”有相承之处。而黄宗羲对这两者的不满从他的著作《明儒学案》中可见一斑。泰州学派开创人王艮直接求师于王阳明，应属于王门一派，然黄宗羲在编撰中，将其他王门弟子皆按地域如浙中、江右等归类，只有对这一派仅以“泰州”名之而不冠“王门”二字。而且他在开篇就阐发了该派对阳明之学的不利之处：“阳明先生之学，有泰州、龙溪而风行天下，亦因泰州、龙溪而渐失其传。泰州、龙溪时时不满其师说，益启瞿昙之秘而归之师，盖跻阳明而为禅矣……泰州之后，其人多能赤手以搏龙蛇，传至颜山农、何心隐一派，遂复非名教之所

① 李贽：《初潭集》卷24《君臣四·痴臣》，第429页。

② 朱熹：《晦庵先生朱文公文集》卷95下《少师保信军节度使魏国公致仕赠太保张公行状下》，朱杰人等主编《朱子全书》，第25册，上海：上海古籍出版社，合肥：安徽教育出版社，2002，第4436页。

③ 李贽：《初潭集》卷1《夫妇总篇论》，第1页。

④ 李贽：《藏书》，《世纪列传总目后论》，目录第21页。

⑤ 李贽：《藏书》目录，第13～14页。

⑥ 李贽：《焚书》卷1《答邓石阳》，第4页。

能羁络矣。"[①] 虽然黄宗羲对李贽其人其说的不满显而易见，但两人还是有契合之处。比如两人都把人性本私当作政治制度设计必要性的根源。李贽认为："夫私者人之心也，人必有私而后其心乃见，若无私则无心矣。"[②] 在李贽看来，"私"不但如此重要，还非常普遍，各行各业都是为了"私"才有所作为，他写道："服田者，私有秋之获而后治田必力；居家者，私积仓之获而后治家必力；为学者，思进取之获而后举业之治也必力。"[③] 既然如此，那么一切制度的设计都要从满足人的"私欲"出发。他提出一个"民欲"的观念，要求政治的原则就是从民之欲，而黄宗羲则把"私欲"当作理想政治存在的前提。"有生之初，人各自私也，人各自利也"，后世君主视天下为一己之私产，而侵夺了民众的私利，"使天下之人不敢自私，不敢自利，以我之大私为天下之大公"。[④] 与其说黄宗羲强调私欲，还不如说他强调君主要掌控一己私欲来实现天下的大公，要把民众的私欲置于自己的私欲之上。他多次承认私欲的合理性主要是为了阐述后世君主只顾一己之私，而不顾天下人之私，实行专制统治的危害。两人对私欲的看法在表面看来一致，但内涵已有很大差别，黄宗羲的政治理想并不是实现一个人人逐利的社会。在君臣关系上，两人都批判专制君主，要求君臣平等。但是李贽强调的是一种君臣同质而不同名的效果，在阐述政治的实施者时，他很多时候并没有区分君和臣的差别，这种差别包括地位和职能的不同。而在黄宗羲眼中，君和臣还是有着本质的不同，君主还是政治权力的中心，他要求的只是在政策的决定过程中有德才兼备的臣子的参与，以实现决策的正确性。他反对的只是不顾天下之公的专制型君主而并非君主位于臣、民之上的这种君主制本身。"卓吾生平喜骂人，且其学术偏僻"，[⑤] 此乃黄宗羲对李贽的评价。李贽的特性在招致

---

① 黄宗羲：《明儒学案》卷32《泰州学案》，《黄宗羲全集》第七册，第820页。

② 李贽：《藏书》卷32《儒臣传·德行门·德业儒臣后论》，第544页。

③ 李贽：《藏书》卷32《儒臣传·德行门·德业儒臣后论》，第544页。

④ 黄宗羲：《明夷待访录》，《黄宗羲全集》，第1册，第2页。

⑤ 黄宗羲：《破邪论》，《黄宗羲全集》，第1册，第206页。

明晚期至明清间思想家批判的同时，也以自己的方式为后代留下一种反思精神，而这种反思精神也是自东林人士到遗民思想家共有的精神倾向。从某种意义上说，李贽虽背负骂名，但他留下的反思精神仍然构成了黄宗羲君臣观时代文化语境的内容之一。

（六）其他思想者的君臣关系言论

谢国桢论述黄宗羲《明儒学案》虽“以阳明、蕺山为宗”，但总体工作仍是“将有明一代儒林为有宗旨有系统之排比”。[①] 在写作的过程中，要对明代各儒家之宗旨、学术脉络作总体把握并以最简洁之语概括而出，必已对有明儒学发展了然于心。

黄宗羲在《明夷待访录》开篇题辞中就提及“乃观胡翰所谓十二运者”，相信“向后二十年交入‘大壮’，始得一治”，[②] 于是才撰写《待访录》，为即将到来的明世提供施政纲领。而据研究，黄宗羲早年对胡翰之十二运学说极为相信，而胡翰（1307～1381年）著作《胡仲子集》中除了对这一史论有所阐发之外，亦对君臣关系有所思考。胡翰之《皇初》篇描写“鸿荒之世，天地草昧，民物杂糅，穴居野处”，只有“其人果圣而世果治”才能委之以事，才是不辜负“天生民立君之意”。[③] 而这样的代表人物就是三皇五帝，而后自启代禹位后，虽有治世，但仍不能与三皇五帝相提并论，所谓“三王不足四而五帝不足六”。[④] 胡翰区别早期圣王与后代帝王的方法与黄宗羲在阐述君之产生之初，分析“古之人君”与“后世人君”的方法较为相似。两者均认为古之人君出而为天下万民谋利，“千万倍之勤劳而己又不享其利”，[⑤] 后之为君却“苟不为皇，犹当

① 谢国桢：《黄梨洲学谱》，上海：商务印书馆，1932，第36页。

② 黄宗羲：《明夷待访录》，《黄宗羲全集》，第1册，第1页。

③ 胡翰：《胡仲子集》卷2《皇初》，《景印文渊阁四库全书》，第1229册，台北：台湾商务印书馆，1986，第14～15页。

④ 胡翰：《胡仲子集》卷2《皇初》，第16页。

⑤ 黄宗羲：《明夷待访录》，《黄宗羲全集》，第1册，第2页。

为帝，苟不为帝，犹当为王”，① 凌驾于万民之上。显然，不管是胡翰还是黄宗羲，对上古三代政治都有一种共同的憧憬。但是，他们应该也认识到某些古代的制度在当代已经无法复制，于是只倾向于对古代的某些原理、价值作一恢复。这样就需要为理想的政治模式设计一套规范，而其中心理念就是君臣分权。胡翰在《尚贤》篇中首先阐述天下任务之重而人君能力有限，必将事务分于臣工。“人君兼天下之所有，以贵则天下莫与侔其势也，以富则天下莫与较其利也，以权则天下生杀之所由悬也，何求而不得，何为而不成?”然而“人虽聪明睿智，一堵之外，目有所不见，十室之间，耳有所不闻，万钧之重，力有所不举，百工之事，能有所不通，况天下大器也，举天下之大器重任也”，② 所以必须要选择贤能之人辅佐，共治天下。在所有的官员中又以“相”为最重，“人才至众，其要莫先于论相，相之贤否，官之得失所系也，官之得失，政之隆替所系也”。③ 黄宗羲则言“有明之无善治，自高皇帝罢丞相始”，④ 着重指出相对君之重要性，除了辅佐政事，分治天下，更可在后世传子之君已无法更改的情况下，可以补君之不贤。关于君臣关系，胡翰也没有坚守君臣不可颠覆理念，他特举东周乱世之例，“周德既衰，春秋战国之际不能统一，于是君择臣，而臣亦择君以事之”，⑤ 相互选择只是因为君相的存在为共求天下大治。综上所述，黄宗羲与胡翰的君臣思想有某种关联。

除了胡翰之外，黄宗羲在《明夷待访录》中再未提及哪种思想对其启发较大。然他于《明儒学案》中对入案人物的重要著作都有所摘录，该书比较侧重阐发案主的哲学思想，间而也会有政治理念，或以言论，或以事件之形式出现。黄宗羲对此筛选的过程也就是他与案主政治理念相碰撞交流的过程，尤应引起注意。如关于宰相之重要性，黄宗羲在编辑魏校《体仁说》时收入如下语句：

---

① 胡翰：《胡仲子集》卷2《皇初》，第16页。

② 胡翰：《胡仲子集》卷1《尚贤》，第5页。

③ 胡翰：《胡仲子集》卷1《尚贤》，第7页。

④ 黄宗羲：《明夷待访录》，《黄宗羲全集》，第1册，第8页。

⑤ 胡翰：《胡仲子集》卷1《尚贤》，第6页。

> 人君当明乾坤易简之理。天下之贤才，岂能人人而知之邪？君惟论一相，相简大寮，俾各自置其属，人得举其所知，而效之于上，则无遗贤，所谓“乾以易知”也。天下之政，岂能事事而亲之邪？君恭己于上，委任于相，相分任于百司，而责其成功，上好要而百事详，所谓“坤以简能”也。①

魏校虽然只是在阐述乾坤之理时以宰相作为比喻对象，但这种宰相在选择人才、任命官员、为君主承担天下政事方面的作用是不言而喻的，这与黄宗羲在《明夷待访录》中阐发的建立一种分权且有一个德才兼备的宰相来领导政府的体制设计是相一致的。

再比如阐发为臣之行为时，黄宗羲在邹智的传中采用了如下一个事件：

> 初，王三原至京，先生迎谓曰：“三代而下，人臣不获见君，所以事事苟且，公宜请对，面陈时政之失，上许更张，然后受职。”又谓汤鼐曰：“祖宗盛时，御史纠仪，得面陈得失，言下取旨。近年遇事，惟退而具本，此君臣情分所由间隔也。请修复故事，今日第一著也。”②

这里，通过邹智劝导两位即将为官之人应该直面君主过失和要求与君主共议政二事，既表达了邹智的君臣理念，又表现出黄宗羲的君臣理想。其后黄宗羲又加上一句“二公善其言而不能用，识者憾之”③ 的评论，更见其政论倾向。

除此之外，黄宗羲在其著作中还提到其他多人的君臣言论，直接阐述的就有胡居仁、夏尚朴、杨爵、胡直、邹元标、黄道周等人，间接评价的

① 黄宗羲：《明儒学案》卷3《崇仁学案三·体仁说》，《黄宗羲全集》，第7册，第48页。

② 黄宗羲：《明儒学案》卷6《白沙学案下·吏目邹立斋先生智》，《黄宗羲全集》，第7册，第109页。

③ 黄宗羲：《明儒学案》卷6《白沙学案下·吏目邹立斋先生智》，《黄宗羲全集》，第7册，第109页。

更不计其数，涉及通明一代的思想家、政治家。这种不断阅读、思考、评述的过程中，相似的言论不断地出现、重复，必然会给黄宗羲一种政治文化的语境，正是在这种语境中，他的君臣论方可以酝酿。再加上其在反阉党、明末结社、抗清等一系列斗争中的体会，他的《明夷待访录》才可能把明代以来零星的要求限制君权的理念转化为一种系统的制度设计。

二　师学传承对黄宗羲君臣观的影响

（一）刘宗周对黄宗羲的影响

黄宗羲奉刘宗周为师，奉王学为正统，暂且不论黄宗羲对王学以及王门后学态度如何，毕竟他自认为是坚定的心学拥护者。但探究黄宗羲师承的直系脉络，并无人直接出自王阳明门下，那么黄宗羲与刘宗周以及王阳明关系如何演变，是探究黄宗羲君臣观形成文化语境的重要前提。

黄宗羲以刘宗周为师始于天启六年（1626 年）三月“六君子事件”。其父忠端公黄尊素与其他六位东林人物先后被捕，将被押送京城，黄宗羲“送至郡城，刘念台先生（讳宗周）饯之萧寺，忠端公命公从之游”。[①] 随后，黄宗羲先为救父，后为复仇，再次见到其师，开始学习生涯已是两年之后。崇祯元年秋，黄宗羲扶父柩南回，是年冬天，刘宗周前来吊唁，“褰帷以袖拂棺尘，痛哭而去”。[②] 次年，刘宗周重拾东林讲学之风，创证人书院于绍兴蕺山，[③] 是年黄宗羲投身于蕺山门下。自此年到顺治二年（1645 年）（南明弘光元年）闰六月刘宗周绝食而逝，此近二十年的时间黄宗羲奉刘宗周为师。在二十年师生情谊中，黄宗羲虽不是对刘宗周的所有

① 黄炳垕：《黄宗羲年谱》卷上，北京：中华书局，1993，第 12 页。

② 黄炳垕：《黄宗羲年谱》卷上，第 13 页。

③ 开办证人书院的时间，黄炳垕认为是崇祯二年，《蕺山刘子年谱》认为是崇祯四年。黄炳垕：《黄宗羲年谱》卷上，第 14 页；刘汋：《蕺山刘子年谱》卷上，吴光主编《刘宗周全集》，第 6 册，杭州：浙江古籍出版社，2007，第 101 页。

学说一味盲从，但在刘宗周生前身后，他坚定捍卫师说，并在《明儒学案》中专列《蕺山学案》，介绍刘宗周的学术思想，列为明末两大儒之一。①

刘宗周并无专门论述君臣关系的著作，其君臣观散见于各种奏疏、言论之中。他自万历三十二年（1604 年）选授行人司行人，到顺治二年绝食而亡，历仕万历、天启、崇祯三朝及南明福王政权，但总体在朝时间极短。刘宗周认为，明朝朝政的腐败，国家的衰微，是因为人心丧失，特别是作为国家脊梁的士大夫的人心丧失。他说："今日国家祸败，止缘士气茅靡，人心瓦解"，而匡救之方法，应该是"竖起脊梁，为天下倡明忠义之气"。② 为此，刘宗周对为臣者一味阿谀奉承，贪图私利之行为极为不满，多次上疏抨击这种现象。他曾上疏言道："今天下世道交丧矣。士大夫容容苟苟，不知忠孝节义为何事。平居以富贵为垄断，临难以叛逃为捷径。"③ "世道之衰也，士大夫不知礼义为何物，往往知进而不知退……举天下贸贸焉奔走于声利之场。"④ 除了批评臣道，刘宗周更指出朝纲不振的原因在于包括皇帝在内的整个社会人心的丧失。早在从政万历朝时期，他就直言当时"皇太子、群臣处暌隔之势……孝子见疏，忠臣被搆"的情况，根源就在于"今陛下深居宫禁，务与臣下隔绝……日溺于宦官、宫妾之近"。⑤ 而当时廷臣日趋争竞，党同伐异之风盛行，人心日下，根源也在于"皇上于人才进退、章疏是非，一概置之不理"。⑥ 针对天启皇

① 另一大儒为高攀龙。"今日知学者，大概以高、刘二先生并称为大儒，可以无疑矣。"黄宗羲：《明儒学案》卷 62《蕺山学案》，《黄宗羲全集》，第 8 册，第 884 页。

② 刘宗周：《答方孩未巡关》，《刘宗周全集》第 3 册《文编三·书二》，第 408 页。

③ 刘宗周：《修举中兴第一要义疏》，《刘宗周全集》第 3 册《文编一·奏疏一》，第 35 页。

④ 刘宗周：《天恩愈重臣义难胜恳乞圣明辞免殊常升擢容臣仍以原官在籍调理以终愚分疏》，《刘宗周全集》第 3 册《文编一·奏疏一》，第 46 页。

⑤ 刘宗周：《敬循使职谘陈王政之要恳祈圣明端本教家推恩起化以禅宗藩以保万世治安疏》，《刘宗周全集》第 3 册《文编一·奏疏一》，第 16 页。

⑥ 刘宗周：《修正学以淑人心以培国家元气疏》，《刘宗周全集》第 3 册《文编一·奏疏一》，第 18 页。

帝偏信客氏，刘宗周上疏指出："以大内森严，恣一宫人出入不禁如此，非所以闲内外耳。而陛下方以人言及之，一举而逐谏臣者三人，罚者一人，至阁部以下，举朝争之而不得，则陛下又以一宫人成拒谏之名矣。"[①]面对皇帝偏信魏忠贤的情况，刘宗周直言，今"得时用事，亲幸于陛下如左右手"，"导陛下逐谏官"，"导陛下以优人杂剧射击走马"者，[②]全是魏忠贤或其党人所为。他怀疑皇帝的威信已失，故面对"今日世道人心江河日下，每为之抚膺太息"。在其看来，皇帝行政不力，听信小人之言是整个天启朝政治败坏的关键，他希望从根本上改变这种状况，故"恳乞圣明，大阐一代幽忠，以励臣纪，以劝世风"。[③]在崇祯朝，刘宗周能够直接指出皇帝用人多疑的个性，当崇祯皇帝抱怨人才匮乏时，刘宗周说："天下原未尝乏才，足以供一代之用，止因皇上求治太急，用法太严，布令太烦，进退天下士太轻，遂使在事诸臣相率以畏罪饰非为事，不肯尽心职业，所以有人而无人之用……"[④]在明亡前一年，刘宗周直接指出今日败局的缘由，在于"十五年来，皇上处分未当"。[⑤]

纵观刘宗周对其历任期间三位皇帝的批评，都尖锐深刻。那么，在刘宗周看来，如何为君、为臣才算符合要求呢？

首先，在刘宗周的君臣观中，君处于中心地位，"人主之代天而理天下"，[⑥]具有行使最高权力的合法性。刘宗周对君主的这种地位的界定从以上分析中可以看出，他把君主的处分不当看成是整个晚明弊政的主要原因，而在根本的原因——人心的沦丧中，君心也是其中的关键。"臣惟天

① 刘宗周：《感激天恩敬修官守恳乞圣天子躬礼教以端法宫之则以化天下疏》，《刘宗周全集》第3册《文编一·奏疏一》，第22页。

② 刘宗周：《感激天恩敬修官守恳乞圣天子躬礼教以端法宫之则以化天下疏》，《刘宗周全集》第3册《文编一·奏疏一》，第23页。

③ 刘宗周：《请恤神庙罪废诸臣疏》，《刘宗周全集》第3册《文编一·奏疏一》，第30页。

④ 刘汋：《蕺山刘子年谱》卷上《刘宗周全集》第6册，第109页。

⑤ 刘汋：《蕺山刘子年谱》卷下《刘宗周全集》第6册，第140页。

⑥ 刘宗周：《敬陈祈天永命之要以回厄运以巩皇图疏》，《刘宗周全集》第3册《文编一·奏疏二》，第86页。

下事有本、有末，如治病者察症有标本，而后可施其针砭之功……陛下第躬修明德于上，而天下化之，士大夫孰为竞锥刀者?"[1] 可见，刘宗周虽然对晚明几位皇帝极其不满，但他还是侧重于指责、规劝，而没有更激进的想法。

其次，君主在国家大事的决策中起提纲挈领作用。《论语学案》为刘宗周评述孔子思想的专门著作，在为政篇中曾经提到："人主以一身托天下臣民之上，未可以机权控驭之也。奉天道之无私，以顺民心而已……君举错只一相，相择群有司，群有司择百执事，下至胥吏之贱，皆以此道递推之，则天下帖然成大顺之治，虽唐、虞、三代之化，不过如此。"[2] 这是从阐发孔子学说入手，表达君臣分权的思想。而面对臣工尽在皇上猜疑之中的崇祯政局，刘宗周提出这种情况会使"日积月累，结为阴痞，有识者固已忧之"，因而主张"皇上亦宜分任其咎"。他回顾上古君臣关系，要求皇帝："日御便殿，延见群臣，相对如家人父子。从此君臣相得，万化自张。以票拟归阁臣，以庶政归部院，以献可替否付言官，而一人主持焉。"[3] 再如崇祯十五年（1642 年），刘宗周直接向皇帝提出："臣闻天下大矣，而以一人理，非徒以一人理天下也，有要焉……以其至简而御天下之至繁，即以其至静以宰天下之至动者也。故曰：'君职要，臣职详。'"[4] 这也就是要求君主起到提纲挈领的作用，要善于把握全局，而具体事件则交给臣下处理。

再次，臣道为民。刘宗周有大量文章批判人心败坏，道德沦丧，士风日下。从刘宗周多次抨击群小阿谀奉承之媚态与多次冒死直言以及提出的君臣关系言论中可以看出，他要求为臣能够直言进谏，分担政事，行政为

---

① 刘宗周：《遵旨回奏疏》，《刘宗周全集》第 3 册，《文编一·奏疏二》，第 90~91 页。

② 刘宗周：《论语学案一》，《刘宗周全集》第 1 册，《经术二·论语学案》，第 286 页。

③ 刘宗周：《冒死陈言开广圣心疏》，《刘宗周全集》第 3 册，《文编一·奏疏二》，第 72 页。

④ 刘宗周：《微臣不能以身报主敬竭报主之心终致主于尧舜疏》，《刘宗周全集》第 3 册，《文编一·奏疏四》，第 156 页。

民。在刘宗周看来，作为大臣要“为天地立心，为生民立命”，要以民生为重，国事为先。他对阿谀媚上之事极为反感，对争权夺利之事极为不屑。故对自己要求极为严格，平时生活清廉，甚至连在梦中梦见自己升官都要反省一番。[①]

黄宗羲在《子刘子行状》和《明儒学案·蕺山学案》的传主介绍部分，生动叙述了刘宗周仕任三朝，针对弊政建言的举动，并特别详细记载了其在崇祯朝的活动。这一时期，正是刘宗周直接影响黄宗羲的年代，故从黄宗羲的记载中可看出两人君臣观的相承之处。崇祯初年，刘宗周对崇祯皇帝抱有希望。[②] 他多次上疏要求皇帝“（君臣）相对如家人父子……以票拟归阁臣，以庶政归部院，以献可替否付言官”，[③]“夫天下可以一人理乎？恃一人之聪明，而使臣下不得关其忠，则陛下之耳目有时而壅矣；凭一己之英断，而使诸大夫、国人不得衷其是，则陛下之意见有时而移矣。”[④] 要求崇祯皇帝相信人臣，下放权力。而若皇帝一意孤行，专断独裁，“舍天下士大夫，终不可与共安危”。[⑤] 在黄宗羲的君臣构想中，这种观念被直接表达为：“缘夫天下之大，非一人之所能治，而分治之以群工。”[⑥] 黄宗羲对于刘宗周为官之道又记载，崇祯二年，京城戒严，身为顺天府尹的刘宗周认为其身为“守土官，当以民生为急”，要求捐门税以通煤米，把内帑二万金分给饥饿者、守城兵士和战士有妻子者。在难民汇集，诸大臣均言要将之安之郊外时，唯独刘宗周认为“民心一失，何恃以守”，并说“此京兆事，无烦诸君过虑也”。然后派僚佐出城，登记难民姓名籍贯，分发证明，让他们入城。在京城解除戒严之后，他又上疏皇

---

① 姚名达：《刘宗周年谱》卷中《刘宗周全集》，第6册，第253页。

② 黄宗羲：《子刘子行状》卷上《黄宗羲全集》，第1册，第214页。

③ 刘宗周：《冒死陈言开广圣心疏》，《刘宗周全集》第3册《文编一·奏疏二》，第72页。

④ 刘宗周：《面恩陈谢预矢责难之义以致君尧舜疏》，《刘宗周全集》第3册《文编一·奏疏二》，第55~56页。

⑤ 刘宗周：《冒死陈言开广圣心疏》，《刘宗周全集》第3册《文编一·奏疏二》，第73页。

⑥ 黄宗羲：《明夷待访录》，《黄宗羲全集》第1册，第4页。

帝："法天之大者，莫过于重民命，则刑罚宜省宜平……法天之大者，莫过于厚民生，则赋敛宜缓宜轻。"[①] 在黄宗羲看来，刘宗周的为臣风骨，正是实践了出仕为天下，为万民的臣道。

黄宗羲的君臣观与刘宗周的君臣言论，虽然在君臣权力分配和为臣职责上见解颇为相同，但是在处理君臣地位关系上并不完全一致，集中表现在刘宗周殉身于明而黄宗羲在抗清失败后退而为学，为未来设计大治之道。这样的差别除了因为两人在明亡之后经历不同之外，更关键的是在于他们对君臣地位关系看法不同。刘宗周把"君臣父子兄弟夫妇朋友"看成"无所逃于天地之间"，但黄宗羲却把君臣和父子看成完全不同的两种关系。"父子一气，子分父之身而为身"，所以为天地间不可动摇之伦常，然"吾无天下之责，则吾在君为路人"。一旦出仕，"以天下为事，则君之师友也"。[②] 也就是说君臣关系是一种后天的选择。刘宗周始终认为虽为臣要为民，要分君权，但是臣始终在君之下，臣为君辅佐政事而存在。因此当他认为国家无复起之望时，会要求一死。显然，刘宗周还是把明亡当成国亡。但是，黄宗羲对国家与朝代关系的看法已经发生变化，"盖天下之治乱，不在一姓之兴亡"，"出而仕也，为天下，非为君也；为万民，非为一姓也"。[③] 于是其在抗清失败之后，并没有以身殉国，而是"条具为治大法……持此遇明王"，相信有如三代之治的"大壮"很快来临。

显然，黄宗羲对刘宗周的君臣观有所继承也有所突破，而采纳先师之道的方法在黄宗羲的思想中是一种常态，他在士大夫政治活跃，君臣关系言论营养丰富的时代语境下，形成体系化之君臣观。

（二）王阳明对黄宗羲的影响

黄宗羲虽有调和朱王的倾向，但一向认定自己是王学后人，且以揭橥王学之真谛，力归实践之旨为己任。《明儒学案》以王学发展演变作为中

---

① 黄宗羲：《子刘子行状》卷上《黄宗羲全集》第1册，第216~217、219~220页。

② 黄宗羲：《明夷待访录》，《黄宗羲全集》第1册，第5页。

③ 黄宗羲：《明夷待访录》，《黄宗羲全集》第1册，第4~5页。

心脉络，且云“无姚江，则古来之学脉绝矣”,① “世未有善学如先生者也”,② 可见王阳明在他心中地位。在政治思想上，从王阳明到刘宗周再到黄宗羲显然有传承之处，他们都呼吁改革当时的学术流弊以拯救政治衰败。

王阳明直接讨论君道的言论并不太多，但有较多关于为臣的言论，其君臣观可以从中探求一二。王阳明主考山东乡试时（弘治十七年即1504年秋）曾作《山东乡试录》，认为大臣的作用在于“以道事君”，“夫大臣之所以为大臣，正以能尽其道焉耳，不然何以称其名哉?”而关于为臣的实质是要“居于庙堂之上而为天子之股肱，处于辅弼之任而为群僚之表帅”。在与君的相处之道上，要“启其君之善心”，“格其君之非心”，能够“绳愆纠缪以引君于道”，而不能“阿意顺旨以承君之欲”。③ 具体而言，王阳明认为为臣首先就在于规劝君心，培养君德。其次在于行政为民，“各官务要诚爱恻怛，视下民如己子，处民事如家事”，“如其苟且目前，虚文抵塞，欺上罔下，假公营私，非但明有人非，幽有鬼责，抑且物议不容”。④ 再次，要勤政守职。他把为官比作耕田，“牧守之治郡，譬之农夫之治田，农夫上田，一岁不治则半收，再岁不治则无食，三岁不治则化为芜莽”，但若能“勤耕耨之节，则下田之收与上等”。⑤ 最后，王阳明强调为臣最关键是要有为国之心，他以古之大臣为例：“古之所谓大臣者，更不称他有甚知谋才略，只是一个断断无他技，休休如有容而已。”⑥ 他强调，大臣不在于有什么凸显的谋略，若真是有为国之心，那么他所有的

① 黄宗羲：《明儒学案》卷10《姚江学案》，《黄宗羲全集》第7册，第197页。

② 黄宗羲：《明儒学案》卷10《姚江学案·阳明传信录》，《黄宗羲全集》第7册，第203页。

③ 王守仁：《王文成全书》卷31下，《山东乡试录·四书·所谓大臣者以道事君不可则止》，《景印文渊阁四库全书》第1265册，台北：台湾商务印书馆，1986，第856页。

④ 王守仁：《王文成全书》卷30《行浔州府抚恤新民牌》，第812页。

⑤ 王守仁：《王文成全书》卷29《送骆蕴良潮州太守序》，第771页。

⑥ 王守仁：《王文成全书》卷6《与黄宗贤》，第178页。

智谋才略都可以发挥出来，他的“休休有容”就是一种大才略，大智谋。

在《乞宥言官去权奸以章圣德疏》中开篇言：“臣闻君仁则臣直。”① 在《自劾不职以明圣治事疏》中开篇言：“臣闻之，主圣则臣直，上易知而下易治。”② 虽在这些奏疏的下文中，王阳明称正德皇帝“神明英武”，“聪明超绝”，但事实上都是以委婉的方式批评皇帝。比如在第二篇中列举自己为臣三大罪状，没有将皇帝引上圣道，其实就是指出皇帝的几大过错。所谓“不能备言天下汹汹之情”，是因为皇帝不视朝不为政，不愿处理天下政务；所谓“不能力劝陛下蓄精养神，以衍皇储之庆，思患预防以为燕翼之谋”，是因为皇帝乐于后苑玩乐；所谓“不能备陈至乐，以易陛下之所好”，是因为皇帝喜游玩而不喜儒学经筵。③ 事实上，在传统儒家士大夫看来，正德皇帝这样的行为与一个君主的要求是根本不吻合的。但王阳明只是以自责的方式劝皇帝改过，而没有尖锐地提出批评意见。王阳明从他的心学理念出发，主张不管是为君还是为臣，讲究的是本心的反省。可见王阳明对政治的改良并非提出具体可行的措施，而是造就一种理念与氛围，故而他的君臣言论没有刘宗周、黄宗羲师徒来得具体。

相较于黄宗羲之君臣平等理念，刘宗周所言之君占主导位势，王阳明更推崇一种君上臣下理念。“君者，元首也，臣者，耳目手足也”，④ 虽元首与耳目手足俱不可或缺，但孰轻孰重一目了然。王阳明在劝解正德皇帝勤政时，分析正德皇帝“每月视朝，朔望之外，不过一二”，认为这种情况“岂不以臣等分职于下，事苟无废，不朝奚损乎？”还说：“然群臣百司，愿时一睹圣颜而不获，则忧思旁皇，渐以懈弛。”⑤ 在王阳明看来，政事可以分给臣工，但是皇帝要起到领导、聚拢人心的作用，不能一味不理。且把君主成长的希望寄托在君心的养成与臣子的规劝上。故王阳明多次上疏要求“勤圣学”“养君德”，并多次谏君改过。但是相比于刘宗周

---

① 王守仁：《王文成全书》卷9《乞宥言官去权奸以章圣德疏》，第232页。
② 王守仁：《王文成全书》卷28《自劾不职以明圣治事疏》，第746页。
③ 王守仁：《王文成全书》卷28《自劾不职以明圣治事疏》，第746~747页。
④ 王守仁：《王文成全书》卷9《乞宥言官去权奸以章圣德疏》，第233页。
⑤ 王守仁：《王文成全书》卷28《自劾不职以明圣治事疏》，第746页。

的直言“十五年来，皇上处分未当，致有今日败局”，[①] 黄宗羲直接提出的君臣名异实同，君臣分职，三者之间由于受时代政局与个人从政经历影响还是有差异的。从师承关系上考察，显然是王阳明处于源，而刘黄两人处于流。虽然同样是一种反思，王阳明是明代心学体系的初步构建者，他对政治架构的反思还是朦胧的。到了明末，王学已经发展到熟烂阶段，刘黄师徒更容易从全局上把握其发展的脉络，也更容易用学术的思想去研究政治，反思君臣关系。随着政局日坏，晚明时代的反思思潮必然会来得更为炽热一些，刘宗周、黄宗羲的思考自然也就彻底一些。

（三）家学与黄宗羲的君臣观

黄宗羲能成为明末清初大家，固然与其师学显赫，身处王学要位，师友遍天下相关，也与其父黄尊素的言传身教有关。

黄尊素万历四十四年（1616 年）中进士，次年授宁国府推官，八岁的黄宗羲陪同前往。在安徽五年，黄宗羲目睹父亲“饬法令，严墨吏，问疾苦，去疵疠”；[②] 不畏前国子监祭酒、宣党党魁汤宾尹，使明秽之官“终公任，不敢为奸利事”；处置大姓刘氏置私狱杀人，面对有人劝他时值考选要行事谨慎，“公已成名宛上，似此盘错，宜俟后人”，黄尊素的回答却是：“吾志扫奸鄙，今当前而避之，羞称执法之吏矣。”[③] 黄宗羲在《黄氏家录·忠端公黄尊素》中对此津津乐道，对父亲的言行极为推崇，他后来评价父亲“以开物成务为学，视天下之安危为安危”。[④] 因为黄尊素身为宁国府推官时的所作所为，使黄尊素为东林人士所赏识。正是因为黄尊素成为东林人士，才能使黄宗羲有机会进入晚明朝廷斗争的前线，能够目睹以东林人物为主导的士大夫政治活动，并获得了这种政

① 刘汋：《蕺山刘子年谱》卷下《刘宗周全集》第 6 册，第 140 页。

② 黄炳垕：《黄忠端公年谱》卷上，四川大学古籍整理研究所编《儒藏·史部·儒林年谱》第 24 册，成都：四川大学出版社，2007，第 588 页。

③ 黄宗羲：《黄氏家录》，《黄宗羲全集》第 1 册，第 413 页。

④ 黄宗羲：《明儒学案》卷 61《东林学案四·忠端黄白安先生尊素》，《黄宗羲全集》第 8 册，第 864 页。

治活动的余绪比如平反活动的参与机会。这种参与过程给了黄宗羲政治实践的经验，使他对君臣关系的思考不至于空疏而带有浓厚的现实色彩。

黄尊素“少即博览经史，不专为科举之学”,[①] 他也是以这样的学风引导黄宗羲。天启三年（1623 年）秋，黄宗羲十四岁，再次随父赴任。此时，黄宗羲已开始专心于学业，他“好窥群籍，不琐守章句”，其父“课以制义，公于完课之余，潜购诸小说观之”。[②] 每夜“秉烛观书，不及经艺”。[③] 天启六年（1626 年），黄尊素被捕，在押送京城之前，还作出两项交代，这也是黄宗羲日后能成为思想学术大家的重要因素。一是要求黄宗羲跟随刘宗周学习，这一交代对黄宗羲能够在明清儒学中占据一席之地至关重要；二是嘱咐黄宗羲“学者不可不通知史事，将架上《献征录》涉略可也”。[④] 黄宗羲在为父报仇之后，谨遵父亲遗训，发奋读书，“自明十三朝《实录》，上溯《二十一史》，每日丹铅一本，迟明而起，鸡鸣方已，两年而毕”。[⑤] 黄宗羲二十岁前后的大量阅读，使他拥有了深厚的史料功底。他的君臣观正是基于他在对历代君臣关系，特别是明代君臣关系有了整体把握之后的一个总结性见解。家学传承加上王学一脉的师承，都构成影响黄宗羲君臣观的背景因素。

三 黄宗羲的经历与其君臣观

黄宗羲生于明朝政局急转而下的万历年间，经历了天启朝的黑暗，崇祯朝的无奈，被迫去面对明清易代的天崩地裂，并眼看着复明成为不可能之事而退居山林，勾画他所精心设计的理想世界。他依托着明代士大夫二百多年间付出尊严、鲜血甚至生命代价而形成的政治文化积淀，亲历了晚

① 黄宗羲：《黄氏家录》，《黄宗羲全集》第 1 册，第 413 页。
② 黄炳垕：《黄宗羲年谱》，第 11 页。
③ 全祖望：《梨洲先生神道碑文》，黄炳垕：《黄宗羲年谱》，第 85 页。
④ 黄炳垕：《黄宗羲年谱》，第 15 页。
⑤ 黄炳垕：《黄宗羲年谱》，第 15 页。

明波谲云诡的政治变迁，旧新交融，成为了中国政治思想史上影响深远的思想家。他的私淑弟子全祖望曾言：

> 先生以忠端公为之父，以蕺山先生为之师……稍长，游证人书院，私淑者洛、闽之门庭，见知者杨、袁之宗派，或告以中原文献之传，或语以累朝经制之略，耳濡目染，总不入第二流品目……盖先生之学问气节，得于天者固有不同，要其渊源之自，则相半焉。①

在全祖望看来，黄宗羲虽师学、家学脉络清晰，能得到自宋明以来的思想文化营养，但其个人经历在其思想形成中的重要作用亦不可低估。黄宗羲个人的政治活动也必然给他以启发，现实的参照比书本教导更能促进他对君臣关系的思考。谢国桢先生曾作《黄梨洲学谱》，内专列一章《学侣考》，分梨洲少年党锢时期、结社时期、复国运动时期、潜伏授学时期、终老时期五个阶段，考察黄宗羲人生各个阶段的交友状况。② 鉴于《明夷待访录》成书于康熙元年（1662 年），也就是复明运动失败之后，而黄宗羲早年跟随父亲前往京师，已知“朝中清浊”，之后的政治经历则是完全由他独自担当，也就是谢先生所言的前三段。这三个时段是黄宗羲经历最为起伏的阶段，也是其思想受现实最强烈影响的阶段。这既是黄宗羲君臣观的现实铺垫，又是对他逐渐构筑的君臣观最好的诠释。

（一）清算“阉党”过程中的黄宗羲

自万历后期起，党争愈演愈烈，而尤以天启朝“东林”“阉党”之争为甚。党争起始之时，黄宗羲年岁虽小，但已能辨明是非。且这场党争卷其生身父亲性命于其中，令其祖、其母日日以泪洗面，他身为长子，日日面对祖父题于壁上“尔忘勾践杀尔父乎”几个大字，思图复仇。③ 天启七

---

① 全祖望：《梨洲先生〈思旧录〉序》，黄云眉选注：《鲒埼亭文集选注》下编，济南：齐鲁书社，1982，第 397 页。

② 谢国桢：《黄梨洲学谱》，第 110 ~ 140 页。

③ 黄炳垕：《黄宗羲年谱》，第 12 页。

年（1627年）八月，天启皇帝崩，朱由检即位。黄宗羲立即草疏上京，为父申冤。及到京城，方知“魏奄已磔”。[①] 黄宗羲此举除了为父报仇心切之外，更在于他清楚认识到“阉人”专政的根源全在于君主的专制集权。

当黄宗羲于崇祯元年（1628年）正月抵达京城时，京中已经开始为东林诸君子平反。黄宗羲上疏要求进一步铲除阉党余逆，特指名曹钦程、李实。崇祯元年五月，刑部会讯许显纯、崔应元。黄宗羲出庭对质。在庭上，许显纯妄想用明律议亲之款，仗自己为孝定皇后外甥，要求从轻发落。黄宗羲当场驳斥：“显纯与奄搆难，忠良尽死其手，当与谋逆同科。夫谋逆，则以亲王高煦、宸濠尚不免于戮，况皇后之外亲乎？”他“出所袖锥锥显纯，流血被体”，[②] 又出手殴打另一审判对象崔应元，“拔其须”，备“归而祭之忠端公神位前”。[③] 这两人终被论斩，妻子流徙。后来黄宗羲又与周宗建之子周延祚、夏之令之子夏承“共捶”当时害死东林诸君子之狱卒头目叶咨、颜文仲，使之“应时而毙”。[④]

从天启年间魏忠贤如日中天，到崇祯元年（1628年）六月朝中形势急转而下，短短不到一年时间，政局之转圜主要在于皇位更迭，这进一步支撑了黄宗羲把宦官专政之祸归结于君主专断的想法。黄宗羲认为阉宦之祸，汉唐宋皆有之，然而明代阉宦没有凌驾皇权之上，而是完全仰仗皇帝的信任才嚣张跋扈，甚至代皇帝出政令。所以他将宦官专政之弊端归结为君主的极端专制，若君主一味信任某个太监，不仅天下之财赋、刑狱“先内库而后太仓”，“先东厂而后法司”，甚至“宰相六部，为奄宦奉行之员而已”。[⑤] 黄宗羲身怀家父之仇，对极端君主专制制度的弊端有刻骨感受。这为他后来思考如何改变“后世君主以天下为私”之弊端，改变有明以来政治混乱的根源，设计一个君权受到制约，君臣各自履行自己职能的政局铺垫了心理基础。

① 黄炳垕：《黄宗羲年谱》，第12页。
② 黄炳垕：《黄宗羲年谱》，第13页。
③ 黄炳垕：《黄宗羲年谱》，第13页。
④ 黄炳垕：《黄宗羲年谱》，第13页。
⑤ 黄宗羲：《明夷待访录》，《黄宗羲全集》第1册，第44页。

（二）晚明党社运动中的黄宗羲

崇祯三年（1630年），黄宗羲到达南京，积极参加南京的各种集会，自言“无会不与”。① 崇祯六年（1633年）读书于杭州，也曾参加当地读书社、小筑社、登楼社，多次出游江浙皖间，拜会各方师友。② 黄宗羲日后领导《留都防乱公檄》事，结集当时士子一百四十人，大都是在此时结识的。谢国桢先生曾描述道：

> 极一时之盛，长吏不敢侧目而视，乡党不敢窃议而非。从而月旦人伦，评论朝政，何异东汉之党锢？是时东南人士，久苦明政之窳蔽，纲纪之废弛，期于有人出焉，登高一呼，力矫时弊，维持风纪，群相景从，瞻望风采。③

而在当时所有会社中，张溥组织的复社影响最大。复社创立之初，虽以复兴古学为名，其实意图承续东林余脉，重开清议局面，参加者不是名士之后，就是热血青年。随着复社同志逐渐成为举人、进士，在社会上的影响也越来越大，连一些朝中要人也开始拉拢复社，培植自己的势力。崇祯五年（1632年）复社第三次虎丘大会之时，前来者“山左、江右、晋、楚、闽、浙以舟车至者数千余人，大雄宝殿不能容……游人聚观，无不诧叹，以为三百年来，未尝有也”④。随着复社影响的扩大，其在政治事务中的势力也开始扩大，比如有科举考试中的推荐权。张溥奖掖弟子不遗余力，每岁、科两试榜出，“十不失一二”。⑤ 正如谢国桢先生指出：“一般士子、士大夫都想与复社联合，而那一般够不上与复社联合的就竭力造谣

---

① 黄宗羲：《思旧录·黄居中》，《黄宗羲全集》第1册，第366页。

② 黄炳垕：《黄宗羲年谱》，第15页。

③ 谢国桢：《黄梨洲学谱》，第115页。

④ 陆世仪：《复社纪略》卷1《续修四库全书》第438册，上海：上海古籍出版社，2002，第496页。

⑤ 陆世仪：《复社纪略》卷2《续修四库全书》第438册，第503页。

与复社作对。然而复社的领袖又借着民众的势力来把持政权，膨胀社中的势力。”① 如此一来，复社虽然继承了东林的精神，但卷入了名利场，成为党争的余绪。

黄宗羲经历了复社的兴起和失败，也看到复社那种企图通过民间评议影响朝政的方式并不是理想的普遍参政模式。在他的理想政治设计中，黄宗羲给了士人一个品评朝政的平台——学校。他谈到：“盖使朝廷之上，闾阎之细，渐摩濡染，莫不有诗书宽大之气，天子之所是未必是，天子之所非未必非，天子亦遂不敢自为非是，而公其非是于学校。”② 这个平台不再是自发演变而来的民间党社组织，而是更制度化的学校，其核心诉求则是让士大夫位于可指点朝政的地位。

如前所述，自万历以来持续不断的党争，包括黄宗羲等人领导的《留都防乱公檄》运动，都是明代政治失败的表现。每一次理应可以妥善解决的政见纠纷，最终都变成了非此即彼的政治斗争。对于亲历者黄宗羲来说，在一切尘埃落定之后更能看出明朝制度的缺陷。

（三）明朝覆亡激发的反思

甲申三月，北都沦陷，崇祯自缢，清军入关，王孙贵胄、名人士子纷纷南下，效仿东晋、南宋建立南方政权。在南明六个政权中，与黄宗羲活动有关的主要是福王、潞王和鲁王政权。福王、潞王从争立之初就延续着晚明以来的派系斗争，因为崇祯帝三子皆不知所终，而当时在南京附近可继任者仅福王、潞王而已。福王为朱常洵之子，自万历以来的党争均围绕其祖母（郑贵妃）为其父争立之事展开。因此以钱谦益为首的东林、复社人士以“立贤”为名，主张立朱常淓，当时对南京局势起重要作用的南兵部尚书史可法也倾向东林，他与凤阳总督马士英的商量结果是迎立同样是血缘亲近，但不至于引起东林反感的桂王朱常瀛。但史可法未动，朱

① 谢国桢：《明清之际党社运动考》，上海：上海书店出版社，2006，第124页。

② 黄宗羲：《明夷待访录》，《黄宗羲全集》第1册，第10页。

由崧已经发动兵变且马士英也转而支持福王。马士英核心地位的确定和东林、复社人士地位的陡降直接影响了刘宗周、黄宗羲在弘光朝的处境。弘光初立，史可法力荐清流，刘宗周就为其中之一，然立朝时间仅一月即告归。黄宗羲作为《留都防乱公檄》的倡导分子，更险些身丧弘光朝。马士英重新启用阮氏，并无推翻逆案之意。而在东林人士看来，逆党绝不可用。东林人士对阮大铖的攻击使得阮氏新仇旧恨一并清算，作《蝗蝻录》《蝇蚋录》，“以东林为蝗，复社为蝻，诸和从者为蝇为蚋”，[①] 入录者多达千余人，“皆海内贤良，欲尽杀之”。[②] 黄宗羲踉跄出走浙东，弘光政权不久解体。随后潞王监国，不久就举手投降，并引发了鲁王、唐王两派远系子孙的权力争夺。弘光元年（1645 年）六月之后，余姚、绍兴、宁波等地先后爆发运动，急需迎立明朝王室后裔以正名。当时浙东地区仅有鲁王朱以海，黄宗羲在这种情况下参与组织了“世忠营”，支持鲁王。[③] 然而鲁监国称号虽然存在八年之久，事实上一直处于逃亡状态。黄宗羲非但无法继续组织力量抗清，还要分身去保护朱以海的生命安危，甚至一度乞师日本，希望借其力量反攻清军，但无功而返。监国四年，黄宗羲再次赴鲁王海上行在，但已无可作为之处，是年八月，返回家中。此后，黄宗羲对抗清事业只能是以心牵挂之，进行一些联络、救援、告警的活动。[④]

到康熙元年（1661 年），反清彻底无望，黄宗羲既没有像他的一些朋友那样依旧坚决抵抗清王朝的统治，更没有归顺，只是作为一个遗民，开始为未来设计。他放下了“抗清复明”的旗帜，开始“明夷待访”，也许是他真的相信二十年后将交入“大壮”，也许他只是为自己的设计寻找一个托词。总之，他希望未来的世界能够按照他所设计的理念进行，并且相信在这样的理念下，所有明代的覆辙将不再重蹈。

黄宗羲从十四岁随父进京“辩朝中清浊”，十九岁为父申冤，二十岁

① 徐鼒：《小腆纪年附考》卷 9，北京：中华书局，1957，第 327 页。

② 陈鼎：《东林列传》卷 10《周镳雷縯祚列传》，扬州：广陵书社，2007，第 204 页。

③ 黄炳垕：《黄宗羲年谱》，第 24 页。

④ 孙宝山：《返古开新——黄宗羲的政治思想》，第 61 ~ 63 页。

开始参加党社运动，三十六岁开始参加抗清运动，四十七岁回到家中，五十三岁真正开始做一名学者。这中间将近四十年的政治参与，虽也有意气风发、热血沸腾之时，但都失败了，这一系列的失败使他看到了极端的君主专制制度的弊端。包括君主的私天下，臣下的恬不知耻，宦官的专权，君臣关系的扭曲。他期待建立新的政体，从制度上杜绝这种现象的产生。

四 时代语境视角下的黄宗羲君臣观

综观明代政治文化环境和黄宗羲的师承脉络，包括明初的政治体制构建，明朝国力兴盛时代君臣的基本契合，血溅朝堂的斗争，在师学、家学中的熏陶揣摩，在亲身经历中的阅读探查，在黄宗羲的思想空间，有关政治，有关君臣，有关家国天下的因子氤氲而起，构成了一个宏大政治文化语境。

（一）“三代”理想

察看明代政治思想家们有关政治理想的言论，“上古”“三代”等是他们无法舍弃的语汇，似乎政治思想家们的一切努力就是为了恢复上古政治，似乎他们所有的思想都是对于三代圣政的一个阐发。四库馆臣在辑录《逊志斋集》时认为“孝孺之志在于驾轶汉唐，锐复三代”。[①] 丘濬在进奏《大学衍义补》时就说：“臣所纂辑者，非臣之私意杜撰，诚无一而非古先圣贤经书史传之前言往事也”，认为“虽曰掇拾古人之绪余，亦或有以裨助圣政之万一”。[②] 不管真心赞成与否，他称赞明太祖“六卿分职”之举：“盖得周公之心于千载之上，举明王之典于三代之前，可谓卓冠百王，而足以垂法于万世。”[③] 王阳明以罪己方式向武宗进谏时认为他的过错之一就是“臣

---

① 方孝孺：《逊志斋集》提要，第45页。

② 丘濬：《重编琼台稿》卷7《进〈大学衍义补〉奏》，《景印文渊阁四库全书》，集部第1248册，台北：台湾商务印书馆，1986，第126页。

③ 丘濬：《大学衍义补》卷1《正朝廷·总论朝廷之政》，第36页。

等不能导陛下于三代，而使天下之民疾首蹙额相告”。[①] 顾宪成提到“唐虞三代”也不过是“君以择相为要，相以正君为要”。[②] 刘宗周也认为只要君臣上下分权明确，“虽唐、虞、三代之化，不过如此”。[③] 无数的明代思想家在阐述君臣之道、君民之道时无一不以三代圣政为参考。

虽然三代从来没有再出现过，就算是在真正的“三代”时期，政治也不会像后代儒生所设想的那么理想。那么“三代”政治如此之大的吸引力如何而来？其实，政治家们追求的是以“三代”为“理想国”的核心价值。就像方孝孺和丘濬认为的那样，三代不一定十全十美，然而却拥有某些让后人钦羡的价值而使理想中的盛况得以实现。“三代之王未必人人皆贤圣也，而其所以为治，后世辄推之以为不可及者，诚以当是之时人人得言。左右前后无非敢言之人，词章曲艺无非规正之具，善则劝之以必行，否则沮之而必止”[④]。他们认为，后世政治再也没有达到最佳状态就是因为某些政治原则的缺乏。“三代以下，虽有贤主而不足致治者，欲使民畏而不知仁义礼乐之说也。”[⑤] “三代以降，昏主败国相寻于世者，非他，皆欲以私意更其政而无公天下之心故也。”[⑥] 那么后世士大夫所追求的三代价值，大概可以包括古典的民本政治理念，以天下为己任的精神，君臣共治的权力分配模式等。这一系列因素在中国的春秋战国时代就被阐发，那是一个专制王权还不那么严厉的时代，也是后来影响中国政局两千年的儒家思想孕育的时代。在那样的时代，任何一种思想都不会因为是否是正统而有所顾忌，他们可自由阐发本学派对君、臣、民的看法。三代之后，随着专制王权的强化，思古情绪日益浓郁。自朱元璋废宰相、黜孟子、杖人臣这样的极端事件出现之后，整个明代士大夫就愈加表现出对那

---

① 王守仁：《王文成全书》卷28《自劾不职以明圣治事疏》，第747页。

② 顾宪成：《小心斋札记》卷12，载《顾端文公遗书》，第325页。

③ 刘宗周：《论语学案一》，《刘宗周全集》第1册《经术二·论语学案》，第286页。

④ 丘濬：《大学衍义补》卷4《正朝廷·广陈言之路》，第68页。

⑤ 方孝孺：《逊志斋集》卷2《深虑论五》，第95页。

⑥ 方孝孺：《逊志斋集》卷2《深虑论三》，第92页。

种“合理”政局的向往。黄宗羲的先辈们在阐发自己思想的过程中总是不断地流露出这种观念，这种观念当然也深深影响了黄宗羲的君臣观。

（二）古典民本理念

黄宗羲在其君臣观中首先对君的来源和君的职责作了一定的限定，这种限定的基础就是君该如何处理他与民之间的关系。而关于君民关系思想的表述，在中国的古典时代就有非常丰富的民本因素。这种民本因素发源于商周易代之际，勃兴于春秋战国纷乱之时，并作为儒家思想中的一个核心因素保留在帝制中国的主流思想中，作为与专制并存的一个价值体系，一直被历代的士大夫所追求。它既是一种向专制王权抗争的工具，又是理想政治实现与否的一个判别标准。

中国的早期王权，带有很大的神秘色彩，商王朝任何国家大事都要以占卜定夺，把政治看成是神的旨意。商周易代后，周朝统治者认识到“天命靡常”，转移的关键是民心。一些把民的力量与天的意志相结合的思想开始诞生，如“民之所欲，天必从之”，[①]“天视自我民视，天听自我民听”。[②] 周初统治者据此提出“欲至于万年惟王，子子孙孙永保民”[③]等一系列敬德保民的主张，这些思想奠定了以民意作为政治统治标准的基础。到了春秋战国时期，动荡的社会局势使刚刚跻身社会上流的“士”阶层得以从不同角度，不同方面论述国家治理之道。虽方式方法各异，但都没有抛弃民本的理念，认识到君主的权力来源与民众有着紧密关系。“上古之世，人民少而禽兽众，人民不胜禽兽虫蛇，有圣人作……而民悦之，使王天下”，[④]“凡人之性，爪牙不足以自守卫，肌肤不足以捍寒暑，筋骨不足以从利辟害，勇敢不足以却猛禁悍……群之可聚也，相与利之

① 孔颖达疏《尚书正义》卷11《周书·泰誓上第一》，阮元校刻：《十三经注疏》，北京：中华书局，1980，第181页。

② 孔颖达疏《尚书正义》卷11《周书·泰誓中第二》，第181页。

③ 孔颖达疏《尚书正义》卷14《周书·梓材第十三》，第209页。

④ 陈奇猷校注《韩非子集释》卷19《五蠹第四十九》，上海：上海人民出版社，1974，第1040页。

也，利之出于群也，君道立也”。[①] 上古文献中还有大量记载神农、炎黄、尧舜禹等一系列“圣主”当政之时为民解决实际问题，所有思想都指向“天生民而立君”，阐明君主的权力来源是天按照民的旨意给予，君的职能是为民兴利去害。儒家要求“德治、仁政”，墨家要求君民平等，道家要求“无为而治”，都是为了保护民的利益。儒家思想日后成为主流，虽然内容不断被增加、修正，但其中内在的基本价值却一直没有发生变动。儒家民本思想的奠定者是孔子，发扬者是孟子，他们两人的思想也成了后代儒者追求三代圣政，追求古典民本思想的不二法门。

在后孔孟时代，儒家思想的内涵已经发生了巨大变化。不管是汉代儒学、魏晋玄学、宋明程朱理学还是陆王心学，其地位、思想与孔孟已不可同日而语，然而立君为民，要求君为民而非为己谋利的思想一直延续至黄宗羲的时代。西汉贾谊引吕尚之语说：“天下圹圹，一人有之；万民丛丛，一人理之。故天下者，非一家之有也，有道者之有也。”贾谊还把民作为国家、君主、官吏的根本，认为：“闻之于政也，民无不为本也。”[②] 魏晋时代，佛道盛行，儒学式微，玄学中已经夹杂了太多的其他诸如谶纬之类的内容，但是“顺乎天而应乎人”[③] 的思想仍然没有被放弃。在唐贞观时代，奉行“天子者，有道则人推而为主，无道则人弃而不用”的思想，[④] 所以天下的统治格局是虽“以一人治天下”，但不能“以天下奉一人”。[⑤] 张载把其一生追求定为“为天地立心，为生民立道，为去圣继绝学，为万世开太平”[⑥]。程颐则主张“为政之道，以顺民心为本，以厚民

① 吕不韦：《吕氏春秋》卷20《恃君览第八·恃君》，上海：上海古籍出版社，1989，第176页。

② 贾谊：《新书》，《贾谊集》，上海：上海人民出版社，1976，第166、149页。

③ 王弼注《周易正义》卷5《经夬传·革》，阮元校刻：《十三经注疏》，第60页。《周易正义》为东汉王弼注本，由此可知当时人认为“天”“民”双方在政治合法性中的重要地位。

④ 吴兢：《贞观政要》卷1《政体第二》，上海：上海古籍出版社，1978，第16页。

⑤ 吴兢：《贞观政要》卷8《刑法第三十一》，第240页。

⑥ 张载：《近思录拾遗》，《张载集》，北京：中华书局，1978，第376页。张载原话与今人惯用之句稍有出入。

生为本，以安而不扰为本”。[①] 北宋李觏重申天“为民立君”的思想：“立君者，天也；养民者，君也。非天命之私一人，为亿万人也。民之所归，天之所右也；民之所去，天之所左也。天命不易哉！民心可畏哉！是故古先哲王皆孳孳焉以安民为务也。”[②]“故先王以民惟邦本，造次颠沛无或忘之。”[③] 朱熹认为人君“为政在于得人”，[④]“天下者，天下之天下，非一人之私有”[⑤]。叶适认为“为国之要，在于得民”；[⑥]“古人未有不先知稼穑而能君其民，能君其民未有不能协其居者……虽号贤君，其实去桀纣尚无几也，可不惧哉！”[⑦] 由此可见，自先秦而下，民本思想虽不再是儒家思想的唯一亮点，但是这种精神一直未断，被士大夫作为规劝君王与律己的准则。

进入明代，专制统治的加强，并没有使这种精神消弭，朱元璋从孔庙中驱逐孟子也并没有使士大夫对“仁政”的思想有所怀疑。他们和历代士大夫一样，在儒家文化的浸润中成长，也必将同样推崇先秦以来的民本学说。在整个明代的政治观中，“民”始终是维持政权的必要依据。方孝孺把民看成“元气”，“夫人民者，天下之元气也，人君得之则治，失之则乱，顺其道则安，逆其道则危”。[⑧] 君的产生也是民的需要，“生民之初，固未尝有君也，众聚而欲滋，情炽而争起，不能自决，于是乎有才智者出而君长之”。[⑨] 国家的维持在于能否得到民心，他举例说：“秦之民即

① 程颢、程颐：《河南程氏文集》卷5《伊川先生文一·代吕公著应诏上神宗皇帝书》，《二程集》，北京：中华书局，1981，第531页。

② 李觏：《李觏集》卷18《安民策第一》，北京：中华书局，1981，第168页。

③ 李觏：《李觏集》卷12《官人第五》，第107页。

④ 朱熹：《中庸章句》，《四书章句集注》，《朱子全书》第6册，第44页。

⑤ 朱熹：《孟子集注》卷9《万章章句上》，《四书章句集注》，《朱子全书》第6册，第374页。

⑥ 叶适：《水心别集》卷2《民事中》，《叶适集》，北京：中华书局，1961，第653页。

⑦ 叶适：《习学记言序目》卷6《毛诗·国风豳》，北京：中华书局，1977，第71页。

⑧ 方孝孺：《逊志斋集》卷2《深虑论二》，第91页。

⑨ 方孝孺：《逊志斋集》卷3《君职》，第102页。

三代之民，在三代之时，则尊君而附上，当秦之时，则骜狼凶戾，视其君如仇雠。”① 这种现象产生并不是人民的过错，而是统治发生了变化。丘濬在《大学衍义补》中专作《固邦本》一章，阐述民众对于国家政治之重要。他以地面与高山的相互依存关系阐发君民关系：“山高出于地而反附著于地，犹君居民之上而反依附于民，何也？盖君之所以为君者，以其有民也，君而无民，则君何所依以为君哉？”② “国之所以为国者，民而已，无民则无以为国。”③ 他要求“国以民为本，君之固结民心，以敬为本”，④ 并针对民政具体提出蕃民之生、制民之产、重民之事、宽民之力、愍民之穷、恤民之患、除民之害、择民之长、分民之牧、询民之瘼等十方面措施。王阳明更是从君心、民心方面提出民本思想。他认为“人君之举动，当以民心为心也……惟民之所欲是从……亦惟吾民之所愿是顺耳”。⑤ 到了明代中后期，东林人士的民本思想更多地表现在公私观念的探讨上，他们要求君主去除一己之私利，以天下为公，也就是要以民众利益作为施政的出发点。他们要求君主不能“以一己而掩天下”，⑥ 应“以天下为心”。⑦ 这一系列思想都表达了明代士大夫心目中的民本理念，因为以民为本，所以要限制极端的专制君权；因为为民谋利，所以要对君、对臣的具体行为作出规范。民本论几乎是中国古代所有儒家思想家的理论出发点，而事实上也是其归宿点。

黄宗羲生长在一个接受正统儒家教育的家庭，他必然对阐发民本思想的经典耳熟能详，对先辈们的三代圣政理想有着深刻的理解，他的政治理念中也夹杂着上古遗风。他在《明夷待访录》开篇《原君》中就把君主

① 方孝孺：《逊志斋集》卷3《民政》，第107页。

② 丘濬：《大学衍义补》卷13《固邦本·总论固本之道》，第182页。

③ 丘濬：《大学衍义补》卷13《固邦本·总论固本之道》，第184页。

④ 丘濬：《大学衍义补》卷13《固邦本·总论固本之道》，第184页。

⑤ 王守仁：《王文成全书》卷31下《山东乡试录·诗·孔曼且硕万民是若》，第862~863页。

⑥ 顾允成：《小辨斋偶存》卷1《廷试制科》，第257页。

⑦ 顾宪成：《泾皋藏稿》卷1《建储重典国本攸关不宜有待恳乞圣明早赐宸断以信成命以慰舆情事疏》，第8页。

分为“古之人君”与“后世之君”，他所认为的理想人君是“古之人君”，即以三代圣王为标准，出而为天下兴利去害。他所批判的人君就是“以我之大私为天下之大公”，“视天下为莫大之产业”的后世专制人君。① 他同样认为“古者天下之人爱戴其君，比之如父，拟之如天”，而“今也天下之人怨恶其君，视之如寇仇，名之为独夫，固其所也”②。这种对君主看法的激烈变化完全在于君主本身的统治不当，君主因为违背了民本主义的理念而被民众所抛弃。黄宗羲追崇上古理想政治局面，虽然民本思想只是其中的一部分，但这种继承关系又是最明显的。它在帝制中国所有追求圣君政治的思想家脑海中挥之不去，在政治家著作中若隐若现，黄宗羲只是其中之一而已。

（三）君臣分权共治的期望

黄宗羲君臣理念中，最引人注目的部分除了对专制王权的批判之外，就是他提出了一套具体的君臣权力分配体系。其中臣不再作为君的附庸而被要求必须无条件地效忠于君，而是作为一个与君职能分工稍有不同的平等双方。虽然在这个理论上，黄宗羲算是一个开创者，但是他的这种构想依旧没有脱离数千年来的圣君贤相模式，依旧是这一模式的一个发展。在上古时代，在王权刚刚建立的时代，在君臣产生的时代，两者之间就只是作为一种分工模式的不同。而到春秋战国时代，各家纷纷就君臣关系阐发自己的看法。以对后世政治影响最大的儒家为例，孔子确实提出“君君、臣臣、父父、子子”的相处之道，③ 但是他并非主张臣对君的绝对服从。首先，“君君”即君要履行君的职责，是“臣臣”的基础。其次，对君主与父亲要采取不同的相处模式，即“事亲有隐而无犯”，“事君有犯而无隐”。④

---

① 黄宗羲：《明夷待访录》，《黄宗羲全集》第1册，第2页。

② 黄宗羲：《明夷待访录》，《黄宗羲全集》第1册，第3页。

③ 何晏集解、邢昺疏《论语注疏》卷12《颜渊第十二》，阮元校刻：《十三经注疏》，第2503～2504页。

④ 孔颖达疏：《礼记正义》卷6《檀弓上第三》，阮元校刻：《十三经注疏》，第1274页。

再次，君臣相处是“有道则见，无道则隐”，[①]“以道事君，不可则止”，[②]“邦有道则仕，邦无道则可卷而怀之”。[③]当自己的政见不能为君主采纳时，没有必要死谏，所谓道不同不相为谋，大可以离开寻找新的、可以实现自己政治理想的君主。孔子的这一思想给出了一种君臣关系，即君臣双方是可以相互选择的。在这样的背景下，君臣间的相处就是平等的而非单向的，君君臣臣的忠君思想才是有意义的。孔子提出了“君使臣以礼，臣事君以忠”，[④]孟子则进一步阐发了这种君臣相处之道：“君之视臣如手足，则臣视君如腹心……君之视臣如土芥，则臣视君如寇仇。”[⑤]而春秋战国时代的其他思想家亦纷纷阐述君臣之道，大部分都没有崇尚绝对的君权至上。比如墨子认为君臣间要“兼相爱，交相利”，晏子认为忠臣事君应做到“有难不死，出亡不送”。[⑥]在他看来，与其与君主共患难，同生死，还不如使君无难，使国无事，而不是一味的愚忠。除了君臣平等之外，先秦同样留下了大量的君臣分权的思想因素。而事实上，君臣分权也必须建立在君臣平等的基础之上。黄宗羲对孟子十分推崇，他在《置相》篇中阐述君臣分权历史缘由时就援引孟子语句：“孟子曰：‘天子一位，公一位，侯一位，伯一位，子男同一位，凡五等。君一位，卿一位，大夫一位，上士一位，中士一位，下士一位，凡六等’。”[⑦]证明非君主独治天下，并举伊尹、周公之例，论证三代时就开始有君臣分治情况出现。

到了明代，面对日益强化的专制皇权，士大夫的君臣分治思想并没有消除，即便是没有了“相”的实体，依旧在寻找“相”的权力。方孝孺提出古时并没有君主，为了更好地为民兴利除害才有圣人出，但是“天

① 何晏集解、邢昺疏：《论语注疏》卷 8《泰伯第八》，第 2487 页。

② 何晏集解、邢昺疏：《论语注疏》卷 11《先进第十一》，第 2500 页。

③ 何晏集解、邢昺疏：《论语注疏》卷 15《卫灵公第十五》，第 2517 页。

④ 何晏集解、邢昺疏：《论语注疏》卷 3《八佾第三》，第 2468 页。

⑤ 赵岐注、孙奭疏：《孟子注疏》卷 8 上《离娄章句下》，阮元校刻：《十三经注疏》，第 2726 页。

⑥ 吴则虞编著：《晏子春秋集释》卷 3《内篇问上第三·景公问忠臣之事君何若晏子对以不与君陷于难第十九》，北京：中华书局，1962，第 224 页。

⑦ 黄宗羲：《明夷待访录》，《黄宗羲全集》第 1 册，第 8 页。

下之广非一人所能独治也，于是置为爵秩”，[①] 臣出现的目的就是为了和君主共同治理天下。刘球（1392～1443 年）以上古事例说明“人君当与贤臣共治天位，共食天禄”，并且认为君臣之间的这种选择是双方的，即“有圣智之君非遇辅理之臣，则虽有天位亦不得与之共治，有贤良之臣非遇养贤之君，则虽有天禄亦不得与之共食”。[②] 归有光认为：“夫人君治四海之众，一人不能独为，而与海内之士共之。”[③]

士大夫们对于君对待臣的态度和共治的方法也有所关注。王世贞在阐述三代君臣关系时就说道：“秦之君臣也，非三代之君臣也，唐虞之世其为帝者……得一言，则君臣交相拜而相咏嗟，非截然而不相及也。”[④] 在明代士大夫看来，君主总揽全局，人臣具体行政，遇事而君臣公议，就是一种最好的政权组织模式。君职、臣职两者不可偏废。吕坤认为若君主过于专权，“百官逸则君劳”，就会使“天下不得其所”。[⑤] 王阳明把君主比作耳目，把人臣比作手足，认为“耳目之不可使壅塞，手足之不可使痿痺”。[⑥] 明代士大夫一系列有关君臣共治的思想被黄宗羲所继承，他针对士大夫们“天为民立君”和“臣分君职而设”的思想，提出“我之出而仕也，为天下，非为君也；为万民，非为一姓也”，“君与臣，共曳木之人也”，“臣之与君，名异而实同”。[⑦]

黄宗羲关于君臣分治的思想被后代所津津乐道，更有人把它与“学校论”合而比之于西方近代议会制民主制。而今观之，黄宗羲生存之时代氛围已经充满了君臣分治的思想因子，他继承前辈遗志而来，开创的必

① 方孝孺：《逊志斋集》卷 3《君职》，第 102 页。

② 刘球：《两谿文集》卷 1《讲章·尚书》，《景印文渊阁四库全书》第 1243 册，台北：台湾商务印书馆，1986，第 411 页。

③ 归有光：《震川别集》卷 1《士立朝以正直忠厚为本》，《景印文渊阁四库全书》第 1289 册，台北：台湾商务印书馆，1986，第 423 页。

④ 王世贞：《弇州四部稿》卷 111《成王赐伯禽天子礼乐辨上（又）》，《景印文渊阁四库全书》第 1280 册，台北：台湾商务印书馆，1986，第 750 页。

⑤ 吕坤：《呻吟语》卷 5《外篇·书集·治道》，上海：上海古籍出版社，2000，第 308 页。

⑥ 王守仁：《王文成全书》卷 9《乞宥言官去权奸以章圣德疏》，第 233 页。

⑦ 黄宗羲：《明夷待访录》，《黄宗羲全集》，第 1 册，第 4～5 页。

然是一种符合于他自己时代的君臣理念，而绝不可能构筑出西方式的民主，也不可能只是为了追求自己阶层的利益。黄宗羲对于君臣关系的构想仍没有跳出儒家“圣君贤相”的理想模式，他对于君臣之间权力分配关系的阐发依旧是众多明代政治思想家一直在思考的问题，即如何改变当时专制的政局，回到理想中的君臣共治局面。

（四）积极入世的士大夫精神

黄宗羲在推究君和臣的职责时，均以“天下”或“万民”为评判标准，而明代士大夫在阐述君主的产生、臣下的职责时也大都以这两条作为标准。究其原因，还是在于士大夫共有的“以天下为己任”的儒家情怀。受儒家教育的知识分子，不管是“进于上，则干济政治”，还是“退于下，则主持教育，鼓舞风气”，都期望“于人伦修养中产出学术，再由学术领导政治”。① 于是不管是力争纠正理学流弊以对抗心学的丘濬，或是发扬心学排斥理学的王阳明，还是力挽心、理二学狂澜，试图调和两者偏颇的刘宗周、黄宗羲师徒，都力图正学术以正人心，而正人心的根本目的还是在于引导政治。在士大夫看来，理想社会是一种圣王模式，正如他们心目中遥想的三代盛世，只可惜后代君主与圣王已相去太远，后代社会于三代已遥不可及。但遥远并不代表希望的丧失，他们反对消极避世，通过自己的努力，或整顿学术，或入朝从政，为国为民效力就会成为其学习的终极目标。

黄宗羲几乎没有正式入主朝堂参与政治的经历，作为一个学者，他依旧认为自己是一个能以学术引导政治的“士君子”。② 而士君子的职责就是“主持教育，鼓舞风气”，也就是以学术的方式，以文字的形式为执政提供依据。综观黄宗羲的著作，似乎在他的作品中只有薄薄一卷《明夷

① 钱穆：《再论中国社会演变》，《国史新论》，北京：生活·读书·新知三联书店，2001，第 51 页。

② 钱穆曾言：“士之一阶层，进于上，则干济政治。退于下，则主持教育，鼓舞风气。在上为士大夫，在下为士君子……”见钱穆《国史新论·再论中国社会演变》，第 51 页。

待访录》阐述其家国天下大计，但是作为一个承担着正统儒家意识形态的士大夫，黄宗羲在对整个思想、历史等众多方面的研究过程中早已把其政治思想融入其中。正如他在《明儒学案》里对各个不同派别的分类、排序、褒贬，其中既有学术倾向之不同，更有政治思想喜恶之分野。而正是这种关心天下的士大夫精神，使得黄宗羲在明朝覆亡之后投入精神可嘉而作用卑微的抗清运动，并能够在抗清失败之后依旧没有丧失对理想政治的憧憬，转而为未来可能出现的理想政治设计谋划。

黄宗羲生活于明代士大夫运动之尾声，生活于宋明理学、陆王心学交融并存的时代。幼年时代，士大夫运动的精神尚未消弭，他亲眼目睹了包括他父亲在内的士大夫阶层为心中理想付出鲜血甚至生命的代价。在成长期，他又深受儒家教育的引导，深知以民为本的政治原则和君臣共治的理想模式。正是因为黄宗羲生活在这样一个文化语境中，他继承了丰富的政治文化遗产，这种遗产使得他不会因为一味效忠皇帝而追随明王朝而去，也使他看到清朝的铁骑南下而奋起反抗，更使他在得知抗争无力之后，退而著述，开始为未来的理想政治设计蓝图。黄宗羲在他的这份蓝图中，大量继承了明代以来政治思想界一直延续的君臣观，例如君臣共治的权力分配，臣道为民的为臣职责，君臣共议的决策方案，立君为天下的君权限制要求以及以儒学为主导思想等内容。而这一切零星而分散的君臣言论被黄宗羲所吸收、消化，并结合其自身经历，在某些领域作了新的调整和改进，终成黄宗羲的君臣观。

作为一个接受儒家传统教育而成长起来的士子，黄宗羲饱含着“以天下为己任”的政治热情；而作为一个经历了晚明、明清易代、清初政局熏陶的遗民，他又有着深刻的现实关怀。他承载着原始儒家在上古时期就已经奠定的三代理想、民本思潮，宋明以来源远流长的君权限制要求、士大夫独立的人格精神，晚明的政治反思潮流，以及深刻体会到了衰败政治带来的切肤之痛。对明代败局的清醒认识使黄宗羲不会也不可能选择一条“以身殉国”的极端道路，其胸中的“治国平天下”精神更使他认识到国家虽亡，但天下未亡。他没有消极避世，反而积极应对，他在对明朝的失望中也树立了对中华的期望。在他看来，朱明只是一世，清朝更是一时，而中华却能永世。未来的理想政治需要一种新的制度，为新政谋划的重任当然要由他们这样真正的儒者来承担。

五 结论

本文把黄宗羲“君臣观”的生成经历置于孕育和影响了其本人思想历程的时代文化语境中进行探讨，概括如下：

第一，明代政治文化中的“君臣观”，是黄宗羲“君臣观”生成的时代氛围。明代国家初创时期，明太祖为求政权长治久安，为有明一代定下君主专制的基调，推崇一种较为严厉的君臣关系。然而，士大夫政治自宋以来一直较为活跃，并存在着追求君臣分治理念的倾向。故明太祖定下的专制基调反而给明代士大夫提供了追求理想君臣关系的契机。在明初，即有方孝孺等人对君臣关系进行专门论述，要求君主能发挥臣的功用，并保持臣的独立人格。明代中前期，丘濬在《大学衍义补》中倡导一种系统的君臣分权模式，要求君臣职责分明，君臣权力分配妥当。明代中后期，“东林党”运动过程中激烈的君臣冲突，使东林人士对君臣关系有着自身的思考。他们批判君主“私天下”，倡导为臣之道在于天下，君臣权力分配在于各司其职。所有这些自明初而至明中后期的理想君臣关系诉求，构成了黄宗羲“君臣观”的时代思想氛围。可以看出，黄宗羲关于君臣分治、君臣明确各自职能的国家政治学说与明代政治文化中关于君臣理论的探讨一脉相承。

第二，黄宗羲成长过程中所受的教育是他“君臣观”生成的较为直接的基础。在师承上，黄宗羲自弱冠之年起即求学于刘宗周，一直以王学正统自居。他继承了王学正学术以正人心并要求对政治进行反思的传统，对王阳明、刘宗周等人及其他师友的“君臣观”有着深入的理解。在家学渊源上，黄宗羲出身于晚明士大夫之家，其父黄尊素给予他的启蒙教育使他拥有较为深厚的文学与历史功底。黄尊素是晚明士大夫群体运动的积极参与者，他用自己的实际行动践行了士大夫对理想政治的追求，并使黄宗羲以"东林遗孤"身份参与政治。黄宗羲在成长过程中所受的教育，使他有机会、有能力对明代出现的相关君臣言论进行深入思考，也使他可以通过读史、亲自参与等方式对明代的君臣关系进行整体把握，而后得出自己的见解。

第三，传统中国对合理政治追求的理念是黄宗羲"君臣观"的价值主线。黄宗羲的"君臣观"表述同样可以在中国文化传统中寻找到较为切近的资源，传统中国自春秋战国时代起，就已经形成以民为本的政治诉求、君臣共治的权力分配模式、士人以天下为己任等为特征的政治理念。这些理念通过文本的方式一直存在于中国传统社会，并成为指引后代士人追求理想政治的一种价值导向，也成为他们判断政治是否合理的标准。黄宗羲的"君臣观"在生成过程中显然会受到这些理念的影响。

第四，黄宗羲的人生经历亦与其"君臣观"生成有关。相比较于其他政治思想家，黄宗羲有着独特的人生历练，这使得他可以把总结出的人生得失与他的"君臣观"相参照。黄宗羲亲历了晚明士大夫群体运动的终结,[①] 在清算"阉党"、为父平反的过程中，看到了专制君主制的弊端。后来，黄宗羲还以参与"结社"的方式力求重振士大夫政治，以挽救明末败局。在明亡后，他企图以军事斗争的方式来恢复明王朝的统治。但后两者的失败使他认识到明代极端专制君主体制存在着制度性缺陷。于是，黄宗羲决心为未来设大计，创设一种新的，能妥善解决以往朝政弊端的新制度。

基于上述结论，可以做出进一步的推论：首先，黄宗羲的"君臣观"是由明代的政治文化养育的，并非"突兀"。明代政治文化中"君臣论"的表述，黄宗羲从师学家承中得到的有关君臣关系的理解，还有传统中国对理想政治模式的追求，都表明黄宗羲"君臣观"诞生的时代存在一种要求限制君权的君主制度和一种君臣分治的权力模式。黄宗羲在《明夷

---

① 杨园园：《东林运动与明代士大夫政治的终结》，东北师范大学硕士学位论文，2008。该文认为晚明的东林运动是中国古代士大夫政治的最后一次群体性运动，在此之后在清代日益严厉的政治文化环境中，士大夫政治便无从谈起。

待访录》中表达的君臣理念是与这种政治文化语境相契合的，并非突如其来。《明夷待访录》中出现的“君臣观”也并非是黄宗羲的“突发奇想”。这种“君臣观”应该是中国政治文化本身合乎逻辑的发展，并不需要新的外在因素的激发。中国传统政治文化一直在追求一种存在君主，但是君权受限的政治制度，黄宗羲的“君臣观”依然是这种追求的表现，只是他在细节上的设计更为具体。其次，用“启蒙”之类的词汇比附黄宗羲的“君臣观”，在于解析者本身的语境“注入”。既然黄宗羲的“君臣观”是由明代的政治文化养育，并与他个人的参政经历相参照，那么，用那个时代新出现的经济特质去解释其“君臣观”的生成可能是不适宜的，用“启蒙”“民主”等近代西方语汇去解释也可能是不适宜的。前代研究者倾向运用这类词汇分析其君臣思想内涵，并把黄宗羲看作“中国近代反专制主义”的突出代表，原因在于近代以来对《明夷待访录》进行文本解析的思想者，将他们自己所处时代的政治话语“注入”对《明夷待访录》文本的再叙述中，都忽视了影响黄宗羲“君臣观”形成时代的政治文化语境。

作者简介：姜佳曦，1985年生，女，浙江嘉兴人，东北师范大学历史学硕士，现任职于浙江省嘉兴市第三中学，专业领域为明清史，研究方向为明清思想文化史。

明末政治乱局中的理学心学纠葛

——以张履祥与刘宗周学术思想关联为中心

武少民

提　要： 张履祥是明末大儒刘宗周的弟子，清初民间朱子学的倡导者。张履祥问业刘宗周时间虽短，收获很大，得以把以往零碎的理学观点打通，建立起系统的知识体系。他从早年的崇拜王阳明心学，转变为后来的尊崇朱熹理学，也与接受刘宗周之学有很大关联。张履祥对刘宗周慎独诚意的为学宗旨有所体会并努力尝试，借鉴程朱学说对“慎独”“诚意”之说加以改述。他对刘宗周学术的商榷批评，首先表现为认为刘宗周学说多掺杂佛教用语，其次表现在对东林党评价的差异以及对王阳明心学和实学的态度上。刘宗周与张履祥都不是东林党成员，但刘宗周倾向东林党，张履祥对东林党多所批评；刘宗周与张履祥都对王阳明及王门后学有所批评，但刘宗周是王学修正派，旨在“补偏救弊”，而张履祥是王学否定派，从学理和实践两个层面对王学进行了抨击。此外，刘宗周论学侧重形上学，注重高严精微，而张履祥论学侧重形下学，注重实行实用，是明末清初实学思潮的代表人物之一。

关键词： 刘宗周；张履祥；理学；心学；明末清初

刘宗周，字念台，号起东，浙江山阴县（今绍兴）人。他生于明万历六年（1578 年），卒于清顺治二年（1645 年），因曾讲学于山阴县城北蕺山，故人称蕺山先生。刘宗周是明末著名大儒，他的思想主旨以慎独、诚意为中心。张履祥是刘宗周的弟子，清初民间朱子学的倡导者，著名理学家，他的思想主旨以力行实践为中心。张履祥，字考夫，号念芝，学者以其所居杨园村而称之为杨园先生。浙江桐乡人。生于明万历三十九年（1611 年），卒于清康熙十三年（1674 年）。明亡后，不肯仕清，放弃科举道路，隐居乡里，开馆授徒，以布衣终老。

学术界对张履祥与刘宗周学术关联有所探究，主流观点认为张履祥背离刘宗周论学宗旨，并把张履祥与刘宗周另一弟子黄宗羲相比，认为张履祥是主张程朱一派的代表，即清初程朱理学代表人物；黄宗羲是主张王阳明一派的代表，即清初阳明心学代表人物，而黄宗羲对刘宗周之学弘扬之功最大。[①] 这种观点只看到张履祥与刘宗周学术的不同，而对张履祥继承刘宗周学术的一面重视不够，即只看到异，而没有看到同，对明末政治乱局中程朱理学、王阳明心学纠葛现象没有深入分析。另一种观点认为张履祥继承刘宗周的学术，张履祥师事刘宗周是他一生中具有至关重要意义的事情。[②] 但程宝华在此处并没有详细展开论证。这种观点只看到张履祥继承刘宗周学术的一面，而对相异的一面缺少分析，既只看到同，而没有看到异。笔者认为张履祥对刘宗周学术既有继承，二者之间也有相异；对刘宗周学术既有高度评价，也指出缺点；对刘宗周人格操守，终生信仰、终生思念。至于说张履祥对刘宗周学术继承多，还是相异多，笔者认为机械的量化方法对思想学术史研究不是很适用的，应具体问题具体分析。本文通过张履祥对刘宗周学术的评价及相异个案，来揭示明末政治乱局中程朱理学、王阳明心学纠葛现象。

---

① 见王汎森《清初思想趋向与〈刘子节要〉——兼论清初蕺山学派的分裂》，载王汎森《晚明清初思想十论》，上海：复旦大学出版社，2004，第 249 ~ 289 页；何俊、尹晓宁：《刘宗周与蕺山学派》，北京：中国人民大学出版社，2009，第 221 ~ 259 页；江涛：《张履祥与黄宗羲对刘宗周学术思想的继承》，载桐乡市名人研究会编《张履祥与浙西学术》，杭州：浙江人民出版社，2012，第 60 ~ 66 页。

② 程宝华：《理学真儒：张履祥学术思想研究》，北京：中国市场出版社，2013，第 41 ~ 46 页。

一　张履祥师事刘宗周及对刘宗周学术的评价

张履祥在崇祯十七年（1644年）甲申二月，前往山阴受学于刘宗周。但他很早就有求学刘宗周的意愿，二十二岁时（1632年）在为好友颜士凤前往金华所作的序中说：

> 先辈程巽隐，一旦舍乡党，学于金华朱氏，以金华朱氏得考亭夫子之传也。当是时，程公在金华最久，是以道义显于国家之初。今之之金华者众矣，未有为此志也。颜子士凤，予自定交后，盖各相期勉，毋为乡党之学。既岁行一周矣，将有金华之行。予乐兹游，士凤必有所得也。抑予尤有属焉。高祖之兴，从龙诸君子，江以上为多，如刘伯温、宋景濂皆其近所产也。文业风流，至今炤人耳目。后学之士，必有闻之而起者。士凤至此，能于其间留访之乎？抑复有如东莱、仁山其人，立身行道，以守诸先，以俟诸后者乎？绍兴刘念台，倡教和靖书院，斯道未坠，或在于兹。予欲问业，贫不泽游，志而未逮。士凤归来，曷迂道秦山之阴，先予请见焉，以益广其所得也。则兹游也，庶几古人之风，而非与乡党之士之金华者等已。①

可见，张履祥对刘宗周仰慕之情，认为刘宗周立身行道可比南宋理学家吕祖谦和元代理学家金履祥。也反映了张履祥“毋为乡党之学”，立志远走他乡求学问业之抱负，崇祯十七年（1644年），张履祥三十四岁时与好友钱字虎前往山阴蕺山，拜刘宗周为师，成为刘门的正式弟子。这一年冬天，张履祥在《上山阴刘念台先生书》中，讲述了自己以前的为学经历：

① 张履祥：《杨园先生全集》卷15《送颜士凤之金华序》，北京：中华书局，2002，第463页。

> 祥幼罹孤蹇，不知学问之道。二十余，稍闻先正绪论，则窃说之，然未知所从事也。即而得《龙溪先生集》与朱文公《近思录》而读之，始知圣贤之果有可为。由是习见习闻及身之所行，日有愧悔，所谓“天诱其衷”，不自终于陷溺也。己卯之秋，忽有悟于志气之义，以为志帅气则为君子，气胜志则为小人。由是日用之间，每求志之所以帅气者。至庚辰，于阳明先生所言“良知”体之较切，气旋觉有退听处。又一年，偶有见于人品之有君子小人，与治术之有王霸，其辨只在诚伪，而于孟子所谓怵惕恻隐为诚，内交要誉恶声为伪。以是自省自考，惟恐其入于伪而不进于诚也。壬午，读《濂溪集》，则求所谓“主静”之说，得之白沙之言：“动亦静，静亦静，无将迎，无内外。”心知其然，然亦未能亲切也。①

可见，张履祥早年深受王阳明心学的影响，即“于阳明先生所言‘良知’体之较切”，亲身感受到心学所带来的提振人心的作用，圣贤之果有可为，这也反映出心学在明代的影响。黄宗羲著《明儒学案》以王阳明为明代学术的中心人物，论述了心学在各地的传播及影响，客观地反映了明代学术思想潮流。但张履祥生活在明末政治乱局转换的时代，风行一时的王阳明心学也盛极而衰，学术界出现了对王学的批判以及由王学返朱学或朱学、王学兼采的趋势。如顾炎武就指出：“以一人而易天下，其流风至于百有余年之久者，古有之矣。王夷甫之清谈，王介甫之新说，其在于今，则王伯安之良知是也。《孟子》曰：‘天下之生久矣，一治一乱。’拨乱世反之正，岂不在于后贤乎！”② 张履祥就是在这一背景下，拜师刘宗周，这样张履祥学术也由早年崇拜王阳明心学阶段到接受刘宗周“慎独”之学而对心学进行修正，以便解答心中的困惑与纠葛。

张履祥问业刘宗周时间很短，崇祯十七年（1644 年）拜师，第二

---

① 张履祥：《杨园先生全集》卷 2《上山阴刘念台先生书》，第 21 页。

② 顾炎武：《日知录集释》卷 18《朱子晚年定论》，上海：上海古籍出版社，2006，第 1068 页。

年（清顺治二年，1645 年），清兵南下，杭州失守，刘宗周绝食三十三天而卒。问业时间虽短，但张履祥收获很大，表现在他把以往所了解的零碎的理学观点打通，建立起系统的知识体系，即把以前所掌握的所谓理学志帅、致知、立诚、主静种种功夫，融会贯通，会归于一。张履祥说：

> 今岁春，得见夫子，不以祥之不肖，不足以辱至教，反覆启诲。诚哉天地父母之心，惟恐一物之不得其生成，一子之弗克肯构也。且于祥所出以质之夫子者，多见许可，益勉以弗生退阻。临行，谆谆复以“体认动而无动，静而无静”为言。退而思之，涣若发蒙，于前所谓志帅、致知、立诚、主静种种功夫，一旦会归于一，真有怡然理顺之乐。祥虽至愚，以十有余年孜孜矻矻，稍得尺寸之益，以庶几自列于人，数以见可于君子。忍不及此壮强，益加努力，以期至于君子而不至于小人，乃以自弃哉？是以拜别以来，无日不体此意，必求无负于夫子之教。①

从此张履祥充满了学术自信，“吾自见刘先生以后，自信益笃”。② 张履祥拜师刘宗周，不仅是为了提升自己的学术修养，而是想有所作为，有所抱负，以古人诸葛亮等为榜样，以天下为己任，建功立业，经世致用：

> 爰怀古人孔明，二十有八出草庐，辅先主，伏龙之学成矣。伊川三十有四，通经术，明古今治乱，可以经世济物，先觉之学成矣。今者，予年已若伊川出群之日，一士亦逾孔明去隆之时，其所成何有哉？自顷予也渡钱塘，至会稽，见刘夫子以归，而一士适赴徐子之招，越富春，抵三衢。询其返也，秋以为期。③

① 张履祥：《杨园先生全集》卷 2《上山阴刘念台先生书》，第 21 ~ 22 页。
② 张履祥：《杨园先生全集》卷 27《愿学记二》，第 740 页。
③ 张履祥：《杨园先生全集》卷 15《送钱一士之西安序》，第 464 页。

学术界传统的看法，认为张履祥对刘宗周的学术没有什么继承和发扬，如姚名达在《刘宗周年谱例言》中说：

> 刘宗周之学，推本于周敦颐及二程，而与朱、陆皆有龃龉。得源于王守仁，而为说又异。受教于许孚远，而其学非许氏所能范围。切磋于高攀龙、陶奭龄，而其思想迥非高、陶所能和同。传其道者，惟黄宗羲最正，邵廷采则其再传嫡派也，而恽日初、张履祥之流不与焉。①

姚名达指出刘宗周学术的独特性，既不同于程、朱，也不同于陆、王，和东林学派也不完全吻合，而是兼采各家学说，补偏救弊，沟通理学、心学，反映了明末政治乱局中的理学、心学纠葛现象，这很有见地。但姚名达认为张履祥等人没有继承发展刘宗周学说，而只有黄宗羲是刘宗周学术正统继承人，对这一见解，笔者认为不准确，把复杂的问题简单化。姚名达的这种观点影响很大，今人姜广辉就认为，“陈确与黄宗羲、张履祥可称为蕺山门下三杰，但三人思想差距甚大，黄在学术上比较据守师说，张后来转向朱学，陈确虽然十分敬重其师，但在学术思想上却已破除理学樊篱”②。古清美也认为刘宗周诸弟子中黄宗羲学问最为渊博，声名最高，学术著作极多，故对刘宗周之学弘扬之功最大，而张履祥“学问方向却是偏重程朱学，不满王学空疏狂荡之风因而大加批评，与宗仰王学的黄梨洲、陈确等立场迥异”③。对此，笔者不同意以上观点，因为他们只看到张履祥与刘宗周学术的不同，而没有看到张履祥对刘宗周学术的继承和刘宗周对张履祥学术及人格的影响。笔者认为张履祥对刘宗周学术既有继

① 姚名达：《刘宗周全集》附录三卷上《刘宗周年谱例言》，载吴光主编《刘宗周全集》，第6册，杭州：浙江古籍出版社，2007，第212页。

② 姜广辉：《走出理学：清代思想发展的内在理路》，沈阳：辽宁教育出版社，1997，第145页。

③ 王寿南主编《中国历代思想家》（宋明三），北京：九州出版社，2011，第333页。

承，也有不同；对刘宗周学术既有高度评价，也指出缺点；对刘宗周人格操守，终生信仰、终生思念。以下详细论述之。

张履祥在《言行见闻录》中记录了自己向刘宗周求教及师生互答的内容。首先，是师生对“诚敬”的讨论：

> 崇祯甲申春，见刘先生于越。先生问曰：“亦尝静坐乎？”对曰：“无事时便静坐。”先生曰：“有益否？”对曰：“自谓颇得力。”先生微笑曰：“若说不得力，便是欺也。”又问：“古人主一之指，曾理会否？”对曰：“诚则一。”先生曰：“何以得诚？”对曰：“以敬。”先生曰：“从诚敬做工夫，便不谬。”①

从中看出刘宗周通过“诚敬”的工夫论达到“慎独”之学的论学宗旨。但刘宗周对所谓“静坐”的看法，也不是绝对的，他的动静观是辩证的：

> 履祥一日侍坐先生，先生问曰：“尝静坐乎？”对曰：“读《龙溪集》时尝学之。”先生曰：“有益否？”对曰：“宁心定气，渐觉清明在躬，谓无益则不可。但日用之间，人事相接，安得可以静坐之时？”先生曰：“然。谓之无益亦属自欺。周子曰：无欲故静。吾人日用苟其有欲，动固动也，静亦动也；苟其无欲，静固静也，动亦静也。无可以静坐之时而去求静，便是欲也。”又曰：“天下何思何虑，无非静也。须知何思何虑，非不思不虑也。”又曰：“动静二字，终当以静为主。周子云：‘定之以中正仁义，而主静立人极。’人极非静不足以立，又恐人误以静为静，故加‘定之以中正仁义’七字，乃是定而后能静也。”祥以是稍知静坐之失。②

可见，张履祥认识到“静坐之失”是受到刘宗周的启发，因此张履祥反

① 张履祥：《杨园先生全集》卷31《言行见闻录一》，第871页。
② 张履祥：《杨园先生全集》卷33《言行见闻录三》，第931～932页。

对无谓的“静坐”，他说：

> 今之学者，亦知收拾此心而从事于静坐矣，然心之不同，如其面焉，虽静坐时未有物欲之蔽，而气质之拘却恐不免。大率高者所发多向过一边，卑者所发多向不及一边，有不自知其然而然者。此《中庸》所以重择执，而《大学》所以先致知也。吾人学问功夫，要以居敬穷理为无弊，居敬穷理，则不言静而静矣。①

张履祥能从早年崇拜王阳明心学，到后来尊崇朱熹理学，即由王返朱，与他中间接受刘宗周之学有很大学术关联。

其次，刘宗周与张履祥师生二人有关“人心道心”和“立命之说”的讨论。关于“人心道心”：

> 先生尝问履祥：“人心道心，平日如何体勘?”对曰：“心之本体只有仁义礼智，所谓道心也。自夫目之欲色，耳之欲声，口之欲味，鼻之欲臭，四肢之欲安佚，而后人心生焉。人心渐重，则道心渐轻。窃谓危微精一，用力全于姤、复之际。”先生曰：“心一而已，人心之外，别无所谓道心。此心之妙，操存舍亡。存则人心便是道心，舍则失之。其流至于禽兽，亦是此心为之。所以功夫要一，一者诚也，至于一则诚矣。”又曰：“此心之体，若是但能为善而不能为恶，固不必战兢惕厉；若是但能为恶而不能为善，亦不必战兢惕厉。惟其操之则能为善，舍之又能为恶，所以要朝乾夕惕。”……祥当时犹分声色臭味之类为人心，而不知声色臭味之各当其可，即为道心也。其势出此入彼，我欲仁斯仁至，亦无渐重渐轻之数也。②

从中可见刘宗周思考问题的深刻，认为“人心”“道心”并不是截然对立

---

① 张履祥：《杨园先生全集》卷28《愿学记三》，第764～765页。

② 张履祥：《杨园先生全集》卷33《言行见闻录三》，第932页。

的，人心之外，别无所谓道心，用“诚”来贯穿“人心”“道心”，最终达到“一”，一则诚。张履祥深受启发，改变了以往一分为二简单化看待问题的方式，把“人心”“道心”打通，融为一体，无渐重渐轻之固定模式。关于“立命之说”：

> 履祥侍坐于先生，请问立命之说。先生曰：“说在《孟子》身心性命，莫要头上安头。性命之理具于吾心，功夫只是存其心而已。此心操存舍亡，若能全得此心之理，在我便有个把柄，做得主张了。”履祥因举程子“富贵不淫贫贱乐，男儿到此是豪雄”以质，先生颔之，而曰：“努力。”①

这里谈到本体与功夫，即先天与后天在成就人格中的辩证关系，表现在性命之理具于吾心，心则一，诚则一。

再次，刘宗周对“敬义夹持”作用的阐发：

> 祥既见刘先生，出《愿学记》求教。先生甚喜，问曰：“为此几年矣？”对曰：“自己卯秋，胸中若有会，因横渠先生有云，胸中有所见，即便札记，不记则思不起。念穷居独学，虽或有见，疑信半之，以是随其所得，辄复书此，以就正师友。今日正欲先生示以得失。”先生手受，曰：“徐观之。”祥因退。次日，先生问曰：“所记云学象山而失者，其流为无忌惮。是则然矣。其云学伊川而失者，其流为原人，何居？得非以其规矩绳尺而言乎？”对曰：“然。”先生曰：“敬义夹持，便无此失矣。”②

刘宗周“敬义夹持”的观点被张履祥所继承发扬，张履祥为学宗旨是“主敬”与“约礼”两个方面。而两者的结合就是“敬义夹持”，即“敬

① 张履祥：《杨园先生全集》卷33《言行见闻录三》，第932页。

② 张履祥：《杨园先生全集》卷31《言行见闻录一》，第872页。

以直内”与“义以方外”的工夫论。他说：“学者苟能于日用事物，莫不求合乎天理，则物欲渣滓又安从而生乎？此正所谓‘敬义夹持’也。”①

刘宗周还教育学生要放弃“功利”而追求“义”：

> 刘先生曰：“学者最患是计功谋利之心，功利二字最害道。”祥因言平日甚苦学问不能日长月益。先生曰：“今将奈何？”对曰：“日日打算，月月打算，岁岁打算，必求视前有进。不然则耻，庶几不至退落。”先生曰：“此亦计功谋利之心也。必有事焉而勿正，心勿忘，勿助长也。工夫恁地做去，如何打算得？”祥闻之悚然。
>
> 刘先生曰：“事无求可，功无求成，惟义所在而已矣。事必欲求可，功必欲求成，功利之习所以深也。”②

刘宗周这种循序渐进、坚持不懈地努力，只顾攀登莫问高，而不要急于求成的治学方法及人身修养，对我们现在从事学术研究，也是很有启迪意义的。刘宗周还提出学有三贵说，即贵静、贵敬、贵致知：

> 问：学贵静乎？曰：然。众人失之于动，君子得之于静也。学贵敬乎？曰：然。众人失之于肆，君子得之敬也。学贵致知乎？曰：然。众人日用而不知，君子得之于知也。三者古人皆言之，然则孰为要？曰：人心之体无不知也，亦尝止而尝静也，而受病各有轻重。其言静也者，为躁者药也；其言敬也者，为肆者药也；其言知也者，为昏者药也。语曰：“医不执方”。善学者各视其所受病，得门而入，无不会归。③

刘宗周提出的为学之道不拘泥，不偏激，很有针对性，“静”针对“躁”

① 张履祥：《杨园先生全集》卷 10《与吴裒仲四》，第 287 页。
② 张履祥：《杨园先生全集》卷 31《言行见闻录一》，第 872 页。
③ 刘宗周：《语类八证学杂解》，《解二十二》，载吴光主编《刘宗周全集》第 2 册，第 274 页。

“敬”针对“肆”，“知”针对“昏”，并且强调为学之道与为人之道相结合，对张履祥“敬义夹持”功夫论产生很大影响。

最后，刘宗周对儒释义利之辩的观点：

> 祥侍坐于刘先生，因言及于禅学。祥起曰：“佛入中国以来，千五百年于兹。其间，多少豪杰之士，因世教不明，陷溺于此，然其聪明才智，终埋没不过。即就彼处用功，见理尽有明透，今若一概尽非释氏，亦不足以服释氏之心。但其所谓是者，则吾儒之所本有。故履祥生平不敢泛滥及此，非惟不敢，亦不暇也。”先生曰：“然。所以吾只辩义利，不辩儒释。若是义，虽释亦可谓之儒；若是利，虽儒亦可谓之释。其分别存乎一念之微，不在外也。”①

从这看出刘宗周一贯追求“义”的思想，也可看出对于释即佛教也不是一概反对，只要“慎独”，重视“一念之微”，无论儒，无论释，都可以达到“义”的境界。所以张履祥认为自己老师刘宗周的学说多掺杂佛教用语。在与吴仲木通信中，张履祥说：

> 先师平日文字中，多有释氏字面，不为避忌，想此种书亦不禁绝也，弟习而忘之。近得邱季心兄切责，始瞿然有省。季心为天下后世虑至深远，其言曰：“惜其人已没，弗及面陈而改之，他日当录一通致左右。”或亦以为先师之直臣也。②

在对佛教问题上，张履祥与自己老师刘宗周立场不同，张履祥痛斥佛教流行的影响，认为：“佛氏之教行，将天地间多少有用之人化为无用，将天地间多少有用之物化为无用。尧、舜之世，岂能容之?”③ 而且张履

① 张履祥：《杨园先生全集》卷31《言行见闻录一》，第873页。

② 张履祥：《杨园先生全集》卷3《答吴仲木六》，第50页。

③ 张履祥：《杨园先生全集》卷40《备忘二》，第1098页。

祥严格儒释之别，认为两者学说之间不能混杂，“艮止之义，只非礼勿视、听、言、动而已。看一部《楞严》，不如读一艮卦。先儒恐人将主静二字误看，故为此言。今儒家乃援《楞严》以讲艮卦，禅家则又援艮卦以讲《楞严》，胥失之矣”①。和刘宗周相比，张履祥缺少包容性。

张履祥对刘宗周为学宗旨慎独诚意之学有所体会并努力尝试。首先，对“慎独”之说，张履祥反对过分强调“独”的王学倾向，认为“只独之不慎，便是闲居，为不善无所不至。试思一念不慎，长多少过恶来。一阳初动处，万物未生时，此际工夫煞是紧要”②。并用程朱学说对“慎独”进行改造，强调“慎”的重要性，“世人虚伪，正如鬼蜮。先生立教，所以只提‘慎独’二字。闻其说者，莫不将‘独’字深求，渐渐说入玄微。窃谓‘独’字解，即朱子‘人所不知，而己所独知之处’一语已尽，不必更著如许矜张。吾人日用功夫，只当实做‘慎’之一字”③。其次，对“诚意”之说，张履祥反对过分追求“意”的佛学倾向，认为重点应是对日用功夫“诚”的掌握上：

> 窃谓“诚意”二字，“意”字不必讲，只当讲“诚”字。在学者分上，还只当讲求所以诚之之方，而实从事焉。如善如何而择之精，如何而执之固，在我何处是择焉而不精，何故却守之而不固，一一请从先生发明，方为有益也。予初至山阴，朋侪中亟称某友于先生之门有《诚意十问》，又有《诚意十疑》。私谓此友必深心学问之士，时以不及见其所问为恨。今日阅此，不觉二十年来耿耿之心，忽焉消解。因思此友平日都是从禅门寻讨消息，于日用功夫全无头绪，执此以往，将终其身而无所得也。噫！弊也久矣！又妄意此友胸中本无所见，亦非实有所疑而后发问，只因先生以“诚意”为教，立此十问题目，强设疑端，以足其数而已。不然何以十端之中，竟无一语真切

① 张履祥：《杨园先生全集》卷39《备忘一》，第1078页。
② 张履祥：《杨园先生全集》卷27《愿学记二》，第745页。
③ 张履祥：《杨园先生全集》卷40《备忘二》，第1093页。

著里之言乎？①

那么，张履祥所认为的“诚意”核心是什么？就是“主一”之谓，“主一”就是“主于理”，求其放心而不杂于欲。他说：

> 夫所谓诚意者非他，亦不过此心之存主与所应用，一于理而不杂以欲而已。理则无有不诚，欲则无有不伪。见孺子入井而恻隐，理也，内交要誉恶声而然，欲也；呼蹴而乞人不屑，理也，为宫室妻妾所识，穷乏而受万钟，欲也。一于理之谓一，一于理之谓诚，故曰：“主一乃是诚意玉匙也。”然则求其所谓一者，夫亦反求之其心而已，规矩立而方圆不可胜用也。天下方圆不可胜算，无一而非规矩之用，而规矩不以为劳。先儒所谓“大匠把得绳墨，定千门万户自在”，正此谓也。然此功夫非易非难，谓其易，则一念放弛，百邪并起；谓其难，则一念拘紧，即成助长。惟有存存不已，日月相推而明生，寒暑相推而岁成，行乎其所不得不行，止乎其所不得不止，以是终身焉而已。如此，则主人卓然，盗贼自不能入，内省不疚，愧何从生俛焉？日有孳孳，悔何自有？大行不加，穷居不损，而又何纷华之足患哉？若纷华之接，不能不悦，惟有责志一法可以胜之。夫悔与愧者，心之良也，涉纷华而悦者，非心之本然也。志不能以胜气，则物交而引之。夫志能帅气，则行色归于天性。惟志不能以帅气，则气反为主，而天性汩于行色。一进一退，必然之势也。是以但可责志，要使日用之间，吾心常为之主，而无至于气胜焉。则视听言动之际，自能一于理而不杂于欲矣。②

最后，张履祥对慎独诚意的阐发。刘宗周《人谱》是刘宗周晚年一部重要哲学著作，论述了过错的种类及如何改错。针对有人认为刘宗周

① 张履祥：《杨园先生全集》卷20《书某友心意十问后》，第596页。
② 张履祥：《杨园先生全集》卷8《答姚林友二》，第214～215页。

《人谱》所列百行之过，难以一一省察，张履祥答曰：“先生特举此类以示人耳，若欲一一防之，则诚有所不胜防。即使尽能防，此外岂不更有所失？其要只在谨闲居以慎独。慎独则不必一一而防之，而过亦可寡矣。”① 这说明，张履祥对刘宗周慎独诚意学术宗旨，并不是机械作教条的理解，而是掌握其中的为学精神，追求实效，并且有自己的理解和发挥。所以张履祥对刘宗周学术进行改造，抛弃王阳明心学的影子，而突显程朱理学的色彩，认为刘宗周之学重点是致知力行，“山阴先生教屠子威曰：‘著实思维，著实践履，将身心整顿起来。’思维者，致知也；践履者，力行也。吾人病痛，多坐不能整顿，所以一往颓塌”②。张履祥还在《告先师文》中，通过与当时的学风进行比较而对刘宗周的学术进行评价，将刘宗周学说纳入程朱范畴，指出在明末的政治乱局中，刘宗周力挽狂澜、学以救世，有补偏救弊的精神，其学术人格对后来者产生很大感召力：

> 先生起而立诚以为教，本之人极以一其趋，原之慎独以密其课，操之静存动察以深其养，辨之闇然的然以要其归。而复敦之以践履，闲之以名节，使高明之士既得与闻乎至道，而谨厚者亦得循循于绳墨之守。盖世儒之为教也，好言本体，而先生独言工夫；多逞辞辨，而先生率以躬行；崇尚玄虚，而先生示以平实；先立同异，而先生一以和平。其言心也，或以为无善无恶，先生以为有善无恶；其言性也，或以为形气未属，先生以为不离形气。此皆有功圣门，而先儒所为一揆者也。是以亲先生之教者，莫不深有感发，而闻先生之风者，亦莫不有所兴起。至于中原陆沉，邦国殄丧，以身徇道者，所在而有。考其人，则亦无非先生教化之所及已。足以征学术之向端，而人心不至于终溺也。③

张履祥与刘宗周师生二人围绕《大学石经古本》也有所讨论。张履

① 张履祥：《杨园先生全集》卷27《愿学记二》，第749页。
② 张履祥：《杨园先生全集》卷42《训子语下》，第1167页。
③ 张履祥：《杨园先生全集》卷22《告先师文》，第636页。

祥于《大学》尊信程朱《古本大学》，而刘宗周尊信《石经大学》。张履祥本着吾爱吾师，吾亦爱真理的精神，给刘宗周写信提出质疑，论述了《石经大学》之伪，希望自己老师不要表彰《石经大学》，以免后人产生疑惑。他说：

> 自昔相传，惟《古本大学》。程子疑有错简，故为分经、传，而朱子述之。阳明先生欲去章句而复古本，其意盖以尊经也。《石经大学》不知其源流所自，固已不能无疑，而高氏又有《知本要义》之论。后有作者，恶知不更有所更张乎？是则《大学》一书，将为古今聚讼之端也。祥窃谓《古本》自属旧传，而程、朱《章句》固自可尊可信，《石经》失其所传，似未可尽信。虽曰秦、汉以后，三代帝王之书率多讹舛，学者信诸其理，不必泥诸其文。然《古本》《章句》并行，虽无《石本》，《大学》之理已自昭若日月，非有所阙，无俟《石本》而后备也。与其表而章之，而不免于后人之惑，不如阙疑，亦为不失尊经之意。①

刘宗周善于倾听弟子的建议，认为张履祥的质疑有理有据，“阙疑”之见是可以成立的。但刘宗周对《大学》一书的理解深受东林学派高攀龙等人影响，为了自己“诚意”主张根据的理论来源，只好用《石本》证成其说。他在给张履祥回信中说：

> 《石经》授受未明，似不当过于主张。阙疑之见良是，但愚意《大学》之教总归知本，知本归之知止，已经景逸诸公拈出，却不知诚意一阙正是所止之地，静定安虑，总向此中讨消息。初经仆看出，因读《石经》，不觉跃然，颇谓断非蔡中郎所能勘定，况丰南禺先生乎！善学者得其意可也。②

---

① 张履祥：《杨园先生全集》卷2《上山阴刘念台先生书别帖二》，第23页。
② 刘宗周：《答张生考甫二》，载吴光主编《刘宗周全集》第3册，第496页。

张履祥五十岁时，在刘宗周信后又有附识，附识下又有自注，对朱熹称美有加，对王阳明严加抨击，反映了张履祥晚年尊朱辟王的坚定立场。他说：

复《古本》，是姚江一种私意，大指只是排黜程、朱以伸己说耳。今试虚心熟玩《大学》之书，谓文无阙终不可也，谓经传辞气无异，终不可也，谓简无错终不可也，则知《章句》之为功不小矣。《石本》自是近代人所作伪本，先生后来亦病其割裂，不复主张矣。庚子中夏。履祥识。病其割裂，不复主张，闻之世兄伯绳云。①

伯绳，即刘汋，刘宗周之子。刘汋晚年思想倾向和张履祥相同，尊奉程朱理学，反对阳明心学。

张履祥对刘宗周学术的评价，在他晚年《寄赠叶静远序》中，讲述得最为完善，可以看作张履祥对自己老师刘宗周学术评价的定论。首先，张履祥指出刘宗周去世后，同门弟子的分化，一部分改头换面，一部分篡改师说，而他要捍卫师说，以刘宗周学术正统继承人自居，揭示刘宗周学术的真谛，不使老师的学术失传或被人阉割歪曲。他说：

变乱以后，师友之道不忍言矣。昔之尝及先生门者，多随世故以变，其有不变者，死亡略尽。未死者，非流于异端，则傲辟放恣，于师门之指不复顾也。其能尊所闻，不至丧败者，要不数人。其数人又不复相见，论其指趣，与其所得，与其所至之浅深远迩。渐恐先生之教久将失传，使后人不能无疑，固吾党小子之罪。况吾人所为，望先生而希万一之似者，犹射之鹄的，匠之规矩也。尝学于先生，不识所以为先生，可乎？敢以昔者所闻为学之方，用力之切，与所亲炙仪刑而不忘者，粗述其概，与交勉共守焉，亦后死者宜有事也。②

---

① 张履祥：《杨园先生全集》卷2《上山阴刘念台先生书别帙二》，第25页。

② 张履祥：《杨园先生全集》卷16《寄赠叶静远序》，第483~484页。

这反映了刘宗周去世后，同门弟子对刘宗周学说产生了分歧，各自以自己的学术倾向诠释刘宗周学说，争当刘门的掌门人、传道者。其次，张履祥详细阐述刘宗周学说，揭示刘宗周为学之方是“居敬穷理”、用力之切是“慎独”，刘宗周是有所为，针对现实对程、朱之教进行改造而提出自己的主张：

> 夫先生所示为学之方，居敬穷理之目也，所示用力之切，慎独之旨也。盖世之学者，务外好夸，腾口无实，袭“良知”之诡辨，以文其弃义嗜利之奸，其归至于决名教而鲜廉耻。先生病之，而以生于越乡，浸淫之敝已久，非可旦夕以口舌救，又不欲显为异同，启聚讼之端。故与学者语，但举程、朱之教，使之主敬以闲其邪，穷理以求其是。且谨凛于幽独，辨析于几微，严于义利之界，别之闇然、的然之趋。有志之士，苟能于此有得，自于彼有弃，而不蹈近代邪诐之习，以贻天下来世之忧。此及门之友所共闻也。①

最后，张履祥赞扬刘宗周崇高的人格，分别从事亲事君、与僚友部下相处、居家居乡、律己接物等方面来论述，认为刘宗周品德高尚，可与日月争辉：

> 若夫先生立身之峻伟，海内有耳目者皆所睹闻。然或举其大者遗其细，得其末者失其本，虽及门之友有未之察也。窃见先生之为人，在《中庸》则曰“中立不倚”，在《论语》则曰“躬行君子”，在《孟子》则“反经”而已。是以其事亲也，生事尽其力，死事尽其思；其事君也，进则矢责难陈善之义，退则怀食息不忘之诚；其处僚友也，不争不党，人自莫敢干以私；其临下也，不矫情，不干誉，亦自不能忘其德；其居家也，闺门之内肃若朝廷；其居乡也，贵而益谦，长而弥逊；其律己也，一介不苟于取予；其接物也，嚬笑不妄以假人。至若取善不遗细微，一言几道，即舍己而从之；省身不懈幽

① 张履祥：《杨园先生全集》卷16《寄赠叶静远序》，第484页。

> 独，一念偶动，必致察而澄之。是故其处也有为，惟读书与教学，然耻皋比横经之习；其出也有常，必难进而易退，益励羔羊素丝之风。其涵养之粹也，温乎如玉，而严栗之意未尝不存；其为义之勇也，决若江河，而从容之度未尝有改。至于毁誉之来，宠辱之临，以及生死存亡之故，则固一毫不以动于心，纤芥不能移其分者也。呜呼！先生一生修身履道，固已日月齐光矣。①

可见张履祥对刘宗周学术与道德，都是很通晓、很仰慕的。那种认为“张履祥曾问学于刘宗周，惜为时甚短，无以知刘氏之学”② 的观点是不正确的。

刘宗周死后，张履祥非常怀念自己老师，经常前往凭吊，“山阴刘子本，先师念台子之孙也。甲申春中，予渡江见先师，子本甫成童，今年来吊先师，则子本已丈夫冠矣。哲人既往，日月空弛，惨然悲伤者久之”③。并且指出其师虽然一生经历坎坷，但毫不退缩，勇往直前，人品操守，可谓百世之师。在《先师年谱书后》中，张履祥说道：

> 门人张履祥读《先师年谱》既毕，泫然而叹曰：“呜呼！悲夫！”先生之生也，值亲之穷；其卒也，值君之穷；而其生平出处进退也，则值道之穷。然穷于亲也，而孝益著；穷于君也，而忠益章；穷于道也，而学益进而业益修。《易》以困为德之辨，《孟子》以为动心忍性，生于忧患，先生之谓矣。然先生自少至老，所历诸艰，至于饥寒琐尾，履虎明夷，而未尝不处之泰然。是则固穷之操，他人勉而至，先生其安行者乎？朱子有言：“当行而行，无所顾虑；处困而亨，无所怨悔。”窃尝以为，夫子而后，惟子思、孟子足以当之。若先生者，其亦百世之师矣。④

---

① 张履祥：《杨园先生全集》卷16《寄赠叶静远序》，第484~485页。

② 邓立光：《陈乾初研究》，台北：文津出版社，1992，第173页。

③ 张履祥：《杨园先生全集》卷16《赠刘子本序》，第469页。

④ 张履祥：《杨园先生全集》卷20《先师年谱书后》，第595页。

张履祥还赞扬刘宗周主张仁义治国，指责人们不理解刘宗周的道德主张，导致明朝灭亡：

> 崇祯壬午，朝廷特遣行人，以左都御史起刘先生于家，盖异数也。先生上道，连拜圣学三疏，大意以皇上将致尧、舜之治，必学尧、舜之学，责难之义已尽于此。及陛见，询治道所先，以躬行仁义对。上迂之，海内遂传以为笑。噫！孟子时，邪说暴行充塞仁义，当时之人犹知有仁义也，至此，已不知仁义为何物矣！今日之祸，夫岂一朝一夕之故哉！①

所以张履祥认为刘宗周品德高尚，“黄石斋，文章之士而进于名节者也；刘先生，名节而进于道德者也。学者必以名节为先，先儒谓东汉风俗，一变可以至道”②。张履祥在同兄子的谈话中，还一再提起刘宗周对自己品德修养的影响，希望后代能继承发扬下去，形成优良的家风，“三十余，往山阴从刘先生学，见其书堂壁间揭曰：‘读书有方，在涵养本原，以得作者之意，使字字皆从己出；做人有要，在谨凛幽独，以防未然之欲，庶时时远于兽门。’吾日常念之，不敢稍忘。今以告汝，汝能本此以学，是即吾之家学也”③。并且在《训子语》中一再提起刘宗周等师友守身为本，行孝为先的榜样力量，“诸家子姓繁多，先后俱有贤德。如念台刘先生，世兄伯绳，吾友施易修，钱商隐，屠子高、子威，皆所称永世克孝者也”④。

从上可见，刘宗周对张履祥无论在学术上，还是人格上，都产生积极的影响。张履祥对刘宗周学术有所继承、有所阐发，有所丰富、有所发展，那种认为张履祥“绝少传宗周学说，根本谈不上丰富和发展了”⑤ 的

---

① 张履祥：《杨园先生全集》卷28《愿学记三》，第769页。
② 张履祥：《杨园先生全集》卷28《愿学记三》，第780页。
③ 张履祥：《杨园先生全集》卷37《初学备忘下》，第1020页。
④ 张履祥：《杨园先生全集》卷48《训子语下》，第1386页。
⑤ 东方朔：《刘宗周评传》，南京：南京大学出版社，1998，第392页。

观点是不全面的。当然张履祥对刘宗周学术也有所商榷批评，如张履祥认为刘宗周的著作不必出全集，要出选集：

> 先师著述极富，不忍不传，然亦不必尽传。要当择其精要者先行，其余则存乎力与夫事势而已。濂溪、明道著书不多，道理未尝有亏欠处。书之存亡备缺，与身之出处进退，亦只一般，大行不加，穷居不损。君子自有定分，全不系乎区区之间也。若以资后学之阶梯，则守其一言，通其一书，足以上达而无难，亦无俟读其全书也。[①]

对刘宗周的语录，张履祥认为也要精选，而且张履祥自己着手编选，“日内方录《先师语录》，录竟，意欲于其中摘其精要者，别为一帙，与往时所读元城、东林二书合成大卷，与同志共阅，以资躬行之助。或于食芹而献私，庶当万一。未审秋冬之间，得遂鄙怀否也”[②]。张履祥又举刘宗周有关《易》的研究没有最终定稿，还很不完善为例，主张不必流传后世：

> 又承论及先师山阴先生古《易》之书，前以气力不续，不能奉答。于今思之，此书窃疑未论其详，不当为先生传布于世也。盖祥于甲申仲春，见先生于蕺山之宅，闻先生有《易义》之书，请而读之。先生曰：“此往时作，不足观也，吾欲改而未及。”自此距先生殉道，不过一载有余，未闻有所改正。然又非程子《易传》尚冀有进，未欲遽传之意，则今日及先生之门者，当体先生之意，本伯绳之志，敬守其书，藏而勿失可也。何必亟亟行世，以为先生重哉？况先生轻重，岂在书之传不传哉？[③]

所以张履祥认为要掌握刘宗周思想的正确的部分，即张履祥认为符合程朱

---

① 张履祥：《杨园先生全集》卷3《答吴仲木八》，第54页。
② 张履祥：《杨园先生全集》卷8《与张岩贞四》，第219页。
③ 张履祥：《杨园先生全集》卷9《与沈子相二》，第260页。

学说的部分，“士友间，多有求刘先生《语录》全本看者。予谓只要实能从事，不必求多”①。

二　张履祥与刘宗周学术之相异

张履祥与刘宗周学术之相异主要表现在对东林党的评价，对王阳明心学的批评以及对实学的态度上。

刘宗周与张履祥都不是东林党成员，徐定宝称刘宗周为“东林遗老”,② 这是不确切的。但刘宗周倾向于赞同东林党，张履祥对东林党不满，多所批评。刘宗周二十七岁时赴京担任行人司行人，踏上仕途。此后他历任礼部主事、尚宝司少卿、太仆寺少卿、通政司右通政、顺天府尹、工部右侍郎、左都御史等职。他的为官历程，正值明末社会局势动荡，矛盾重重时期。以魏忠贤为首的阉党和以顾宪成、高攀龙等人为首的东林党之间，展开了激烈的斗争。刘宗周虽然不是东林党成员，但他结识了一些东林名士，如与高攀龙结成共勉道义的生死之交，刘宗周仰慕高攀龙的人品和学问，曾写信向高攀龙请教心性之学的几个重要问题，得到帮助和启发。“忆先生往岁尝遗余书曰：‘吾辈有一毫逃死之心，固害道；有一毫求死之心，亦害道。’此金针见血语也。求先生于死生之际者，当以此为正”③。刘宗周与黄宗羲的父亲东林党人士黄尊素交往深厚，当黄尊素被阉党追捕而投狱时，削夺家居的刘宗周在绍兴萧寺为黄尊素饯行。在生离死别之际，黄尊素将儿子黄宗羲的学业托付给刘宗周，日后黄宗羲成为刘宗周高足之一。因此在明末的政治乱局中，刘宗周与东林党人一起指陈时政，斥责魏党，而遭到魏党的打击，三次被革职。

与刘宗周赞同东林党相反，张履祥对东林党多所批评指责。首先，张

① 张履祥：《杨园先生全集》卷40《备忘二》，第1100页。

② 徐定宝：《黄宗羲评传》，南京：南京大学出版社，2002，第68页。

③ 刘宗周：《书高景逸先生帖后》，载吴光主编《刘宗周全集》第4册，第122页。

履祥批评东林党在明末乱局中，想挽救危机，但心有余而力不足，卒不能大正于天下：

> 本朝至隆、万以后，阳明之学滋敝，而人心陷溺极矣。卑者冥冥于富贵利达，既惟流俗之归，而其高者率盅于李贽、袁黄猖狂无忌之说，学术于是乎大裂。东林诸君子，救之以紫阳之学，卒不能大正于天下，则以胥溺之久，未可以岁月变。而一时学者，又或不免于抱薪之拯，是以卒与天下相寻于祸败。①

张履祥认为原因在于东林学派走的路径与程朱理学不同，却和阳明心学路径相合，“东林诸公，表章程、朱之学，然与程、朱毕竟不同。盖其入门便从‘静悟’二字用功，于圣门博文约礼、文行忠信、入孝出弟、守先待后之意，往往不合。有及此者，不以为粗浅，则以为支离。谁生厉阶，至今为梗？不能不罪姚江矣”②。所以张履祥认为东林学派和王学一样，都是躁进之小人，“程、朱之门，多恭敬撙节、退让之士，近世讲学之徒，躁競而已矣。躁競之士，罕不为小人。此病，东林与姚江皆甚”③。因此，张履祥认为东林学派既有功又有罪，功和罪不可互相代替，“百余年来，学术晦冥，邪说暴行塞乎天地，入于膏肓。窃谓姚江之教，如吴、楚称王，蛮夷猾夏，僭食上国。东林之教，如齐、晋之称伯，尊周攘夷，而功罪不可相掩”④。

其次，张履祥批评东林学派近佛教，“《达意录》一本奉览。此公笃信好学，可谓有豪杰之志矣。朝廷以科目限人，此等人才沦弃草野，可惜也。又可惜者，东林学派见为辟邪崇正，而不脱禅家脉路，使此公学问不无濡染。若其得游康斋之门，不知所造如何耳”⑤。东林学派还儒佛不分，

① 张履祥：《杨园先生全集》卷22《告先师文》，第635页。
② 张履祥：《杨园先生全集》卷41《备忘三》，第1136页。
③ 张履祥：《杨园先生全集》卷42《备忘四》，第1202页。
④ 张履祥：《杨园先生全集》卷4《答沈德孚二》，第87页。
⑤ 张履祥：《杨园先生全集》卷16《与何商隐十六》，第121页。

失足于此：

> 儒、佛之辨，先儒已详言之。今之为禅，要无异于昔之禅，今之为儒者，亦岂能过于昔之儒？且将先儒之论尊而信之，深思力行，以求吾儒之所是，则彼所谓非者，当有不待辨而明者矣。若于此既无所得，而亟亟焉求彼之异同，以为口说之资，甚者读其书而论次之，则必有如程子所谓"自家已化为禅"之患矣。东林诸公多失于此。①

这也反映出张履祥一贯的批判佛教的主张。

再次，张履祥批评东林学术杂而无足取：

> 顾泾阳作《学蔀通辨序》，有曰："学者不患其支离，不患其禅，患其有我而已矣。"推此语，则是学者学禅亦无害，使学禅而无我，则禅亦可以入道。又曰："辨朱、陆者，不须辨其孰为支离，不须辨其孰为禅，辨其孰为有我而已矣。"此语虽若尊朱子，贬象山，然斥象山为禅，而号朱子为支离，是朱子与象山皆非正学。特以朱子无我，象山有我，故朱子为稍愈于象山。而支离之过，若朱子犹不能自解免也。得毋依违两间，阳尊朱子而阴为象山地乎？何其立言之似象山与阳明也！其与清澜先生卫正辟邪之意，不几大相戾乎？昔吕汲公作《横渠墓志》，朱子讥其虽尊横渠，而实与横渠用心相背妄，疑顾序亦云。
>
> 东林学术所以杂而无足取。②

所以东林学派学术不纯，取人甚杂，导致社会混乱，"东林诸公，未尝得行其志。窃疑虽使得以有为，天下国家必将受其害。以其学术不纯，取人甚杂，不能行所无事，势必小人旅进，肆行无忌，其君子一死以自全。苍

① 张履祥：《杨园先生全集》卷28《愿学记三》，第763页。

② 张履祥：《杨园先生全集》卷12《答张佩葱质疑二十八》，第336页。

生不蒙其泽，宗社不奠其安者也”①。并且张履祥引吴中伟的话批评东林党和宦官集团一样，走向偏激，导致明朝灭亡，“时局翻变，脉理不正。驱逐者（指逆党）与暴起者（指东林），未必端邪诚伪，别若淄、渑。而一意矫枉，绝无荡平正直，嘉与天下为善之意，恐后之视今，更甚于今之视昔。可恨者，于国家分毫无补，而载胥及溺，异日士大夫当追悔无及也”②。张履祥把明朝灭亡的原因，归结于东林学派，这是不符合历史实际的。

最后，张履祥批评东林党始于风节，而终于势利：

> 范华阳曰：“汉之党尚风节，故政乱于上，而俗清于下。及其亡也，人犹畏义而有不为。唐之党趋势利，势穷利尽而止，故其衰季，士无操行，不足称也。”愚谓今日之党，始于风节，而终于势利，故万历、天启之间，号为东林者，率重道义，矜名节，至于崇祯之间，士无操行，不足算矣。③

张履祥还引屠子高的话批评东林党有名而无节，“东林诸公，大抵是重名节，然只数君子而已。其余皆有名而无节者也”④。张履祥认为东林党和东汉党锢之祸相同，“君子常常吃亏，此为乱世言之。方神庙时，诸君子言及于此，其有忧患乎？可以考世运矣。东汉诸君子，只是不肯吃亏。东林诸公，终有东汉之意”⑤。而且东林党陷入党争，“东林诸君子，有意救阳明之敝，其矜尚名节是已。然其流至于争党，则以取人不免偏重才气一边，而于闇然为己之功不无少疏。至于释氏之书，则又未尝屏绝。以云救时可矣，明道或未也。孟子云：‘君子反经而已矣’，明道以是，救时以是”⑥。

---

① 张履祥：《杨园先生全集》卷40《备忘二》，第1112页。
② 张履祥：《杨园先生全集》卷31《言行见闻录一》，第891页。
③ 张履祥：《杨园先生全集》卷27《愿学记二》，第747页。
④ 张履祥：《杨园先生全集》卷32《言行见闻录三》，第938页。
⑤ 张履祥：《杨园先生全集》卷28《愿学记三》，第775页。
⑥ 张履祥：《杨园先生全集》卷28《愿学记三》，第764页。

张履祥之所以与刘宗周对东林学派评价不同，时空差异导致二人认识不同。刘宗周在明末亲自参加东林党反对宦官的斗争，是事件当事人；而张履祥在清初，以隔代人身份从反思明朝灭亡的角度来评价东林党。张履祥对东林学派的批评，在当时并不是孤立的现象，如与张履祥同时代清初学者冯班就认为：

> 君子有党亦害事，观东林诸君子可见矣。如万历时定储、天启时阉祸，则诸公者岂非天下之正人乎？但实与相处，未免重门户，便有私意，其间大有可议处。儒者都好立党，有心天下者，不可不知。只观他论古人便见，如曾子畏子路，子贡与卫将军文子言称曾子，当时何等相重；宋儒只为要说曾子传道，遇著子路、子贡，务要寻他短处，与他结下冤仇，《论语》说“十哲”，诸书说“四友”，只为中间没了曾子一个，便生出许多议论。如此见识处，班行之间是非不平，一味门户，自然激出事来。不能容小人，尚且害事；他每亦容不得君子，如何不是个偏党私意。汉人之党，君子小人相功也；唐之牛、李，功名之士攻功名之士也；宋之蜀、洛，君子不相容也。①

张履祥作为明遗民，对明朝灭亡进行了反思，在此基础上对东林学派之不足也进行了抨击，但张履祥对东林学派在明末的政治乱局中不畏强暴、反对阉党、议论朝政、以图革新的精神重视不够。东林学派以国家民族的兴亡为重，“一堂师友，冷风热血，洗涤乾坤”，② 如顾宪成、高攀龙等东林学派代表人物倡导经世之学，反对空谈心性不实的学风，将明清实学思潮推向新的阶段。其实，张履祥本人也继承了东林学派的实学思想，一些主张与东林学派一脉相传，是清初实学思潮的代表人物。

刘宗周与张履祥都对王阳明及王门后学有所批评，但刘宗周是王学修

---

① 冯班：《钝吟杂录》卷8《遗言》，北京：中华书局，2013，第124页。
② 黄宗羲：《明儒学案》卷58《东林学案一》，北京：中华书局，2008，第1375页。

正派，旨在“补偏救弊”；而张履祥是王学否定派，并因此由王返朱，转变为程朱之学。刘宗周重点批评王阳明晚年定本“四句教”，即“无善无恶心之体，有善有恶意之动，知善知恶是良知，为善去恶是格物”，及王龙溪由四句教生发出的“四无”说，即“无心之心”“无意之意”“无知之知”“无物之物”。[①] 刘宗周说：

> 阳明之学，谓其失之粗且浅，不见道则有之，未可病其为禅也。阳明而禅，何以处豫章、延平乎？只为后人将“无善无恶”四字播弄得天花乱坠，一顿扯入禅乘，于其平日所谓“良知即天理”“良知即至善”等处全然抹杀，安得不起后世之惑乎？阳明不幸而有龙溪，犹之象山不幸而有慈湖，皆斯文之厄也。[②]

因此刘宗周对阳明学说及阳明后学的流弊也给予抨击，他说：

> 今天下争言良知矣，及其弊也，猖狂者参之以情识，而一是皆良；超洁者荡之以玄虚，而夷良于贼，亦用知者之过也。夫阳明之“良知”，本以救晚近之支离，姑借《大学》以明之，未必尽《大学》之旨也。而后人专以言《大学》，使《大学》之旨晦；又借以通佛氏之玄觉，使阳明之旨复晦。又何怪其说愈详而言愈庬，卒无以救词章训诂之锢习，而反之正乎？司世教者又起而言诚意之学，直以《大学》还《大学》耳。[③]

但刘宗周并未能完全摆脱王阳明心学的思想影响，如他提出“圣人之道，

---

① 参看王畿《龙溪王先生全集》卷1《天泉证道纪》，《四库全书存目丛书》，集部第98册，济南：齐鲁书社，1997，第250页。

② 刘宗周：《答韩参夫》，载吴光主编《刘宗周全集》第3册，第359~360页。

③ 刘宗周：《语类八证学杂解》，《解二十五》，载吴光主编《刘宗周全集》第2册，第278页。

求诸其心而已矣”①。张履祥认为王阳明心学对刘宗周学术影响很大，自己受刘宗周影响，在著作中也有心学倾向，如自己所写《初学备忘》就反映出王学倾向，因此张履祥赞同好友吴裒仲对自己和老师的评价，“又数年，癸巳，韫斯以予《初学备忘》质之裒仲，裒仲曰：‘山阴不脱姚江习气，吾是以不敬山阴。考夫看来不脱山阴习气。’韫斯述其言告予，予答之曰：‘吾于先生之学，未能得其万一，况敢言脱乎？’然未尝不服裒仲之知言”②。刘宗周一生对王阳明学说的态度有过三次大的变化，他的儿子刘汋在其所编《蕺山刘子年谱》中说：

> 先生于阳明之学凡三变，始疑之，中信之，终而辨难不遗余力。始疑之，疑其近禅也。中信之，信其为圣学也。终而辨难不遗余力，谓其言良知，以《孟子》合《大学》，专在念起念灭用工夫，而于知止一关全未勘入，失之粗且浅也。夫惟有所疑，然后有所信，夫惟信之笃，故其辨之切。③

可谓知父莫如子。

张履祥为学也经历过三次变化，他早年泛滥诸家，后信奉王阳明心学，接着由刘宗周“慎独”“诚意”之学转向朱子学。在当时，人们认为张履祥是清初民间朱子学第一人，清嘉庆二十三年（1818 年）周镐在《杨园先生全集·序》中说：

> 余读《嘉兴府志》，至桐乡张考甫先生传，称其少时读《小学》《近思录》有得，作《愿学记》，遂渡江游刘蕺山之门，归而益肆力于程、朱之书。知阳明之学非是，乃洞揭阳儒阴释之隐，以为炯戒。甲申后，弃诸生，隐居杨园村舍，修己教人，一以居敬穷理、躬行实

① 刘宗周：《与钱生》，载吴光主编《刘宗周全集》第 3 册，第 324 页。

② 张履祥：《杨园先生全集》卷 39《备忘一》，第 1081 页。

③ 刘汋：《蕺山刘子年谱》（下），载吴光主编《刘宗周全集》第 6 册，第 147 页。

践为主。尝言三代以上折衷于孔、孟，三代以下折衷于程、朱。著书三十卷，论者谓其笃实宏远，朱子后一人。①

张履祥也自述自己由王学转向朱学的经历，他说：

祥幼而孤蹇，又生下邑，既无父兄师友之教，初以举业分其志，家贫，弱冠授蒙，复以课读妨其功。二十四、五闻“良知”之说而喜之，夙夜从事，时气高志锐，自以圣贤之域举足可至。由是信其所知以出，日常接物动多过失，甚至得罪名教，犹以心之所安，不知愧耻。天牖厥衷，寻复自疑，适得《小学》《近思录》读之，渐觉有所持循。因而进求濂、洛、关、闽诸书，由绎数年，心渐虚，理亦渐显。始悔昔者所为皇皇以求，率皆悬空想象，有同击风，枉费心力而无实益者也。非特无益而已，长傲遂非殆莫甚焉。②

张履祥主要批评王学空疏、不实，还重点抨击王阳明的“良知说”，认为良知说使人直情径行，危害无穷，“姚江‘良知’二字，特其借用名目，其意只欲佐成直捷径情之说耳。因孟子有‘不学而能’‘不虑而知’之语，故借之作证佐，实未尝服膺孟子也”③。“今日邪说暴行之徒，莫非自托于‘良知’之学，究其立身，寡廉耻，决名教，流祸已极。而有志于学问者，曾不之察，方将主张其说，以鼓动学徒，招来群辈，断然自信而不疑。亦难乎其为豪杰之士矣”④。张履祥还结合自己为学历程，指出王学以假乱真，比佛教更有欺骗性，他说：

予二十三、四以后，释氏之书已绝不入目。盖笃信先儒之言故也。然于阳明、龙溪之书，则深信而服膺之，以为圣贤地位，盖可指日而造

① 周镐：《杨园先生全集·序》，载《杨园先生全集》，第10页。

② 张履祥：《杨园先生全集》卷4《答丁子式》，第96~97页。

③ 张履祥：《杨园先生全集》卷40《备忘二》，第1092页。

④ 张履祥：《杨园先生全集》卷4《答沈德孚二》，第86页。

其域矣。后读《近思录》以及程、朱诸书，渐觉二王之言，矜骄无实而舍之。及前后相见朋友之究心于释氏，与夫二三讲师其所称精微之指，多不能出于二王，可知姚江之教，较之释氏，又所谓“弥近理而大乱真”也。先儒有言：“学者当如淫声美色以远之”，诚哉至教也！①

以上，张履祥从学理和实践两个层面对王学进行了抨击，正如陈祖武所说：“明清更迭，天翻地覆，激剧动荡的现实促使他对既往学术进行反省，从而走向王学的反面。在对历史和自我的沉痛反思中，张履祥把社会风气的江河日下归咎于王学末流的空疏不实。”② 但张履祥把明亡归于王学传播的影响，这夸大了王学在明亡中的作用，是不符合历史实际的。

刘宗周论学侧重形上学，注重高严精微，正如张学智所说：“刘宗周是王阳明之后体系最完备、论述最全面、思想最深刻的哲学家，尤其在形上学的高严与精微上，可以说无与伦比。他的孤介峻拔的风节是他的形上学的实践。但其究终为一理学君子，经世致用之学，刘宗周未尝措心，也不屑于措心，甚至在某些方面，还表现得有些迂腐。如御史杨若侨推荐西方传教士汤若望擅长火器，请崇祯召试以用，刘宗周上疏反对。”③ 而张履祥论学侧重形下学，注重实行实用。他说：“致知者，所以为力行也。今人言致知，多不及力行，岂非好言精微，反遗却平实？”④ 又说：“学者固不可不读书，然不可流而为学究；固须留心世务，然不可遂入于功利。修诸身，见诸行事，可以刑家，可以范俗；穷达一致，终始一节，方不失为圣贤之徒。”⑤ 如果说刘宗周追求的是精微，那么张履祥追求的是平实。张履祥的平实具体表现在提倡经世致用的实学。

张履祥是明末清初实学思潮兴起代表人物之一，为实学思潮的发展，

① 张履祥：《杨园先生全集》卷39《备忘一》，第1073页。

② 陈祖武：《点校说明》，载《杨园先生全集》，第1页。

③ 张学智：《明代哲学史》（修订版），北京：中国人民大学出版社，2012，第449页。

④ 张履祥：《杨园先生全集》卷26《愿学记一》，第714页。

⑤ 张履祥：《杨园先生全集》卷41《备忘三》，第1136页。

作出了一定的贡献。具体表现，一是重视耕读并重：

> 人言耕读不能相兼，非也。人只坐无所事事，闲荡过日，及妄求非分，营营朝夕，看得读书是人事外事。又为文字章句之家，穷年累岁而不得休息，故以耕为俗末劳苦不可堪之事，患其分心。若专勤农桑，以供赋役，给衣食，而绝妄为，以其余闲读书修身，尽优游也。农功有时多只半年，谚曰："农夫半年闲。"况此半年之中，一月未尝无几日之暇，一日未尝无几刻之息。以是开卷诵习，讲求义理，不已多乎！窃谓心逸日休，诚莫过此。①

并且张履祥主张耕读不能偏废：

> 耕与读又不可偏废。读而废耕，饥寒交至；耕而废读，礼义遂亡。又不可虚有其名而无其实。耕焉而田畴就芜，读焉而诗书义塞。故家子弟坐此通病，以至丧亡随之。古人耕必曰力耕，学必曰力学。天之生人，俱有心思智虑，俱有耳目手足，苟能尽力从事，何患恒心或失而世业弗永乎！②

张履祥这种耕读的主张，使他有别于其他学者，更具有平民儒者的形象，蔡尚思认为，张履祥"因家贫而半耕半读，才会在社会、经济、政治、教育等方面的思想上与他人不同"③。张履祥在校订涟川沈氏《农书》基础上，结合自己家乡实际而增加大量内容撰成《补农书》。《补农书》集中反映张履祥的农学思想，这种思想是"明中叶以来实学思潮深入发展的必然结果，至今仍有借鉴意义"④。张舜徽通过张履祥与当时也提倡耕

① 张履祥：《杨园先生全集》卷41《备忘三》，第1122～1123页。

② 张履祥：《杨园先生全集》卷47《训子语上》，第1352页。

③ 蔡尚思：《中国文化的优良传统》，北京：北京大学出版社，2012，第75页。

④ 陈鼓应等主编《明清实学思潮史》（中卷），济南：齐鲁书社，1989，第1098页。

读并重的北方学者孙夏峰比较，指出张履祥影响更为深远："杨园提倡读书与耕田并重的主张，至为坚定。事实上，他自己便是亲自下地参加农业生产劳动的学者。这不独当时理学家们所不敢设想，也是历代学者所难办到的事。当时北方之学者，只有孙夏峰（奇逢）艰苦卓绝，率弟子躬耕自给，四方来从他问学的，也授田使耕。与杨园南北相望，足以媲美。但还赶不上杨园讲究农耕，通过劳动实践，总结经验，写成专著以教后世，影响最为深远。"①

二是关注水利。张履祥在《与曹射侯论水利书》中提出过具体的兴修水利方案。他亲身经历过家乡地区的旱灾，知道灾害造成的巨大灾难。他说："往者夏秋不雨，崇德之东境，桐乡之南境，以至海宁四境之地，苗则尽槁，民卒流亡。桑柘伐矣，室庐毁矣，父子夫妇离矣，逃赋役者莫敢归，丐于途者靡所适。"② 他还在《桐乡灾异记》中详细列举了家乡各种灾害，如水灾、旱灾、地震、火灾、雪灾等。那么这一切是如何造成的呢？张履祥指出："特缘农政废弛，水利不讲，濬治失时，侵占沮塞以至浅涸故尔。"③ 他还与前代相比，指出"水利之不讲，未有如本朝之甚者也。国以民为本，民以食为天，此事不讲，四海安得不困穷乎？"④ 因此张履祥通过回顾兴修水利的历史，阐明兴修水利的意义：

> 夫水之与旱，天运当然，但疏数异耳。古者耕三余一，所以恃其有备，不能为灾而已。今日财匮民穷，赋役重苦，兼以风俗浮嚣，盗贼不息，民间欲望有余固不可得。但能修利沟渠，开通障塞，使一岁之中，稻米之登给其半，菽麦蚕桑之入给其半，苟免死亡，斯亦可矣。⑤

---

① 张舜徽：《清儒学记》，济南：齐鲁书社，1991，第69页。

② 张履祥：《杨园先生全集》卷6《与曹射侯一》，第167~168页。

③ 张履祥：《杨园先生全集》卷6《与曹射侯一》，第168页。

④ 张履祥：《杨园先生全集》卷39《备忘一》，第1068页。

⑤ 张履祥：《杨园先生全集》卷6《与曹射侯一》，第169页。

并且，张履祥明确认识到水利与世道人心盛衰之间的辩证关系，他在《狷士记》中说：

> 闻之故老，万历戊子、己丑，水旱，米石银一两六钱，朝廷蠲赈，饿殍载道。戊申大水，米石至一两六钱者数日，朝廷蠲赈，道馑亦如之。崇祯庚辰、辛巳，水、旱、蝗相踵，米石至三两，朝廷不复蠲赈，民间鬻田宅、妻子者甚众，或望富室之炊以求食，饥死者相望矣。洎乎戊子以迨乙未，七、八年间，水旱继作。辛卯，米石至五两余，年率三两为常。惟庚寅春，米石一两，己丑、乙未，米石一两六、七钱。然已无复卖妻鬻子者，饿殍不见。夫以承平之日，宿贮未虚，上有解仁，下有为德，犹不能免于死亡。乃干戈四兴，蒿莱盈目，兼以獭渔虎噬，肤髓均竭，哀乎遗黎，何自得延喘息，而流离鲜少，捐瘠罔墐？盖强者为寇、为兵，弱者为厮徒、为僧道，去仁恩，丧羞耻，以至于斯也。亦世道人心盛衰得失之一征已。①

三是张履祥对漕运提出自己的见解：

> 漕兑之法，昔为大利，今成大害。盖军之骄悍，既有所不能制，而民之贫弱，复有所不能胜也。愚谓宜于省会设一仓场，府州县有司于十二、正两月，督民运至省会，交割于官。军舟备具之日，当官给发，粮道与督抚共为整齐之。不听军民自兑，则庶乎军不敢横，而民不甚病矣。盖今日之军，不特视敝民如几上之肉，即视府州县有司，俱弁髦也。②

张履祥通过今昔对比，指出漕运的弊端，并提出解救的对策，具有可操作性。张履祥还将漕运和海运比较，指出明代废除海运是缺乏远见，应该恢复海运以备不测。他说：

---

① 张履祥：《杨园先生全集》卷17《狷士记》，第506～507页。
② 张履祥：《杨园先生全集》卷28《愿学录遗》，第781页。

> 元世二运并行，较其利病，约略相等。本朝罢海运，专重漕运，此祖宗朝仁民爱物之深意。后人虽有复海运之议，然卒不行。非独海道不谙，运艘久废，不能猝复也。漕运人劳而无覆溺之患，虽多耗朝廷之米，终是生民之食，其视委之黄沙白浪，利害远矣。若虞一旦咽喉有梗，京师不免坐困，故须海运以备不测。此则存乎政治之得失。内地可虞，海外独无可虞乎？总之，边饟粟米，俱仰东南，非本计也。①

张履祥对漕运与海运作用的认识是辩证的，强调二者同时存在，互相补充，强调海运与政治兴亡之关系，这些见解至今仍有借鉴意义。

从上可见，张履祥无论是对心学、东林之学的批判，还是提倡耕读并重、关注水利漕运，都体现出他追求实学，具有强烈的社会责任感。正如张天杰所说："'实学'是张履祥治学的总体特色，是他学术的价值取向，是他反思明末清初空疏、虚浮的学风之后作出的自觉选择。"②

总之，本文通过张履祥对刘宗周学术的评价及张履祥与刘宗周学术之相异，揭示明末政治乱局中程朱理学、王阳明心学纠葛现象。理学、心学纠葛现象不仅在张履祥身上表现很明显，在其他明末清初学者身上也有所体现。钱穆就认为："明清之际，诸家治学，尚多东林遗绪。梨洲嗣轨阳明，船山接迹横渠，亭林于心性不喜深谈，习斋则兼斥宋明，然皆有闻于宋明之绪论者也。"③

作者简介：武少民，1964年生，男，黑龙江佳木斯人，东北师范大学硕士，东北师范大学博士研究生，东北师范大学历史文化学院、亚洲文明研究院副教授，专业领域为明清史、史学史，研究方向为明清学术史、中国史学史。

---

① 张履祥：《杨园先生全集》卷42《备忘录遗》，第1204页。
② 张天杰：《张履祥与清初学术》，杭州：浙江古籍出版社，2011，第175页。
③ 钱穆：《中国近三百年学术史》《自序》，北京：商务印书馆，1997，第1页。

“祥瑞”与明代政治

刘　言

提　要：祥瑞是中国古代政治文化中的重要因素。明代祥瑞的类目大体承袭前代，出现的种类和数量比唐代《百官志》所载要少，表现为天象祥瑞、物象祥瑞和人事祥瑞。明人在对祥瑞的理解上未见创新，仍是受董仲舒“天人感应”“天人合一”理论笼罩。明代诸帝及朝臣对待祥瑞的态度大体指向两种基本态度：一是重灾抑祥，二是以祥为美。二者皆关照朝廷统治利益，但前者具有较强民本主义政治理念色彩；后者则更偏于神本政治和君主神化色彩。士大夫中时常有人借用祥瑞观念和话语，规劝皇帝体恤民瘼，限制王权；也常有人借诸祥瑞现象、话语谄媚皇帝，获取个人宠信。故祥瑞在明代政治生活中扮演重要角色，是君主统治合法性的观念基础之一部分，被作为君主治国策略加以利用炒作，且构成士大夫风气的一个指向标。

关键词：明代；祥瑞；政治；统治策略

祥瑞即“吉祥符瑞”，是相信天人感应的中国古代社会一种特殊的政治文化现象。被赋予美好寓意的许多事物或现象，如嘉禾、瑞麦、河清、凤凰、麒麟等的出现，都被崇信者认为是帝王德政和盛世的表征，因此具有了强大的政治功能，无论是新帝继位、王朝更迭，还是应对统治危机，祥瑞都可能作为一种神秘力量发挥作用。明代文献中有大量关于祥瑞的记载，散见《明实录》《明史》、文集、笔记及各种地方志中。现有相关研究成果主要涉及以下方面：一是梳理祥瑞思想的发展变迁，[1] 二是探究祥瑞与王朝政治间的互动关系，[2] 三是讨论祥瑞与文学艺术的关系，[3] 四是

---

① 参见董寅生《祥瑞灾异之说的嬗变与没落》，《衡水学院学报》2008 年第 3 期；夏日新：《陈宝信仰与古代祥瑞思想》，《陕西理工学院学报》2006 年第 2 期；张俐：《刍论汉代祥瑞文化》，《理论导刊》2006 年第 5 期；余治平：《董仲舒的祥瑞灾异之说与谶纬流变》，《吉首大学学报》2003 年第 2 期；张从军：《两汉祥瑞与图像》，《民俗研究》2008 年第 1 期。

② 参见余治平《董仲舒的祥瑞灾异之说与谶纬流变》，《吉首大学学报》2003 年第 2 期；张从军：《两汉祥瑞与图像》，《民俗研究》2008 年第 1 期；叶秋菊：《汉代的灾异祥瑞诏书》，《史学月刊》2010 年第 5 期；金霞：《两汉魏晋南北朝时期祥瑞灾异研究》，北京师范大学 2005 年博士学位论文；刘永海：《略论武则天称帝与祥瑞》，首都师范大学 2008 年硕士学位论文；牛来颖：《唐代祥瑞与王朝政治》，载郑学檬、冷敏述主编《唐文化研究论文集》，上海：上海人民出版社，1994，第 535 ~ 543 页；林世田：《武则天称帝与图谶祥瑞——以 S6502〈大云经疏〉为中心》，《敦煌学辑刊》2002 年第 2 期；谭敏：《唐代道教祥瑞神话故事的政治主题》，《学术论坛》2006 年第 11 期；丁玉莲：《隋唐祥瑞文化研究》，西北师范大学 2010 年硕士学位论文；张立：《〈太平广记〉中的祥瑞灾异研究》，《唐山师范学院学报》2010 年第 6 期；杨晓红：《宋代的祥瑞与灾异初探》，《西南民族学院学报》，2002 年第 6 期；杨晓红：《论宋代尚祥之风》，《湖南师范大学社会科学学报》2007 年第 1 期；冯尔康：《所谓"祥瑞"》，《紫禁城》1982 年第 2 期；张必忠：《康熙不重视祥瑞》，《紫禁城》1993 年第 5 期；胡德生：《清代的祥瑞》，《紫禁城》2008 年第 9 期；李浩：《中国古代祥瑞崇拜的文化诠释》，《民俗研究》2008 年第 2 期；金霞：《中国古代政治文化视野中的祥瑞灾异》，《青岛大学师范学院学报》2005 年第 4 期；傅军龙：《九尾白狐与中国古代的祥瑞观》，《北方论丛》1997 年第 2 期；陈小芒：《"嘉禾"文化说略》，《农业考古》2011 年第 1 期；鸣弓：《祥瑞是"讲"出来的》，《书屋》2008 年第 3 期。

③ 参见李俊《初唐时期的祥瑞与雅颂文学》，《中国青年政治学院学报》2005 年第 5 期；王楠：《南阳汉画像石的"祥瑞"装饰艺术》，《河南大学学报》2006 年第 6 期；王明丽：《南阳汉画像中的祥瑞图案》，《寻根》2008 年第 2 期；王涛：《汉代画像石墓中的"祥瑞"研究》，吉林大学 2004 年硕士学位论文；王厉冰、赵丰：《汉代丝绸纹样中的祥瑞意念及题材》，《丝绸》2007 年第 11 期；李福顺：《宋徽宗与祥瑞画》，《中国年画》2003 年第 12 期。

考察祥瑞所指现象的实际情况，[①] 五是其他有关祥瑞的研究。[②] 本文在已有研究成果基础上，通过对《明实录》《明史》、明代地方志和明人笔记、文集等文献相关记载的梳理，展现明代与祥瑞相关重要史事的基本情况，进而针对君主和士大夫群体对待祥瑞的不同态度，探究君主和士大夫群体的祥瑞观念，并从政权合法性宣示、社会教化、治国策略和士大夫风气四个角度，分析“祥瑞”与明代政治的关系。至于民间寓意吉祥的瑞应信仰习俗，则不在本文讨论范围。

一　明代“祥瑞”概说

（一）“祥瑞”的含义

祥瑞亦称嘉瑞、符瑞、瑞应，是中国古代政治文化的特有产物。关于祥瑞的认识经历了一个漫长的过程，不同时期人们对祥瑞的认识，随着政治思想家的加工而不断丰富。

《礼记正义》记载“‘国家将兴，必有祯祥’者，祯祥，吉之萌兆；祥，善也。言国家之将兴，必先有嘉庆善祥也”[③]。两汉时期，董仲舒提出了“天人感应”“天人合一”理论，将祥瑞与政治的关系复杂化，增加了祥瑞的神秘色彩。[④] 此后，自然界中的各种现象开始与国家政治生活联

---

① 参见刘传飞《浅析北宋时期的“河清”现象（公元前 1035 年 ~ 公元 1911 年）》，《三门峡职业技术学院学报》2010 年第 2 期；汪前进：《黄河河水变清年表》，《广西民族学院学报（自然科学版）》2006 年第 2 期；王星光、彭勇：《历史时期的“黄河清”现象初探》，《史学月刊》2002 年第 9 期。

② 参见牛来颖《唐代祥瑞名物辨异》，《世界宗教研究》1999 年第 2 期；胡德生：《中国吉祥中国古代祥瑞观念的兴起、演化和主要门类》，《紫禁城》2008 年第 8 期。

③ 郑玄注，孔颖达等正义：《礼记正义》卷 53《中庸》，阮元校刻《十三经注疏》本，北京：中华书局，1980，第 1632 页。

④ 董仲舒认为，天将选任人间君主之时，必定预先示祥，以为“受命之符”。见董仲舒《春秋繁露》卷 13《同类相动第五十七》，北京：中华书局：1975，第 445 页；班固：《汉书》卷 56《董仲舒传》，北京：中华书局，1962，第 2500 页。

系起来，祥瑞因此就有了浓厚的天命色彩。魏晋南北朝继承了两汉的祥瑞思想，史书中始设《符瑞志》或《灵征志》记载祥瑞。《宋书·符瑞志》中体现的“天命—圣德”和“天道—人事”的思想，更是理解笼罩我国古代政权更替之际的种种符瑞现象的一把钥匙。① 隋唐时期，欧阳询撰《艺文类聚》专设“祥瑞部”，其文引《风角占》曰：“福先见曰祥”；又引《字林》曰：“祯，祥也，福也。”② 宋元时期祥瑞种类承袭前代，成为政治文化中的重要组成部分。③ 元代人们对祥瑞的理解大体上为“物之反常者异也。其祥则为凤凰，麒麟，甘露，醴泉，庆云，芝草”。④ 到了明代，祥瑞仍是政治文化视野中的重要组成部分，嘉靖皇帝尤其爱好祥瑞，明人文集和地方志中也有专章予以讨论，祥瑞的种类大体沿袭前代，其中部分种类在明代未曾出现，在对祥瑞的理解上未见创新。

（二）明代“祥瑞”的类目

明代的地方志中专设“祥异”“禨祥”一门记载“祥瑞”，明人文集中也常见讨论“祥瑞”范围和含义的内容。将之梳理，可见以下类目。

1. 天象祥瑞

天象祥瑞，指的是天文现象中象征天命、寓意吉兆的奇特情况，如睿星、寿星、含誉星、景星、庆云、瑞雪等。以星象为例，永乐二年（1404 年）十月庚辰，“辇道东南有星如盏，黄色，光润而不行”。永乐十四年（1416 年）八月癸酉旦，寿星见，钦天监以闻，行在礼部尚书吕震，率文武百官请上表贺。永乐十五年（1417 年）七月戊寅旦，寿星见，百官请贺。⑤ 宣德四年（1429 年）闰十二月戊戌，行在钦天监奏，含誉

---

① 金霞：《两汉魏晋南北朝祥瑞灾异研究》，北京师范大学 2005 年博士学位论文，第 24 页。

② 欧阳询：《艺文类聚》卷 98《祥瑞部上》，上海：上海古籍出版社，1982，第 1693 页。

③ 详见杨晓红《论宋代尚祥之风》，《湖南师范大学社会科学学报》2007 年第 1 期。

④ 马端临：《文献通考》，“自序”，北京：中华书局，1986，第 9 页。

⑤ 《明太宗宝训》卷 2《抑祥瑞》，永乐十五年七月戊寅，台北：“中央研究院”历史语言研究所，1962，第 162 页。

星见，群臣上表称贺。[①] 永乐二十二年（1424 年）九月戊戌，“有星见斗宿，大如碗，色黄白，光烛地，有声，如撒沙石”[②]。宣德八年（1433 年）秋七月戊午，景星见。[③]

2. 物象祥瑞

物象祥瑞，指文献记载中的动物祥瑞、植物祥瑞和河水祥瑞。动物祥瑞主要包括白兔、玄兔、龟、鹿、驺虞、麒麟等。以麒麟为例：永乐十二年（1404 年）九月，榜葛剌国王赛弗丁遣使，奉表献麒麟，并贡名马方物。戊寅，礼部请上表贺麒麟。[④] 宣德八年（1433 年）闰八月，天方国王遣头目沙献等来朝，贡麒麟、象、马诸物。[⑤] 正统三年（1438 年），榜葛剌再次贡麒麟，百官表贺。[⑥]

植物祥瑞主要是嘉禾、瑞麦、嘉瓜、灵芝。以嘉瓜为例：洪武五年（1372 年）六月，句容县民献嘉瓜二，同蒂而生。太祖御武楼，中书省臣率百官以进，礼部尚书陶凯奏曰：“陛下临御，同蒂之瓜产于句容。句容，陛下祖乡也，实为祯祥。”[⑦] 宣德七年（1432 年）八月，有献嘉瓜者。尚书胡濙言：“瓜连理而生，有瓜瓞绵远之兆。二者皆祯祥，请奉表贺。”[⑧] 嘉靖九年（1530 年）八月，世宗命河南守臣奖劳怀庆府知府王得明，以府中并产瑞麦、嘉禾、瑞瓜，而郑王厚烷奏称，得明善政所召故也。[⑨]

河水祥瑞，如甘露、醴泉、河清、河水呈龙凤形状等。“圣人受命，瑞应先见于河。河水清，君乘土而王，其政太平，则河濂（按即河水清）；王者循天命而行，天道四通，则河出龙图”[⑩]。明代河清记载不少。永乐二年

---

① 《明宣宗宝训》卷 1《谦德》，宣德四年十二月戊寅，第 30 页。

② 张廷玉等：《明史》卷 27《天文三 · 客星》，北京：中华书局，1974，第 404 页。

③ 张廷玉等：《明史》卷 9《本纪第九 · 宣宗》，第 124 页。

④ 《明太宗实录》卷 155，永乐十二年九月丁丑，台北：“中央研究院”历史语言研究所，1966。

⑤ 《明宣宗实录》卷 150，宣德八年闰八月辛亥。

⑥ 张廷玉等：《明史》卷 326《外国七 · 榜葛剌》，第 8446 页。

⑦ 《明太祖宝训》卷 1《谦德》，洪武五年六月癸卯，第 43 页。

⑧ 《明宣宗实录》卷 94，宣德七年八月辛丑。

⑨ 《明世宗实录》卷 116，嘉靖九年八月乙亥。

⑩ 丁玉莲：《隋唐祥瑞文化研究》，西北师范大学 2010 年硕士学位论文，第 31 ~32 页。

(1404 年）十月，蒲城、河津二县黄河清。[1] 同年十二月，同州韩城县黄河清。[2] 景帝五年（1454 年）春正月戊午，黄河清，自龙门至于芮城。[3] 正统元年（1436 年）十一月，总督漕运都督佥事王瑜等奏，验视得清河等县老人康守中等所言"淮河清澈已踰一月"属实。行在礼部尚书胡濙等以为祯祥，率百官称贺。[4] 嘉靖七年（1528 年）三月，礼官上疏，请率百官贺河清。[5] 万历四十八年（1620 年）七月，兰州黄河清，凡三日。[6]

3. 人事祥瑞

人事祥瑞主要是指帝王借助、利用祥瑞在中国古代政治文化中的政治意涵，神化其出生经过，证明自己是真命天子，为自己的政权合理性张本，如明太祖朱元璋"母陈氏，方娠，梦神授药一丸。置掌中，有光；吞之，寤，口余香气。及产，红光满室"[7]。或者是其征伐过程或治理国家时出现瑞象，详见本文第三部分。也有大臣用祥瑞烘托自己身份不凡，证明自己为官地方时治政有功。如郭棐为同乡庞尚鹏作行状，称："先生以嘉靖三年甲申正月十七日生，是日，五星聚娵訾之次。"[8]

二　明代君臣的祥瑞观念

（一）诸帝之祥瑞观念

翻阅有明实录和相关史籍可知，明代诸帝的"祥瑞"观念甚为复杂，

① 《明太宗实录》卷 35，永乐二年冬十月乙酉。
② 《明太宗实录》卷 37，永乐二年十二月壬辰。
③ 张廷玉等：《明史》卷 11《本纪第一一·景帝》，第 147 页。
④ 《明英宗实录》卷 24，正统元年十一月丁未。
⑤ 《明世宗宝训》卷 4《谦德》，嘉靖七年三月甲申，第 278 页。
⑥ 张廷玉等：《明史》卷 21《本纪第二一·神宗二》，第 294 页。
⑦ 张廷玉等：《明史》卷 1《本纪第一·太祖一》，第 1 页。
⑧ 郭棐：《都察院左副都御史惺庵庞公行状》，载黄宗羲编《明文海》卷 450，北京：中华书局，1987，第 4868 页。

如尽量归并其类，可分为二。第一类谦谨对待、重灾抑祥、表贺有度；第二类以瑞为喜、迷信祥瑞、来者不拒。明代大多数皇帝对“祥瑞”持第一种态度，朱元璋、朱棣父子为典型；嘉靖帝则是第二类型的代表。他对祥瑞的喜好超过明代其他皇帝，尤其是其晚年，对祥瑞的喜好发展为迷信，默许群臣造瑞而献，并赏赐献瑞者。

在中国古代，出现斗极明、日月光、甘露降、瑞雪、瑞雨及日月合璧、五星连珠的现象，都可能被解释为人君有德至天的象征；出现黄龙见、礼泉涌、河出龙图、洛出龟书、山出器车、泽出神马等现象，则可能被解释为人君有德至山陵的象征；出现凤凰翔、鸾凤舞、狐九尾、麒麟臻、雉白首、白鹿、白猿、白狼等现象，可能被认为是人君有德至鸟兽的象征；出现灵芝、嘉禾生、冥夹起、平露、宾连、木连理现象，可能被认为是人君有德至草木的象征。[①] 因此古代帝王大都爱好祥瑞，希望在自己的执政时期祥瑞屡见。明太祖朱元璋也相信瑞应，同时对之保持较为清醒的认识。

洪武三年（1370 年）五月丁巳，凤翔府宝鸡县进瑞麦，一茎五穗者一本，三穗者一本，二穗者十有余本，群臣请贺，太祖谨慎对待，不以此居功。告诫群臣曰：

> 向者凤翔饥馑，朕闵其民，故特遣人赈恤。曾未数月，遽以瑞麦来献。借使凤翔民未粒食，虽有瑞麦何益？苟其民皆得所养，虽无瑞麦何伤？朕尝观自古以来，天下无金革斗争之事，时和岁丰，家给人足，父慈子孝，夫义妇德，兄爱弟敬，风俗淳美，此足为瑞。若此麦之异，特一物之瑞耳，非天下之瑞也。[②]

洪武四年（1371 年）十月甲戌，甘露降于钟山，群臣称贺，并引经据典以证明此甘露实乃祥瑞。翰林应奉睢稼认为这表示：“圣人之德，上及太清，下及太宁，中及万灵，则膏露降。陛下恭敬天地，辑和人民，故

① 胡德生：《清代的祥瑞》，《紫禁城》2008 第 9 期，第 90 页。

② 《明太祖宝训》卷 1《谦德》，洪武三年五月丁巳，第 41 ~ 42 页。

嘉祥显著。”起居注魏观认为：“帝王恩及于物，顺于人而甘露降。陛下宽租赋，减徭役，而百姓欢豫，神应之至，以此故也。”翰林侍读学士危素也说：“王者敬养耆老，则甘露降，而松柏受之。今甘露降于松柏，乃陛下尊贤养老之所致也。宜告于宗庙，颁示史馆，以永万亿年无疆之休。”太祖则敕谕臣下曰：“卿等援引载籍，言非无征。然朕心存警惕，惟恐不至。乌敢当此？一或忘鉴戒而生骄逸，安知嘉祥不为灾之兆乎！告诸宗庙，颁之史馆，非所以垂示于天下后世也。”①

洪武六年（1373 年）六月，盱眙献瑞麦。② 太祖视为嘉祥，兆国家之福，为圣世之征。③ 洪武八年（1375 年）十一月甲戌，甘露降于南郊；洪武十八年（1385 年）四月乙未，五色云见；洪武二十一年（1388 年）五月乙酉，五色云再见；洪武二十八年（1395 年）七月戊戌，河南汝宁府确山县野蚕成茧，群臣表贺，太祖则止贺拒纳。④

明太祖相信祥瑞，同时又对献贺祥瑞保持节制，是因为在他看来天人相通，皇帝应勤勉治国以合天道，大臣应修省勤政以辅君王，修德才是维系长久统治之上策：

> 吴元年十月丙午，太祖谓侍臣曰：“吾自起兵以来，凡有所为，意向始萌，天必垂象示之，其兆先见，故常加儆省，不敢逸豫。”侍臣曰：“天高在上，其监在下。故能修省者蒙福，不能［者］受祸。”太祖曰：“天垂象所以警乎下。人君能体天之道，谨而无失，亦有变灾而为祥者。故宋公一言，荧惑移次。齐侯暴露，甘雨应期。灾祥之来，虽曰在天，实由人致也。”⑤

---

① 《明太祖宝训》卷 1《谦德》，洪武四年十月甲戌，第 40～41 页。

② 张廷玉等：《明史》卷 1《本纪第二·太祖二》，第 28 页。

③ 《明太祖实录》卷 83，洪武六年六月壬午。

④ 《明太祖宝训》卷 1《谦德》，洪武八年十一月甲戌，第 44 页；洪武十八年四月乙未，第 45 页；洪武二十一年五月乙酉，第 46 页；洪武二十八年七月戊戌，第 46 页。

⑤ 《明太祖宝训》卷 4《警戒》，吴元年十月丙午，第 260 页。

太祖认为真正的祥瑞应是百姓富足，社会太平，因此君主要修德理政，爱护百姓。所以每有献瑞时，他都告诫群臣，“朕为民主，惟思修德致和，以契天地之心，使三光平，寒暑时，五谷熟，人民育，为国家之瑞。盖国家之瑞，不以物为瑞也”①。他认为过度相信祥瑞，会导致君臣夸侈骄逸：“前代帝王嘉定祥瑞，臣下从而和之，往往不知省惧，以至灾异之来不复能弭。盖夸侈之心生，则戒慎之志怠，故鲜克有终。可以为戒。”② 为此，他对地方上报瑞应做了详细的规定：

> 按唐令，凡祥瑞应，若麟、凤、龟、龙之类依图书合大瑞者，所司随即表奏，百僚诣阙上表奉贺，告庙颁下。其余诸瑞，并令所司转申以闻。若鸟兽之类，有生获以献者，仍遂其本性，放之山野，亦有不可致者，如连理枝之类，则不须赍送。今拟凡祥瑞应见，若麟、凤、龟、龙之类合大瑞者，许各处表奏，不得泛言虚饰，干惑上听。其余诸瑞，所在官司验实图进。③

至于成祖，永乐二年（1404 年）九月，周王橚来朝，进献驺虞，百官请贺。成祖敕谕群臣曰：“瑞应依德而至，驺虞若果为祥，在朕更当修省。”④ 其对待祥瑞清醒谨慎也并非一时。永乐三年（1405 年）七月，陕西兴平、凤翔二县进瑞麦；永乐七年（1409 年）七月，顺天府密云县民献嘉禾；八月山西代州繁峙县献嘉禾；永乐十一年（1413 年）五月曹县献驺虞；永乐十二年（1414 年）九月，榜葛剌国王贡麒麟；永乐十三年（1415 年）九月西域贡狮子；永乐十四年（1416 年）八月寿星见；永乐十五年（1417 年）七月寿星再现；永乐十七年（1419 年）九月卿云见。⑤ 如此种种，他

---

① 《明太祖宝训》卷 1《谦德》，洪武四年二月癸巳，第 39 页。

② 俞汝楫等：《礼部志稿》卷 1《圣训 · 却贺之训》，《景印文渊阁四库全书》，第 597 册，台北：商务印书馆，1986，第 23 页。

③ 《明太祖实录》卷 45，洪武二年九月癸卯。

④ 张廷玉等：《明史》卷 6《本纪第六 · 成祖二》，第 81 页。

⑤ 俞汝楫等：《礼部志稿》卷 2《圣谕 · 却庆贺之训》，《景印文渊阁四库全书》，第 597 册，第 43 ~ 46 页。

都一一却献止贺。在成祖看来：

> 朕惟太祖高皇帝膺受天命，扫除群雄，创业垂统，立纲陈纪以安天下，臻兹太平，是以上天垂象，屡显鸿应。揆朕凉薄，曷克膺兹。矧天道无常，惟德是辅，凡为臣民，能遵守高皇帝成宪，为子尽孝，为臣尽忠，奉公守法，安分守己，用承福佑，国家之祥，孰大于此？

同时他认为，对于一个国家而言，真正的祥瑞是“时和岁丰，天下人俱得其所，贤者在位，谗慝不作，百工举任其事，政平讼理，国家清明”。[①]这与太祖的观点一脉相承。

明代诸帝中除了太祖、成祖，仁宗、宣宗、宪宗、孝宗、思宗也对祥瑞保持着比较谨慎的态度，这在《礼部志稿》中有详细记载。

嘉靖帝是第二种类型的代表。他在继位初期，接受祥瑞之贺时较谨慎委婉，随着其在议礼中占据上风，对瑞应之贺就坦然受之了。

嘉靖七年（1528年）三月庚子，提督南赣右副都御史汪鋐奏称，当年元日，有甘露降于福建长泰、安溪等县，为嘉靖帝孝道所致。帝令将甘露荐之祖庙，然后分赐辅臣杨一清等。已而礼官请贺，帝报曰：“卿等以上天垂降宝露为朕所致，览奏而中惭且惧焉，况今灾变屡作，民不聊生，卿等请贺，虽出忠诚，第朕心弗安也。可钦承朕祗谨天戒之意，勿贺。”[②]嘉靖九年（1530年）六月，河南巡抚都御史徐讃奏献瑞麦，一茎二穗者百本。帝嘉奖之，赐以银币，将所上麦荐于内殿。不久，又有听选训导范仲斌以原籍四川巴县所产瑞麦来献，其中有一茎五穗者。京师中也有人称有瑞禾生于郊区。礼部尚书李时称贺。帝初不许，再请，即许之。于是大学士张璁作《嘉禾颂》上呈为贺。[③]嘉靖十一年（1532年），四川巡按御史宋沧献白兔。礼部请贺，帝辞以菲薄，再请乃许。将之献于太庙、世

---

① 俞汝楫等：《礼部志稿》卷2《圣谕·却庆贺之训》，《景印文渊阁四库全书》，第597册，第45页。

② 《明世宗宝训》卷1《敬天上》，嘉靖七年三月庚子，第19~21页。

③ 《明世宗实录》卷114，嘉靖九年六月丙寅。

庙，并呈于两宫太后。当时吏部尚书汪鋐、侍讲学士蔡昂献诗，礼部尚书夏言、少詹事张瀚、翰林学士席春、祭酒林文俊、编修张家献颂，礼部侍郎湛若水、侍讲学士廖道南、侍读学士吴惠、王教、修撰姚涞、修撰伦以训等，皆有歌颂之作，“上皆优诏褒答”①。嘉靖帝认为不必以因瑞而生怠为忧：

> 如闻瑞而不以为瑞，是慢神贶也，闻灾而不以为灾，是不畏天威也。不必以因瑞而生怠为戒，但当愈加小心可也。如岁前河之清，一等人谓为水异；甘露降，人谓之常，且桂萼亦怪汪鋐，谓彼谄佞，而况他人乎？此言也，朕与卿言耳，使他人闻之，不谓朕好言祥瑞，则谓卿为谄也。②

这样的敕谕实际上是在为自己贺表祥瑞寻找合理的理由，也是在为献瑞和因瑞献赋颂为皇帝歌功颂德的臣工张本。嘉靖二十五年（1546 年）七月，帝以瑞应叠见，拟修谢典，晓谕礼部：

> 朕仰承皇天申佑，日近生辰，昨之龟祥，宝月仙亭鹿瑞，永和王贡。今年夏末秋初，醴泉出于苑殿之承华。虽祥瑞不必言，恐或涉于慢上，但圣贤不敢恃以自怠可也，亦不可不敬以谢。其自二十五日至于月八望，诸司停常封，供事勿怠。③

此后，臣工顺应嘉靖帝意愿，纷纷献瑞，献瑞、贺瑞之事不绝于史。

> 先是，总督胡宗宪献白鹿者再。帝喜，告谢玄极宝殿及太庙，进宗宪秩，百官表贺。已，宗宪献灵芝五、白龟二。帝益喜，赐金币、

---

① 参见沈德符《万历野获编》补遗卷 3《督抚 · 白兔》，北京：中华书局，1959，第 893 页。

② 《明世宗实录》卷 107，嘉靖八年十一月庚子。

③ 《明世宗实录》卷 313，嘉靖二十五年七月癸酉。

> 鹤衣，告庙表贺如初……淮王献白雁二，帝曰："天降祥羽，其告庙。"严嵩孙鹄献玉兔一、灵芝六十四，蓝道行献瑞龟。俱遣中官献太庙，廷臣表贺。未几，兔生二子，礼官请谢玄告庙。是月，兔又生二子，帝以为延生之祥，特建谢典告庙。已又生数子，皆称贺。其他西苑嘉禾，显陵甘露，无不告庙称贺者。①

随后渐渐形成嘉靖朝献瑞、造瑞之风。嘉靖三十五年（1556 年）八月：

> 上问礼部："古之用芝草入药者今产于何所，求之可得否?"具以状对。尚书吴山等对言："草芝有赤黑青白黄紫，其色不同，其味亦异。然皆云久食者可以轻身。王充《论衡》云：芝生于土，土气和，故芝草生。《瑞命记》云：王者德仁，则芝草生。《文选》云：煌煌灵芝，一年三秀。《汉旧仪》云：芝有九茎，金色绿叶，朱实夜有光。《黄帝内传》云：王母遣仙人歌万年长生之曲，授帝以石函玉笈之书，会阆风瑶池之上，授《神芝图》十二卷。然世不常有，人所罕见。故历代得之皆以为瑞，而服食之法亦未有传。仰惟皇上体道奉玄，诸福之物自可致之。祥无不毕至，则夫芝草自将应时挺生，远近必有献者。所产之地，臣未敢预拟也。"于是上诏有司，采诸玄岳、龙虎、鹤鸣、三茅、齐云及五岳，仍访之民间。会宛平县民张巨佑得芝五本献之。上悦，赉以银币。自是臣民献芝草瑞物者纷纷矣。②

嘉靖三十六年（1557 年）三月，帝再次下诏，调动全国之力寻找灵芝，并对献芝者给予奖励。有顺天府宛平县民张道等奏进灵芝，赐布、绢各五疋。③ 为了投其所好，臣民制造了许多祥瑞，嘉靖帝对之深信不疑，

① 张廷玉等：《明史》卷 307《佞幸传》，第 7901 页。
② 《明世宗实录》卷 438，嘉靖三十五年八月壬寅。
③ 《明世宗实录》卷 445，嘉靖三十六年三月丁卯。

赏赐有加。嘉靖四十三年（1564年）五月，陶仲文逝世，严嵩被罢免，蓝道行因诈伪被杀，宫中多次出现“妖孽”，嘉靖帝抑郁寡欢，为博嘉靖帝一笑，左右侍从制造了一起天降仙桃的闹剧。“帝夜坐庭中，获一桃御幄后，左右言自空中下。帝大喜曰：‘天赐也。’修迎恩醮五日。”左右见闹剧有效，再度重演。“明日复降一桃，其夜白兔生二子。帝益喜，谢玄告庙。未几，寿鹿亦生二子，廷臣表贺，帝以奇祥三锡，天眷非常，手诏褒答。”① 这些明眼人一看便知造假的把戏，嘉靖帝却信以为真，可见其晚年对祥瑞已经痴迷。

（二）士大夫之“祥瑞”观念

明初曾规定，“凡祥瑞，辨其名物，无请封禅以荡上心”②。尽管如此，士大夫对于“祥瑞”的认识并不完全相同。其中一部分人相信天人感应，认为人间政治的合理、清明以及人民福祉会带来祥和瑞应；另一部分人则基本认为祥瑞无稽，被称为“祥瑞”的现象实际只是普通自然现象而已。

相信祥瑞有征的士大夫中，又可分为两类。一类借诸祥瑞，向皇帝献媚，获取皇帝对自己的好感。此类人行为，在前文中已经有多处提及，不再讨论。另一类士大夫则借诸“天人感应”说法对君主进行规劝，将祥瑞作为劝导君主修德敬天，赏善罚恶，勤政爱民，谨慎治国的依据。

这类士大夫在因祥瑞出现而向皇帝献上颂、赋表示庆贺时，往往在其序言中说明君德与祥瑞的关系，劝君主以祥瑞为契机，继续勤政爱民，修德敬天，切不可骄奢淫逸，至祥瑞转化为灾异。如杨士奇上《驺虞颂》时云：

> 洪惟皇上以仁圣受天命，嗣大宝，为天下生民主，一用尧、舜、禹、汤、文、武之道教之治之。既肇建北京，乃永乐七年车驾巡幸，遣使者行郡县，存问高年，咨求贤德，及察民所疾苦，明黜陟之政。明年，遂率六师平残寇，除边患。是年，车驾还京师。又明年，麒麟

① 张廷玉等：《明史》卷307《佞幸传》，第7901页。

② 张廷玉等：《明史》卷72《职官一》，第1748页。

> 出定州，人皆以为皇上肇建北京，仁恩广被之所致也。十一年二月，复巡幸焉，遣使郡县如前制。五月，驺虞见济宁州曹县，车驾所经之地，益以为圣仁之应。臣谨按载籍："驺虞，仁兽也，帝王有至仁之德则见。"先是，永乐二年，驺虞见钧州。至是再见。天鉴圣仁，骈答灵贶，宗社生民，万年太平之瑞也。谨撰《驺虞颂》一篇。①

其《瑞雪颂》的序言，则在肯定宣宗承膺天命，治政有方的基础上，颂赞宣宗始终心系天下，心忧苍生，为百姓祈降瑞雪。瑞雪应期而至，代表宣宗的政治措施得到了上天的肯定，而天降瑞雪的目的也是要宣宗继续秉承天意，善政爱民。故此篇《瑞雪颂》，是旨在帮助宣宗理顺天人关系，借诸天意勉励君主勤政爱民，借诸君主的勤政爱民实现士大夫修齐治平的政治理想。其语云：

> 臣闻天之生人也，必命仁圣为之君主，使助天之所不及。君之代天理人也，必体天心，使之各得遂其生。君顺事乎天，天弗违于君，而福降焉。昔者尧、舜、禹、汤、文、武，暨我太祖、太宗、仁宗三圣之为君也，皆以仁民为得天之本。钦惟皇帝陛下，躬膺天命，嗣祖宗大位，惟天之心与尧舜以来数圣人之道，是存是用。德音数下，惠泽弘敷，抚亿兆，恤困穷，蠲负逋，革贪弊，任老成，明政纪，简拔贤俊，布列中外，亲选郡守，咸赐玺书而遣之，一皆所以为安民也。于是天下晏然，边鄙无事，兵甲不用，岁屡丰稔，流徙悉归，太平之世也。然圣心恤民，恒勤夙夜，犹虑其有饥寒之患，未尝忘焉。宣德庚戌之冬，天气融和，迨十二月，尚未有雪，间视朝之暇，顾侍臣叹曰："将如来岁农事何?"是月己卯之夕，大雪，远迩弥积。翊旦，上御奉天门，天颜愉怿，亲制喜雪之歌，洒宝翰以赐群臣。又命光禄赐宴群臣，拜赐欢感万万。盖前岁之冬亦少雪，上以为虑，立春后数

① 杨士奇：《东里续集》卷44《驺虞颂》，《景印文渊阁四库全书》第1239册，第262页。

> 日，雪乃大降。上喜，尝亲制喜雪之诗。其岁四方大稔，故至是而来岁丰稔之兆，皆信其必有征矣。太平之瑞，何以加此？臣忝侍近，目睹皇上爱民，得天之应，无任忻跃，敬撰《瑞雪颂》一篇。①

嘉靖十年（1531年）八月，陕西总制尚书王琼、镇守都督刘文疏称甘露降于固原，采取以献，借此上言：“今陕西边患虽若少宁，而西安等府天旱，民饥流徙者众。臣愿陛下以甘露降祥而感上天，以旱干为灾而恤下民，亟遣廷臣，大施赈恤，省刑薄赋，尚书兴仁，以上应天眷，茂膺景礼。”该疏被下发礼部看议。后依礼部尚书李时等所言，“以甘露恭献内殿、两宫，用昭灵贶，令户部多方议处赈济长策，驰示叶相，务令著实举行。琼与文各赐白金十两，纻丝二袭”②。

此外，这类士大夫也会把对祥瑞的信念和期待，用来勉励同僚。官员治政勤勉，爱民如子时也会有“祥瑞”降临。洪武年间，庄得任山丹卫都指挥时，“督农讲武。是年，麦秀一茎两穗者四。次年，一茎两穗者十。人以为德政所致”③。永乐九年（1411年），刘奎举于乡，其后执政长泰，勤政爱民：“先是，境多虎暴，自奎视事，虎乃去，嘉禾一茎三穗，邑人以为瑞。”④

湛若水对于祥瑞政治曾有理论化的说法：

> 天人上下一气感应者也，其兆有五，所以致警戒之道也。故天有日月星辰之变动，人有吉凶之变迁也，天地有星辰封域之分野，人有妖祥值遇之感应也。时有十二岁之相，人有先见之妖祥也；天有五云之物色，

---

① 杨士奇：《东里续集》卷44《瑞雪颂》，《景印文渊阁四库全书》第1239册，第263页。

② 《明世宗实录》卷129，嘉靖十年八月甲辰。

③ 许容等监修，李迪等编纂《甘肃通志》卷32《名宦·甘州府》，《景印文渊阁四库全书》第558册，第215页。

④ 郝玉麟等监修，鲁曾煜等编纂《广东通志》卷46《人物三·惠州府》，《景印文渊阁四库全书》第564册，第188页。

人有水旱丰荒之祲氛也；天有十二风之和戾，人有乖别之妖祥也，此谓之五物。五物者，天地人相与流通者也。达上下而一之者在君身，君身不修，何以反凶为吉、化妖为祥、转荒为丰哉？故《洪范》以人应天，而取必于五事。故曰“诏救政”，谓上告于君，不徒告也，稽君身无不修以弭其变也。又曰“访序事”，谓下谋于臣，不徒谋也，稽臣职无不尽以相夫君也。如是则君臣儆戒，克谨于天，政无不举，而祥瑞至矣。①

认为祥瑞为无稽之事的主张在明初就已提出，其后屡有言者。如王祎认为：

祥瑞非圣人之所尚。景星、庆云、甘露、醴泉、华平、连理、玄秬、黄□、麟、凤、龟、龙、素雉、朱乌之类，史牒所载，不皆出于盛明之世，而往往见于衰乱之时。鲁以麟弱、汉以白雉亡，莽以黄犀败，唐以甘露乱，恶取其为祥也？是故休符不于其祥，于其仁。帝王以不仁而丧亡者有矣，乌有无祥瑞而不昌盛者哉？②

陆容在《菽园杂记》中指出，某些所谓祥瑞非瑞，对国家而言可以说是灾异：

尝记正统十年，予家祖园新竹二本，皆自数节以上分两歧，交翠可爱。家仆俟其老，斫而芟去旁枝，用以义取蕰草饲猪。景泰二年，新居后园，黄瓜一蔓生五条，结蒂与脱花处分张为五，瓜之背则相连附。园丁采入，众玩一过，儿童擘而食之。后仕于朝，有以《瑞竹瑞瓜图》求题咏者。阅之，则皆予家所尝有也。况它竹之瑞一本，予家并生二本。它瓜仅二三，又非连理，予家五瓜连理，不尤瑞乎！

① 湛若水：《格物通》卷9《儆戒一》，《景印文渊阁四库全书》第716册，第94~95页。

② 王祎：《王忠文公文集》卷19《卮辞》，上海：上海古籍出版社，2011，第334页。

使当时长老父兄有造言喜事者，谄谀归之府县，夸艳归之家庭。动众伤财，其为不靖多矣。惟其悃愊无华，故人之所谓祥瑞，一切不知动其心。惟不知动其心，故骄侈不形，而灾害不作，可以保其家于悠久也。《传》曰：“天下本无事，庸人自扰之。”其斯之谓欤！①

弘治四年（1491 年），吐鲁番国遣使臣来朝并进献狮子，孝宗接受并留下四名使者以供调养，林元甫上疏指出：

西旅贡獒而召公以为终累大德。穆王受白狼、白鹿而荒服自是不至。是人君之好尚，政事之治忽、人心之向背系之，诚不可不谨也。彼狮子，番方之猛兽耳，陈之庙堂不可以备仪卫，列之军旅不可以御外患，矧其性不草食，惟嗜羊肉，奈何以有用之牲，饲无用之兽乎？乞却之。②

赵时春在嘉靖九年（1530 年）七月上疏曰：

陛下以灾变求言已旬月，大小臣工率浮词面谩。盖自灵宝知县言河清受赏，都御史汪鋐继进甘露，今副都御史徐讃、训导范仲斌进瑞麦，指挥张楫进嘉禾，鋐及御史杨东又进盐华，礼部尚书李时再请表贺。仲斌等不足道，鋐、讃司风纪，时典三礼，及罔上欺君，坏风伤政。③

隆庆元年（1567 年），户科给事中何起鸣就南京所进鲜马一事上疏皇帝，认为鲜马与狮子相同，饲养所需人力物力劳民伤财，应当停止，并从此开始禁止外夷进献珍禽异兽。④

---

① 陆容：《菽园杂记》卷 15，北京：中华书局，1985，第 182 页。

② 俞汝楫等：《礼部志稿》卷 99《关议备考 · 乞却贡狮》，《景印文渊阁四库全书》第 598 册，第 796 页。

③ 张廷玉等：《明史》卷 200《赵时春传》第 5300 页。

④ 俞汝楫等：《礼部志稿》卷 99《关议备考 · 议止扰害及进献》，《景印文渊阁四库全书》第 598 册，第 797 页。

杨爵也认为，若人君一味追求祥瑞，反而会因此招致灾异，影响国家政治清明，百姓富足，造成世风欺罔，民俗大坏：

> 是以圣帝明王深察乎此，制治必于未乱，保邦必于未危，事无微而不谨，时无暂而不惧，几无隐而不饬，为大于其细，而图难于其易，然后天人交与，而可以延国祚于永久矣。方今天下大势，如人衰疾之极，内而腹心，外而百骸，莫不受病，即欲拯之，无措手之地。以臣观之，其危乱之形将成，目前之忧甚大也。大抵因仍苟且，兵戎废弛，奢侈妄费，公私困竭，奔竞成俗，贿赂通行，遇灾变而不忧，非祥瑞而称贺，谗谄面谀，公肆欺罔，士风民俗于此大坏，而国之所恃以为国者，扫地尽矣。①

三　“祥瑞”观念与明代国家政治之关系

（一）“祥瑞”与政治合法性宣示

政治学中关于“合法性”这一概念，有不同的看法。② 本文所指的政

① 杨爵：《请顺人心以隆治道奏》，载《御选明臣奏议》卷23，《景印文渊阁四库全书》第445册，第369页。

② 美国学者帕森斯认为合法性来自社会的价值规范系统，即社会的“制度模式根据社会系统价值基础被合法化”（〔美〕帕森斯著《现代社会的结构与过程》，梁向阳译，北京：光明日报出版社，1988，第161页）。李普塞特认为合法性是指“政治系统使人们产生和坚持现存政治制度是社会的最适宜制度之信仰的能力”（〔美〕西摩·马丁·李普塞特著《政治人：政治的社会基础》，张绍宗译，上海：上海人民出版社，1997，第55页）。阿尔蒙德把合法性看作是一种体系文化，它表现为对政治体系的认同与对政治秩序的自觉遵守（〔美〕阿尔蒙德、〔美〕鲍威尔著《比较政治学：体系、进程和政策》，曹沛霖等译，上海：上海译文出版社，1987，第35～36页）。哈贝马斯则认为：“合法性意味着某种政治秩序被认可的价值。”（〔德〕哈贝马斯著《交往与社会进化》，张博树译，重庆：重庆出版社，1989，第188～189页）赵海立认为，“合法性在政治学上是指公众对政治统治的认可与支持”（赵海立：《政治合法性理论及其分析架构》，《厦门大学学报》2004年第5期）。

治合法性，大体上是社会各阶层对政权建立及其统治资格的认可。这种认可，是需要宣传来建立及强化的。所以，历代皆有人君出生、征伐、登基时出现奇异现象的说法。明代亦不例外。

《明史》记载，明代多位帝王出生时伴随奇异事件。除前文提及的明太祖朱元璋出生前后的奇异现象之外，其他诸帝之生，也有奇异景象。如仁宗，“母仁孝文皇后，梦冠冕执圭者上谒，寤而生帝”①。宣宗出生前夕，成祖梦太祖授以大圭曰：“传之子孙，永世其昌。”既弥月，成祖见之曰：“儿英气溢面，符吾梦矣。”② 记述详细又富神秘性的莫过于嘉靖帝。史载嘉靖帝生于正德二年（1507 年）八月初十日，出生时其父还是安陆王，但“诞圣之日，宫中红光烛天，远近惊异。其年黄河清，庆云见于翼轸者楚分也，盖识者已知为受命之符矣”。及其被选中以藩王入继大统，入京车驾渡河时，父老喜跃相告：“昔圣天子始生之年，此河清三百里者三日，尝闻黄河清圣人出，今果然矣。”③

征伐讨逆时出现奇异现象的说法也不少见。如朱元璋在《皇陵碑》中叙述自己的起兵缘由受神佛指点，亦即受命于天：

> 未几陷城，深高城隍，拒守不去，号令彰彰。友人寄书，云及趋降。既忧且惧，无可筹详。傍有觉者，将欲声扬。当此之际，逼迫而无已。试与知者相商，乃造之曰：“果束手以待非，亦奋臂而相戕。”知者为我画计，且祷阴以默相。如其言往，卜去守之何祥，神乃阴阴乎有警，其气郁郁乎洋洋。卜逃卜守则不吉，将就凶而不妨。④

当时群雄逐鹿，太祖只是郭子兴部的一个小人物，何以最终定宇内、得天下呢？征战中他通过《御中原檄》声称自己受命于天，收拾残局，救百

① 张廷玉等：《明史》卷 8《本纪第八・仁宗》，第 107 页。

② 张廷玉等：《明史》卷 9《本纪第九・宣宗本纪》，第 115 页。

③ 《明世宗实录》卷 1，正德十六年四月壬午。

④ 朱元璋：《御制文集》卷 16《皇陵碑》，见张德信、毛佩琦主编《洪武御制全书》，合肥：黄山书社，1995，第 190 页。

姓于水火："为众所推，率师渡江，居金陵形胜之地……予奉天承命，罔敢自安，方欲遣兵北逐群虏，拯生民于涂炭，复汉官之威仪。"[①] 这种"天意"说法在洪武三年（1370 年）六月太祖颁布的《平定沙漠诏》中再次体现：

> 然倡乱之徒，首祸天下，谋夺土疆，欲为王伯。观其所行，不合于礼，故皆灭亡，亦天意也。朕当是时，年二十有四，盘桓避难，终不宁居，遂托身行伍，驱驰三年，睹群雄无成，徒扰生民，乃率众渡江，训将练兵，奉天征讨，于今十有六年，削平强暴，混一天下……朕心思之，其君之亡，系乎天运。[②]

可见无论是其起兵还是四海征伐，都是天命使然。

无独有偶，其子朱棣也深得其父的精髓，为了证明自己靖难起兵师出有名，他也指称天意，史载："文皇北征至清水原，水咸苦不可饮，人马俱困"，但困境很快化解。"明日，营西北二十里，有泉涌出，甚甘洌"。于是，朱棣将此泉命名为神应泉。[③] 靖难途中，途经一条河流，他列兵阵于河的西侧，"河水难渡。是日雪，默祷曰：'天若助予则河冰合'。是夜果合。遂击败都督陈晖兵。晖众遁河，冰忽解，溺死无算"[④]。河水的一开一合的说法指出了战争正当性在双方间的归属，为朱棣日后登基继位确立了舆论基础。

（二）"祥瑞"与治国策略

"祥瑞"作为中国古代政治文化中的重要因素，在明代政治中发挥了

---

① 高岱：《鸿猷录》卷 5《北伐中原》，上海：上海古籍出版社，1992，第 88 页。

② 《明太祖实录》卷 53，洪武三年六月丁丑。

③ 姚之骃：《元明事类钞》卷 2《地理门·神应泉》，《景印文渊阁四库全书》第 884 册，第 31 页。

④ 姚之骃：《元明事类钞》卷 2《地理门·河冰夜合》，《景印文渊阁四库全书》第 884 册，第 33 页。

重要作用。

1. 树立明君形象，申明治国原则

帝王在祥瑞出现时表现出谦谨态度，有助于树立贤明君主形象。朱元璋在《明太祖宝训》的第一卷中告诫后世子孙“嘉祥无征而灾异有验”，对待祥瑞必须心存警惕，谦虚谨慎，在群臣颂德称贺时，要保持清醒头脑，要及时止贺勿纳。后世子孙大多以此为戒，对祥瑞心存警惕，更多关注改善民生。仁宗继位之初就确认南京守臣进献的龙山所产灵芝，并非祥瑞，不许表贺，并以此为契机，敕谕文武群臣治国为臣之道。他指明当前国家政治事务的基调是“选任贤良，共图惟新之治，期与天下，安于太平”，并借机申明：

> 朕代天子民，恪存戒饬，不以小人备任，使不以浮费伤财，力不以刑罚先，教化不以贪黩劳士，卒尔尚体，予至意以称职任。惟忠足以事君，惟仁足以恤人，惟勤则庶事集，惟廉则公道存。乃若骄盈纵恣，朋比用事，贪暴掊克，渔猎吾民，或阿谀从吏，务为容悦，庸庸保位，无补于时，黜陟之明，赏罚之公，典章具在，尔其钦哉。①

宣宗在宣德八年（1433 年）八月时，面对来自南海诸国进献的四头麒麟，天门出现的景星瑞象和时任少傅的杨士奇等人进颂贺表，仍能谦虚有度，不以此居功，反以此为契机，晓谕群臣不要因某一种祥瑞现象出现而生骄奢淫逸之心。② 代宗对“祥瑞”的态度更为坚决。景泰二年（1451 年），南京总督机务兵部尚书靖远伯王骥等上奏，“正月十八日，山川坛井醴泉迸出，馨香上闻，臣等躬诣汲取，祗荐奉先殿，以昭圣世之祥事”。礼部尚书胡濙等人，认为这是皇上圣德所致，应该以嘉祥对待，文武百官应上表称贺。代宗则下诏：“敢有献言祥瑞以事谄谀者，罪之。”③ 此诏一出，

---

① 《明仁宗实录》卷 10，洪熙元年春正月乙亥。

② 谷应泰：《明史纪事本末》卷 28《仁宣致治》，北京：中华书局，1977，第 437 页。

③ 俞汝楫等：《礼部志稿》卷 88《祥异备考 · 山川坛醴泉》，《景印文渊阁四库全书》第 598 册，第 577 页。

其事作罢。

2. 关涉祥瑞的政治斗争

古代中国是人治社会，君主拥有巨大权力，臣僚也往往有与君主不同的利益或主张。自古君臣斗法就一直没有停息过，祥瑞也是君臣斗争的筹码之一。君主通过大臣对待“祥瑞”的态度，判断其立场，据此划分大臣的阵营，切合己意者褒奖之，违背己意者则惩罚之。以嘉靖朝为例。嘉靖帝本人喜闻祥瑞，至晚年更达到痴迷程度。他往往将大臣在瑞现时的态度和表现作为对待大臣的标尺。其中发生较多者是对不信瑞者加以排斥，反之则眷宠有加。张裕、谢存儒、冯恩是前者，许诰则是后者。

> 诰，字廷纶，进次子也……时有白鹊之瑞，诰献论，司业陈寰献颂，并宣付史馆。给事中张裕、谢存儒、御史冯恩皆劾诰，裕至比之祝钦明。帝怒，下裕狱，谪福建布政司照磨，存儒亦调边方。恩诋诰学术迂邪，诰求罢。帝曰：“恩所诋乃指前日去土偶用木主事也，尔以是介意邪？”其为帝眷宠如此。①

对于信瑞献瑞，深合帝心之臣，在其仕途出错时，君主往往会念其忠心一片，献瑞有功，进颂、赋及时而网开一面。

> 晋府交城王表［柚］，先以庶孽，纳贿故辅严嵩，冒袭郡爵。迨《宗藩条例》颁行，表［柚］为滥封之首，应革。乃表进白鹿，自言得之平阳府藐姑射山仙洞中，且撰颂以献，其言俱妄也。上大悦，赐白金百两，大红金彩衮龙袍三袭。②

尽管皇帝会因大臣信瑞、献瑞，进献颂、赋而宠信之，但是不代表皇帝会允许其畅所欲言。宗藩郑王厚烷在嘉靖十八年（1539 年）时以境内

① 张廷玉等：《明史》卷 186《许进传》，第 4926～4927 页。
② 沈德符：《万历野获编》补遗卷 1《列朝·圣谕门工》，第 793～794 页。

温县出现的麒麟为祥瑞，进献至京，深得嘉靖帝的欢心。他感到自己已经取得了君主的信任，于是在嘉靖二十七年（1548 年）上疏劝嘉靖帝修德讲学，“并上《四箴》及《演连珠》十首，以上简礼怠政，饰非恶谏，及神仙土木为规”。嘉靖帝震怒。未几，因郑王上表误失称臣，遂削爵锢高墙。①

（三）“祥瑞”与教化

明人继承前朝关于孝行感动上天、天降祥瑞以表彰下民的思想，帝王也将祥瑞作为旌表孝行的教化工具，对本朝出现的孝亲典范给予表彰、宣传，倡导臣民以此为榜样，发扬孝亲敬老之美德，承袭养老之礼。如洪武时期的文华殿大学士权谨，“十岁丧父，哀毁顿绝，复苏……母疾，吁天祈以身代。母卒，躬负土成坟，庐墓三年。有白兔、青蛇驯扰不去。有司以闻。太宗嘉之，召拜文华殿大学士”②。又如成化时期浙江丽水县民叶伯广，“父没，庐墓三年，墓产灵芝数茎。及母没，其年已七十有二，复庐悲恸。有兔穴其傍，驯不避人，人以为孝感。特表其门曰‘孝行’”③。又有弘治时期名徐谧者，直隶海州人，曾任定边卫经历。“母卒，庐墓。有双鹿驯游墓侧，旬日乃去”。有名张时厚者，直隶六安学士，“母丧，庐墓三年。遇雷雨，惧惊其母，辄圜冢自呼曰：‘儿时厚在’。屡有乌鸟飞集、孤兔扰驯之祥”④。

明代的史籍尤其是地方志中，专设孝义或人物志记载孝亲敬老事迹。《河南通志》“孝义”部分记载：

> 陈瑛，封丘人，生母早丧，事嫡母翟氏孝谨。翟卒，庐墓三年。白兔、乌鹊并集于舍。事闻，诏旌其门……穆孔曙，淅川人，庠生，

① 沈德符：《万历野获编》卷 4《宗藩·郑王直谏》，第 117 页。

② 廖道南：《殿阁词林记列传》卷 1《文华殿大学士权谨》，见周骏富等辑《明代传记丛刊》第 10 册，台北：明文书局，1991，第 75～76 页。

③ 《明宪宗实录》卷 154，成化十二年六月丁丑。

④ 《明孝宗实录》卷 37，弘治三年四月甲辰。

> 庐墓三年。有白兔甘露之祥，奉旨旌表……刘天启，沈丘人，母卒，结舍墓旁，朝夕哭奠，负土成坟。墓上王瓜并蒂，白兔驯侧，宅内枯桃三年复荣，咸谓孝感……申粲，阌乡人，父母既葬，庐墓三年。有瑞谷三穗、麦秀双歧、白兔甘露之祥。特赐旌表。①

《山西通志》“孝义”部分记载：

> 郭璇，霍州人，性笃孝……父丧，徒步归，庐墓侧。有白兔穴居，驯若家畜……杨智，介休人，少丧父，淡食三年，人未尝见其喜笑。后母丧，哀毁庐墓。白兔驯扰，人谓孝感。正统间旌其门……陈思孟，阳城诸生，父仲［丧］庐墓，感白兔金雀，诏旌孝廉。②

旌表孝行外，朝廷还视长寿者为国家之祥瑞，颁赐鸠杖、宴饮，赏赐衣食。“刘赓，官一品，年七十而父壼无恙，赓躬奉饮食，晨昏不懈。仁宗闻之曰：‘此国家人瑞也’。刻玉为鸠杖赐之。生日，遣大臣锡宴其家。壼拜受。赓须鬓皓然，亲为扶掖。都人为歌咏其事”③。此外，皇帝还向长寿之人问政。监察御史梁昉曾上疏成化帝，认为致仕南京吏部尚书魏骥“学行醇笃，心术正大，且明于世故，而达于国势，德望素著，人所景仰。白首一节，略无少疵”。七十六岁致仕，“杜门教子孙以耕读，动循礼法，为乡邦模范……诚盛世之人瑞也”，建议向魏骥问政。宪宗采纳其建议，特谕礼部曰：“尚书魏骥，年及百龄，兼有德望，朕甚嘉悦。其即遣行人奉敕存问，并赐羊酒，仍敕有司月给米三石，赡其终身，以表朕优老之意。”④

---

① 田文镜、王士俊等监修，孙灏、顾栋高等编纂《河南通志》卷64《孝义》，《景印文渊阁四库全书》第538册，第80、108、115、121页。

② 觉罗石麟等监修，储大文等编纂《山西通志》卷141～145《孝义》，《景印文渊阁四库全书》第547册，第14、42、63页。

③ 姚之骃：《元明事类钞》卷25，《吉凶门·老寿·国家人瑞》，《景印文渊阁四库全书》第884册，第402页。

④ 《明宪宗实录》卷94，成化七年八月丁卯。

（四）“祥瑞”与士大夫立朝风格

明代士大夫对待“祥瑞”的主张与他们立朝参政的政治价值观相表里，凡主张重灾抑祥者，多刚正直言；凡以祥为美者，多阿谀奉迎。从这个角度看，祥瑞成为反映明代士大夫价值观与立朝风格的镜子。

宣宗时期，魏骥刚直，不以颂瑞、献瑞向皇帝邀功请赏。“在太常，山川坛获双白兔，圻内生瑞麦，皆却不进”①。弘治年间，礼部尚书傅瀚，“保定献白鹊，疏斥之”②。隆庆时期御史王得春条奏四事，其中一事关于祥瑞：“一禁谄谀。谓迩年多献祥瑞，以干恩泽，备极谀辞，即有灾异，匿不以奏，甚非忧治危明之意。”劝诫皇帝禁止朝臣谄谀之风，关注国家政治实务，关注改善民生，“乞晓谕中外臣工，毋得仍蹈故辙，四方水旱疾疫、寇贼奸宇宄，即宜据实报闻”③。神宗时期，沈鲤谏止皇帝贺表麒麟：“有县产麒麟，旋毙，上欲取观之，鲤谓此端不可开，果尔，天下言祥瑞者纷纷矣。”④

嘉靖朝这样的事例更为集中。嘉靖七年（1528 年）三月，灵宝县黄河清，帝遣使祭河神。大学士杨一清、张璁等屡疏请贺，御史周相抗疏言：“河未清，不足亏陛下德。今好谀喜事之臣张大文饰之，佞风一开，献媚者将接踵。愿罢祭告，止称贺，诏天下臣民毋奏祥瑞，水旱蝗蝻即时以闻。”嘉靖帝见疏大怒，“下相诏狱，拷掠之，复杖于廷，谪韶州经历”⑤。嘉靖九年（1530 年），赵时春就部分朝臣谄谀献媚，迷惑帝心，不关心国家时政的行为，上疏弹劾之。⑥ 嘉靖帝责其妄言，“下诏狱掠治，黜为民”⑦。嘉靖二十年（1541 年），杨爵上疏，批评朝廷上下“大抵因仍

---

① 张廷玉等：《明史》卷 158《魏骥传》，第 4319 页。

② 张廷玉等：《明史》卷 184《傅瀚传》，第 4882 页。

③ 《明穆宗实录》卷 6，隆庆元年三月乙亥。

④ 孙奇逢：《中州人物考》卷 5《沈少保公鲤》，台北：广文书局，1977，第 590 页。

⑤ 张廷玉等：《明史》卷 209《杨爵传》，第 5525 ~ 5526 页。

⑥ 张廷玉等：《明史》卷 200《赵时春传》，第 5300 页。

⑦ 张廷玉等：《明史》卷 200《赵时春传》，第 5300 页。

苟且，兵戎废弛，奢侈妄费，公私困竭，奔竞成俗，贿赂通行，遇灾变而不忧，非祥瑞而称贺，谗谄面谀，公肆欺罔，士风民俗于此大坏，而国之所恃以为国者扫地尽矣”①。杨爵又上疏，反对贺表祭祀白鹿，谏止斋醮。嘉靖帝震怒，“立下诏狱拷掠，血肉狼籍，关以五木，死一夕，复苏”。主事周天佐、御史浦鋐疏救杨爵，“先后箠死狱中，自是无敢救者”②。

对于那些借有“祥瑞”出现而谀言奉迎，编造罗织，为帝王高唱赞歌的士大夫而言，每次瑞现都是他们政治生涯中的重要机缘，构成了士大夫中的另一种风气。永乐时期的吕震是其中的一个代表：

> 永乐时，曹县献驺虞，榜葛剌国、麻林国进麒麟，震请贺。帝曰：“天下治安，无麒麟何害?”贵州布政使蒋廷瓒言：“帝北征班师，诏至思南大岩山，有呼万岁者三。”震言：“此山川效灵。”帝曰：“山谷之声，空虚相应，理或有之。震为国大臣，不能辩其非，又欲因之进媚，岂君子事君之道。”郎中周讷请封禅，震力赞之，帝责其谬。震虽累受面斥，然终不能改。金水河、太液池冰，具楼阁龙凤花卉状。帝召群臣观之。震因请贺。不许。而隆平侯张信奏太和山五色云见，侍郎胡濙图上瑞光榔梅灵芝，震率群臣先后表贺云。③

当士大夫的献瑞、贺瑞热情与皇帝自为神圣、装点盛世的心意不谋而合时，朝廷就会演出君臣心照不宣的唱和。这样的情况在嘉靖朝比比皆是。“嘉靖十一年，四川巡按御史宋沧获白兔于梁山县以献。礼部请贺，上辞以菲薄不敢当，再请乃许，以献于太庙世庙，呈于两宫太后前。百官表贺……上皆优诏褒答”④。宋沧因此被同时代人嘲笑称为“白兔都御史”。⑤ 嘉靖

① 杨爵：《请顺人心以隆治道奏》，载《御选明臣奏议》卷23，《景印文渊阁四库全书》，第445册，第369页。

② 张廷玉等：《明史》卷209《杨爵传》，第5526页。

③ 张廷玉等：《明史》卷151《吕震传》，第4180~4181页。

④ 沈德符：《万历野获编》补遗卷3《督抚·白兔》，第893页。

⑤ 沈德符：《万历野获编》补遗卷3《督抚·白兔》，第893~894页。

十二年（1533年），河南抚臣吴山献白鹿，“上命献庙，呈两宫，受贺如前。”朝臣汪鋐等献颂赋、献乐章、献诗，帝皆优答。是年又有应天抚臣陈轼献白兔。① 沈德符还称当时河南巡抚吴山献白鹿“为大臣谄媚之始。此后白兔、白龟、白鹊相继不绝”②。吴山后来官至尚书，专以揣摩嘉靖帝心思，迎合帝意为事。③ 胡宗宪也是善于借祥瑞献媚于皇帝的高手，他曾“献白鹿者再。帝喜，告谢玄极宝殿及太庙，进宗宪秩，百官表贺”。其后他再接再厉，“献灵芝五、白龟二”。④ 世宗赏赐金币、鹤衣。

结　　语

祥瑞是明代政治文化领域的重要话题。明代祥瑞的类目承袭前代，但种类和数量比唐代《百官志》所载要少，集中表现为瑞星、景星、庆云、卿云、五色云、瑞雪等天象祥瑞；白兔、玉龟、白鹿、驺虞、瑞麦、嘉瓜、芝草、黄河清、甘露、醴泉等物象祥瑞；人君出生、成长过程中的奇异现象等人事祥瑞。关于这些瑞象的记载见于明朝历代君主统治时期，尤以嘉靖一朝为盛，这与嘉靖帝崇信道教有密不可分的关系。

明人在对祥瑞的理解上未有创建，仍是继承董仲舒“天人感应”“天人合一”理论支配下的祥瑞观念。明代帝王对待祥瑞的态度大体可分为两类，谦谨对待，重灾抑祥和以瑞为喜，信瑞贺瑞。无论是谦谨还是表贺，都包含愚昧迷信与统治策略两种含义，但对待祥瑞的谦谨态度较之以瑞为喜更具有务实和民本的色彩，更有助于引导臣民尤其是士大夫群体，注意灾祥相互转化，以祥瑞为戒，关注民生，造福百姓。祥瑞在特定情况下，会成为君臣斗争的筹码。嘉靖帝以藩王继统，朝中就其生父及武宗之称谓及祭祀问题展开了旷日持久的“大礼议”之争。这时祥瑞成为嘉靖

---

① 沈德符：《万历野获编》补遗卷3《督抚·白兔》，第894页。
② 沈德符：《万历野获编》卷29《禨祥·白鹿》，第733～734页。
③ 张廷玉等：《明史》卷307《佞幸传》，第7902页。
④ 张廷玉等：《明史》卷307《佞幸传》，第7901页。

帝与士大夫斗争的工具。嘉靖帝以士大夫对待祥瑞的态度来考察士大夫对他的忠诚度，并通过对献瑞官员的奖赏和对谏止祥瑞官员的惩罚，对官僚群体进行换血。嘉靖帝曾鼓励高调表贺内苑所生嘉禾、灵黍，期望以此缓解当时的旱情和少数民族的军事犯边。国家政治中至关重要的一个现实问题是政权合法性认同。明代诸帝将祥瑞作为说明政治合法性的标志。祥瑞也被统治者作为树立道德典范的工具，其对白兔、灵芝一类被解释为孝行感应现象的宣传，目的是倡导臣民以被旌表之人为榜样，孝亲敬老。祥瑞在明代朝政中，还构成士大夫立朝风格的标尺之一，因而成为理解明代政治文化的一个特殊的视点。

作者简介：刘言，1985 年生，女，吉林长春人，东北师范大学历史学硕士，现任职于吉林省实验中学，专业领域为明清史，研究方向为明代政治史。

明代的谣谚

王立娜

提　要： 谣谚在本文中指产生于民间，经大众之口进行传播，并反映当时普遍性社会情况，抒发大众情感诉求的流行语句，其中一部分最终以文字形式记录下来并得以流传后世。本文首先分类整理存世明代谣谚，继之通过对帝王谣、士大夫谣以及宦官谣的分析，解读民众看待庙堂政治的方式，随后探讨谣谚所折射的地方政治与军事问题，并尝试对谣谚的地域分布特点进行梳理，最后对谣谚中的科举考试与官府弊政进行讨论。研究表明，明代谣谚明显表现出关注庙堂政治的特征，内中与当朝皇帝相关的大多是带有预测性质的谶纬之谣，常在政局动荡或帝位变更时出现，往往成为权谋者利用民心实现政治目的的工具。而真正抒发民意的谣谚歌颂和抨击的对象主要是朝臣和宦官，尤其对造成恶政的宦官集团抨击得更加强烈。关于地方政治的谣谚通俗质朴，感情色彩浓厚，而且其流传和兴盛程度与各地的经济发展水平有着一定的关联。明代谣谚一定程度地反映时政状况和民意，并可能对政局产生相应影响。

关键词： 明代；谣谚；政治；民意

谣谚二字很长时间以来被作为两个词汇使用。《说文解字》曰："谣，徒歌也。"[①]《尔雅》曰："徒歌谓之谣。"[②] 可见，谣是一种不用乐器伴奏也没有配曲而为人吟诵和说唱的语言形式。关于谚，《国语·越语》载："谚，俗之善语也。"[③]《文心雕龙·书记篇》云："谚，直言也。"[④] 可知谚是一种民间"俗语"并常作为劝善之用，是用通俗语言表达的规劝人们行为的言语。二者比较可见，谣体现较强的时间和地域特征，往往在一定时间流传并产生影响，但随着时间的流逝，其时效性随之削弱；谚则是传之百年，流之四处而皆可适用的经验之谈，具有一定的教化意味，因此古人常以谚劝谏君主。其次，谣相较于谚更有抒情色彩，民众多用谣来表达爱恨情感。虽有区别，但二者都出自民众，即便有个人编制之谣，也要采取群众所用的手法与句式，并经大众之口流传，才会产生影响。二者可共同定义为：谣谚是产生于民间，经大众之口进行传播，并能一定程度上反映当时社会普遍情况，抒发大众情感诉求的流行性韵语。

谣谚作为中华民族传统文化中的独特现象，已有学者关注并进行整理研究。集大成之作当属清代学者杜文澜辑录的《古谣谚》。该书经中华书局于1958年所出版本共一百卷，引书近900种，辑出先秦至清代谣谚三千三百余条，分别标明出处并逐条引出相关文献，有极大的参考价值。[⑤] 晚近对谣谚的收集主要有张守常的《中国近世谣谚》，可算是《古谣谚》的续编。[⑥] 另有尚恒元、彭善后的《二十五史谣谚通检》，不仅把二十五史中的谣谚汇集成册，便于读者查找，而且对千条谣谚逐一加以解释，融汇了作者对谣谚的理解与运用。[⑦] 吕肖奂的《中国古代民谣研究》，首先在绪论部分分析了民谣与谚语、民歌的区别，进而对民谣做出相关界定，正文按风

① 许慎：《说文解字》，北京：中华书局，1963，第54页。

② 郭璞：《尔雅注疏》，上海：上海古籍出版社，2010，第274页。

③ 上海师范大学古籍整理组校点《国语》，上海：上海古籍出版社，1978，第652页，注释二。

④ 刘勰：《文心雕龙》，北京：人民文学出版社，1958，第460页。

⑤ 杜文澜辑《古谣谚》，北京：中华书局，1958。

⑥ 张守常辑《中国近世谣谚》，北京：北京出版社，1998。

⑦ 尚恒元、彭善后编《二十五史谣谚通检》，太原：山西人民出版社，1986。

谣析论、谶谣析论、民谣的文学意义、民谣与文人谣几个方面进行论述。①

随着新史学概念的提出和发展，谣谚愈发受到史学界的重视，相关著作和论文也大量出现。对古代谣谚整体进行考察的主要作品中，最具代表性的是谢贵安的《中国谣谚文化——谣谚与古代社会》，该书从文化史和社会史角度对谣谚的定义与形式，谣谚与古代社会政治、精神文化、生活哲理、生产经验、地理风物关系、谣谚传播与社会功能，以及谣谚的历史演变，做了细致的分析和描述。② 将谣谚按历史时期分段考察的代表性作品有：吕宗力的《汉代的流言与讹言》，通过考察两汉流言、讹言在史籍中的记载发现，此类语言多流传于社会动荡与灾变多发时期，并分析了缘由以及政府态度等。③ 胡守为的《“举谣言”与东汉吏政》，指出东汉初年统治者以民谣改善吏治，后期此举废坏，反映出政治的衰败。④ 马新的《时政谣谚与两汉民众的参与意识》，认为汉代民谣大多涉及朝政，可见民众对政治的关注程度及其对吏政的监督作用。⑤ 吴海燕的《魏晋南北朝民间谣谚对封建统治的揭露和贬斥》，指出该时期谣谚多为对当时政治腐败黑暗的抨击，研究它们有助于对当时民众的生活处境形成更为生动的认识。⑥

---

① 吕肖奂：《中国古代民谣研究》，成都：巴蜀书社，2006。

② 谢贵安：《中国谣谚文化——谣谚与古代社会》，武汉：华中理工大学出版社，1994。相关论文有赵璧仁：《简论我国古代民谣》，《惠阳师专学报》1982 年第 1 期；廖以厚：《古代民谣散论》，《抚州师专学报》1992 年第 4 期；谢贵安：《谣谚与古代教育及科举》，《中国典籍与文化》1993 年第 2 期；谢贵安：《古代政治民谣及其社会舆论功能》，《湖北行政学院学报》2002 年第 1 期；赵世瑜：《从历代谣谚窥见中国历史》，《北京日报》2004 年 5 月 24 日；吕肖奂：《古代民谣的怨刺艺术》，《江西社会科学》2004 年第 2 期；郭灿辉：《中古民谣的政治指向性》，《社科纵横》2005 年第 5 期；李纯明、李岸：《观察社会历史变迁的另一只眼——民谣的价值论略》，《佳木斯大学社会科学学报》2007 年第 5 期；金苹苹：《试论中国古代谣谚的社会功能》，武汉大学 2003 年硕士论文；李传军：《试论中国古代歌谣的性质及其与社会风俗的关系》，《青岛大学师范学院学报》2005 年第 1 期等。

③ 吕宗力：《汉代的流言与讹言》，《历史研究》2003 年第 2 期。

④ 胡守为：《“举谣言”与东汉吏政》，《中山大学学报》2004 年第 6 期。

⑤ 马新：《时政谣谚与两汉民众的参与意识》，《齐鲁学刊》2001 年第 6 期。

⑥ 吴海燕：《魏晋南北朝民间谣谚对封建统治的揭露和贬斥》，《平原大学学报》2003 年第 2 期。

李传军的《魏晋南北朝时期歌谣的传播》，不只将歌谣作为社会现状的反应，同时考察其舆论作用。[①] 邵正坤的《民间谣谚与北朝政治》，指出谣谚一方面体现出民众的参政意识及对当时的社会起到监督作用，另一方面也时常为权谋家利用，成为其政治斗争的工具。[②] 高贤栋的《北朝时政谣谚与民间信仰》，认为该时期的谣谚只是反映当时民众对政治的敏感关注而已，并无参政意识的体现。[③] 李传军的《歌谣俗语与两汉魏晋南北朝社会》，认为歌谣俗语因反映社会现实而为统治者重视，起到下情上达的作用，并联系当时政局状况探讨了歌谣俗语产生的原因。[④] 王华艳的《从谣谚看宋代社会的近世化倾向》，以民众视角展示宋代社会在政治、经济、文化教育、社会生活方面的变迁，认为宋代是贵族社会走向平民社会的转型时期。[⑤] 另有闫雪莹的《元代歌谣的分布研究》，探讨了元代歌谣的文献分布、历史性分布和地域性分布，进而探讨了元代社会的突出问题。[⑥] 陈宝良的《明代民间舆论探析》将明代舆论分为官方和民间两大系统，其中民间舆论主要包括谣谚、口号、匿名文书、揭帖以及知识分子的"清议"。[⑦] 刘清阳的《从民间歌谣看明清之际人民的反礼教思潮》，以明清之际民间歌谣中所反映的反礼教思想来探讨当时社会思想的变化。[⑧] 陈江的《明代江南俗语所见之社会情态》通过考察江南地区的俗语变化，说明明中叶以后的社会风俗、婚恋观念等皆出现了深刻变化，并以此推论中国传统的社会架构在晚明的江南已开始了局部的蜕变。[⑨] 冯伟的《明清俗语中的社会弊病》认为伴随商品经济的发展，社会多出现以骗为生的

---

① 李传军：《魏晋南北朝时期歌谣的传播》，《石油大学学报》2004 年第 3 期。

② 邵正坤：《民间谣谚与北朝政治》，《山西师大学报》2007 年第 5 期。

③ 高贤栋：《北朝时政谣谚与民间信仰》，《民俗研究》2004 年第 1 期。

④ 李传军：《歌谣俗语与两汉魏晋南北朝社会》，北京师范大学 2005 年博士论文。

⑤ 王华艳：《从谣谚看宋代社会的近世化倾向》，暨南大学 2004 年硕士论文。

⑥ 闫雪莹：《元代歌谣的分布研究》，《古籍整理研究学刊》2009 年第 6 期。

⑦ 陈宝良：《明代民间舆论探析》，《江汉论坛》1992 年第 2 期。

⑧ 刘清阳：《从民间歌谣看明清之际人民的反礼教思潮》，《西北大学学报》1993 年第 4 期。

⑨ 陈江：《明代江南俗语所见之社会情态》，《史林》2003 年第 1 期。

无赖之徒，此类世象不只见于明清文献，在谚语、俗语中也有真切反映。①

明代谣谚数量较多，整理汇聚起来可成为明史研究的重要史料。但关于谣谚的搜集和整理工作，虽然已有大量作品问世，但对明代谣谚的整理和归类目前仍然存在不足。杜文澜的《古谣谚》虽然辑录了大量谣谚，但并未详细区分具体时代。晚近关于谣谚的研究，侧重于将古代谣谚作为整体考察其一般性质，区分时代的具体研究仍然较少。已有对于明代谣谚的研究，则仍然分散而缺乏系统性，未将通明一代谣谚作为一个完整的对象进行论述。本文尝试将明代谣谚进行系统整理，以期用一种自下而上的视角反观明代社会，并做出探讨分析。

一　明代谣谚存世之概况

（一）史书中的谣谚

无论是政府官方著史还是私人撰史，都常常援引谣谚进行点缀，一方面作为论据加强其可信度，另一方面也更加生动地展示当时社会面貌。

（1）清官修《明史》收录谣 31 条，除嘉靖年间的“江有河、黄，浙有钱、王”，“前有四皇，后有三张”这两条品评人物外，其余全部为时政谣。谚 8 条，有 4 条见于《外国传》，主要是对当地经济的写照；另外 4 条为当朝官员引谚。虽然谚相对于谣政治属性和时间特征并不明显，但这些引谚借以影射当朝政治，也可算作政治谚。

（2）《明实录》中引谣 24 条，全部为影射当时政治军事的时政谣。另有谚 9 条，虽都是对旧人谚语的引用，但却借古喻今，也值得注意。

（3）《明实录》附录共有谣 20 条。《崇祯长编》有谣 13 条，具体如卷 9“官要起问三李”“蓟州当前东光接武”之谣，卷 13“两总督”之

① 冯伟：《明清俗语中的社会弊病》，《南方论刊》2007 年第 6 期。

谣，卷14“不误主顾”之谣，卷18“大小兵道”之谣，卷25“卷地皮”之谣，卷32“割军”之谣，卷40“私门夜开”之谣，卷46“一部缙绅”之谣，卷53“马状元”之谣，卷55“狗子佛性”之谣，卷62“吏部好做”之谣，卷66“破胆寒胆”之谣，均为崇祯一朝时政怨谣，足见明亡前的腐败之态。《崇祯实录》2条，为卷1“官要起问三李”和卷4“五虎五彪”之谣。《明熹宗七年都察院实录》有谣5条，分别为卷9“大司马小司马”“赵钱孙李”及“王吏部”之谣，卷10“一缺两侍郎”“阁下通政”之谣。《明□宗□皇帝实录》2条，为卷2“烂羊兴关内”之谣和卷3“五虎五彪”之谣，反映天启七年的政治事件与现象。

（4）清初计六奇的《明季北略》引谣8条，有卷7“官贼”之谣，卷9“流贼闻之心胆凉”及讽温体仁的“崇皇帝温阁老”“崇祯皇帝遭温了”之谣，卷11“一炮打死二大王”之谣，卷19“闯王来时不纳粮”之谣，卷20谶李自成“马上登台未许年”之谣，卷21颂陈士奇“学宪广文”之谣。

（5）计六奇的《明季南略》涉谣7条，有卷4“假印不去真官不来”“杀马士英”及讽其专权的“欲装哑莫问马”之谣，卷6“射人先射马”之谣，卷7“职方贱如狗”之谣，卷11“敌兵如蟹”之谣，卷12“修史羞死”之谣。

（6）文秉《烈皇小识》引谣2条，有卷2“投了袁崇焕，达子跑一半”，卷4“贼兵如梳，官兵如栉”。

此类典籍谣多谚少，绝大多数反映当时社会政治、军事状况，有些谚语本身并无感情色彩，只是朝臣用来阐述政治观点的一种方式，因而记录史册。

（二）笔记中的谣谚

明人笔记所引之谣大多与史书类史料相同或相似，其突出特色是保存了大量的谚。

（1）张应俞《杜骗新书》有谚3条，其《露财骗》曰“善有善报，恶有恶报”，《在船骗》云“贼拿贼，针挑刺”，《奸情骗》讲“非僧奸佃妇，乃佃奸僧老婆”。这三则谚虽然并不来自当朝，但据此也能折射出明朝的现状。

（2）尹直《謇斋琐缀录》引谚 3 条，卷 7 有“女婿牙疼，却炙丈母脚跟”，卷八有“都宪叩头如捣蒜，侍郎扯腿似烧葱”及“欢喜塔倒”。

（3）李诩《戒庵老人漫笔》卷 7 引《张太岳论户部出入揭帖》中“常将有日思无日，莫待无时想有时”劝君节俭。

（4）施显清《奇闻类记》卷 2 引谚“李树生王瓜，百里无人家”，预言嘉靖时期倭奴剽杀。

（5）陆容《菽园杂记》卷 2 有谚“事要好，问三老”，反映天顺年间南直隶清理军伍御史郭观平反冤案事。

（6）沈德符《万历野获编》卷 24 引京师谚语“翰林院文章，武库司刀枪，光禄寺茶汤，太医院药方”，嘲讽明代官僚机构名实相违。补遗卷 1“打死虎也”反映世道变化，补遗卷 3 引谚“有眼不曾见，太守跪知县”。

（7）叶权《贤博编》谚曰：“朱楼纨绮，三夫未已。寒门荆布，一心惟故。”另有“人凭阉下死”反映嘉靖时期事，及“不交僧与道，便是好人家”反映当时世态。

（8）田汝成《炎徼纪闻》于卷 2 引谚“救火焉而嘘之者也”反映成化年间事，卷 3 用谚“思播田、杨，两广岑、黄”指思州大姓，卷 3 另有嘉靖时兵部尚书胡世宁引谚“骨肉脔醢，参商播凯”论政，卷 4 有谚云“苗家仇，九世休”反映当时苗人的生活样态，“比年小征，三年大征”反映兵事频繁。

明人笔记类史料由于内容不拘一格，所引谣谚内容也更具多样性，除政治谣、军事谣外，还有大量科举谣、人物谚，甚至风俗谚、农谚等也有涉及。

（三）辑录谣谚之专书

明代已经有人关注谣谚并进行搜集整理，如顾起元的《客座赘语》卷 1 专有一部分收录谚语。杨慎的《古今风谣》更是一部真正意义上辑录古谣的专著，该书对谣谚的搜集上起先秦，下至明朝，分别标明出处，其中影射明代建朝之谣共计 12 条。至清代，史梦兰辑《古今风谣拾遗》，记录洪武到嘉靖年间谣谚 10 余条；朱彝尊辑《明诗综》，第 100 卷收载民间诗歌谣谚百余条。另有杜文澜辑录的《古谣谚》为集大成之作，全书 100 卷，共引述著作 860 余种，汇集从上古到明代谣谚共 3300 余条，并逐条注明出于何书和有关史事。经查，该书共引及明朝著作 100 余部，涉明代谣谚 300 余条。

（四）典籍收录频次较高的谣谚

将可收集的明代谣谚出处加以统计，可成表 1：

表 1

谣谚名称	出现频次	见载典籍
职方贱如狗谣	27	《鹿樵纪闻》《明季南略》《明季遗闻》《明史》《南明野史》《南天痕》《三垣笔记》《石匮书后集》《续补明纪编年》《藏山阁文存》《姑妄言》《古谣谚》《爝火录》《绎史摭遗》《偏安排日事迹》《樵史演义》《清诗别裁集》《通鉴辑览明季编年》《小腆纪传》《续明纪事本末》
迎闯王谣	14	《明季北略》《鹿樵纪闻》《明史》《石匮书后集》《姑妄言》《古谣谚》《爝火录》《樵史演义》《新世鸿勋》《檐曝杂记》《右台仙馆笔记》
万历末年委鬼当朝立谣	7	《明季北略卷》《明□宗□皇帝实录》《明史》《池北偶谈卷》《古谣谚》《清诗别裁集》《钦定续文献通考》
建文初年莫逐燕谣	8	《西湖二集》《明史》《荷牐丛谈》《宾退随笔》《古谣谚》《女仙外史》《全史宫词》《钦定续文献通考》
丞相做事业谣	6	《尧山堂外纪》《明史》《七修类稿》《古谣谚》《钦定续文献通考》《历代兴衰演义》
正统二年雨帝雨帝谣	5	《荷牐丛谈》《明史》《古谣谚》《历代兴衰演义》《钦定续文献通考》
纸糊三阁老谣	4	《明史》《震泽纪闻》《陔余丛考》《古谣谚》
有关严嵩文武管家谣	4	《明史》《古谣谚》《陔余丛考》

谣谚在典籍中被引用的次数多，说明这条谣谚流传时间相对较长，传播速度较快，受关注程度较高，对当时及后世造成的影响也较大。终明一代确有很多为人称道的人物，例如“两京十二部，独有一王恕”中的王

怨。也有一些贪恋权术陷害忠良的官员为民众所讥讽，例如“此时父子两阁老，他日一家尽狱囚”中的严嵩父子。但由表中所见，典籍收录频次较高的却是最能凸显明代社会问题的谣谚，如被收录27次之多的南明时谣“监纪多如羊，职方贱如狗”，虽在不同典籍中形式稍有变化，但反映的都是南明时期马士英卖官鬻爵导致朝政黑暗的现实。其之所以被广泛引用，一方面是此现象预示着整个明代政权的终结，另一方面也跟当时国家动荡，言论相对活跃的社会背景相关。而明末的“迎闯王谣”更具代表性，此谣尽管有李自成人为造势的极大可能，但真切反映出当时人们对明王朝的不满，也暗示着大明江山的终结。万历末年的“委鬼当头坐”谣，对魏忠贤专权做了预谶，是明代谣谚中影射宦官专权乱政最为典型的一条。另外建文初年的“莫逐燕，逐燕日高飞，高飞上帝畿”谣，则预见了不久之后帝位变更的事实。

（五）关于谣谚作者与吟诵者

本文所搜集的谣谚，能查到作者的非常之少，绝大多数皆作者不详，但就这些作者未知的谣谚也还可发现些许差别。其中涉及庙堂政治的谣谚绝大多数经过了文辞加工，较为典型的如嘲讽万安等人的“纸糊三阁老，泥塑六尚书”，抨击严嵩父子的“可恨严介溪，作事忒心欺，常将冷眼观螃蟹，看你横行得几时”，褒扬李东阳等人的“李公谋，刘公断，谢公尤侃侃”。这类谣貌似随意，但从韵律和修辞看最初应为文人所创，后经口耳相传，逐渐演变成之。而反映地方官吏治绩的谣谚，在文法上则较为简单直白。例如“黎青天”“米铺地”“去陈府百姓苦”“生我慈母活我严父”等谣，显然是百姓直抒心意的表达。

有些谣谚可以找出作者或最初吟诵者，但并未详细到具体人物，一般都为道士、黄衣人或儿童，这类人所吟诵的大多是带有预言性质的谶纬之谣。例如太祖吴元年，一道士途中吟诵“莫逐燕，逐燕日高飞，高飞上帝畿”，万历末年道士歌“委鬼当头坐，茄花遍地生”，正统二年小儿唱“雨帝雨帝，城隍土地，雨若再来，还我土地”。这些谣谚有的可能本为简单童谣，无甚特别意义，后来被人为附会，而有的干脆就是有意制造，以便在政治斗争中获得民心，取得胜算。例如明末李自成起义时有谣“迎闯王，不纳粮”，《明史》载：“严因说曰：‘取天下以人心为本，请勿杀人，收天下心……严复造谣词曰：‘迎闯王，不纳粮。’使儿童歌以相煽，从自成者日众。”①

另外还有部分谣谚有明确的诵者，但其大多并非时政谣，只是常规谚语的引用。如建文时韩郁引谚“亲者割之不断，疏者续之不坚”，成化时期彭时引谚“子出多母”，正德时期焦芳引谚“无钱拣故纸”等。虽然这样的谚语时间属性并不明显，甚至很多是传之数百年的经验之谈，但引者借谚述事，还是大致能体会出其本人的关注方向和价值判断。

通过对不同作者与最初吟诵者的解读，可以看出不同社会身份的人对当朝政治关注角度的差异，士大夫多关注庙堂政治，借谣谚喻政，基层百姓则更多关注地方政治，以谣谚作为抒发真情实感的载体，同时部分谣谚也会为少数权谋者利用以达个人政治目的。

二　谣谚对庙堂政治的关注

（一）帝王谣

1. 借谣谚预测政治走向的谶纬之谣

元朝末年，据称章德路天宁寺塔突变红色，自顶而踵，表里透彻，如出炉一般。顶上有火焰迸发，自二更至五更乃止，一连三天皆如此。因此有谣：“塔儿黑，北人作主南人客。塔儿红，朱衣人作主人公。”②“朱衣人”点明大明王朝尚赤的政治文化特征，“朱”字亦是对朱元璋建立明政权的预谶。

① 张廷玉等：《明史》卷309《流贼传》，北京：中华书局，1974，第7957页。

② 杜文澜辑《古谣谚》卷14《元史五行二》，北京：中华书局，1958，第258页。

太祖建明后，曾仿周制将子嗣分封各地做藩王，后地方势力日益膨胀。太祖死后，建文帝即位，在谋臣建议下开始逐步削藩。此举严重威胁到藩王利益，当时即有谣谚流传："莫逐燕。逐燕日高飞，高飞上帝畿。"①"燕"指燕王朱棣，"逐燕"暗指建文帝削藩之策，而"高飞上帝畿"预意燕王即将入主京师登上帝位。后来朱棣以"清君侧"之名起兵南下，攻破金陵，建文帝自此下落不明，朱棣入承大统。

靖难之役后，明朝发展趋于平稳，直到英宗朱祁镇时，内变外乱同时并发。正统二年，京师大旱，街巷孩童捏泥塑龙祈雨，时有童谣："雨帝雨帝，城隍土地。雨若再来，还我土地。"② 正统十四年（1449 年），土木堡事变，英宗被瓦剌俘虏，史料常称北狩。此间在朝臣一致建议之下，英宗之弟朱祁钰即位，是为景帝。后景帝病重，石亨、徐有贞等人密谋政变，投机于囚禁南宫之中的英宗，拥其复位，史称"夺门之变"，童谣所指即此事。"雨帝"是"与弟"的谐音，指英宗要将皇帝之位给予弟弟朱祁钰；"城隍"谐"郕王"，景帝本来封郕王；"再来""还土地"是说英宗要回来复辟。

此类谶谣在明末社会动荡之时同样出现。崇祯三年（1630 年），温体仁入阁，京师童谣云："崇皇帝，温阁老。"七年，温体仁为首相，京师又有谣云："崇祯皇帝遭温了。"③ 皆取温、瘟同音之义，意指用人不当，流寇猖獗，也通过"遭温"预示崇祯朝的末路。

2. 不满皇帝某些行为的戏谑之谣

明太祖时，金陵沿江堤岸常常损毁，有人言为猪婆龙作祟，但猪与朱同音，遂托言鼋。上命捕之，久不能出，后取沙缸罩而出之，金陵人为癞头鼋语："癞鼋癞鼋，何不称冤！"④

朱元璋为明朝开国皇帝，各类史料多称颂之词，但从谣谚中还是让后人看到了其处事之不够客观的一面。正如《菽园杂记》就此事论曰："夫

① 张廷玉等：《明史》卷 30《五行三》，第 486 页。

② 张廷玉等：《明史》卷 30《五行三》，第 486 页。

③ 计六奇：《明季北略》卷 10《童谣》，北京：中华书局，1984，第 163 页。

④ 郎瑛：《七修类稿》卷 50，北京：中华书局，1959，第 731 页。

以高皇之聪明神智，人言一迁就，祸及无辜如此。则朋党狱兴之时，人之死于迁就者，可胜言哉！”①

明宣宗也是明代较有作为的皇帝，然民谣里仍透露出百姓对他的微词。正史难见其斗蟋之事，但在谣中却可一窥：“促织瞿瞿叫，宣德皇帝要。”② 宣宗酷爱促织之戏，常密诏地方官员大量进献蟋蟀，地方官再转嫁到百姓身上，民众不满因有此谣。

明代涉及帝王的谣谚，可搜集到的只有以上两类，数量相对较少，但还是有两点值得注意：其一，整个明朝历史中，最大的政治事件莫过于太祖建国、靖难之役、土木之变以及最后的崇祯亡国，均涉及帝位的变更乃至终结。有关这类事件的谣谚，大都带有预测意味，以求通过谶谣的传播发挥社会舆论功能。元末的“朱衣人”之谣明显是朱元璋为了取代元朝而制造的舆论，以使自己的反抗取得天降瑞兆的合法外衣。靖难之役与夺门之变时的“逐燕”“雨帝”之谣则是朱棣和英宗集团出于政治目的而制造的政治舆论。此类谣谚虽具有人为色彩，但却经过民众传播并记载史册传之后世，足见这些政治事件影响深远。其二，明代皇帝常有怠政、失德、沉迷神仙方术者，但唯独“癞头鼋”和“促织”之谣流传甚广。而这两条谣言语之中并非满腔怨恨，只是有所戏谑。明中期后，吏治腐败，财政亏空，宦官专权等弊政导致农民起义此起彼伏，谣谚当中也多有体现，但此类谣所怨者往往是具体的政策或是朝中某些大臣及宦官，绝不会将埋怨直指皇帝，可见在民众心中对皇帝的敬畏。

（二）谣谚对朝臣的歌颂与讽刺

1. 对正直清廉朝臣的赞颂

成化年间，朝政昏暗，宦官专权，时任南京兵部尚书的王恕以忠直闻名于朝，有谣曰：“两京十二部，独有一王恕。”③ 王恕在朝期间针砭时

① 陆容：《菽园杂记》卷3，北京：中华书局，1985，第32页。

② 沈德符：《万历野获编》卷24，北京：中华书局，1959，第625页。

③ 张廷玉等：《明史》卷182《王恕传》，第4834页。

弊，不畏权恶，时人敬仰，因得此赞誉。但此谣既是对正气之臣王恕的颂扬，也是对宪宗朝无正臣的反讽。

相较而言，孝宗一朝则贤臣济济，时人为之语曰：“李公谋，刘公断，谢公尤侃侃。”① 当时武英殿大学士刘健，文渊阁大学士李东阳，东阁大学士谢迁三人同朝辅政，各具所长，遂有此谣以概括他们的特点。

万历时，刑部主事王汝训上疏抨击吏部官员不分善恶是非，并揭发吏部官员陈与郊借荐官之机私受贿赂。但吏部尚书杨巍因陈与郊为内阁大学士王锡爵门生而对其包庇，反将王汝训贬斥南京。不久杨巍、陈与郊再被弹劾而受处分，王汝训被调回朝，因而得谣：“欲京堂，须弹章。”② 此谣是对正义之臣不畏权幸、勇于直谏的正面肯定。

2. 对无能贪腐之臣的讥讽

明宪宗崇信道教，不理朝政，但作为内阁大臣的万安却不知规谏纠正，反而处处奉迎，因此被称为“万岁阁老”。不仅如此，是时内阁成员彼此还争权夺利，互相倾轧，致国家利益于不顾。因此有谣曰：“纸糊三阁老，泥塑六尚书。”③

相较于嘲讽朝臣无能，嘉靖时期百姓对严嵩父子则是充满诅咒与愤恨。严嵩掌权，俨然以丞相自居，同时又将票拟大权交于其子严世蕃，为此京师有谣：“大丞相，小丞相。”④ 尽管严嵩权倾朝野，但民间百姓却满腹愤懑之情：“分宜擅权，枉杀贵溪，京师人恶之，为语曰：‘可恨严介溪，作事忒心欺，常将冷眼观螃蟹，看你横行得几时？’……咏严后二句，或又云：‘善恶到头终有报，只争来早与来迟。’”⑤ 严嵩号介溪，江西分宜人。谣谚借蟹讽其专权横行，望严嵩早日正法。

南明弘光朝之时，又有马士英擅权，卖官鬻爵，时人为之语：“中书随地有，都督满街走；监纪多如羊，职方贱如狗。荫起千年尘，拔贡一呈

① 张廷玉等：《明史》卷 181《谢迁传》，第 4819 页。

② 张廷玉等：《明史》卷 235《王汝训传》，第 6118 页。

③ 张廷玉等：《明史》卷 168《刘吉传》，第 4528 页。

④ 张廷玉等：《明史》卷 209《杨继盛传》，第 5539 页。

⑤ 沈德符：《万历野获编》卷 26，第 664 页。

首；扫尽江南钱，填塞马家口。”① 政治腐败，由此可见一斑。

上文所列谣谚，大致勾画出明代百姓对庙堂政治中士大夫行事的基本反馈。有关士大夫的政治谣谚出处大致有两类：一为《明史》中的人物列传，二为实录、史书中大臣引谣。如成化时朝臣引京师民谣上疏抨击贪污之臣：“礼部尚书姚夔用私灭公，贪财黩货，比因度僧，受银巨万，故京师有‘反贼刘千斤受赃官姚万两’之谣。”② 又如弘治时“御史文贵、姜洪等列安十罪，极论之，至有‘面似千层铁甲，心如九曲黄河’之语，‘老瓢老象’之谣”③。再如嘉靖朝南京御史王宗茂上疏曰：“往岁寇迫京畿，正上下忧惧之日，而嵩贪肆益甚。致民俗歌谣，遍于京师，达于沙漠。海内百姓，莫不祝天以冀其早亡，嵩尚恬不知止。”④ 另有董传策抗疏劾严嵩，疏言：“文选郎万寀、职方郎方祥甘听指使，不异卒隶。都门谚语至以‘文武管家’目之。”⑤

此类情况不胜枚举，在一定程度上说明士大夫乃至皇帝对百姓舆论的重视，在奏疏中谣可作为有力的证据从而影响到皇帝的决断。

（三）谣谚对宦官专权的嘲讽

明代是中国古代王朝中宦官专权最为严重的朝代之一，宦官集团干预朝政的现象在谣谚中多有反映。成化年间，宪宗宠信方术，专宠万贵妃，长期不理国事。太监汪直提督西厂事，陷害忠良，残害百姓，致当时有“今人但知汪太监也，不知有天子”⑥ 之说。这期间朝臣谄附无所不至，丑态百出。汪直巡视边地，御史皆披戎装，迎至二三百里，期望可以此晋升官职，时有谚云：“都宪叩头如捣蒜，侍郎扯腿似烧葱。”⑦ 另有宦官卖

① 计六奇：《明季南略》卷2《马士英请纳银》，北京：中华书局，1984，第98～99页。

② 《明宪宗实录》卷58，成化四年九月庚午。

③ 《明孝宗实录》卷24，弘治二年三月己巳。

④ 张廷玉等：《明史》卷210《王宗茂传》，第5557页。

⑤ 张廷玉等：《明史》卷210《董传策传》，第5568页。

⑥ 张廷玉等：《明史》卷304《宦官一》，第7780页。

⑦ 郎瑛：《七修类稿》卷12，第176页。

官鬻爵，无恶不作，京师谣曰：“韦英房，梁芳马，尚铭银子似砖瓦。”①韦英曾以官奴从征延绥，冒功得百户，后为汪直爪牙，梁芳则因谄媚万贵妃而得权势，借给皇帝买办名义四处搜刮钱物。此谣的出现足见宪宗朝宦官乱政，民怨沸腾。

正德年间，朝政腐败有过之而无不及，武宗怠惰朝政而耽于游玩，使有“八党”“八虎”之称的宦官集团权势与日俱增，尤其是刘瑾更被称为“站皇帝”，党羽遍布朝堂，卖官鬻爵，以致京师有谣：“五十两，一件蟒。”②

宦官势力在天启年间更是登峰造极，为首者乃魏忠贤。据传早在万历末年，即有道士歌于市中：“委鬼当头坐，茄花遍地生。”③“委鬼”两字相合为魏，即指魏忠贤，他后来得宠于熹宗，此谣是对其将专权乱政的预谶。天启一朝，魏忠贤权倾朝野，上至内阁六部，下到四方督抚，遍置死党。当时其心腹有李蕃、李鲁生、李恒茂三人，分别为官御史、兵科给事中、礼科给事中。三人每日奔走吏兵两部，交通请托，时人因之语曰：“官要起，问三李。”④ 又《明史·阉党传》载：“魏忠贤斥逐东林，数兴大狱。尔耕广布侦卒，罗织平人，锻炼严酷，入狱者率不得出……魏广微亦与缔姻，时有‘大儿田尔耕’之谣。”⑤ 此谣将魏忠贤专权时朝臣附势谄媚之形象刻画得入木三分。

明代宦官专权现象虽史学界多有论及，但谣谚的表现则更显生动。通过整理归纳，可以得出两点认识：其一，英宗、武宗及熹宗时期宦官专权较为严重，现存史料中有关这几个时期宦官专权之谣皆有体现，可见民众对庙堂政治之敏感程度。其二，明代也不乏一些较为值得称颂的宦官，但颂扬宦官之谣却一条未见，这在一定程度上说明民众之宦官观——即便某些宦官施以惠政，也不是被褒扬的对象；反之，因宦官而致政治黑暗，百

---

① 杜文澜辑：《古谣谚》卷51《都下为太监谚》，第641页。

② 《明武宗实录》卷71，正德六年正月壬戌。

③ 张廷玉等：《明史》卷30《五行三》，第486页。

④ 张廷玉等：《明史》卷306《阉党传》，第7866页。

⑤ 张廷玉等：《明史》卷306《田尔耕传》，第7872页。

姓会加倍怨恨。宦官不得干政不单是明太祖的遗意，亦是一种深入民心的政治文化观念。

三　地方谣与军事谣

（一）谣谚对地方官员的赞颂与鞭挞

颂扬清正廉明的循吏与抨击贪婪残暴的酷吏是谣谚中常见的内容。对于施善政的地方官员，民众通过谣谚直抒胸臆，这种赞扬突出表现为对以下几类惠政的关注。

一为颂廉洁。地方官员是否廉政不只关系着国家的财政税收，对于普通百姓的切身利益更是有着直接影响。宣德年间广东巡按金濂为官清正，时有“千金不取，一廉如水”之谣。①

二为赞公允。在基层做官常常要处理许多民众纠纷，能够除暴安良，公正是非，百姓往往心中信服。《明史》载：“陈选，字士贤……天顺四年会试第一，成进士。授御史，巡按江西，尽黜贪残吏。时人语曰：‘前有韩雍，后有陈选。’”② 又如弘治中期御史王哲巡按江西，有大户被盗，失主诬仇人所为，贿赂镇守将其定为死罪。王哲审理此案，宣布无罪开释。民因此敬之，作谣颂曰：“江西有一哲，六月飞霜雪。天下有十哲，太平无休歇。”③ 万历年间也出现了类似谣谚，进士李应升任南康推官期间：“出无辜十九人于死，置大猾数人重辟。士民服其公廉，为之谣曰：‘前林后李，清和无比。’”④ 谣中“前林”指晋江林学曾，曾任南京户部侍郎，也以清慎著称。

三为讴歌宽和之政。宣德至正统年间松江知府赵豫因宽政而得民爱

① 《明英宗实录》卷238《废帝郕戾王附录》第56，景泰五年二月辛丑。
② 张廷玉等：《明史》卷161《陈选传》，第4388页。
③ 杜文澜辑：《古谣谚》卷27《一统志》，第411页。
④ 张廷玉等：《明史》卷245《李应升传》，第6364页。

戴，其与民休息，训以礼法，每遇诉讼，便好言相劝“明日来”，讼者怒气渐平，大多不讼，因此有“松江太守明日来”之谣。① 成化年间山东按察司副使分理临清阎仲宇也因为政宽和而得“阎老人”之谣。② 对于地方官员施行善政而带来农业丰收，百姓同样加以称颂。如洪武年间温县百姓为沃墅歌：“田野辟，沃公力，衣食足，沃公育。”③ 又江阴民赞御史周斌：“旱为灾，周公祷之甘露来；水为患，周公祷之阴雨散。”④

与此类颂谣相对应的是鞭挞气焰嚣张和贪婪凶残官吏的怨谣。洪武年间，福建左布政使薛大昉搜刮无度，人民愤怒地称其为“刮地皮”。后薛大昉被福建按察使陶垕仲弹劾，薛氏却反诬陶氏，朝廷将二人提取到京讯问，当地百姓因而有谣曰：“陶使再来天有眼，薛公不去地无皮。”⑤ 另弘治年间，应天府尹秦崇用刑惨酷，民间有“鬼见愁”之谣。⑥

通过对明代映射地方官吏政绩谣谚的梳理，可发现此类谣谚数量远在他类之上，但与谣相关的史实却很难查找具体。出现该现象的原因应为：其一，这类谣谚毕竟来自地方基层，其评价的又是当地官员，因地域限制而导致流传并不广泛。其二，此类谣谚大多为普通民众直抒胸臆的表达，少有文人加工润色，因而难免出现史实模糊。虽然资料匮乏，但从大量存世的谣谚中还是能够看出当时地方政治的基本状态，以及民众对政治的关注程度。

（二）地方政治谣的地域特点

涉及地方政治的谣谚数量众多，地域广阔，经过统计，列表如表2：⑦

① 张廷玉等：《明史》卷281《赵豫传》，第7205页。

② 《明武宗实录》卷91，正德七年八月癸丑。

③ 杜文澜辑《古谣谚》卷27《一统志》，第410页。

④ 张廷玉等：《明史》卷162《周斌传》，第4419页。

⑤ 杜文澜辑《古谣谚》卷65《抱璞简记》，第746页。

⑥ 《明孝宗实录》卷48，弘治四年二月己酉。

⑦ 由于涉及地方政治的谣谚数量极其浩繁，不只史书类史料、明人笔记有大量记载，各朝地方志都有记录，因此笔者无法完全收录完整，在此只以《古谣谚》为据进行考察。

表 2

地点	府级	州县级	数量	合计	所占百分比(%)
京师	真定府	冀州南宫	1	3	4.62
	保定府	安　州	1		
		祁　州	1		
南京	应天府	上元县	1	11	16.92
	江阴府		1		
		江　都	1		
		高邮州兴化	2		
	扬州府	泰州如皋	1		
	凤阳府	太和州	1		
	松　江		1		
	常州府		1		
	苏州府		1		
	宁国府	泾　县	1		
江西			2	8	12.31
	建昌府		2		
		南　丰	2		
	饶州府	安　仁	1		
	九江府		1		
广东	高州府		1	6	9.23
	广州府	顺　德	2		
		新　会	1		
	惠州府		1		
	雷州府		1		
福建			1	5	7.69
	福州府	闽　中	1		
	兴化府		1		
	兴化府	莆　田	1		
	泉州府	惠　安	1		
浙江	湖州府		2	9	13.85
	金华府	浦　江	1		
	绍兴府		4		
	嘉兴府		2		
云南	曲靖府		2	4	6.15
	大理府		1		
	永宁府		1		
广西				0	0
四川	成　都		1	2	3.08
	保宁府	广　元	1		

续表

地点	府级	州县级	数量	合计	所占百分比(%)
四川			1	1	1.54
	鞏昌府		1	2	3.08
贵州	西安府		1		
陕西	解　州		1	2	3.08
	临洮府		1		
山西	开封府		1	5	7.69
		太　康	1		
河南		禹　州	1		
		扶　溝	1		
	怀庆府	温　县	1		
	济宁州		1	3	4.62
	青州府		1		
山东	东昌府		1		
			1	4	6.15
	汉阳府		1		
湖广	武昌府		1		
	武昌府	蒲　圻	1		

表2涉及谣谚总数65条，根据各地域谣谚分布比例可知，占总数最多的为南京，其次是浙江。一方面，这和南京在明代作为留都的特殊政治地位有关，当地民众对政治的关注度自然较高。另一方面，自唐宋以来，随着经济中心的南移，江南逐渐成为中国经济最繁荣的地区，经济发展程度和谣谚的兴盛有着密切关联，其次序排列基本与各地经济水平大致相当。关于京师的地方政治谣谚并不多，主要原因在于京师为国家政治中心，因此其辖区内基层百姓所关注的焦点更多转移到了庙堂政治之中。

（三）硝烟中的民心所向——军事谣

明代军事谣主要涉及对农民起义的镇压和明末对清军的抵御，同样可归类为地方谣中。正德年间，川蜀人民起义，朝廷派左都御史洪钟镇压。但官兵以杀良民冒功，人民以谣谚控诉：“贼如梳，军如篦，士兵如剃!"① 正德六年（1511 年），江西华林峒民起义。皇帝诏陈金总制军务，陈金檄令广西田州府土官岑猛率土兵镇压，土兵沿途劫掠，所获妇女皆诬指为贼属。百姓对其恨之入骨，骂道："土贼犹可，土兵杀我!"②

从人民对待起义军和官兵的不同态度上，足以看到明中期后的政治腐朽及民心向背。明末农民起义风起云涌，加上清军入侵，明王朝岌岌可危，激烈的社会动荡更使民谣四起。从内部看，李自成领导的农民起义沉重动摇了明王朝的根基，而此时明军内部却无法团结一致协同作战："想杀我左镇，跑杀我猛镇。"③ "猛镇"指猛如虎，"左镇"指左良玉。此谣反映崇祯十三年，猛如虎督师入蜀，以图削减张献忠势力。但他"所将止六百骑，余皆左良玉部兵，骄悍不可制，所过肆焚掠。"④ 士兵不听将帅节制，反而对其指挥颇有怨言。如此作战必然造成民怨沸腾，因此时有谣曰："穿他娘，吃他娘，开了大门迎闯王，闯王来时不纳粮。"⑤ 虽然此谣是李自成利用民心而人为制造，但其能在当时的社会环境下广泛流传，足以说明人民对政府统治的普遍不满。

从外部看，明代长期受到北方少数民族的军事威胁，是时大多将领抗御无能，却趁战乱之时结党营私，侵吞财务，导致怨谣流传："天上有扫星，地下有达兵，若走须杀马文升。"⑥ 弘治十三年（1500 年），蒙古部族从大同一带入关，明军接连溃败，时任兵部大员马文升指挥不力，边军不能协同作战，此谣表达出民众对兵部官员恶劣行径的痛恨。待到南明时期，将领郑芝龙公然勒索巡抚、按察使以下官员，以至受其迫害的官兵民众竟期待清兵早至："清行如蟹，曷迟其来?"⑦

---

① 张廷玉等：《明史》卷 187《洪钟传》，第 4960 页。

② 张廷玉等：《明史》卷 187《陈金传》，第 4962 页。

③ 张廷玉等：《明史》卷 269《猛如虎传》，第 6917 页。

④ 张廷玉等：《明史》卷 269《猛如虎传》，第 6917 页。

⑤ 计六奇：《明季北略》卷 19《李自成屠黄陂》，第 356 页。

⑥ 陈洪谟：《治世余闻》下篇卷 3，北京：中华书局，1985，第 52 页。

⑦ 邹漪：《明季遗闻》卷 4《福建、两广》，《台湾文献史料丛刊》第 112 种，台北：台湾大通书局，1988，第 102 页。

四　谣谚中的制度与弊政

（一）谣谚中的科举制度

科举自隋朝开始便作为重要的选官制度，是普通百姓跻身统治阶层最有效之途径。在明代，身怀治国平天下理想的儒生更对科举有着深刻的关注，这在谣谚中也多有体现。明代涉及科举之谣谚主要为两种，一种主要表现为对科举中试的期待，此类谣谚多数具体时间不明显，常以诗歌形式表达意愿。

科举考试被读书人视为人生命运中最为重要的一幕。自读书之始，科举得中即成了最可期望之事。《警世通言》记载，明正德年间，主人公王景隆为心上人玉堂春一心科举，且反复提到“十年受尽寒窗苦，一举成名天下闻”“不受苦中苦，难为人上人”等民谚对自我进行激励。后科举之日，玉堂春又烧香祈祷：“对月烧香祷告天，何时得泄腹中冤；王郎有日登金榜，不枉今生结好缘。”① 上文虽出自小说，但却是世人对科举入仕之强烈渴望的鲜明写照。也正因科举制度与民众命运休戚相关，科举舞弊现象便屡有发生。明万历年间，翰林院修撰沈懋孝因收受贿赂而遭人揭发论罪，为民众诟病。是年沈懋孝与礼部尚书沈鲤同为主考，懋孝受贿而沈鲤并不知情，百姓有谣云：“小沈欺大沈”。②

另一种科举谣谚则是对结果的预测，大多应验，几乎接近为谶。如洪武十八年乙丑会试，本为黄子澄第一，练子宁第二，花纶第三。但殿试之时，读卷官却奏花纶第一，子宁次之，黄子澄又次之。是年即有童谣云：“黄练花，花练黄。”③ 据传殿试前一夕，太祖梦大殿之中一巨钉缀数缕白

① 冯梦龙：《警世通言》卷24《玉堂春落难逢夫》，北京：人民文学出版社，1995，第373页。

② 《明神宗实录》卷173，万历十四年四月乙酉。

③ 焦竑：《玉堂丛语》卷6《科目》，北京：中华书局，1981，第216页。

丝，悠扬日下，犹如花朵一般。后拆首卷，名为花纶。因其姓名与梦相符，遂擢居第一。又正统戊辰科，会榜后，有谣云："莫问知不知，状元是彭时。"① 后廷试其果为榜首，不到三年即入内阁。另有万历年间山东乡试，济南流传的一首童谣："三人两小，太阳离岛。"② "三人两小" 可合字为 "徐" 字，"太阳离岛" 可解为 "日升"，而当年是科解元果为徐海曙，字日升。

此类预测在明代极其普遍，有时是以谣谚的形式，有时会将自然现象阐发为上天感应而预测状元出现，后传为佳话，附会成谣。"成化辛卯，郡学池莲亦一茎二花，明春，甘露降于学之桃梅，越二月，而吴文定为状元。又吴人旧传云：'穹窿石移，状元来归。'弘治丙辰，状元为朱学士希周，前一岁穹窿山风雨中大石自移，时学士犹为诸生云"③。莲一茎两花与风雨大作导致石头移动本都是正常的自然现象，但却被世人利用，把其与科举关联起来。相比于上面能得到应验的科举谣谚，下一条则略显不同："科场烧，状元焦。"④ 天顺癸未科举，以御史焦显监试，结果火焚科场，有人以宋朝典故解读为因御史之姓而应之。后诏改年秋会试，次年甲申廷试之时便出此谣。可结果却是彭教为榜首，谣并未得验。姓焦者只有庶吉士一人为焦芳，后至大学士。

此类型之谣，或为应验之后的附会，或为考前之正确预测。无论属于哪种情况，皆已无法考证，但此类谣能出现并流传至今，足以说明当时传播的域度较大，也表现出当时民众在心理上对科举的深刻关注，甚至是对参与政治的向往。

（二）谣谚中的弊政

明代谣谚中有很多表达对朝廷弊政的抱怨。官员任用关系国家政权长

---

① 沈德符：《万历野获编》卷15《科场·廷试》，第390页。

② 王士禛：《池北偶谈》卷24《谈异五·童谣》，北京：中华书局，1982，第589～590页。

③ 焦竑：《玉堂丛语》卷6《科目》，第217页。

④ 沈德符：《万历野获编》卷15《科场·廷试》第390页。

治久安，是一朝之大事，也是民众关注的政治事件之一。但成化时期选取给事中却不注重真才实学，只观其外貌体态，故时有谣："选科不用选文章，只要生来胡胖长。"① 如此荒唐的任官依据，必然造成大量无才无德之人为谋得官职心存侥幸之念，谄媚贿赂无所不用。后来甚至有每遇一官位有缺，必有数十人争抢的现象，于是京师出现"讲抢攘"之谣。②

景泰年间，景帝一意要立自己嫡子为太子，后终得行，于是大肆封赏。凡文武官吏、军士、太学诸生，无不受赏，时人有谣曰："满朝升保傅，一部两尚书。侍郎都御史，多似柳穿鱼。"③ 景帝时如此，英宗夺门之变恢复帝位后，更有过之。石亨等人"夺门之变"后肆无忌惮，亲故部曲以此功得官达四千余人。因其受纳郎中龙文、朱铨等私人重贿，京师谣曰："朱三千，龙八百。"④

《万历野获编》中的几首民谣更将明代官场的混乱污浊集中展示出来。"广西抚院，京香京绢"，⑤ 时广西巡抚一职位空缺，而吏部竟推九人顶缺，其中八人为左辖，足见当时官吏铨选任用制度的混杂无序。更有意思的是"十可笑"中的两句，第一句："十好笑，驸马换个现世报。"⑥ 此谣与公主选驸马相关，明朝一般由礼部或太监为公主选择驸马，而礼部官员或太监常常为权势或财富收受贿赂。万历年间，因冯保纳京师富豪梁家之赂，神宗胞妹永宁公主下嫁羸弱多病的梁公子邦瑞，婚后月余，梁即谢世，公主寡居抑郁，数年而殁。第二句："某可笑，侍郎拶得尚书叫。"⑦ 该条指涉嘉靖六年李福达案，兵部侍郎张璁与礼部侍郎桂萼借皇帝之威，公报私仇，对刑部尚书颜颐寿乱用拶拷刑罚，造成千古奇冤。十可笑一类民谣在明代非常盛行，这里虽然只有断句残篇，但对于当时诸多

① 沈德符：《万历野获编》卷 11《吏部·选科道》，第 291 页。

② 《明世宗实录》卷 225，嘉靖十八年六月壬寅。

③ 陆容：《菽园杂记》卷 3，第 34 页。

④ 张廷玉等：《明史》卷 173《石亨传》，第 4615 页。

⑤ 沈德符：《万历野获编》卷 11《吏部·举吏部》，第 290 页。

⑥ 沈德符：《万历野获编》卷 5《公主·驸马再选》，第 132 页。

⑦ 沈德符：《万历野获编》卷 18《刑部·嘉靖丁亥大狱》，第 466 页。

弊政带来的乱局也可见一斑。

民众针对时弊进行辛辣讽刺也会为统治者所重视，上至当朝皇帝，下到地方官员都曾引用过民间谣谚以阐述自己的意见。永乐二年（1404 年）夏，典仗率军前往安庆采木，纵军强取民财，导致发生纠纷，典仗却诬民诽谤，缚送刑部。太宗得知此事后引民谚为依据，断定民实被诬。其云：谚恒言：'军强民弱'……此必官军厉民，民不堪，将诉之，而军造此语诬民。"[①] 另宣德时，永新县梅花洞萧彦真等农民起义，朝廷调江西、湖广兵三千余人剿捕。但官兵所至四处扰民，而贼却久不见尽。后宣宗因民谚而抽调兵力，改用安抚之策。《明实录》载："上谕行在兵部臣曰：'谚有恒言：盗贼尚可，官军杀我……今此小寇用兵三千，无益而有害，其令官军各还原卫所，止留二百人巡捕。尔等其协谋定策或推诚招谕，使改过归正。'"[②]

大臣在朝堂之上也常以谣谚陈述己见，景泰时国子监生姚显因景帝宠信佛法、大兴寺院而致劳民伤财，引民谣劝谏："三代未有佛法，皆享国长久，三代而下始有佛法，事佛愈至得祸……朝廷修大隆兴寺，侈极壮丽，京师谣曰：'竭民之膏，劳民之髓，不得遮风，不得避雨。'"[③] 又万历年间吕坤因民谣抨击采木政策之弊，疏曰："深山穷谷，蛇虎杂居，毒雾常多，人烟绝少，寒暑饥渴瘴疠死者无论矣。乃一木初卧，千夫难移，倘遇阻艰，必成伤殒。蜀民语曰'入山一千，出山五百'，哀可知也。"[④]

由上可见，谣谚不只是民间的一种表达机制，同时当权者也通过谣谚了解民众之意愿，从而能够及时对朝廷弊政进行匡正。

结　　论

在浩瀚的民间谣谚中，真正与皇权相关的谣谚数量，比例是极其少

① 《明太宗实录》卷 30，永乐二年四月甲申。

② 《明宣宗实录》卷 79，宣德六年五月甲戌。

③ 《明英宗实录》卷 183，《废帝郕戾王附录》第 1，正统十四年九月戊子。

④ 张廷玉等：《明史》卷 226《吕坤传》，第 5938 ~ 5939 页。

的。为数不多的几条又是明显带有预言色彩的谶纬之谣，此类谣谚极有可能是少数政客利用民众而散播的言论。民众对于当朝皇帝的关注更多体现出心理上的寄托与期望，即使皇帝因怠政失德而带来恶政，百姓抨击的对象也往往会转嫁到无能官员或是权臣、宦官身上。可见传统礼教中的尊君观念一直是深入人心的，皇权的合法性和神圣性思想在政治文化中依然根深蒂固。与帝王谣不同的是，涉及当朝士大夫的谣谚数量极为可观。对于当朝官员，民众既有期待也有无情的抨击。此类关注呈现出的特点是对特别人物作集中性评价，例如对权臣严嵩父子的抨击散见于各类史料之中。实际上终明一代，权臣、佞臣数量较多，谣所涉略却并不广泛。可见民众对于庙堂政治的关注度是有限的，其作用既不可忽视，也不应过分夸大。

宦官是庙堂政治的特殊群体，与此类人物相关的谣谚基本都表现为讽刺与怨恨。这虽与明代宦官专权的政治状况较为吻合，但当时不乏有些作为的宦官，却未见民众褒扬。这在一定程度上可以透视出明代民众的宦官观念，此类人物不得干政不只是明太祖的遗训之一，更是在政治文化中有着深刻体现。地方谣谚可能因受地域条件所限，在典籍中记录频次一般较少，而且作者大都不详。但这类谣谚的数量却最多，内容最为丰富。此类谣谚大多文字形式简单质朴，但感情表达更为直白，真实性更高，是考察地方官吏政绩与当地经济发展概况的重要史料依据。谣谚中还常常涉及对弊政的揭露讽刺和对科举的期许及结果占验，这都表现出民众对当朝政治的关注程度，此种关注偶尔还会起到纠正时弊的作用。

明代谣谚数量并没有因时间的推移而发生明显变化，但单就庙堂政治谣谚来考察，成化以后数量明显递增，内容也更加多样化。成化之前庙堂谣一般只在帝位变更之时才会出现，且多为谶纬之谣。但成化以后，士大夫谣、宦官谣数量都大量出现，怨谣数量也明显增多。对此本文只是进行尝试性探讨，还有待进一步的材料证实与分析。

大多谣谚的具体作者已难考证。但通过文笔韵律却可发现，涉及庙堂政治的谣谚最初更似文人所创以影射朝政，而后逐渐流传成谣；地方谣则言辞质朴，文笔单一，更像是民众直抒胸臆的表达，因流传甚广而最终以文字形式呈现后世。此两类谣谚的创作者和流传途径有些微差别，但都经过民众的心理认同才得以广泛传播，因此都一定程度反映民众的诉求。谣谚多为民众所创，或借诸民众口耳相传，可能对当朝政治产生一定影响，这说明在皇权专制体系下，民众的言论仍然有一定的自由，且可以发挥一定作用，谣谚是明代社会公共空间阈度的一种反映。

作者简介：王立娜，1984 年生，女，吉林吉林人，东北师范大学历史学硕士，现任职于辽宁省鞍山市华育高新区学校，专业领域为明清史，研究方向为明代政治史。

关于王权主义与中国政治文化的对话

赵轶峰　常文相　梁曼容　闫　瑞

祝家尧　李小庆　刘　波　丁　亮

按　语：在关于中国传统政治文化的研究中，刘泽华先生和他培养的一批已经各自卓有成就的学者，不仅发表了自20世纪中叶以来相关研究领域中最为引人注目的系列成果，而且在基本概念、方法与视角方面，具有较明显的一致性。不久以前，李振宏先生在《文史哲》2013年4期刊载专文，指出刘泽华先生及其学生的研究，已经展现出鲜明的学派特色，将之称为“王权主义学派”，并对该学派的方法论特色、基本主张、人员构成与典范成果，以及对于中国历史研究所形成的多方面的启示，进行了详细的分析、评论。东北师范大学明清史专业师生曾结合博士研究生课堂教学，从明清断代文献和问题的角度，就刘泽华学派的研究以及李振宏先生的相关评论，进行了多次研讨，在从中获得诸多启发的同时，也形成了一些商榷、折中或差异的追问及看法。今将其中部分问题的讨论以对话的形式整理呈现于此，以见相关研讨对于明代政治文化深入研究的启发意义。

一　关于“王权主义学派”称谓

常文相：刘泽华先生明确指出，他的研究所围绕的中心，就是要论证中国传统思想文化的主脉与核心是“王权主义”。他认为，这种王权主义思想（或曰君主专制主义、封建专制主义），在现代社会已经形成了具有某种惰性和控制力的“定势”，成为人们政治思维的当然前提和出发点，因此需要用极大的力量进行清理。这样看来，刘泽华先生及其学生都对“王权主义”本身抱持着坚决否定和批判的态度，而李振宏先生则把以刘先生为代表的学术群体统称作“王权主义学派”，这一称谓是否合适？若将其改为“批判王权主义学派”是否更为恰当？

赵轶峰：我同意你的看法，觉得将刘泽华学派称为“王权主义学派”不甚妥当，称为“王权主义批判学派”稍好，虽然略觉冗长，但却更为准确。其实，学派的指称方式有很多，以人名、主张、地望等都可以，所以如果当事人不在意，称为“刘泽华学派”是最简洁明了的。同时应该注意到，李振宏先生将刘泽华先生及其一些学生的相关研究作为一个学派现象来评论，是一个贡献。刘先生对“王权主义”的研究在20世纪80年代以来持续至今，其基本方法论前后一以贯之，体现出一位老历史学家的学术执著，而且培养了大批后继学者，这更是值得钦佩的。中国近数十年来的历史学，很少称得上是学派性的。凡学派，必有关于重大问题的独到研究方法和主张，甚至理论；缺乏学派生态，意味着专深的学术研究，尤其是较为宏大的、具有理论性的研究，更易于随着学者的退休与代际更迭而中断，学者会更易流于追求形式计量、分等成果，而不是独到的创见、持久的钻研。中国学者很喜欢评论、引据西方的学派，如年鉴学派、加州学派、新清史学派、哈佛学派等在中国皆有拥趸，自己却不大致力于学派建构。其实，在学派意识浅淡的生态中，师生之间的关系仍然会受到注重，但其内涵就容易偏于情感意义上的奖掖扶助，而不大关乎学术思想的认同，可能会有些门户的味道。学派以学术主张为认同的基础，与学者的门户认同有本质不同。学派生态更能推动学术进步。

二　关于刘泽华学派、新儒学与“反传统主义”

常文相：刘泽华学派的研究体现出较强的针对性和现实关照意义，鲜明地反对海外新儒家重新阐释和发扬儒学传统的学术主张，力求对现代封建主义作历史的解剖。他们认为新儒家避而不谈中国传统的专制主义，或掩饰或曲解，把本来是专制主义的东西说成是美好的东西，这种崇儒思潮的流行是造成现代封建主义泛滥的重要原因之一。如果说海外新儒家的学术旨趣在于为弘扬中国固有的文化传统张目，那么刘泽华学派的学术思想可谓继承了五四以来反帝反封建的革命意识，其与传统的决裂态度正是建立在对民主体制的呼唤和对现代专制主义的警惕上面。考虑到二者研究缘起及对传统文化认知视角的差异，应该如何看待这两种学术观点的不同取向并评价其学术价值?

赵轶峰：现在堪称新儒家代表人物的学者主要在海外，但这种研究旨趣在民国时代就已经展开，那时还不是“海外”的。早期现代新儒学最大的积极意义是在中国思想界充斥民族文化虚无主义而又面临民族危机的时代，坚持指出中国传统文化并非一无是处，即使经历了近代以来的屈辱挫折，中华文化仍然具有生命力，中国精英思想文化的主线，儒家思想，仍然具有现实的价值。20 世纪 50 年代到 80 年代的新儒学，除了个别人如梁漱溟之外，的确是“海外”的了。它最初的听众主要是西方人，后来才较多地呈现在中国内地，其突出贡献是向全球的知识界阐释中国传统文化含有与现代社会可契合的要素，中国历史中有生生不息的思想，并非已然僵化、死亡的文化，这对于世界理解中国，反拨关于中国长期停滞的成见，具有不可替代的意义。从方法论角度说，现代新儒学主要是运用现代西方哲学概念和一些理论对儒学进行重新展示与说明。由于新儒学强烈的“入世”取向，使得相关学者的研究的确往往掩饰中国传统文化的负面，夸大儒家文化与现代社会契合的程度，在实证的检验下，常会遭遇反证。其接近将中国传统文化归结为儒家文化的做法，也有明显的偏差。晚近国内的儒学倡导，则已经是在应和中国经济崛起的现实，其学术前沿性降低而社会潮流性增强了。刘泽华学派是20世纪80年代以后的学术现象，基本是在马克思主义史学语境中，将“文化大革命”置于中国传统政治文化背景中加以反思，由晚近经验反观通史源流的学术研究。这个学派更多关照中国民主政治建设道路曲折的历史学阐释，早期现代新儒学关照的中国民族文化虚无主义和民族危机，以及海外新儒学关照的中西文化关系，都不是刘泽华学派关照的主要现实情境。刘泽华学派研究的最大意义是非常犀利、系统性地剖析了中国传统政治中的皇权专制机制与相关的思想、观念，进而提醒现代思想者不可陷于传统全面复兴的迷思，必须保持对传统的批判意识，必须看到传统的某些负面积淀仍然需要克服。都具有强烈现实关照意识而参照的主要现实情境不同，认定的目标也不同，使得它们分别强调中国文化特性的不同侧面，形成解释中国历史时的一些冲突。从批评的角度说，我自己认为新儒学对儒学的现代性解释常常一厢情愿地夸张，而刘泽华学派对中国政治文化传统的解释常常因犀利而以偏概全。至于刘泽华学派是否继承了“五四”以来的反传统主义，我并没有看到他们直接这样主张，但如果有人在分析中认为可以这样来理解，我觉得是可以找到一些理由的。

梁曼容：在新儒家拔高儒学的现代价值和刘泽华学派强烈批判儒学两者之间，我们应该如何正确看待儒学和中国传统文化？中国传统文化究竟是否还有汲取的价值，当下中国的发展又应当如何处理与传统的关系？

赵轶峰：这些问题宏大复杂，不是仅从政治文化的视角就能阐释清楚的。如果从大略意义上说，我肯定地认为中国传统文化具有恒久的文化价值，展现着中国数千年历史的内在韵律，今天的中国连接着昔日的中国，是不应该也不可能全面否定的。但中国传统文化和一切传统文化一样，都包含随着社会发展而不合时宜的内容，都有糟粕。所以对传统文化要时时体认，不能一概抛弃，也不能一概复兴。儒学是中国传统文化中的主导性学术思想，中国传统文化的许多精华在斯，许多糟粕在斯。对待儒学的基本态度，应同对待整个传统文化的态度一致。现代中国一直处于社会和文化快速变动中，一次又一次地反思传统，获取了无数启示，但大众对待传统的态度，常常非此即彼，批判的潮流兴起，大家就倾向于一概批评；复兴的潮流兴起，大家就倾向于全部激活。传统是知识和思想的资源库，我们离不开它，但又要知道那些资源拿到当下的实践中，总需要选择、修缮，甚至更换。儒家思想并未引导出一个现代社会，也就不能直接作为体系成为现代中国思想价值的经纬。需要的是对儒家思想进行重新诠释，生发出新的积极健朗的思想，在这个意义上说，现代新儒家的一些努力是有意义的，只是他们太多地将自己定位在儒学的内部，因而对儒学推崇过度。

梁曼容：林毓生在《中国意识的危机》一书中指出，反传统主义是20世纪中国从“五四”以来贯穿至70年代的强大潮流。在批判传统文化上，刘泽华学派与林毓生所说的反传统主义相契合，所以刘泽华学派在思想上可能与“五四”以来的反传统主义有些关联。但是，“文革”是“五四”之后中国又一次大规模与传统决裂的文化运动，而刘泽华先生对“文革”的反思——“王权主义”批判，也表达了对传统文化深度否定的态度，这是否是一个悖论？

赵轶峰：“五四”思潮是一个宏大普遍的社会变革思潮，其思想工具主要是进化论、科学主义、理性主义、民族主义或爱国主义、民主精神，所批评的传统是广义的整个中国传统文化，儒学和专制主义当然也包含在其中，此外也包含非儒学的、非政治的内容。这场运动有所偏激，但是在当时的时局中，主要的意义却是一场思想解放，也是一场救亡的运动。林毓生先生在许多年以后研究“五四”，多少有些脱离了20世纪初中国总体处境这个场域，结合着后来出现的思想流变，认为它留下了一个传统文化批判思潮，这有见地，也难免有些对“五四”运动的思想史化的简化。“五四”的意义，不仅仅在于一个“反传统”。“文革”则虽然表面上看是反传统的，但不是一场社会革命或者救亡运动，是一场政治运动，红卫兵“奉旨造反”，内里并没有对传统的深刻思考，所以“文革”中虽发生“破四旧反传统”的现象，但不能总体上归结为一个“反传统”，与“五四”也就有深刻的差异。刘泽华学派是一个当代学术流派，其思想工具主要应是马克思主义范畴内的民主思想，批评的对象也基本局限在政治文化范围。在对传统进行批判性反思的意义上，与“五四”思潮有共同点，在背景、思想工具和范围等方面差异很大，与“文革”的所谓“反传统”则相去甚远。

三　刘泽华学派的方法论

闫瑞：读了刘泽华先生关于王权主义的论述，感觉作者采取的是宏大叙事的论证方式，忽略细节，讨论大的问题。他所使用的史料主要是先秦时期的，但讨论的问题却涵盖中国有“王”存在的几千年，并且从他的论述中可以感觉到，好像王权主义本身在漫长的历史中是一以贯之的，各个时代几乎没有变化。如何看待刘先生的这种研究方式？

祝家尧：王权主义历史叙事过于宏大，没有注意到时代变迁带来的变化。这样就往往会理念先行，因方法而害意。如王权主义学派认为从历史过程看，帝制越兴旺，“民惟邦本”思想就越发达，皇权越集中，“民贵君轻”观念就越普及。然而，历史的事实是在皇权最为集中的明清两代，最高统治者对“民贵君轻”并不认同。明太祖因为对《孟子》抒发民本思想相关篇章不满，删节《孟子》，刊刻《孟子节文》。清代统治者口头上对“民贵君轻”加以赞同，但实际上却对这种民本思想不遗余力地压制。皇权越集中，“民贵君轻”观念真的就越普及吗？

梁曼容：刘泽华先生提出的“王权主义”说确实指出了中国传统文化中政治权力的重要性和巨大影响，但是否过于笼统，把复杂的中国传统文化过于简化了？中国传统文化是儒学为宗，释道亦发达的多元文化。即使儒学自身，其发展也经历了不同阶段，汉儒与宋明儒旨趣大相径庭。此外，刘泽华先生并没完全否认中国传统思想中包含积极的因素，比如“民本”“公天下”等，但他认为这只是对于王权的辅助和调节，这对于盲目的国学热无疑具有清醒之效。问题是，是否确实能把中国传统文化的所有因素都一分为二，纳入到“阴阳组合结构”中，这样的二分法是否也失于简化？

赵轶峰：从批评的角度说，刘泽华学派考察的对象是国家体系形成之后直到现代社会形成之间整个中国的政治历史，考察过程中运用细密实证方法的时段主要在春秋战国秦汉时期，对其他时期的讨论，实证基础工作不够细致，也不大注重对历时性推演中是否发生某些实质性变化的推究，因而在我看来，的确有一些宏大叙述色彩。从积极的角度说，把刘先生及其学生的相关研究视为一个行进中的事业，那么就可以期待他们会逐步把对中国古代历史后段的考察与实证研究更紧密地结合起来，并使其总体论证得到相应的调适。中国历史数千年的推演过程中，王权主义一直存在，但其实现的程度与方式，的确还是有差别。尤其是在帝制时代后期，民本主义思想观念与皇权极端取向之间，存在冲突，过分强调二者的相辅相成就会看不到其间的冲突与张力。此外，历史学家讨论大的问题本身并不是缺点，逻辑严谨、证据坚实的宏大论证，总是难得的。

常文相：刘泽华学派的论证方法，首先是在形上层面把天、道、圣、王合一混同起来，认为其归结点在置王于绝对之尊。其次又判定君主制是与民主制根本对立的体制，并把君主制等同于君主专制，即帝制本身就代表了集权和压迫；既然中国古代一直存在着帝制体系，那么在其笼罩下传统政治的专制黑暗就成了无法逃脱的历史宿命。再次，该学派视宗法伦理秩序、礼仪道德规范、社会等级差别等都是专制政治的重要基础，从而古人围绕国家治乱兴衰所阐发的各类学说主张及为恢复和重建社会秩序而付出的种种努力，都因其承认帝制前提而被赋予宣扬和维护王权专制的意涵。最后，该学派以近似于主次矛盾、矛盾主次方面的说明方式，提出传统政治文化“刚柔”“阴阳”组合结构的概念，把中国历史上表现出来的对专制权力制约的因子一概定性为王权主义的调节机制，指出其在终极意义上仍然肯定了王权。这种研究理路和论证方式得失如何？

赵轶峰：我觉得你大致描绘出了刘泽华学派研究的逻辑梗概——虽然也有一些出于这个梗概以外的讨论。就这个逻辑线索本身而言，偏于笼统，带有线性思维的色彩。一环扣一环，各种现象可以追溯到一个根源。我自己更倾向于把中国政治文化理解为一个生态场，其间各种要素之间都有纵横上下的牵连，存在决定与被决定的关系、支配与被支配的关系，也存在纠结、相互包容、相互拒斥的关系。在对这样复杂的对象进行学术性研究的时候，一分为二的方法，抓主要矛盾的方法，都不够。天、道、圣、王之间，就不仅有因相互对应而存在的关系，也有相互排斥的关系，不能因为那些与王权主义有冲突的思想观念实践并没有推出一个民主社会，就将其归结为王权主义的佐助因素。对王权主义的剖析深化了我们对中国政治历史和政治文化的认识，但这是在一个视角下的认识，还要做其他角度的剖析。

四　中国传统政治中是否存在对“王权”的制约机制

闫瑞：刘先生在讨论“王权主义”时，主要是在政治层面上，看到中国历史在政治体制上基本没有形成对王权的约束，没有任何持续性的监督，故他认为，诸如“天”“道”“圣”等制约王权的观念都变成了对王权的巩固，王权似乎是完全无法被制约的存在。在中国历史上，尽管没有制度上对王权的限制，是否存在其他层面上的约束？它们又是如何运行的？

李小庆：刘泽华学派认为整个帝制时代王权宰制着一切，即便存在一些限制、约束王权的行为，其目的也只是为了更好地维护王权。但就史实层面看，明武宗意欲南巡，受到强烈抵制；明神宗想要立次子朱常洵为太子，并未成功。这些史实表明，王权是受到一些限制，并非可以肆意而为的。但是，中国古代的确几乎没有对皇权构成刚性约束的制度。那么帝制时代皇帝所受的是什么约束？这种约束的效力如何？

刘波：刘泽华先生将中国古代政治思想的核心概括为“王权支配社会”。依刘先生论证的文献材料来看，大多是先秦时期的诸子经典。而明清之前，有关地方社会的文献史料甚少，元代之后，地方社会史文献大量传世。学界关于明清地方文献的研究表明，明清时代很多地方的基层社会，政府并非直接管理，而是依靠乡绅治理。由此产生的问题是，中国古代的王权主义有没有极限？如果有，界限在哪里？

祝家尧：李振宏在《中国政治思想史研究中的王权主义学派》中表示“王权主义既是社会的运行机制，也是社会的存在形态，更是社会存在的中枢和基础，是关于中国古代社会属性和本质的理论抽象”。如果以上说法成立，那么在中国古代社会中，以君权为代表的政治权力统辖一切，不仅仅是处于支配地位，而且是决定性力量。但起码政治权力是无法完全支配经济领域的。政治权力可以干预经济，但是经济有其自身的运行规律，不是政治权力随意支配的。比如明代皇帝倚仗君权强力推行纸钞，但由于没有弄清货币发行管理背后的经济规律，纸钞不免被逐步淘汰。可见，在经济规律面前，即使君权也无法反其道而行之。

常文相：刘泽华学派试图建构起一种中国历史解释体系，力求从不同侧面揭示出传统政治和社会的王权主义本质，以“政治本位”和“君权至上”的概念把传统中国的一切历史情态统摄其中，明显地带有用政治判断包容文化分析的特点。其实古代中国无论在政治制度上还是在思想文化上都不乏能够对王权（皇权）起到制约作用的因素，王（皇帝）是需要接受检验和可评价的，公共权力的运作与王权（皇权）私人性运作之间的张力也一直存在，因而王权（皇权）在古代中国从始至终都不是绝对无限的。如果可以这样看，刘泽华学派的研究就存在主观预设过强而不重视反证的不足，太过强调现实政治刚性的运作而忽视了对整个政治生态做综合考量。

赵轶峰：中国传统政治体制中王权肯定居于主导的、支配性的地位，同时，肯定存在对这种王权的制约机制。如大家所指出的，至少王权主要是一种政治权力，主要在政治领域产生作用，到了经济领域，这种权力就削弱甚至可能失效了。国家权力会伸向经济领域，征收赋税、调节土地所有制度、发行货币，在这些行为中，国家权力不能一切实现，君主政治体制下的王权或皇权，当然也不能一切随心所欲。在基层社会，王权支配力也常常是递减了的。过去有句俗话叫做“天高皇帝远”，学术界也曾有一种“王权不下乡”的说法，大致表示的都是从中央到地方，从中心到偏远，从官府到基层，王权运作的经常性与有效性的递减。其中的原理并不复杂，主要是因为传统君主制，包括中国的帝制，是小政府、大社会格局。大致县级以下，王权就朦胧起来，日常的、管理性的，甚至某些司法性的事情，选择地方社会的强有力者去做，因而在基层社会起作用的权力，不仅是国家权力，也有地方精英的权力、宗族的权力等。在庙堂政治层面，历史上发生过无数次王或皇帝的意图不能实现的故事，有时是因为朝臣不赞成，有时是因为君权被其他势力把持驾驭，有时因为“将在外君命有所不受”，有时因地方势力强大而“尾大不掉”，有时甚至因反对势力很大而发生了政变或者叛变。在王权健全完整的情况下，也存在对王权制约的因素，如相权掌握日常行政，实际削弱王权，所以明太祖为加强王（皇）权而取消相制；如唐宋时期的封驳制度，有可以把皇帝诏旨退回不下发的权力；如开府一方的方镇，在所管辖的区域掌握巨大的权力。其实王权或皇权是不能独自成立的，它必须依托其他势力、架构，如贵族，没有庞大的贵族作为依托，王室、皇室很快就会萎缩或断线；如官僚体系，没有庞大的官僚体系，王权无法伸展运作。这些作为王权依托的势力，都分割王权。中国自君主制形成以来，政治权力一直是围绕有君概念建构的，所以公共权力总有一个个人中心，这就使君主权威一直是摆脱不了的基调。但中国政治是一幕交响变奏曲，前面说的那个基调并不表达一切。如果说这些都还不够，那么还有两种制约，一是革命或反叛，君主权力失去合法性认同、极端衰弱、与社会极度矛盾情况下，君主会被推翻。所以，唐太宗与臣下论政时会表示为君主者需“如履薄冰”。他的权力如果是绝对的，他怕什么呢？另一个是文化性的制约。大约除了战国时期的法家，中国各个时期的主要政治思想家都不把君权看做绝对的、不受评价的。也就是说，中国传统政治中颇有君权合法性的诉求，虽然“合法性”这个词是现代的，古人却非常注重今天的政治合法性所具有的内涵。衡量君权合法性的概念有许多，主要有天、民心、圣人之道等，其内核，就是民本主义。民本主义的根本精神是人民是一切政治的目的，相应地，君主不是目的，虽然具体的地位超过任何一个人，其重要性却不超过所有的人。所以当明英宗被瓦剌俘虏的时候，大臣们决定免除了他的皇帝身份，另立一个人当皇帝，这个做法的实质就是舍弃君主以挽救社稷和人民。这就是为什么我们不仅要研究政治本身，还要研究政治文化的原因，因为文化在政治的底蕴里面，在更长久的历程中发生底线的作用。中国古代没有形成民主政治，既是历史惯性推演使然，也是文化惯性推演使然。我们不应因为中国不曾产生本土的民主政治而认为中国传统政治里面全是专制。

五　深入研究的节点

祝家尧：“王权主义学派”对中国何以出现政治权力独大的局面缺乏分析，它表明了中国历史上君权强大由来已久，可以上溯到春秋战国，但给读者展示的不过是中国历来就是这个样子的，至于中国为何是这个样子就缺乏分析了。造成中国君权坐大是大河流域国家地理特性使然，还是民族性使然，抑或是其他原因？这是应该探讨的。

赵轶峰：刘泽华学派研究的重心在解析中国古代政治的王权专制传统，没有就这种传统形成的因由，即何以形成这样的传统做系统的阐释。这并不削弱刘泽华学派对于中国古代政治研究的意义，但因为刘泽华学派对于中国的王权主义做了那么丰厚的研究，希望他们对“何以如此”这样的问题有比较彻底的说法，也是合乎逻辑的。如果能够就“何以如此”做出与“如此这般”一致的说明，对理解中国古代王权主义说，是有帮助的。不过，要尝试回答中国古代王权专制传统的起源问题是非常复杂的事情。这个问题与中外思想学术界曾经反复讨论的“东方专制主义”问题关系甚为密切。这种说法源自中欧早期接触时代西方人对中国等亚洲国家的印象，经黑格尔等人做出理论化的判定，成为18、19世纪，甚至20世纪西方思想界阐释中国历史与社会的主流概念，中国也有一些有影响的学者沿此概念加以申说，逐渐推演成为一大学说。要梳理其中牵连进来的学者、论说本身，就要下很大的工夫。这个学说的主要问题是，它把专制判定为中华文明的文化本质，也是中国历史实践的基本特性，从而极大地强化了中国历史停滞性的判断，而如果认定中国历史本质上是“停滞”的，同时又认定生存竞争合理、历史发展不可抗拒等逻辑，那么近现代外部强大势力、先进国家干预中国的事情，就具有了更大的合理性，中国也就必须走西方的道路。20世纪后期以来，西方和中国都有许多学者努力突破这种定见，但在心理层面成就较大——现在很少有人接受中国历史的停滞论，在理论层面成就较弱——迄今仍然没有足够透彻、系统、深刻的理论重构。所以，中国历史学家立足中国、中华文明阐释中国历史的努力，一直含有与这个定见牵连的纠结。我自己认为，中国古代一直是君主制的，前期是王制、中后期是帝制，从制度属性说，从来属于专制君主制而不是立宪君主制，因而一直有专制的制度与文化，但这种制度意义上的专制始终受到文化上的民本主义牵制，古代民本主义是有君主义的，但不是绝对君权主义的，所以中国的君主专制不是绝对的；民本不等于民主，但与民主精神有通路，与民主制度也有通路，当其申张的时候，会制约君主权威。这种民本的文化传统与君主制的传统是一起在中华文明的内聚历程中推演成势，因而具有惯性的。我们应该对中国传统政治中民本思想、观念、文化与君主专制之间的张力进行更多的研究。

常文相：刘泽华先生提到：所谓“政治文化”，是政治中的主观因素，是政治思想、政治信仰、政治观念、政治价值标准、政治意识和政治心理的总和。它的表现形式有理论形态、心理趋向和情感趋向等。政治文化与政治机构和制度互为因果，对于政治运行具有直接的影响。应该如何解读刘先生提出的“政治文化”的内涵？从研究视角和方法看，刘先生的学术定位不出中国古代政治思想史的范畴，应该怎样认识刘先生在这一领域所作的贡献？

赵轶峰：我基本赞同刘泽华先生对政治文化的定义，这与西方学者关于政治文化的定义也基本是一致的。在基本一致的情况下，我自己的表述会把关于政治的思想、价值与态度、制度、生态构成的总体状况一起作为政治文化研究的基本对象。其中思想、价值都无需再说明。政治文化意义上的制度，是指渗透在制度建构与运行中的思想观念，因为所有制度都是人为的，是积淀下来的人的诉求，故其文化属性甚重；政治生态是指政治运行在特定时间形成的环境状态。文化永远是综合现象，政治文化考察永远是综合的研究，所以我强调政治文化研究对象之间的关联性、整体性。

从这样的角度说，制度是包容在文化中的。这类问题，只是研究取向的主张，各行其道，可以各得其所见。刘泽华先生的研究偏重的是思想史，因而在这个侧面成就最大。与近代以来众多思想史家相比，他在研究旨趣方面最突出的贡献是将思想家的主张与社会历史实践状况更切实地结合起来。思想史家一般都把思想家，尤其是最知名的思想家的精神世界作为研究的核心，因而都是精英史性的，有时会因为对那些思想家精神世界的过度诠释而曲解历史实际，刘泽华先生则是思想史家中最切实关照历史实践的学者之一。研究政治文化的学者，都需要在思想与实践样貌之间寻求中道。

梁曼容：中国传统文化中诸如“民本”“公天下”等思想要素被刘泽华学派视为王权主义的辅助而加以批评，如果不从传统文化中汲取，当下的中国又该从哪里寻求思想资源？刘泽华学派在突破过度强调经济在历史发展中的作用的方法论时，是否又陷入了政治决定论？

赵轶峰：我主张深入考察中国历史上的民本思想、公天下思想，梳理、分析其价值原理和政治逻辑。古人的相关思想，多半不能直接构成当下人直接的实践指南，任何时候的人都需要借鉴前人的思想经验，都不能照搬前人的思想经验，所以看到其形成的时代属性是必要的，看到其弃取生发后的价值也是必要的。现代中国人关于政治建设的思想资源无非有二，一是历史传统，一是他山之石，将之融会贯通，加以仔细的分析辨识，结合现实的处境、问题，生成新的认识。刘泽华先生研究的是政治，强调政治，许多情况下是语境导出的。不过，我们的确要注意在研究政治文化的时候，尽量关照更大范围内更多侧面的相互作用关系。

刘波：君主和官僚机构，都是处理国家公共事务的，所以都具有“公”的性质。王和官僚机构的官员，皆是具有主体性的人。随着君主权力的扩大产生的高度集权的政治形态，促使官僚机构人员逐步对作为君主的个体有了依附性，表现出国家权力运作过程中私的性质。王权主义学派是不是过分强调政治权力运作过程中私的一面，却忽视了其属公的一面？

赵轶峰：所有的政府，都是社会共同体公共事务的管理设置，本质上都是运行公共权力的机关，没有公共事务，就没有政府，君主制政府也是如此，这是政府在政治原理层面的属性。但是在人类事务展开的历史实践中，掌握公共权力的人、集团、势力，常常倾向于将公共权力私有化，将私人特殊利益公共化。所谓比较合理的政治体制的必备要素之一，就是在较大程度上保障公共权力运行的有效性的同时，最大限度地防止公共权力私有化。因此，君主制不及共和制，专制不及民主。中国历史上的君主制，在政府公共性与私人控制一切权力之间，公天下的、民本的文化不停地把政治向公共属性方向拉，实际控制权力的个人不停把政治往私权支配的方向拉，于是有比较贤明、仁和的君主，有暴君、民贼。虽然总在君主制度框架中，但其差别是有意义的，不是无意义的。

丁亮：“王权主义学派”主张的中国古代政治中的阴阳结构和余英时强调的士大夫“得君行道”之间存在矛盾，士大夫“得君”的行为既可以视为实现其政治理想的一种方式，也可以被看成巩固君主专制的一种手段，应如何看待这一问题？

赵轶峰：这是一个可以拓展思路的话题。刘泽华学派的政治文化研究关照的事实偏重在先秦和中国帝制时代的前半期，余英时的政治文化研究关照的事实偏重在宋明时代。如果他们把分析的资料对换一下，可能都会有些新的看法。宋明时代是所谓“新儒学”展开的时代，而“新儒学”是士大夫政治兴起时代重新表述的儒学。士大夫政治虽在帝制框架内推演而出，并未突破君主制的体制格局，但是却致力于重新说明政治合法性与合理性的基础，更大程度上把君主权力安置在公共理性的基础上。在这样的取向中，儒家士大夫中许多人力求在体制内践行“圣道”，于是有种种“得君行道”的努力。他们这样做的时候，总要权衡“得君”与“行道”二者的关系。其间最可贵的是，这类士大夫常把“道”视为从政的底线，视为比君权更根本的价值，于是体现出一些政治理性精神来。余英时先生努力发掘这类现象，做出细致的分析，也构成对中国政治文化研究的一大贡献。只是余先生对儒家思想有所偏爱，每每褒扬过度而不及其余，对明清史事主要也是透过个别思想家的主张去推论，对具体史事了解不足，是其缺陷。刘泽华学派和余英时先生的研究中，都有可以汲取的东西，也都有需要再推究的地方。

作者简介：赵轶峰（1953～），男，内蒙古开鲁人，东北师范大学历史学硕士，埃尔伯塔大学历史学博士，现为东北师范大学亚洲文明研究院教授，专业领域为明清史、史学理论；常文相（1984～），男，辽宁朝阳人，东北师范大学历史学硕士，博士研究生，专业领域为明清史，研究方向为明清政治社会史；梁曼容（1983～），女，山西阳泉人，东北师范大学历史学硕士，博士研究生，专业领域为明清史，研究方向为明清政治史、政治文化史；闫瑞（1987～），女，新疆石河子人，东北师范大学历史学硕士，博士研究生，专业领域为明清史，研究方向为明清政治史；祝家尧（1985～），男，辽宁沈阳人，辽宁师范大学历史学硕士，东北师范大学历史学博士研究生，专业领域为明清史，研究方向为明清地方政治社会史；李小庆（1987～），男，江苏如皋人，东北师范大学历史学硕士，博士研究生，专业领域为明清史，研究方向为明清政治史、社会史；刘波（1986～），男，山东临沂人，东北师范大学硕士，博士研究生，专业领域为明清史，研究方向为明清中朝关系；丁亮（1985～），男，辽宁朝阳人，东北师范大学历史学博士，现为辽宁师范大学历史文化旅游学院讲师，专业领域为明清史，研究方向为明清经济史、政治史。

后　记

我认为明代政治文化是一个充满魅力而又研究不足的领域，相关的思考，自然在研究和教学中都表现出来。所以，近年来我的许多学生的学位论文和课题研究的选题，指向了明代政治文化。这使得我的研究与教学生涯，平添了许多知音。现在，将他们学位论文的相关部分与一些专题论文汇编成集，竟然依稀呈现出了我们关于明代政治文化研究的概念、题旨、主张之轮廓，真是一件令人心旷神怡的事情。他们中的一些人现在已经是活跃于该领域的专业研究者，有的在从事教育、文化工作，有的还在攻读学位。我相信，他们中的许多人将来会贡献给学术界更多的东西。本集的出版，则是明史研究带给我们的一段缘分。

东北师范大学通过“中央高校基本科研业务费专项资金”资助了本集的出版；社会科学文献出版社于占杰先生为本集编辑出版做了精心安排；常文相、闫瑞、宋兴家对全书征引文献进行了逐一核对，统一规范，并阅读书稿，帮助主编做出必要的修改。许多人的努力使全书能有现在这样的面貌。谨此一并致谢。

赵轶峰

2014 年 7 月 10 日

于荒堂

图书在版编目(CIP)数据

权力·价值·思想·治道：明代政治文化丛论/赵轶峰主编.
—北京：社会科学文献出版社，2014.12
ISBN 978-7-5097-6677-4

Ⅰ.①权… Ⅱ.①赵… Ⅲ.①政治文化-研究-中国-明代
Ⅳ.①D691

中国版本图书馆 CIP 数据核字（2014）第 247822 号

权力·价值·思想·治道
——明代政治文化丛论

主　　编／赵轶峰

出 版 人／谢寿光
项目统筹／宋月华
责任编辑／宋淑洁

出　　版／社会科学文献出版社·人文分社（010）59367215
地址：北京市北三环中路甲 29 号院华龙大厦　邮编：100029
网址：www.ssap.com.cn
发　　行／市场营销中心（010）59367081　59367090
读者服务中心（010）59367028
印　　装／北京鹏润伟业印刷有限公司

规　　格／开 本：787mm×1092mm　1/16
印 张：21.75　字 数：334 千字
版　　次／2014 年 12 月第 1 版　2014 年 12 月第 1 次印刷
书　　号／ISBN 978-7-5097-6677-4
定　　价／98.00 元